Ulrich Steinhilper

Noch zehn Minuten bis Buffalo

Ulrich Steinhilper

Noch zehn Minuten bis Buffalo

Meine Flucht aus kanadischen Lagern

Mit Fotos und Karten

Bechtle

Umschlaggestaltung: Christel Aumann, München
Satz: Fotosatz Weihrauch, Würzburg
Gesetzt aus: 10/12 p Stempel-Garamond, Berthold System
Druck und Binden: Mohndruck, Gütersloh
ISBN: 3-7628-0465-6

Inhalt

Vorwort	7
Abschuß	11
Gefangennahme	20
Übergangszeit	26
Verhörlager	33
Lagerleben	44
Aussteiger	53
Aufbruch zu einem anderen Kontinent	62
Genfer Konvention und Hungerstreik	74
Mitten in der Wildnis	78
Verlegung in eine neue Umgebung	85
10 Minuten bis Buffalo	106
Nimm alle Kraft zusammen	149
Nie wieder ...?	158
Gerade zum Trotz	169
Wieviel Vorsprung?	178
Auf dem Güterzug durch die Nacht	188
Zwei Sprachen – Zwei Bahnhöfe	194
Ein gütiges Schicksal	207
Bei der Royal Canadian Mounted Police in Montreal	221
Ein zweites Weihnachten im Lager	233
Ein Loch im Arrestboden	254
Ein frecher Plan	261
Wird geschossen oder nicht?	274
Zwei Mann auf dem Weg	284
Der St. Lorenz und die Grenze	303
Wie geht es nun weiter?	315
Eisiger Wind ... warme Ställe ... kaltes Heu	323
Weit ist der Weg ...	333
Was für ein Bahnknotenpunkt!	344
Wie spricht man in Amerika »Karthago« aus?	352
Waterloo ... at Watertown	358

Vorwort

Ich habe lange gebraucht, um mich aufzuraffen, meine eigenen besonderen Erlebnisse in der kanadischen Gefangenschaft zu schildern, obwohl ich schon in Kanada Aufzeichnungen gemacht hatte. – Zwei Ereignisse haben mich bewogen:

1. Am 26. Oktober 1980, fast auf den Tag genau 40 Jahre nach dem Absturz, wurden die Trümmer meiner »Gelben 2« aus tiefem, sumpfigem Boden ausgegraben.

Anschließend kam es zu meiner Teilnahme an dem Dokumentarfilm der Yorkshire TV Gesellschaft mit dem Titel »Churchill's Few«. Bei den Interviews zu dem Film und einem Buch gleichen Titels, wo ich jeweils »ein Pilot von der anderen Seite« bin, wurde mir klar, daß es für mich geradezu eine Verpflichtung gibt, diese Erlebnisse niederzuschreiben.

2. Bei einem Treffen ehemaliger kanadischer Kriegsgefangener wurden wir von dem Entwicklungsminister von Alberta aufgefordert, unsere POW (Prisoner of War)-Erlebnisse zu beschreiben, bevor es zu spät sei.

Meine jetzigen Erzählungen stützen sich auf eine Niederschrift, die ich bereits 1943 so weit fertiggestellt hatte, daß ich sie hinter das Futter eines bei »Eaton's« gekauften Lederkoffers in Stößen von jeweils 30 Blatt einkleben konnte. – Weil ich damals noch einige Unternehmungen plante, habe ich diesen Koffer samt Inhalt anderen Lagerkameraden anvertraut.

Diesen gelang die »Repatriierung« des Koffers nicht so wie gewünscht. – Ursprünglich hatte ich die Niederschrift als verloren angesehen, denn man hatte mir berichtet, zu meinem Schutz sei der Inhalt vernichtet worden. Zu Hause, im März 1953, erreichte mich dann das im Ausschnitt vorhandene Kuvert mit meiner eigenen Handschrift. – Der Inhalt umfaßte insgesamt 119 Seiten meiner Niederschrift.

Sofort fuhr ich nach Ansbach, und erfuhr von der Absenderin, daß ihr Mann, Herr Bartl, auch in kanadischer Gefangenschaft gewesen war. – Auf dem Schiff – auf der Rückfahrt von Kanada – habe er den schwarzen Lederkoffer gegen Zigaretten eingetauscht. – Jetzt seien sie beide dabei, nach Kanada auszuwandern und wollten den noch gut erhaltenen Lederkoffer mitnehmen. Ihr Mann hätte ihn ausgebessert und sei dabei auf den Inhalt gestoßen.

Was für ein glücklicher Zufall, daß die letzte Seite dabei war, auf der ich die Adresse meiner Eltern aufgeschrieben hatte!

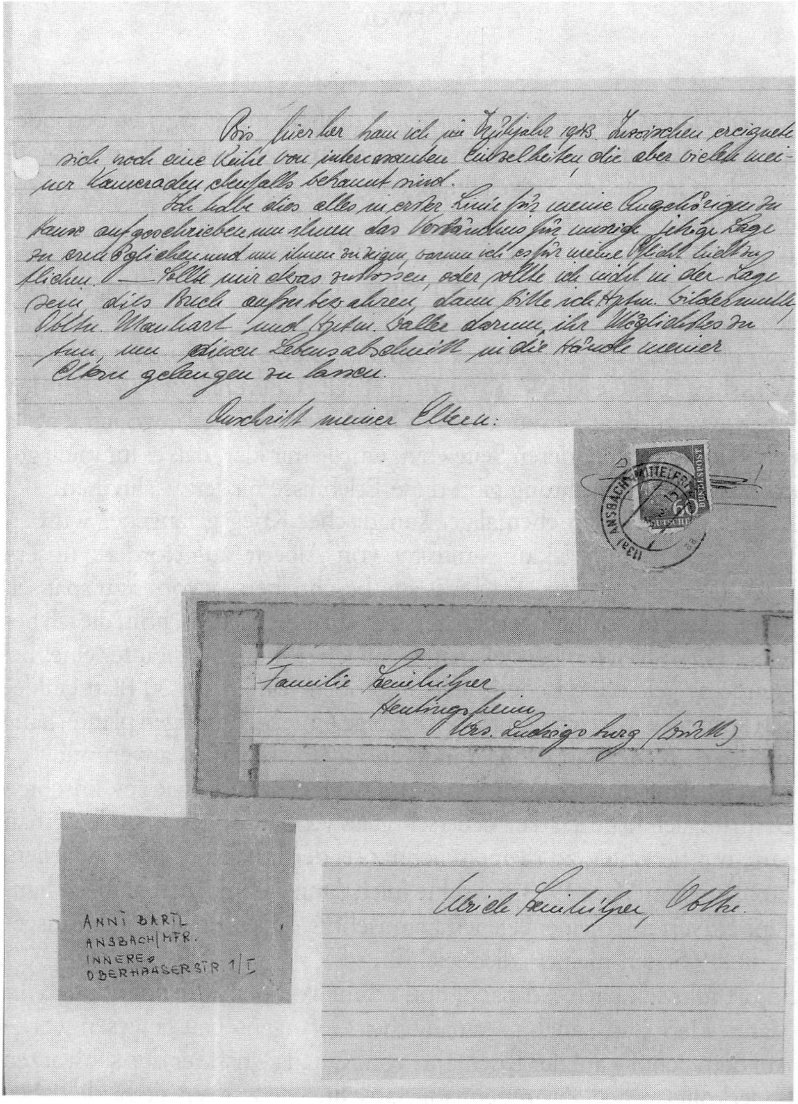

Bis hierher kam ich im Frühjahr 1943. Inzwischen ereignete sich noch eine Reihe von interessanten Einzelheiten die aber vielen meiner Kameraden ebenfalls bekannt sind.
Ich habe dies alles in erster Linie für meine Angehörigen daheim aufgeschrieben um ihnen das Verständnis für meine jetzige Lage zu erleichtern und um ihnen zu zeigen, warum ich es für meine Pflicht hielt zu flüchten. — Sollte mir etwas zustoßen, oder sollte ich nicht in der Lage sein, dies Buch aufzubewahren, dann bitte ich Hptm. Bildermuller, Oblt. Manhart und Hptm. Halbe darum, ihr Möglichstes zu tun, um diesen Lebensabschnitt in die Hände meiner Eltern gelangen zu lassen.
Anschrift meiner Eltern:

Der Text dieser letzten Seite lautet:
»Bis hierher kam ich im Frühjahr 1943. Inzwischen ereignete sich noch eine Reihe von interessanten Einzelheiten, die aber vielen meiner Kameraden ebenfalls bekannt sind.

Ich habe dies alles in erster Linie für meine Angehörigen zu Hause aufgeschrieben, um ihnen das Verständnis für unsere jetzige Lage zu ermöglichen und um ihnen zu zeigen, warum ich es für meine Pflicht hielt zu fliehen. – Sollte mir etwas zustoßen, oder sollte ich nicht in der Lage sein, dies Buch aufzubewahren, dann bitte ich Hauptm. Wildermuth, Obltn. Manhart und Hauptm. Waller darum, ihr Möglichstes zu tun, um diesen Lebensabschnitt in die Hände meiner Eltern gelangen zu lassen.

Anschrift meiner Eltern: Familie Steinhilper,
Heutingsheim Krs. Ludwigsburg (Württ.)
Ulrich Steinhilper, Obltn.«

Bevor mich diese Aufzeichnungen erreichten, hatte ich mit frischem Gedächtnis im Jahre 1950 ca. 200 Seiten Konzepte erstellt.
Ohne diese Unterlagen wäre es heute nicht mehr möglich, sehr wahrheitsgetreu die Ereignisse ab den Jahren 1940 zu erzählen.
Jetzt wünsche ich, daß noch viele der treuen, ehemaligen Flugzeug-, Motoren-, Waffenwarte, die Funker, alles Personal, das mit uns im Einsatz war, miterleben kann, wie das weitergegangen ist, wenn weder Maschine noch Besatzung zurückgekommen sind.
Für die Besatzungen, die England überlebten, und dann bis zum Schluß auf allen Kriegsschauplätzen, in Rußland und über der Heimat kämpften, soll hier aufgezeigt werden, daß die »Luxusgefangenschaft« in Kanada auch andere Seiten haben konnte.
Natürlich hoffe ich, daß es auch bei der jüngeren Generation Interesse für diese besonderen Erlebnisse in Kanada gibt. – Damals gab es noch keinen täglichen Flugverkehr nach den USA und Kanada. Damals war dieser Kontinent noch weit . . . sehr sehr weit von Europa entfernt.
Glauben Sie mir bitte alle: Auch heute noch, wenn ich mich in das Geschehen zurückversetze, tauchen die Bilder wieder auf, die zu sehr langen Verlustlisten führten. Und dann fällt das Schreiben nicht immer leicht.
Auch beim Niederschreiben der POW-Abenteuer stehe ich sehr oft erregt vom Schreibtisch auf. – Darf ich mir wünschen, daß auch Sie beim Lesen die damalige Anspannung miterleben?

Stuttgart, im Jahr 1987. Ulrich Steinhilper

Abschuß

»Nein, Sie brauchen sich jetzt nicht durchs Telefon von mir verabschieden, Herr Schmidseder! In etwa 55 Minuten bin ich ja wieder zurück, dann komme ich bei Ihnen vorbei und kann Ihnen nochmal die Hand drücken.« So rief ich noch schnell durchs Telefon, bevor ich zur Maschine rannte.

Es war der 27. Okt. 1940. Im September war ich 22 Jahre alt geworden. Heute morgen hatten wir Frühbereitschaft, und zuerst sah es nicht so aus, als ob heute viel mit dem Fliegen würde. Der Nebel lag in dichten Schwaden über den Rübenfeldern und Stoppeläckern, die unseren Feldflugplatz ausmachten. Dann aber hatte es schnell aufgeklart, und jetzt konnte man sogar an einzelnen Stellen die Himmelsbläue durchscheinen sehen. Eben war mein Staffelkapitän, Obltn. Kühle, im Wagen vom Gefechtsstand zurückgekommen und brachte den Einsatzbefehl: »Begleitung von Jagdbombern nach London, Start um 9 Uhr 05, wir fliegen heute 2. Welle, unsere Gruppe fliegt mit acht Maschinen in der üblichen Form, wir sind als oberste Formation im Geschwader eingesetzt!«

Nun war kurz vor dem Start noch ein Wart zu mir gekommen: »Zum Telefon!« Am anderen Ende hing der Leiter einer Theatergruppe, der uns am Tage vorher mit seinen Künstlern hier in Calais viel Freude gemacht hatte, der Schlagerkomponist Ludwig Schmidseder.

Nachdem ich diesen privaten Anruf erledigt hatte, mußte ich mich beeilen. Es ging sofort los. Beeilung beim Start ist ja für den Jagdflieger nichts Ungewöhnliches. So war ich im Nu angeschnallt und wartete auf den Augenblick, wo der Chef seine Maschine anließ. Leider saß ich heute nicht in meiner neuen 109 mit der gelben »4«, bei der schon eine Luftschraubenautomatik eingebaut war, sondern mußte wieder auf die gute, alte »2« zurückgreifen, die etwas langsamer war, doch hatte ich es mit ihr schon zu einigen Strichen (Abschüssen) am Leitwerk gebracht.

Mein Wart freute sich, daß die nun schon fast vergessene alte Liebe wieder mal aus dem Stall kam.

»Vielleicht haben Sie wieder mal Glück, Herr Oberleutnant, mit der Neuen scheint es ja nicht zu klappen«, wünschte er mir, bevor er die Klappe zumachte.

Ich allerdings machte mir schon seit Tagen andere Gedanken. Die jetzige Fliegerei war nicht mehr das Richtige, es lief alles zu schematisch ab. Man

versammelte sich, flog im Haufen von etwa 50 Me109, davon 20 mit Bomben, nach London, machte eine Kehrtkurve, nachdem die Bomben geworfen waren, und dann ging es zurück, nach Hause.
Hatte man Pech, dann warteten über London ein paar englische Jäger in der Überhöhung. Sie griffen in der Kehrtkurve an, schossen kurz im Sturz und fegten nach unten weg. Da war nicht viel zu machen. Nachstürzen wäre nur Dummheit gewesen. Wenn die Bomben weg waren, waren wir alle froh, nicht nur die Bombenträger. Eine 250-kg-Bombe war für die Me109 schon eine erhebliche fliegerische Behinderung.
Nach dem Wurf hieß es so schnell wie möglich »Nach Hause«. Das Ganze dauerte meist nur 50 bis 55 Minuten, was gut war, denn bei Vollgas hatten wir ja nur für 70 Minuten Sprit.
So brachten wir es vor wenigen Tagen an einem Sonnentag auf siebenmal Calais/London/Calais. Von Jagdfliegen konnte dabei nicht mehr die Rede sein.
Mitten über dem Kanal war unser Verband zusammen. Ich saß mit meinem Rottenhund, Feldwebel Schieverhöfer, ganz oben rechts in dem Pulk, dessen Kern die Jagdbomber bildeten. Sie flogen in verhältnismäßig enger Formation in der Mitte des klug verteilten Haufens. Wir paßten gut auf, denn bis jetzt war noch nichts Feindliches zu sehen. Gerade dieses »Nicht-Sehen« und die damit verbundene Ruhe im Funksprech war am aufreibendsten. Jeder drehte und verrenkte den Hals nach allen Seiten, vor allem nach rückwärts.
Der Wetterbericht stimmte: Über England eine fast geschlossene Wolkendecke, über London aufgerissen.
Wir waren 10 000 m hoch und konnten schon das Loch in der weißen, flaumigen Decke unter uns erkennen.
Da endlich! »Meldung von Rabe: In 11, hoch, Kondensstreifen. Gleiche Flugrichtung!« Jawohl, da waren sie! Links über uns, etwa 1000 m höher, flogen feindliche Jäger mit uns. Wieder einmal war zu erleben, daß die Engländer mit ihrem neuen Motor, dem Rolls Royce Merlin III, höher steigen konnten als wir.
Es war wie üblich. Unsere erste Welle hatte unbelästigt ihre Bomben geworfen. Bis wir drankamen, hatten die englischen Jäger aber genügend Zeit, um Höhe zu sammeln, und konnten nun in überlegener Position warten, bis wir in die Kurve gingen.
In dieser Kehrtkurve waren wir verletzlich, da konnten sich die Zweier-Rotten nicht mehr gegenseitig den Rücken decken, dann war der Au-

genblick für die Spitfires und Hurricanes gekommen um anzugreifen. Aber vorläufig hieß es nur: »Im Auge behalten!«
Von meiner Position hatte ich sie schön im Blickfeld! Schön sah das aus, ganz friedlich, diese weißen, schnurgeraden Silberstreifen. Zuerst ganz mathematisch parallel, dann fingen sie an zu quellen, um sich mit der Zeit in einem feinen Rauch aufzulösen.
Aber bald hatte ich mich mit meiner Luftschraubenverstellung zu beschäftigen. Bei dem Fliegen in dieser Höhe leistet der Motor zwar wenig, aber noch einigermaßen genügend, wenn man die Drehzahl dauernd verändert. Durch flache Anstellung der Luftschraube bringt man den Motor auf Touren, dann geht man wieder zurück auf steile Stellung und holt so die Kraftreserve, die der Motor aus der erhöhten Laderumdrehung und damit einer besseren Luftverdichtung erhält, wieder heraus, in dem man Fahrt aufholt. So mußte man dauernd mit der Schraubenverstellung hin und her spielen, um auf gleicher Fahrt wie der Verbandsführer zu bleiben, der ja nicht so viel kurven darf, wie der Deckungsflieger darüber.
Bei mir machte sich die lange Stehzeit der Maschine bemerkbar. Das Fett im Luftschraubengetriebe wurde langsam steif. Beim Stand in der herbstlichen Witterung hatte sich Kondenswasser gebildet, und die Zahnräder im Getriebe drehten sich langsamer und langsamer. Es wurde klar, daß das Fett infolge der niederen Temperaturen in dieser Höhe anfing zu erstarren. Bald würde ich meine Verstellung überhaupt nicht mehr betätigen können.
»Umdrehen?« Zu oft hatte ich zu diesem verlustreichen Zeitpunkt der »Luftschlacht von England« schon gehört, wie sich andere wegen Bagatellschäden abgemeldet hatten. Freilich, die Anweisung lautete schon so: »Bei Maschinenschaden sofort Auftrag abbrechen.« Aber war das wirklich jetzt noch wichtig, war es nicht besser, beim Haufen zu bleiben? Gleich mußte ja doch die Kurve kommen.
Ich entschloß mich zu bleiben und meine Luftschraube so einfrieren zu lassen, daß ich bei Vollgas Übertouren herausholen konnte. Damit war immerhin eine gewisse Kraftreserve vorhanden. Der Motor hatte schon so oft Übertouren aushalten müssen, das würde auch diesmal klappen, wenn es heiß hergehen sollte.
Schon lagen die Vorstädte der englischen Hauptstadt unter uns. Langsam mußte ich wissen, ob es zu einer Rechts- oder einer Linkskurve kam, denn angesichts der feindlichen Jäger hieß es jetzt schon, in eine gute Position zu gehen. Immerhin war ich mit meinem Rottenhund am höchsten

im Verband und mußte damit rechnen, daß der erste Angriff uns gelten würde.
Aber schon fragte mein Chef, den die gleiche Sorge beschäftigte: »Frage: Rechts- oder Linkskurve?« Der Führer des Bomberverbandes gab durch: »Nach Bombenwurf Rechtskurve!«
Das war für uns goldrichtig! Wir waren damit schön in der Innenseite der Kurve plaziert und würden nach der Kurve nicht die letzten Hasen sein, die die »Jäger« zur Strecke zu bringen suchten.
Jetzt war es soweit! Die 109 mit den Bomben drunter drückten leicht an, zielten, und das Kommando »Bomben weg!« kam. Wir drückten leicht mit an, aber schon ging es los. Im Funksprech war das Durcheinander so groß, daß man lange Zeit nur Pfeifen hörte. Da sprachen wieder mehrere gleichzeitig auf ihren Funkgeräten. – Einer rief: »Meine Bombe hängt noch dran, langsamer machen!« – Eine ärgerliche Stimme: »Ziehen Sie doch den Notzug!« Dann wieder Pfeifen.
Aber wo blieb die Rechtskurve? Unter uns wurde eine Linkskurve eingeleitet!
Scheußlich! Ich saß ziemlich weit rechts gesetzt. Mein Rottenhund, der vorhin aufgepaßt hatte, flog auf meiner rechten Seite! Und nun eine Linkskurve!
Ich nahm etwas Gas zurück, sonst wäre Schieverhöfer überhaupt nicht mehr mitgekommen.
»Schön, Lothar!« dachte ich, wie er so vor mir auf mich einbog. So konnte ich ihn sehen. Das war aber auch notwendig! Im Kopfhörer rief einer ganz aufgeregt: »Aufpassen! Aufpassen! Sie kommen! Sie kommen! Aus der Sonne!«
Genau in die grelle Sonne mußte ich hineinschauen, auf der Seite flog Schieverhöfer, mein Feldwebel! Der blieb schön beweglich, raste unter mir durch und kam auf der anderen Seite wieder hoch. Jetzt konnte auch ich herumreißen und schob die Stange wieder voll nach vorn, der Motor brauste auf, machte seine 2800 Touren, etwa 400 zu viel, aber mich zog es ganz schön nach vorn. Man hing ja sonst mit den ca. 230 km/h in dieser Höhe wie eine »Pflaume« am Himmel. – Bis zu ca. 5000 m Höhe ging die Me 109 damals gute 450 km/h im Geradeausflug. Und mit diesem Tempo kamen die Engländer aus der Überhöhung lässig von oben – das war eben der Vorteil der größeren Höhe!
Nun zeigte die Schnauze wieder in Richtung Heimat. Wir waren beide auf gleicher Höhe geblieben, das war wichtig, um uns gegenseitig hinter

den Schwanz schießen zu können, falls notwendig. Wir saßen aber ziemlich zurück hinter dem Verband.
Gerade wollten wir anfangen zu drücken um aufzuholen, da ging es los! »Aus der Sonne! – Aus der Sonne!« – Nun war es soweit!
Hoch über Schieverhöfer kamen vier bis fünf Maschinen angestürzt. Sie hatten unheimlichen Fahrtüberschuß. »Lothar, aufpassen!« rief ich und kurvte auf ihn zu. Aber was war denn das? Anstatt wegzudrücken, kam er auf mich zu und fing an, hinter mein Leitwerk zu schießen.
Nun riskierte ich einen Blick hinter meinen Rücken, und schon stand meine Maschine auf dem Kopf! – Wie auf einer gebogenen Treppenleiter! Eine Leiter, die in die Sonne führte und aus »Spitfires« bestand. Die vordersten ließen es schon aus den acht kleinen Löchern in den Flügelvorderkanten flammen!
Das hatte mir genügt! Lothar mußte nun selbst sehen, daß er nach unten abfuhr. Mit Schrecken mußte ich erkennen, wie mein Motor irrsinnige Drehzahlen raste. Das Gas war weg, aber 3300 Touren blieben drauf. Das war doch ein bißchen viel! In etwa 7000 m begann ich abzufangen, obwohl unter mir die weiße Wolldecke zum Verstecken lockte. – Noch kein Treffer? –
Da! »Patsch!« Auf der linken Seite gab es eine Art kleine Explosion. Gleichzeitig gab es einen kleinen Ruck am Steuerknüppel. Das konnte nur der Turbolader sein, der war nun wegen der Überdrehzahl doch geplatzt, vermutete ich, und irgendein abgefallenes Teil hatte die Verwindungsklappen oder das Leitwerk gestreift.
Also noch kein Treffer? – Die Maschine blieb voll beweglich. Aber ich traute dem Ganzen nicht. Wenn der Lader geplatzt war, mußte ich sowieso möglichst nahe an den Boden runter, um noch eine einigermaßen ausreichende Motorleistung zu haben.
Also raste ich mit 700 km/h Fahrt, bei hoher Überdrehzahl, in harten Abwehr-Schlangenlinien, den Wolken zu, die mich in etwa 2000 m Höhe aufnahmen. Der Blick war dabei dauernd nach hinten gerichtet. Aber anscheinend hatten sie mich verloren, niemand war mehr hinter mir her. Als ich in dem Milchbrei verschwunden war, ließ ich den Knüppel etwas nach hinten. Und schon ging es wieder nach oben ins Freie.
Ich war kurz geblendet von dieser neuerlichen Helligkeit, doch war es ganz gut, die Sonne wieder zu sehen, mein Kompaß raste wegen der dauernden Schaukelei von einer Richtung in die andere. Wenn ich die Sonne ungefähr links vor mir hatte, stimmten mein Kurs und meine Rich-

tung. Also wieder rein in die schöne, sichere Milch. Erst mal sehen, was mit der Maschine los ist.
Doch was ist denn das? Kaum bin ich drin, da bin ich auch schon unten durch. Unter mir Land und ein Teil der Themsemündung! Sehr weit bin ich also trotz meiner irrsinnigen Fahrt nicht gekommen.
Jetzt reiße ich die Augen aber doch auf. Das sind ja lauter »Hurricanes«, die da ganz friedlich etwas unter mir und um mich herum in gleicher Richtung mitfliegen.
Da heißt es aber schnell sein, die haben mich noch nicht gesehen, wer da zuerst schießt, der hat Erfolg. Ich schalte mein Reflexvisier voll ein und will mit der Maschine zielen. Das geht nicht, beim Durchfliegen der Wolkenschicht ist meine ganze Vorderscheibe vereist, und alles ist verzerrt. Ich ziehe mir den Handschuh aus, um das eiserne Notvisier herunterzuklappen, gleichzeitig nehme ich die Sauerstoffmaske ab, um besser sehen zu können, in dieser Höhe brauche ich sie sowieso nicht mehr. – Da erschrecke ich ganz gewaltig. – Nachdem die Maske ab ist, rieche ich, was mit meiner Maschine los ist. Es riecht wie in einer Lokomotive! Ein langer Blick auf alle Instrumente: Die Kühlstofftemperatur zeigt 130 Grad. Das heißt Kühlerschuß!
Meine Abschußabsichten sind damit sofort hinfällig, ich muß froh sein, wenn mich die Hurricanes nicht sehen und mich in Ruhe lassen. Zögernd schiebe ich den instinktiv zurückgenommenen Gashebel wieder nach vorne und steige sachte der erstbesten Wolke zu. Unter gleichzeitigem Beachten der Quecksilberkugel und des Wendezeigers beobachte ich mit Sorge die Öltemperatur. Noch liegt sie innerhalb der roten Grenzen!
Doch erstmal an unsere Bodenstation in Calais: »Meldung von Eule 2a: habe Kühlerschuß! Versuche, Kanal zu erreichen. Nehme Kurs von Themsemündung Richtung Manston! Bitte um Bestätigung!« – Nichts folgt. Vielleicht stört die dazwischenhängende Wolkenschicht die Funkverbindung?
Inzwischen bin ich mit möglichst wenig Gas wieder auf 2000 m gestiegen, bin immer noch in den Wolken drin und habe inzwischen nur noch wenig Fahrt drauf. Also: »Gerade legen, und dann wieder Köpfchen nach unten, liebe ›2‹, und halte schön brav durch! Sieh, ich will Dich schonen, und schalte jetzt sogar die Zündung aus, damit Dir Dein Eingeweide nicht zu sehr verbrennt!«
Im Gleitflug geht es nach unten, es ist nicht einfach, mit meinem Vogel blind zu fliegen, aber ich strenge mich an, den Zeiger still zu halten und auf

Kurs zu bleiben, wie nie vorher, wenn auch ein noch so strenger Lehrer daneben saß. Und es geht!

In 1200 m bekomme ich Erdsicht, doch ich gleite weiter abwärts, die Zündung bleibt aus, so lange wie nur möglich, das Öl soll Zeit haben, um sich abzukühlen.

Jetzt, wo ich Erdsicht habe, brauche ich mich nicht so sehr auf die Instrumente zu konzentrieren, und rufe wieder: »Von Eule 2a: Habe Kühlerschuß, muß voraussichtlich im Kanal notlanden!«

Da meldet sich die Bodenstelle: »Habe verstanden, Seenotdienst wird benachrichtigt! Ins Wasser gehen nur dann, wenn unbedingt notwendig! Denken Sie an Geller!« – Das war der gute Hauptmann Förster auf dem Gefechtsstand in Calais. Er erinnerte mich an unseren Adjutanten, der im Kanal nach einer Notwasserung ertrunken war. Nun war er um mich besorgt und wünschte mir nicht das gleiche Schicksal.

Wie froh wäre ich, würde ich schon schwimmen!

Es kommt noch besser. Meinen Chef Obltn. Kühle kenne ich sofort an der Stimme: »Von Eule! Habe verstanden! Suche sofort Kanal ab, Rest der Gruppe fliegt nach Hause und kommt nach Tanken wieder um abzulösen.«

Das klappte ja wie am Schnürchen! Wenn die mich gefunden hatten, konnten sie Standortmeldungen für das Seenotflugzeug abgeben.

Doch nun war ich allmählich bis auf 500 m Höhe im Gleitflug nach unten gekommen. Leichte englische Flak fing in der Nähe einer kleineren englischen Stadt unter mir an, mich zu beschießen.

Also wieder Zündung eingeschaltet. Der Propeller dreht, angetrieben von der Luftströmung, immer mit, und der Motor nimmt an. Wieder gewinne ich schön sachte an Höhe. Die Öltemperatur hält sich immer noch in den Grenzen.

Die Steigzeit bis zum Eintritt in die Wolken benütze ich noch zu einer neuen Durchgabe meines Standortes und füge auch gleich hinzu, daß ich ab Manston über Wasser einen Kurs von 100 Grad fliegen werde. So müßten sie mich eigentlich im Wasser finden, vorerst läuft der Motor noch schön rund und gleichmäßig. Allerdings, die Öltemperatur steigt sichtbar, kaum bin ich in den Wolken drin, ist sie schon über 100 Grad angelangt. Also Zündung wieder raus und wieder Gleitflug.

Inzwischen höre ich mit, wie mein Chef mit der Bodenstelle spricht. Diese gibt ihm durch, daß der Seenotdienst benachrichtigt ist. Alles in allem könnte die Verbindung nicht besser sein.

Weiter im Gleitflug kann ich schon die Küste sehen. Dies gebe ich durch, komme dabei aber bis 250 m herunter. Also schleunigst wieder Zündung »ein« und Gas!
Der Motor nimmt wieder an. – Aber nicht lange! Ich merke schon nach wenigen Umdrehungen, daß er hart läuft. Also Gas zurück! Mit der geringen Leistung kann ich aber kaum mehr Höhe halten!
Oh Jammer! Auch das Gaswegnehmen hilft nichts. Der Motor würgt richtig metallisch hart. Vielleicht hilft noch Vollgas? Vielleicht reißt er nochmals durch? Ich schiebe die Stange voll rein. – Das hilft!! – Der Motor entscheidet sich und bleibt stehen. Richtig festgefressen, mit Knirschen! – Auf einmal dreht sich kein Propeller mehr, und es ist richtig still um mich. Draußen rauscht nur noch die Luft mit etwa 220 km/h Fahrt vorbei.
In solcher »Stille« bin ich nie jemals in einer 109 geflogen! Das bedeutet aussteigen! Keine Notlandung, ich werde meine Maschine zerstören! – Aber vorher noch eine Meldung. In dieser Ruhe hört sich das seltsam laut an: »Von Eule 2a: Motor steht! Ich steige aus!«
Jawohl, es heißt aussteigen! Sofort reiße ich die Funkhaube ab. Diesmal ist es viel gemeiner, dieses Aussteigen, als damals auf einem Übungsflug, als ich gerammt wurde. Damals waren alle Steuerungen zerstört, der Motor raste auf Vollgas, und ich durfte keine Sekunde verlieren. Heute ging das alles so friedlich, aber weit folgenschwerer. Aber wenn schon, dann mit Überlegung!
Bleibt es bei dem Entschluß Aussteigen? Jawohl, der Vorsatz gilt. Die Maschine fällt dem Feind nicht per Notlandung in die Hände, beim Absturz wird sie zertrümmert. Arme »2«, jetzt ist es aus mit Dir! Eigentlich hast Du das nicht verdient!
Zuerst die Kabine weg! Ich ziehe am Abwurfhebel für die Kabine und reiße und zerre. Die Plombe geht weg, aber dann geht der Griff auch keinen Millimeter weiter rückwärts!
Verdammt nochmal, ich bin schon wieder auf 250 m runter! – Fahrt noch 200. Jetzt wird es eilig!
Jetzt gibt es nur noch eins: Einsteigkabinendeckel auf! – Der Luftdruck reißt ihn weg. – Polternd fliegt das Plexiglasgehäuse nach hinten.
Nun losgeschnallt! Ich stütze mich ab und werde, mit dem Fallschirm unterm Hintern, gleich vom Fahrtwind so stark an das hinten stehengebliebene Kabinenteil gedrückt, daß ich mit den Beinen unter der vorderen Kanzel Halt suchen muß, um nicht rückwärts, Hals über Kopf, abgerollt

zu werden. Das kann ich mir einfach nicht leisten, denn da steht ja auch noch der kurze, aber stabile Antennenmast samt Draht.
Noch einmal versuche ich, mit den Fingerspitzen den Knüppel zu erreichen, um der Maschine Fahrt wegzunehmen. Aber ich reiche nicht mehr hin. Mein guter Vogel geht jetzt auch noch von selbst in eine Rechtskurve, die schon bedenklich Richtung Boden geneigt ist.
Es geht nicht mehr mit Überlegung! Ohne Rücksicht, ob die Fallschirmpackung in Fetzen geht, wälze ich mich nach rechts, ziehe meine Beine an und bin weg. Auch bei nur 200 km/h Fahrt ist man ein ziemlich hilfloses Etwas. Wie ein Stück Lumpen werde ich da am Rumpf der Maschine entlang gezwirbelt. Aber den Kopf ziehe ich ein! An der Antenne und dem Leitwerk komme ich vorbei! Das ging schnell, aber gut!
Nun ist mir erst mal gleichgültig, wie viele Saltos ich schlage und in welche Richtung sie gedreht werden. Ich suche den Griff, mit dem man den Fallschirm auslöst! – Und ziehe!
Diese verdammten Sekunden! Schon glaube ich wieder, der Schirm geht nicht auf! Genau wie damals, als ich gerammt worden war!
Ich will anfangen, mit den Händen rückwärts nachzuhelfen. Da kommt der kleine bauschige Öffnungsschirm zwischen meinen Beinen durch! Und nun führte ich eine Figur aus, wie man sie sicher auch im Zirkus nicht zu sehen bekommt. Der kleine Schirm hatte mit viel Geschick einige Schlingen um mein linkes Bein gelegt, und als der Entfaltungsruck kam, meinte ich, mir würde das Bein ausgerissen. Zwar gab ich den auftretenden Bewegungsforderungen so weit wie möglich nach, aber es war einfach zuviel verlangt.
Zuerst hörte meine Saltoschlagerei ruckartig auf, dann hing ich mit dem Kopf nach unten und drehte mich um mein linkes Bein als Achse, dann tat es noch einen Schnapper, und ich hing schließlich doch richtig. Zu meiner großen Verwunderung war das linke Bein nicht nur noch dran, sondern es ließ sich auch noch bewegen. Es schmerzte allerdings so stark, daß ich diese Bewegungen sofort einstellte.
Gerade sah ich noch, wie meine brave »2« mit Propeller und Motor voraus, mitten in einer Herde von Kühen, den Boden traf und anfing, sich selbst den Ehrensalut zu schießen, da war auch ich schon in Bodennähe. Glück muß man haben! Gerade im Endpunkt einer Pendelbewegung konnte ich so aufspringen, daß ich den ganzen Schwung mit dem rechten Bein auffangen konnte. Der Boden war schön sumpfig und weich. Die Landung ging für ein kaputtes Bein glänzend gut.

Vorher hatte ich schon den Knopf am Seefallschirm, der bei einer Wasserlandung einen ja nicht zudecken sollte, entsichert. Jetzt ein Druck und die Gurte fielen ab. Dieser Schirm war eine feine Sache! Kraftlos fielen die Seidenbahnen keine fünf Meter vor mir ins Gras.
Meine Maschine konnte ich von hier aus nicht mehr sehen, denn ich war dicht neben einem Damm heruntergekommen, der an einem kleinen Kanal lief. Der versperrte die Sicht nach dieser Seite. Ich sah nur etwas Rauch aufsteigen und hörte Explosionen, wahrscheinlich von der 2-cm-Munition.
So, hiermit stand ich auf englischem Boden! Der Himmel über mir war grau, und ein leichter Nieselregen fiel. Hier unten konnte man es gar nicht glauben, daß man vor wenigen Minuten noch oben in der herrlichsten Sonne geschwommen war.
Eine Feststellung kam in mir hoch: Jetzt hatte ich für einige Zeit die Bestimmung über mein Schicksal verloren! Ein Gefühl der Ohnmacht, das mich fast zum Heulen brachte. Und über mir hörte ich das Brummen und Heulen der Motoren meiner heimkehrenden Kameraden, mit denen ich eben noch gesprochen hatte. – Von denen ich jetzt so hoffnungslos abgeschnitten war.

Gefangennahme

Da stehe ich also auf fremdem Boden, versuche einige Male, auf das linke Bein aufzutreten und zu gehen. – Ist nicht möglich! Jede Bewegung verursacht Nadelstiche über die ganze Länge des Beines, der Kern des Übels jedoch steckt im Knie.
Nacheinander lege ich meine Sonderausrüstung ab, Schlauchboot mit Farbbeutel, den ich lieber im Wasser aufgerissen hätte, Leuchtpistole und ... da fällt ein Schuß!
Ich sehe mich um. Sollte das wirklich mir gegolten haben? Die Gegend hier sieht doch so friedlich aus. Hinter dem Damm ist in einiger Entfernung ein Dörfchen zu sehen, von dem aus sich im Bogen um mich herum ein Sträßchen zieht. Es führt mit einer Brücke über den Kanal und ist von einer Hecke gesäumt. »Hinlegen!«, fährt es mir blitzartig durch den Kopf. Instinktiv kommt mir meine Infanterieausbildung in Erinnerung – sofort

liege ich, Deckung suchend, auf dem Bauch. So, nun kann ich diese Brükke nicht mehr sehen, kann also von dort aus nicht mehr beschossen werden.
Stand doch da ein Zivilist mit Armbinde neben der Brücke hinter der Hecke, schon wieder mit dem Gewehr im Anschlag auf mich. Was der wohl noch Gefährliches hinter mir armem Würstchen vermutete? Ich hatte doch außer der Leuchtpistole nicht einmal die normale 6.35er Pistole dabei. Das war uns verboten worden, weil sich vor ein paar Wochen bei einer Nachbargruppe zwei Flugzeugführer im Seewasser erschossen hatten. Sie waren mit aufgeblasener Schwimmweste, aber auch mit Kopfschüssen, an die französische Kanalküste getrieben worden. Wahrscheinlich hatten sie die Unterkühlungsschmerzen nicht durchgestanden.
Da gab es nichts anderes als aufpassen, daß der Mann nicht zum Schuß kam. Er würde schon merken, daß ich nicht mal mehr bewegungsfähig war.
Mit nachschleifenden Beinen robbte ich an den Damm und kam mit Mühe an den oberen Rand.
Da sah ich, wie mein Gegenüber auf der anderen Seite des Kanals ebenfalls hinter seinem Damm herangekrochen kam. Sein Gewehrlauf wurde ab und zu sichtbar.
Solange das Gewehr gen Himmel zeigte, konnte die Sache nicht gefährlich werden.
Nun lagen wir uns fast gegenüber und wagten beide, den Kopf zu zeigen. Es war fast zum Lachen! Wir waren kaum fünf Meter auseinander – aber vorläufig traute keiner dem andern!
Er rief: »Get up!«
Für mich kam nun der große Augenblick, wo ich mein Schulenglisch anbringen konnte. »I can't, my leg is damaged.«
Auf die Wirkung war ich gespannt. Tatsächlich! Meine Lehrer hatten mich nicht betrogen, es war tatsächlich Englisch, was man uns beigebracht hatte! Mein Gegenüber hatte verstanden und faßte nun sofort besseres Vertrauen zu mir.
Er stand auf, und ich versuchte nochmals, mich hochzukriegen. Noch paßte ich aber auf die Gewehrmündung auf. Sobald sie in die Horizontale käme, würde ich sofort den Kopf wieder einziehen. Noch hatte ich die Möglichkeit.
Ich rief hinüber: »I cannot walk, you must come and help me!« Anscheinend war nun der letzte Rest von Mißtrauen verschwunden, er nahm Ge-

Leutnant Steinhilper, Frühjahr 1939

Der Autor 1983 mit den Trümmern seiner Maschine, die nach dem Krieg von den Engländern ausgegraben wurde und sich jetzt im Kent 'Battle of Britain'-Museum befindet.

wehr bei Fuß. Auch ich begrub mein Mißtrauen und wälzte mich auf den Damm hinauf, kam sogar auf mein rechtes Bein zu stehen. Saß aber gleich wieder, der Schmerz im linken Haxen fällte mich! Er hatte an meinem ehrlichen Bemühen nun auch gesehen, daß ich ihm nicht weglaufen würde. Er erklärte mir, daß er dort über die Brücke zurückgehen werde, um auf meine Seite zu kommen. Sitzenbleiben sollte ich!

Da saß ich und überlegte. – Wann würden meine Eltern davon erfahren, daß alles glatt gegangen war? Und die Kameraden?

Dort drüben lagen die Trümmer meiner guten »2«, von hier oben konnte ich sie wieder sehen. Nur noch Reste des Leitwerkes waren übriggeblieben. Acht Striche waren dran. Jeder bedeutete ein mir ähnliches Schicksal. Drei stammten vom Vorgänger, der die Maschine vor mir geflogen hatte, fünf von mir. Der letzte war vor zwei Wochen angebracht worden. Er stammte von einer »Blenheim«, die ich vor Dünkirchen getroffen hatte. Die Besatzung hatte sich ins Schlauchboot gerettet, einer starb an den Schüssen, zwei Mann der englischen Flieger kamen in deutsche Gefangenschaft.

Ja, so geht es! Jetzt hieß es für mich, willenlos zu werden. Ab jetzt würde man meinem Leben einen Verlauf aufzwingen, an dem ich nicht viel mitwirken konnte.

Aus dem Dorf heraus kamen mitten durch die aufgeregte Kuhherde hindurch und an meiner Maschine vorbei eine Menge Menschen angerannt. Zu meiner Beruhigung konnte ich feststellen, daß allen voran zwei Mann in Khaki liefen. Soldaten! – Zivilisten hätte man eher zu fürchten, hatte es in unseren Geheimberichten geheißen. – Dann konnte es ja nicht so schlimm werden.

Inzwischen hatte der Home-Guard-Mann (auch diese Art Verteidiger war uns aus den Berichten bekannt), seinen Umweg beendet. Er fragte mich nach einem Ausweis. Ich hatte aber nichts dabei.

Leichtsinnigerweise nicht einmal meine Erkennungsmarke. Nur mein Gruppenabzeichen, eine Anstecknadel mit einem Eber darauf, konnte ich ihm auf seine Bitte als Souvenir schenken. Er versenkte sie sofort in seine Hosentasche.

Da die anrennenden Menschen noch entfernt waren, gingen wir gemeinsam an die Untersuchung meines Beines. Ich zog den Pelzstiefel aus, ließ den Strumpf runter und wickelte das Hosenbein hoch. »Oh, you have pyjamas on!« Dieser Umstand sollte noch öfters einer Erklärung bedürfen! Kein Mensch wollte mir auch glauben, daß ich diese dicken Flanell-

hosen meines wärmsten Schlafanzuges nur deshalb angezogen hatte, weil es heute morgen so elend naßkalt gewesen war und ich diese Hose einer normalen langen Unterhose vorgezogen hatte.
Wann und wo immer ich meine Hosen hochkrempelte, und das kam wegen des beschädigten Beines oft vor, zog ein Grinsen über die Gesichter: »Sie müssen es beim Start aber sehr eilig gehabt haben!«
Er suchte sorgfältig an meinem Bein herum, wurde dann aber zu grob, und ich versuchte ihm klarzumachen, daß es weh täte. »But you are not hurt!«
Jetzt wurde mir sein Tun erst klar: Er suchte nach Blut! Wenn an meiner Erzählung etwas Wahres war, dann mußte man einen Einschuß und Blut sehen. Da das nicht der Fall war, hieß es wieder: »Get up!«
Meine Einwendungen halfen nichts, also hatte ich es zu versuchen, – ein paar Schritte – Hüpfer auf einem Bein. Ausgeschlossen, es war unmöglich. Nun war ich entschlossen, trotzig sitzenzubleiben.
Er sah ein, daß es nicht ging. Gleich war ich auch weiterer Sorgen enthoben. Drüben auf dem Damm erschienen bereits die beiden Khaki-Soldaten.
Beide bedeuteten mir nun, ich solle auch noch mein anderes Hosenbein aufkrempeln und den Kanal durchwaten. Wieder ein Mißverständnis. Doch es klärte sich schnell.
Da der Kanal nicht breit war, wollten die beiden herüberspringen. Der erste sprang, kam gerade bis aufs steile diesseitige Ufer, bekam Übergewicht nach hinten, fuhr mit den Armen in die Luft, ruderte damit nach hinten und »klatsch!« lag er rückwärts im Wasser. Klatschnaß, doch lachend stieg er ans Ufer.
Nun kam der zweite: »Klatsch!« Genau wie sein Vorgänger, die Ufer waren zu glatt und sumpfig!
Bei den schon versammelten Zuschauern aus dem Dorf erregte das große Heiterkeit. Auch die beiden Soldaten, die zu meiner Verwunderung auf ihren Schultern die Aufschrift »Canada« trugen, waren trotz Nässe und Abkühlung bester Laune.
Zuerst wurde nun mal beratschlagt, was man mit mir unternehmen mußte. Dann kam ein Offizier, der wieder nach Papieren fragte. Aber auch bei genauem Durchsuchen meiner Taschen kam nichts anderes zum Vorschein als der Brief einer Jugendfreundin, den ich noch vor wenigen Tagen bekommen hatte und der zufällig noch in meiner Brusttasche steckte.
Als sich immer mehr Leute versammelten, die sich aber eigentlich normal

Me 109 mit abgebrochenem Federbein und gebogenem Propeller: Fehlstart wegen Seitenwind beim Abflug von Coquelles (1940). Dies war der einzige Feindflug, den der Autor versäumte.

Von links: Ulli Steinhilper und Hinrich Waller bei der Flugzeugführerausbildung (1937).

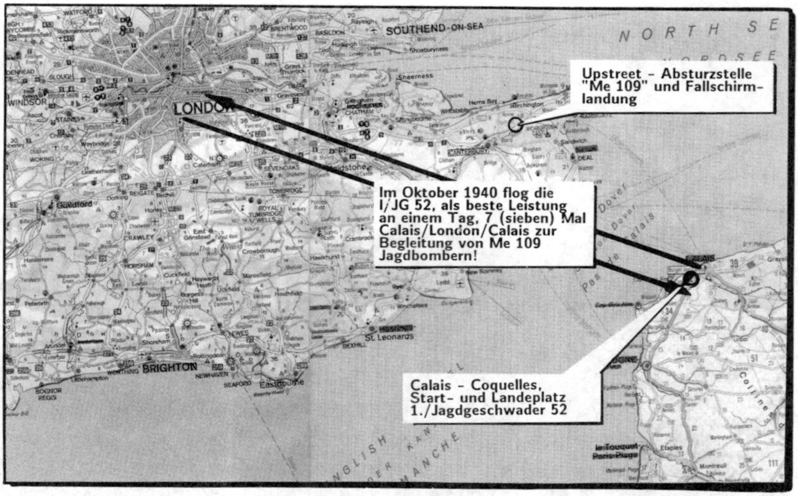

verhielten – man betrachtete mich eben mit Neugierde – gab der Offizier den beiden Soldaten den Auftrag, mich zum Dorf zu tragen. Den Leuten sagte er, sie möchten sich entfernen.

Die beiden Kerle taten mir leid, denn schon nach ein paar Hüpfern, bei denen sie mich unter die Schulter faßten, wurde klar, daß es einfach nicht anders zu machen war, als daß sie mich trugen. Und der Leichteste war ich schon damals nicht.

Bei der ganzen Angelegenheit kam ich mir so vor, als müßte ich um Entschuldigung bitten, daß ich ihnen die Unannehmlichkeit bereitet hatte, ihr Gefangener zu werden.

Übergangszeit

Kurz bevor wir ins Dorf einbogen, gelang es doch einer alten Frau, an mich heranzukommen. Was sie schimpfte, verstand ich nicht, doch die geballten Hände mit den verknöcherten Fingern sprachen deutlich genug. Der Frau konnte ich nachfühlen! Droben brummte es schon wieder, die

dritte Welle flog jetzt ihren Einsatz. Der Betrieb nahm auch ohne mich seinen Lauf.
Ja, Kameraden, ich bin ausgeschaltet, nun muß ich eben warten, bis ihr es schafft, uns herauszuholen. Von Flugzeugführern, die im August abgeschossen worden waren, hatte man über das Rote Kreuz zum Teil schon gehört, daß sie auch in Gefangenschaft geraten waren.
Im Dorf wurde ich in ein größeres Gebäude gebracht, das anscheinend einer Invasions-Abwehr-Kompanie als Befehlsstand diente.
Im Zimmer wurde ich von einem englischen Offiziersanwärter empfangen, der Dünkirchen mitgemacht hatte, wie er mir gleich sagte. Er war dort knapp der deutschen Gefangenschaft entronnen und hatte Verständnis für meine Lage.
Von einer Rotkreuzschwester wurde mir eine Tasse Tee serviert, die ich lachend entgegennahm. Genau diese Tasse Tee hatte mir vor drei Tagen ein Spitfirepilot prophezeit, der über unserem Platz in Frankreich abgeschossen worden war. Wir hatten ihm als erstes einen Cognac eingeschenkt.
Leider hatte ich seine Adresse nicht bei mir. Damals hatte ich laut gelacht, als er mir den Vorschlag machte, im Falle meines Abschusses und meiner Gefangennahme seine Mutter davon zu benachrichtigen, daß er gesund und munter geblieben sei.
Nach kurzer Zeit kam ein junger Major ins Zimmer, der Chef der Kompanie. Er traf die nötigen Maßnahmen zu meiner Bewachung und verschwand wieder. Die Krankenschwester brachte mir einen Eimer mit kaltem Wasser, in dem mein Bein Kühlung fand. Ein Arzt sei auch benachrichtigt. Auch hier wieder das Gegrinse über meine Pyjamahose. – Allmählich konnte ich schon selbst über die phantasievollen Ausmalungen meines »hastigen« Starts lachen.
Schon nach etwa 20 Minuten erschien ein Offizier, der die lichtblaue RAF-Uniform trug und mich auf deutsch ansprach. Nach einigen einleitenden Sätzen wurde mir durch seinen Dialekt klar, daß er in Nürnberg gelebt hatte.
Er stellte Fragen, aus denen ich sofort heraushören konnte, daß er die Absicht hatte, mich über militärische Dinge auszuhorchen. Mit einem Schlage wurde mir bewußt, daß nun die wirkliche Gefangenschaft begann. Deshalb sagte ich gleich und von vornherein, außer Dienstgrad, Name und Heimatanschrift sei nichts aus mir herauszuholen. Er ließ aber nicht locker, und ich rutschte unruhig auf meinem Stuhl hin und her.

Ich machte ihn darauf aufmerksam, daß er ja auch Offiziersuniform trage und in meiner Lage sicher nicht anders handeln würde. Gerne würde ich mich dazu bereit erklären, dem Flugzeugführer, der mich erwischt hatte, zur Abschußbestätigung zu verhelfen, sonst aber könne ich keine Angaben machen.
Dieser Appell wirkte teilweise. Ich wurde nun wieder nach Erkennungsmarke und Ausweispapieren gefragt, worauf als einziges Papier der Brief zum Vorschein kam.
Der wurde aufmerksam durchgelesen, und siehe da, er enthielt anscheinend Interessantes. Man sah förmlich, wie der Vernehmungsoffizier stutzig wurde.
Er hielt mir den Brief vor und fragte: »Wie kommen Sie zu dieser Adresse?«
Das konnte ja heiter werden. Vor wenigen Wochen waren wir noch der Ansicht, daß die Invasion Englands bald steigen würde. Deshalb hatte ich an eine Jugendfreundin geschrieben, die in meinem Heimatdorf gegenüber wohnte, sie möchte mir doch bitte die Adresse der Schwiegereltern ihres Bruders mitteilen. Ihr Bruder hatte nämlich die Tochter eines hohen englischen Regierungsbeamten, der in London wohnte, zur Frau. Diese Familie wollte ich nach gelungener Invasion aufsuchen. Als jugendlicher Optimist und nach dem was man in Frankreich erlebt hatte, glaubte ich durchaus an eine solche Möglichkeit.
Die Antwort lautete etwa: »Wenn Du an die Adresse Mr. X. . . ., Y. . . . Street, . . . London SW, gelangen solltest, dann kannst Du ausrichten, daß es Joan (der Tochter in Deutschland) gut geht, und daß sie vor kurzem einen Sohn namens Till geboren hat.«
Ich erklärte dem Offizier, zwar hätte ich mir die Umstände anders vorgestellt, unter denen ich nach England kommen wollte, aber nun sei ich eben auf diese seltsame Weise hierhergelangt. Vielleicht würde er es übernehmen, diese Nachricht zu übermitteln.
Daß diese Sache so glatt durchging, wunderte mich eigentlich. Zum gleichen Thema wurde ich jedoch später nochmals gründlicher vernommen. Auch wegen meiner Schlafanzughose wurde ich irgendwie in Verbindung mit Spionage oder Kriegsmüdigkeit gebracht.
Womöglich verdächtigte man den englischen Herrn in London auch noch der Kollaboration.
Aber ich konnte nicht mehr als die Wahrheit sagen, auch wenn sie mir hier erst mal nicht geglaubt wurde.

Mit diesem Intermezzo fand das Verhör seinen Abschluß. Man hielt mir noch einen Frontflugzeugführerschein eines Feldwebels vor, der so zerschmettert worden sei, daß man nur noch dieses Papier als Erkennungszeichen hätte. Man fragte mich, ob ich durch nähere Angaben etwas zur Benachrichtigung der Heimat beitragen könnte. Der volle Name stand doch drauf! – Was wollten sie denn noch? – Und obwohl ich sowohl Namen als auch Verband des Mannes kannte, schwieg ich. Da stimmte was nicht!

Als der RAF-Vernehmungsoffizier weg war, erschien wieder der Major. Er beglückwünschte mich zu dem kurzen Verhör und nahm mich dann endgültig in seine Obhut.

Als wir vor die Tür kamen – ich hüpfend – standen die beiden Kanadier in ihren nassen Klamotten noch immer da! – Als Wachtposten! Sie waren froh, als sie mich in den Militärwagen heben konnten. Damit waren sie meine Bewachung endlich los.

Sie hatten sich als sehr anständige Soldaten gezeigt, und dafür dankte ich ihnen. Wäre ich an ihrer Stelle gewesen, hätte ich auch nicht anders gehandelt.

Die Fahrt durch die parkartige Landschaft mit ihren heckenumsäumten Sträßchen und gepflegten Rasenflächen war eine schöne Abwechslung für einen, der zum ersten Mal in England war.

In der Unterkunft des Majors angekommen, wurde ich zuerst in ein Zimmer geführt, in dem ein Flügel stand. Es war hier genau wie in Frankreich: Die Zivilbevölkerung evakuiert, und die Soldaten wohnten in den zum Teil verlassenen Häusern und Villen. Am Flügel wurden mir Beschädigungen durch Splitter eines 2-cm-Geschosses gezeigt.

Unser Haus war eine Art Landsitz mit anschließendem Felsengarten, den ich vorerst aber nur vom Hause aus betrachten konnte.

Der Major behandelte mich zuvorkommend, äußerte sich nochmals zu dem Verhör in dem Sinne, daß doch nicht erwartet werden könnte, Aussagen aus Gefangenen herauszuholen, die dem Feind nützten.

Er lobte meine englische Sprache und Aussprache und fragte, ob ich früher schon mal in England gewesen wäre. Das empfand ich im nachhinein als großes Kompliment für meine Lehrer. So war ihr Unterricht doch nicht umsonst gewesen!

Ein anderer Punkt war, daß mein Bewacher mir sein Ehrenwort gab, daß er keinerlei Verhörabsichten habe. Dies änderte zwar nicht viel an meinem Verhalten, machte aber unsere Unterhaltungen angenehmer. Vor

allem, weil der Major auch sagte, falls er eine Frage stellen sollte, die ich aus militärischen Gründen nicht beantworten könne oder die mir sonst verfänglich erscheine, so solle ich ihn ruhig darauf aufmerksam machen.
Ich kam zu der Überzeugung, einem ritterlichen Gegner in die Hände gefallen zu sein.
Kurze Zeit später erschien ein Zivilarzt, der mein Bein untersuchte, aber nicht genau feststellen konnte, was mir fehlte. Er verpaßte mir lediglich eine Leukoplastwicklung, die vom Oberschenkel bis zum Knöchel ging. Außerdem empfahl er eine Röntgenaufnahme.
Später wurde ich in das Zimmer des Majors hinaufgetragen und dort auf ein Feldbett verpackt. Sein Adjutant, ein Captain, der im Zivilberuf, wie er sagte, editor bei der Zeitschrift »Aeroplane« war, mußte das Feld räumen und war darüber ziemlich erbost.
Ein harter Schlag für mich war das Mittagessen. Wofür hatten wir denn die ganzen Einsätze geflogen? Was war denn mit der Blockade Englands? So reichlich wie diese Verpflegung hier war, hatten wir und unsere Soldaten selbst im Frieden nicht gegessen. Ich tröstete mich damit, daß das eben nur bei der Fronttruppe so war. Später im Lager konnte man doch feststellen, daß England insgesamt mit der Nahrung sehr haushalten mußte. Aber diesen Schlag mußte ich erstmal verdauen. Mit dem englischen Löwen, der in den letzten Zuckungen lag, wie zu Hause dargestellt, schien es keine Richtigkeit zu haben.
An Zerstörungen durch Luftangriffe hatte ich beim Durchfahren der Dörfchen auch nicht viel gesehen. Aber das waren eben nur Dörfer, das sprach für die Disziplin unserer Bombenschützen.
Im Hinterhof unserer Villa war ein verirrtes 2-cm-Geschoß, wahrscheinlich stammte es aus einer tieffliegenden 109, heruntergefallen. Das Ding war wirklich hochbrisant gewesen. Die Splitter hatten in der Küche zwei Wände durchschlagen, und die letzten Fetzen waren im schwarzen Bechstein-Flügel steckengeblieben.
Meine Augen wurden langsam für so manches geöffnet, und mir kamen Bedenken, ob meine Gefangenschaft tatsächlich nur 8–14 Tage dauern könnte. Weihnachten würde es schon werden! Aber länger konnte es kaum gehen.
Am Abend hatte ich ein wenig schönes Erlebnis: Die Offiziere der Kompanie feierten eine Art Herrenabend.
Bevor die Gäste zu strömen begannen, kam der Major zu mir und teilte mir mit, ihm persönlich wäre es nicht unangenehm, wenn ich als Gast da-

bei wäre, aber er hätte Offiziere in der Kompanie, die anders dächten. Ich war überrascht, denn an die Möglichkeit, dabei zu sein, hatte ich nicht im entferntesten gedacht. Entsprechend äußerte ich mich auch.
Aber soviel tat er doch für mich: Wegen der besseren Bewachungsmöglichkeit wurde ich ins Erdgeschoß gesetzt und zwar in ein Zimmer, das als Schreibstube diente. Außerdem bekam ich eine Literflasche Bier zugeteilt.
Gleichzeitig meldete mein – man könnte fast sagen – Gastgeber ein Ferngespräch nach London zu seiner jungen Frau an. »Hoffentlich kommen Ihre Kameraden nicht vorher, sonst sitzt meine Frau schon im Keller, und ich kann sie nicht mehr erreichen.« Er nahm es mit Gelassenheit. Das Gespräch kam, und er begrüßte sie ungefähr so: »Guten Abend, Liebling, heute habe ich noch eine ganz besondere Überraschung für Dich! Was denkst Du, eben habe ich eine Einladung erhalten, wonach wir unseren ersten Urlaub nach dem Krieg kostenlos in Deutschland verbringen werden!« Auf der anderen Seite schien man erheblich zu staunen, man merkte es an seinem Lächeln.
Er nickte mir zu: »Einen Augenblick, ich muß mal unseren zukünftigen Gastgeber um seine genaue Adresse bitten.« Er bekam von mir das Nötige zugerufen und freute sich wie ein kleiner Junge über den Spaß. Natürlich erklärte er nun seiner Frau die Zusammenhänge, und das Gespräch kam dann in persönliche Bahnen.
Merkwürdig! – Das war also der Feind!
Ihn bewegten anscheinend ähnliche Gedanken, denn er sagte: »Well, Ulrich, if there wouldn't be a war, we could be the best friends, couldn't we?«
Aber ich sollte bald auch die andere Seite kennenlernen. Kaum waren die ersten Gäste eingetroffen, da öffnete sich die Tür und ein englischer Leutnant von mir nicht sympathischem Aussehen kam in das Geschäftszimmer. Er hatte gehört, daß ich hier saß, und wollte mich sprechen. Schon die Art, daß er, ohne sich vorzustellen, über mich herfiel, zeigte, daß er von anderem Holz als mein Gastgeber war.
Er erzählte allerhand Greuelgeschichten, die unsere Bomber angerichtet hätten. Ich mußte zugeben, daß im Luftkrieg immer mal Versehen und Verfehlen des Zieles möglich sei. Aber genauso, wie ich mir sicher sei, daß ich niemals absichtlich auf Kinder oder Frauen schießen würde, sei ich auch sicher, daß keiner meiner Kameraden, die ja die gleiche Ausbildung und Erziehung hätten, solche Dinge absichtlich machen würde.

Er kam in Wut und wollte mich laut einschüchtern, doch ich antwortete ihm, es sei nicht wahr, daß wir Befehl hätten, auf Kinder zu schießen. Mir war die Sache wirklich peinlich, denn mein Gegenüber vergaß sich nun völlig.
Er fuchtelte mit der Faust vor meiner Nase herum und schrie, daß man mir schon noch Vernunft beibringen werde, wenn nötig mit Prügeln.
Das wurde einem Mann vom Schreibstubenpersonal nun doch zu bunt, und er holte den Major. Dieser führte den Leutnant weg und kam dann zurück, um sich für ihn zu entschuldigen. Er meinte, der Betreffende hätte sich in seine neue Rolle als Soldat noch nicht eingelebt. Er stecke erst seit kurzer Zeit in Uniform. Mir war jedoch schlagartig klar geworden, was Gefangenschaft bedeutete. Während des letzten Teils dieser Art von Unterhaltung war ich nur noch mit zusammengebissenen Zähnen dagesessen. Dabei konnte ich noch froh sein, daß die Sache so ausgegangen war.
Kurze Zeit später wurde ich dann ganz nach oben in eine kleine Kammer getragen. Ich mußte feststellen, daß zu meiner Bewachung ein Posten vor meiner offenen Kammertür auf dem Boden lag. Eigentlich lächerlich, wo ich doch keinen Schritt allein tun konnte.
Am Morgen ging alles wohl geregelt vonstatten. Wie dem Major unten wurde auch mir von einem Soldaten eine Tasse Tee gebracht – kalter Tee. Ich trank ihn, obwohl es mir ungewohnt war. Später wurde dann tatsächlich »aufgestanden«, und es gab ein reichliches Frühstück.
Später erschien der Bursche des Kompaniechefs und bot sich im Auftrag seines Vorgesetzten an, meine Fliegerjacke zu nähen. Sie war beim »Aussteigen« zerrissen, ich hatte das aber gar nicht gemerkt und wurde jetzt erst darauf aufmerksam.
Bald zeigte sich auch, daß das mit zu den Vorbereitungen gehörte, die zum Empfang des Herrn Pfarrers getroffen wurden.
Ein älterer Herr in grauem Haar erschien und erkundigte sich in gebrochenem Deutsch nach meinem Ergehen.
Der zweite Satz war: »Na, nehmen Sie es nicht zu schwer, für Sie ist jetzt alles vorüber!« Darüber war ich etwas entrüstet: »Da kann ich Ihnen leider nicht recht geben!« Schließlich hatte ich mir nicht vorgestellt, am Ende dieses Krieges auf Gnade oder Ungnade von anderen Menschen total abhängig zu sein.
Daher fügte ich hinzu: »Überhaupt weiß ich nicht, ob es ein Glück ist, Gefangener zu sein, vielleicht wäre es besser, wenn ich tot wäre!«

Da sagte er in gebrochenem Deutsch: »Ooh! Sagen Sie das nicht – Sie wären lieber tot – Das Leben ist ein langes Ding!«
Damals habe ich über diesen drolligen Satz fast gelacht, aber wie oft muß ich seither über die Wahrheit, die darin liegt, nachdenken. Das Leben ist tatsächlich »ein langes Ding«!
An diesem Tage fuhr ein Leutnant aus der Kompanie, der die Gelegenheit gerne wahrnahm, zu seiner Braut nach Ashton. Er kannte dort jemand und brachte mir privat ein Paar Krücken mit. So konnte ich dann am nächsten Tag im Garten des Hauses ein wenig herumstelzen.
Die vier Tage in diesem Hause verbrachte ich wirklich unter angenehmen Umständen. Aber mich beunruhigte doch der Gedanke an die Zukunft, der zu den größten Übeln der Gefangenschaft zählt.
Am dritten Tag wurden im Garten einige Aufnahmen gemacht, die mir nach dem Krieg zugeschickt werden sollten. Meine Adresse hinterlegte ich bei dem Major und dem »Ashton«-Leutnant.
Allmählich wurde ich ungeduldig zu erfahren, was mit mir geschehen würde, so konnte das ja nicht weitergehen. Da erklärte der Major endlich, daß ich am vierten Tag von ihm weitergeleitet würde »an ein Verhörlager«.
Er meinte, dort würde ich sicher nicht die besten Erfahrungen machen, aber er könnte mir nicht helfen. Außerdem würde das auch vorübergehen.

Verhörlager

Mir war das erst einmal egal. Hauptsache, ich kam wieder mit Kameraden zusammen. Man mußte doch hören, was sich drüben auf der anderen Seite des Kanals tat. Es wurden ja jeden Tag welche abgeschossen, und davon überlebten immer einige, die konnten wenigstens Neuigkeiten erzählen. Was in den englischen Zeitungen stand, glaubte ich nicht. Wenn ich schon die Überschriften las! Nein! Daran konnte man nicht glauben, danach hatten wir den Krieg jetzt schon verloren!
Es ging los. Man setzte mich in einen kleinen, zivilen, schwarzen Viersitzer. Ein Captain, mit dem ich mich schon des öfteren unterhalten hatte, war mein Begleiter.

Die schöne Fahrt durch die gepflegte Landschaft war erfreulich und ich empfand es als angenehm, daß ich mich um kein Gepäck und auch sonst um gar nichts zu kümmern brauchte. Man hatte nichts, also war die Aufmerksamkeit für alles andere ungestört.
Recht interessant waren die provisorischen Straßensperren, die überall aufgebaut waren. England hatte sich tatsächlich mit allen zur Verfügung stehenden Mitteln auf die Invasion vorbereitet. Wenn man diese sinnwidrigen Bauten in dieser schönen Landschaft sah, mußte man daran denken, wie unsinnig so ein Krieg ist. Was wird da Arbeitskraft verschleudert, die auf unserem Erdball viel bessere Verwendung finden könnte!
An wem liegt es bloß, daß es immer wieder Kriege gibt? überlegte ich.
Nach etwa dreistündiger Fahrt, an deren Ende es angefangen hatte zu regnen, kamen wir bei einer Art Hühnerfarm an.
Ein Stacheldraht-Lager! Es machte einen schauerlichen Eindruck auf mich. Da drinnen war man von der Menschheit abgesondert!
Das Tor öffnete sich. Wir fuhren vor einem langgestreckten Schuppen vor, der in seiner Düsterkeit, zusammen mit dem strömenden Regen und den Pfützen auf dem Weg, ein wirklich tristes Bild abgab.
Ein Uniformierter trat heraus, ein Stöckchen in der Hand, mit dem er seine Worte unterstützte.
Nein! Das stand nun in krassem Widerspruch zu dem, was ich bis jetzt erfahren hatte. Die Krücken wurden mir weggenommen, und ich mußte auf einem Bein durch den Regen bis zu einer Treppe hüpfen. Bloß gut, daß sie ein Geländer hatte, sonst wäre ich nicht hinaufgekommen.
Der mich begleitende Captain beobachtete dies mit Beschämung, und als ich ihn ansah, vermied er, meine Augen zu treffen.
Na ja! Ich behielt meinen Humor. »Solange euch die Sache peinlicher ist als mir, geht es ja noch«, dachte ich.
Außerdem hatte ich vollständig damit zu tun, mich überhaupt fortzubewegen. Das enthob mich der Mühe, auf die wiederholten »Come on« und »Go on« dieses englischen Sergeant Majors zu hören.
Die Unterbringung, oben direkt unter dem Schieferdach auf einem Betonboden, war nicht gerade vertrauenerweckend.
In einem Winkel dieser muffigen Dachbühne stand ein Bett, auf dem ein Strohsack und eine Decke lagen. Ein Posten mit aufgepflanztem Seitengewehr bewachte mich. Er war schon über 50 Jahre alt, und in dem sich bald entwickelnden Gespräch stellte sich heraus, daß er in seinem 26. Dienstjahr war.

Er hatte in Indien und anderen Teilen der Welt als Soldat seine Pflicht so recht und schlecht erfüllt, daß er über etwas höhere Dienstgrade nun wieder ganz unten gelandet war. Er hatte vieles und Interessantes zu erzählen.
Am ersten Tag verblieb ich in dieser Behausung, ohne daß sich überhaupt jemand um mich gekümmert hätte. Der Posten unterrichtete mich, wenn und was für Dienstgrade als Neuankömmlinge eintrafen, soweit er das selbst durch das schräge Dachfenster mitbekam.
Diese in unregelmäßigen Abständen einzeln oder in kleinen Gruppen ankommenden Flugzeugpiloten und Besatzungsmitglieder wurden aber nicht auf den gleichen Boden wie ich verlegt. Das geschah mit bewußter Absicht. Man bekam immer mehr Hunger auf ein Gespräch – sei es mit einem Kameraden, sei es mit einem Bewacher.
Ich machte mir Gedanken: Ob man dieses Eingesperrtsein lange aushalten kann? Man durfte sich noch nicht einmal vom Bett erheben, jeder Gefangene hatte seinen eigenen Posten. Wo das wohl hinführte?
An meinen Posten richtete ich diesbezügliche Fragen.
Anfänglich antwortete er ausweichend, dann wurde er gesprächiger. Allerdings mußten wir beide aufpassen, daß gelegentliche Kontrollgänger, meist Sergeants, nichts von der Unterhaltung mitbekamen. – Mein Aufenthalt hier würde nur wenige Tage dauern. Je nach meinen Aussagen würde ich behandelt. Es liege alles in meiner Hand.
»Bloß gut, daß ich das weiß«, dachte ich. Was hielt dieser Mann eigentlich von mir?
Im weiteren Verlauf erzählte er, daß sein Dienst jetzt beschwerlicher wäre. Erst vor wenigen Tagen sei ein deutscher Pilot, ein »Lieutenant von Werra«, in Nordengland geflohen, und nun müßten die Wachposten in ganz England besser aufpassen.
»So«, dachte ich, »der Franz ist auch in England!« (Franz v. Werra war ein Jahrgangskamerad auf der Luftkriegsschule) – Erst vor wenigen Wochen hatte ich im deutschen Rundfunk noch einen Hörbericht von und über ihn gehört. Er war also auch abgeschossen! Wie stellt der sich das denn vor? Wo wollte er hin?
Ich sagte dem Posten, daß er bei mir in dieser Hinsicht keine Angst haben müsse. Erstens wisse ich, daß England eine Insel sei, und zweitens: mit dem Bein!
Die Posten lösten sich ab. Der eine war etwas mehr, der andere etwas weniger gesprächig.

Am nächsten Tag kurz vor Mittag wurde ich geholt. Trotz aller anfeuernden Rufe und Kommandos blieben meine Gehversuche sehr bescheiden. Weiter vorne in dem Schuppen »kam« ich durch einen Raum, in dem verschiedene Fliegerunteroffiziere lagen. Mehrere von ihnen trugen Verbände, die übel durchbluteten. Sprechen durfte ich mit keinem.
Es ging wieder die Treppe hinab auf die Straße, und dann gab es ein langes Hüpfen über mehr als 100 m bis zurück zu einem Gebäude, das kurz hinter dem Eingangstor lag.
Im Inneren waren mehrere englische Offiziere versammelt. Auch einige Posten mit aufgepflanzten Seitengewehren standen da. Das machte einen wenig sympathischen Eindruck. Ob es in England tatsächlich so etwas wie Gefangenenerschießung gab?
Zuerst mußte ich mich ausziehen. Nackt bis auf die Armbanduhr war ich bereits, als mir bedeutet wurde, diese sei auch noch abzulegen. -- Was hatten die bloß mit mir vor?
Jedoch war ich eisern entschlossen, komme, was da kommen mag: Ausgesagt wird nicht!
Ob diese Art Vorführung absichtlich so »gefährlich« geplant war? Nein, es war bloß eine Leibesvisitation und eine Überprüfung des Gesundheitszustandes. Man fragte mich, ob ich viel Sport getrieben hätte. Vom Sommer her war ich noch ganz gut in Form und konnte mir daher diese Frage erklären.
Gleich konnte ich mich wieder anziehen. Nur meine Armbanduhr bekam ich nicht zurück, und lebte nun für lange ohne genaue Uhrzeit.
Ein freundlicher Herr bat mich an einen Tisch und bot mir eine Zigarette an, die ich als Gelegenheitsraucher ohne Schwierigkeiten ablehnte – obwohl ich beinahe Bedarf danach hatte.
Er sprach gut Deutsch und erklärte mir, er müßte einige Angaben über meine Personalien haben.
Ich gab Heimatadresse, Dienstgrad und Auszeichnungen an. In diesem Moment merkte ich, daß das schon zuviel gewesen war. In der Maschine hatte ich natürlich das EK I nicht getragen. Es war unnötig zu erwähnen, daß ich es hatte. Aber damit war ein Anknüpfungspunkt gegeben. Nach Feindflugzahl und Abschüssen wurde nun gefragt, ich müßte doch schon viele Flüge überstanden haben?
Von nun an war ich fest entschlossen, mich auf nichts weiter mehr einzulassen, und erklärte, daß die von mir gemachten Angaben genügten, um meine Angehörigen zu unterrichten. Jede weitere Unterhaltung hätte

doch nur den einen Zweck, etwas aus mir herauszuholen, was für Englands Kriegsführung wissenswert sei.
Mein Gesprächspartner meinte, ich solle doch nicht so mißtrauisch sein, er wolle sich nur ein wenig unterhalten. Darauf erklärte ich, daß es doch keineswegs anzunehmen sei, daß er irgendwelches persönliches Interesse an meiner Person habe, und daß er daher verstehen müsse, daß ich an einer weiteren Unterhaltung nicht interessiert sei.
Es ging noch ein paar Mal hin und her. Wir wanden uns schließlich, so gut es ging, aus dieser peinlichen Situation.
Er entließ mich mit den Worten: »Wir wissen ja, daß Sie Jagdflieger sind, und da wissen wir schon so ziemlich alles, was wir wissen wollen. Sehen Sie, hier habe ich einen ganzen Stoß von Aufzeichnungen!«
Daran konnte ich allerdings nichts ändern, doch ich hatte wenigstens diese Mappe mit meinen Angaben nicht bereichert.
All dies geschah vor einem großen Zuhörerkreis von Offizieren und Soldaten mit Bajonetten, und ich war froh, als ich abgeführt wurde.
Beim »Häschen hüpf« zurück zu meiner Behausung kamen wir an der Latrine vorbei. Und wen traf ich da? Meinen Rottenkameraden Feldwebel Schieverhöfer. Er war natürlich auch in Begleitung seines Postens.
Er legte gleich den Zeigefinger auf den Mund und sagte nur: »Geben Sie sich nicht zu erkennen, die wissen schon, von welchem Verband ich bin!« – Gott sei dank, auch er war wohlauf! Und wie gut, daß ich gleich meine Anstecknadel (mit dem Gruppenabzeichen) dem Home-Guard-Mann geschenkt hatte. Bei mir kannte noch niemand die Zugehörigkeit.
Natürlich mußte ich nun auch austreten. Und als Schieverhöfer dann wieder vorbeikam, murmelte ich durch die Zähne: »Wann hat es Sie denn erwischt?« – »Am 27. Oktober beim ersten Einsatz!« Und schon wurden wir beide von unseren Posten weitergetrieben. Trotz allem, das freute mich nun doch! Es hatte uns zusammen erwischt!
Noch einige Tage vor dem 27. hatten Schieverhöfer und ich uns über die gegenwärtige Fliegerei unterhalten. Wenige Tage vor einem versprochenen Urlaub hatte er resignierend geäußert: »Den werde ich wohl nicht mehr erleben. Da ich jetzt als letzter fliege, bin ich als nächster dran!«
Bis zu diesem Datum war es in unserer Gruppe fast die Regel gewesen, daß immer die letztfliegende Maschine in der Staffel abgeschossen wurde. Dabei hatten wir uns in der Gruppe noch recht gut gehalten und flogen immerhin noch mit vier erfahrenen Flugzeugführern in zwei Rotten. Meine Rotte war Deckungsrotte und damit letzte.

Damals sagte ich zu ihm: »Lothar, ich glaube, wir beide passen so gut aufeinander auf, daß wir es entweder beide durchstehen, oder aber es muß so dick kommen, daß es uns beide gleichzeitig erwischt!«
So war es nun auch gekommen. Wir hatten uns gegenseitig decken wollen, es hatte uns dabei erwischt. Eine gewisse Genugtuung: Wir hatten uns beide nichts vorzuwerfen. Jeder hatte den anderen gewarnt.
Bei anderer Gelegenheit, so im Vorbeigehen – die Posten regten sich dabei immer fürchterlich auf – konnten wir noch ein paar Sätze wechseln. Lothar meinte, es sei geradezu unheimlich, was die Engländer alles über unsere fliegenden Verbände wüßten. Ihm hätten sie, einschließlich der Namen des Kommandeurs und der Staffelkapitäne, alles aufgezählt. Über andere, auch Bomberverbände, wüßten sie genauso Bescheid.
Leider machte er mir die Mitteilung, daß wir voraussichtlich nicht in gemeinsame Lager kommen würden. Unteroffiziere und Mannschaften würden in anderen Lagern gesammelt als die Offiziere.
Im Laufe des nächsten Tages kam ein anderer Fliegeroblt., den mir mein »bester« Posten vom Dachfenster aus zeigte, unten auf der Straße an: »He is a real Prussian, the way he looks!« Wie schaute ich eigentlich aus? Doch auch dieser war, wie sich später herausstellte, in Stuttgart ansässig.
Noch etwas später kamen zwei Oberleutnants, auch Piloten, die ebenfalls in getrennte Räume gesperrt wurden. Man hatte hier viele rohe Mauern hochgezogen! – Einen von ihnen kannte ich von dem Fliegerhorst Herzogenaurach her. Er war damals in der 2. Staffel gewesen. Das konnte ja interessant werden, wenn man sich in einem größeren Lager unterhalten konnte. – Aber hier durfte man sich nicht einmal zu erkennen geben!
Am Tage darauf wurde ich wieder einem englischen Offizier vorgeführt. Er hatte etwa mein Alter, trug die Armbinde des Roten Kreuzes und sah ausgesprochen solide und vertrauenswürdig aus.
Mit den Worten »Ich bin vom Roten Kreuz mit der geistigen Betreuung der Kriegsgefangenen beauftragt« empfing er mich.
Er war so freundlich, daß mich das in dieser Umgebung wirklich überraschte. Er notierte meine Heimatadresse und steckte nach diesen ersten Angaben seinen Bleistift weg.
Er wollte sich etwas mit mir unterhalten, um meine geistigen und sonstigen Interessen festzustellen. Zum Beispiel würde ihn interessieren, ob ich ein Musikinstrument spielen konnte und welches. – Ja, ich spielte Klavier z. B. – Jawohl, England hätte verschieden ausgerichtete Lager angelegt, in denen wir je nach Interessen untergebracht würden.

Er fragte mich über meine Eltern, über meine Schulbildung, nach meinen Geschwistern, alles ganz harmlose Fragen.
Bei mir dachte ich, daß ich mir die Gefangenschaft eigentlich so nicht vorgestellt hatte, aber hatten wir in Deutschland nicht auch Berichte gelesen, wonach die englischen Flieger in Berlin im olympischen Dorf untergebracht waren?
Was war das für eine Frage? Was meine Schwester dazu gesagt hätte, daß sie keine Seidenstrümpfe mehr anziehen könnte! Ob ich ihr auch welche aus Frankreich geschickt hätte? Wie ihr das Landjahr gefalle?
Also doch wieder ein Verhör! Diesmal ein politisch-wirtschaftlich angelegtes. Und wie raffiniert eingeleitet!
Nein, mein Lieber, da mache ich nicht mit! Rundweg erklärte ich, daß ich seine Absichten durchschaut hätte und mir an einer Fortsetzung dieser in englisch geführten Unterhaltung nicht gelegen sei.
Er zog sich jedoch recht gut aus der Situation und stellte nun wirklich nur Fragen, die ich beantworten konnte, obwohl sie lächerlich erschienen. Ob ich in ein Lager wolle, in dem viel Sport getrieben würde? Oder ob es ein Lager sein sollte, in dem viel musiziert würde?
Ich sei der Meinung, sagte ich, daß mein Wunsch sicher nicht viel Bedeutung hätte, aber wenn schon, dann am besten beides.
Jawohl, das würde berücksichtigt! Ob ich lieber in England bleiben wolle oder ob ich Australien oder Kanada vorziehen würde?
Das erschien mir nun aber wirklich zu dick aufgetragen! Ich gab zu verstehen, daß er mich bitte nicht für so dumm halten möge, um mir die Gefangenschaft als Reise um die Welt zu schildern. Wenn ich schon wählen könnte, dann würde ich lieber in England bleiben, dann käme ich am schnellsten nach Hause, wenn wir den Krieg gewonnen hätten.
Damit war auch dieses Verhör zu Ende, und ich schwur einen heiligen Eid. Von nun an würde ich jedem Engländer nur noch sagen, daß ich einmal fast hereingefallen wäre, und das genüge! Ich hätte keine Lust mehr, auf die eine oder andere Art zum Reden gebracht zu werden!
Später wurde ich Mithörer, wie ein Flugzeugführerunteroffizier unter mir in einer Art Garage der »Farm« ausgequetscht wurde. Er war vorher von seinem Posten an mir vorbei die interne Treppe hinabgeführt worden. Nachdem er entsprechend angeschrien worden war, erzählte er alles, was er überhaupt wußte. Mir standen die Haare zu Berge, der machte es dem Verhöroffizier wirklich leicht!
Daß es so etwas überhaupt gab, hätte ich mir nicht vorgestellt. Am Schluß

konnte er immer nur wiederholen, daß er wirklich nichts mehr wisse! Aber um so schlimmer wurde er bedroht und angeschrien. – Es spielte sich in deutscher Sprache ab, und ich dachte mir: So geht es also auch nicht besser! – Als er danach wieder zurückgebracht wurde, an mir vorbei, tat er mir richtig leid. Er war völlig fertig, froh war ich, daß ich ihn nicht kannte.
Insgesamt blieb ich drei Tage in diesem unangenehmen Käfig. Dann wurde ich mit dem »real Prussian« in ein Armeefahrzeug verfrachtet, eine Art geschlossenen Lieferwagen ohne Fenster zur Seite. Nur nach rückwärts gab es etwas Sicht, aber die wurde meist durch die mitfahrenden Wachen verdeckt.
Bevor wir weggefahren wurden, gab es noch ein routinemäßiges Verabschiedungsgespräch mit dem Kommandanten dieses Verhörlagers. Dieser erklärte uns, daß wir jetzt den schlimmsten Teil der Gefangenschaft hinter uns hätten. Jedoch wenn es nach ihm ginge, könnten wir noch anderes erleben! Er sei im Kriege 1914/18 vier Wochen lang von unseren Landsleuten verhört worden. Er hätte damals in Frankreich vier Wochen im Dunkelarrest verbracht, bevor er in ein Lager in Deutschland überführt worden sei.
Wir konnten es ihm nachfühlen! – Wir waren nur zwei Gefangene in dem Wagen, der real Prussian, Obltn. Reifferscheidt, auch aus Stuttgart, und ich. – Wir wollten natürlich laufend miteinander sprechen, aber die vier Wachen im Wagen funkten dauernd dazwischen. »Shut up!« und »Be quiet!«
Sehr bedrückend war die Tatsache, daß Reifferscheidt mit einer Handschelle an einen der mitfahrenden Soldaten gefesselt war und so die ganze Fahrt unter sehr unangenehmen Bedingungen erlebte. Wohin die Fahrt ging, konnten wir nicht sehen. Es schien keine Sonne, an der wir die Himmelsrichtung feststellen konnten. Genaue Uhrzeit war auch nicht bekannt, und Wegzeiger gab es zu dieser Zeit in England nicht mehr. Die waren alle den Anti-Invasions-Vorbereitungen zum Opfer gefallen.
Nach schätzungsweise zwei Stunden Fahrt wurde jedoch das Ziel trotzdem klar! Wir fuhren nach London! Schon passierten wir die ersten Vorstädte, die nur zu einer so großen Stadt wie der englischen Hauptstadt gehören konnten.
Durchs Rückfenster spähten wir interessiert nach Bombenschäden, mußten aber immer und immer wieder feststellen, daß sehr viele Treffer im freien Feld lagen.

Wo es in die Gebäude gegangen war, sah es scheußlich aus. Jedoch, das wurde uns bald klar: Damit war dieser Krieg nicht zu entscheiden! Sollte es in den Industrievierteln von London im Inneren der Stadt nicht anders aussehen, dann war es nicht weit her mit den »letzten Zuckungen des englischen Löwen«, derentwegen wir nun schon seit drei Monaten fast nur noch auf dieses Ziel angesetzt waren. Nach Aussagen unserer Generalität waren Londons Industrie und Häfen schon so zerstört, daß bald die gesamte englische Wirtschaft lahmgelegt sein würde.
Auf diesen Straßen sah es nicht danach aus! Wir sahen mehr heile als zerstörte Fensterscheiben.
Die Schäden nahmen zu, je mehr man sich dem Stadtzentrum näherte. Aber von dem, was man sah, konnte keine Kriegsentscheidung erwartet werden.
In unserer Situation war das eine doppelte Enttäuschung! Wie lange würde es dauern, bis wir freikamen? Und: Wie schlecht mußte unser Nachrichtendienst funktionieren, wenn die wirkliche Lage in Deutschland so wenig bekannt war!
Oder fuhr man mit uns absichtlich durch Straßen, die nicht so schlimm mitgenommen waren?
In einer Seitenstraße, vor einem großen vielstöckigen Patrizierhaus an einem Park, endete unsere Fahrt. Das Haus, mitten in London, war mit Stacheldraht stark verdrahtet und durch Soldaten bewacht.
Ob das ein Kriegsgefangenenlager war, das man absichtlich inmitten Londons angelegt hatte? – Man würde sehen!
Am Himmel hingen, friedlich aussehend, die dicken Würste der Ballonsperren. Wie oft hatten wir sie vorher schon gesehen: Aus anderer Perspektive!
Man brachte uns zwei in ein kleines Zimmerchen, das als Mobiliar nur einen Tisch und nur ein kleines Guckfensterchen hatte. Wir genossen erstmal die Möglichkeit, aus dem Fenster zu sehen. Der Straßenverkehr, Busse, Lastwagen, Personenwagen fuhren dahin, als ob von einem Luftkrieg überhaupt keine Rede wäre. Kurze Zeit später heulten die Sirenen »Fliegeralarm«, der Verkehr lief lustig weiter.
So sah das also aus! Die Leute gingen nicht einmal in die Keller! Wie wir dann später lesen konnten, saß auf jedem Haus ein Luftschutzwart mit einer schrillen Pfeife. Bei Alarm pfiff er nicht grundsätzlich, sondern nur dann, wenn der betreffende Stadtteil unmittelbar in Gefahr kam. – Schon wieder eine enttäuschende Erkenntnis! – Unsere Führung hatte uns

erzählt, daß während eines Luftangriffs ganz London im Keller säße und damit die Wirtschaftskraft des »Herzens von England«, Londons, ausgeschaltet sei!
Endlich konnten wir beide uns unterhalten. Zuerst natürlich vor allem über die Eindrücke während der Fahrt, die wir mit dem verglichen, was man in Frankreich beim eigenen Verband erzählt hatte. Dabei kamen wir fast schon ins Schimpfen.
Reifferscheidt gab aber plötzlich zu bedenken, daß hier mit großer Wahrscheinlichkeit Mikrofone in den Wänden eingebaut seien. Darauf wäre ich nie gekommen. Von nun an machten wir im Flüsterton weiter.
Und siehe da, es verging nicht viel Zeit, und wir wurden getrennt. Jeder von uns erhielt ein Einzelzimmer, das genauso kahl gehalten war wie das vorherige.
Eine Mahlzeit wurde gereicht. Die Zeit verging in dieser Einsamkeit elend langsam. Es ereignete sich den ganzen weiteren Tag nichts mehr.
Gegen Abend wechselte ich nochmals das Zimmer. Es lag einige Stockwerke höher und war mit zwei Stahlmatratzbetten möbliert. Kein Strohsack, keine Decken, nur die kahlen Betten und ein paar Stühle.
Etwa ein Stunde saß ich allein im Raum und überlegte mir, wie ich zu einer Wolldecke oder etwas ähnlichem kommen könnte. Auf mein Pochen an der Tür rührte und regte sich nichts. Da endlich ging die Tür. Ein Posten öffnete sie gerade so weit, daß eine Person eintreten konnte, und schon war sie wieder verschlossen.
Was war das nun für einer? Er hatte stark südländisches Aussehen, grüßte mit erhobener Hand und trug wie ein Hausierer ein Päckchen unter dem Arm, aus dem Zahnbürste und -paste herausschauten.
Er merkte bald selbst, daß er sich erst erklären mußte. Auf Englisch, mit stark südländischem Akzent, stellte er sich vor als Leutnant Rossi. Er stamme von einem italienischen U-Boot, das im Atlantik eingesetzt gewesen war.
Das nahm ich zum Anlaß, mich auch vorzustellen und ihn zu begrüßen. Trotzdem traute ich der ganzen Sache noch nicht. War das ein neuer Verhörtrick?
Für einen U-Boot-Offizier sah er mir reichlich alt aus. Zwar sicher nicht so alt, wie ihn seine voll ausgewachsene, glänzende Glatze im ersten Augenblick erscheinen ließ, doch wohl immerhin ein guter Vierziger.
Englisch war die einzige Verständigungsbasis für uns zwei. Nachdem wir beide sicher waren, daß dies nicht die Muttersprache des anderen war,

kam doch ein gewisses Gespräch in Gang. Er erzählte, daß er Reserveoffizier sei und im Frieden Kapitän auf einem 10 000-t-Frachter. Er sei früher des öfteren mit seinem Schiff in London gewesen, damals hätte man ihn zu behandeln gewußt. – Aber jetzt! – Er hatte den ganzen Tag die Küche geschrubbt. Er und die anderen Offiziere seines Bootes würden schon seit acht Tagen herumgescheucht. Er meinte, mit den deutschen Offizieren könne man so etwas nicht machen, aber mit den italienischen würde man sich trauen. Wir hätten Glück mit unseren mehr als 35 000 englischen Kriegsgefangenen in Deutschland.
Die ganze Unterhaltung wurde im Flüsterton geführt, denn er machte mich bald darauf aufmerksam, daß man ihn sicher nur deshalb zu mir in den Raum gelegt hatte, damit in den eingebauten Mikrofonen etwas zu hören sei. Bald schlug ich vor, wir sollten uns laut über die eingebauten Mikrofone unterhalten – und siehe da, es half. Keine zehn Minuten später waren wir auseinander.
Zur Nacht wurde es ganz lustig. Reifferscheidt stieß wieder zu mir, dazu kam noch ein anderer Jäger, Leutnant Busch, und als beste Nummer ein ehemaliger Fischdampferkapitän, der in normalen Zeiten in der Nordsee Heringe gefangen hatte. Jetzt war er mit seinem kleinen Dampfer als Seenotfahrzeug eingesetzt gewesen und wurde trotz aller aufgemalten roten Kreuze bei Nacht von englischen Schnellbooten torpediert und versenkt. Er schimpfte eigentlich auf alles, behielt aber dabei einen prächtigen Humor.
Unter anderem hatte er bereits bei seiner Lebens- und Unfallversicherung, deren Sitz in London war, auf Schadenersatz für sich und sein Boot plädiert. Er brachte diese Klage bei jedem Verhör und bei jedem sich zeigenden Tommy vor. Die Folge war, daß man ihn als leicht geistig angeschlagen betrachtete und ihn bald in Ruhe ließ.
Auch Busch war ein Spaßvogel. Er sprach ein fließendes amerikanisches Englisch, denn bis zu seinem 10. Lebensjahr war er in den USA aufgewachsen. Seiner Schlagfertigkeit war kein Posten gewachsen. Bei jeder Hänselei gingen sie als zweite Sieger hervor.
Wir verbrachten die Nacht mehr mit »Snack«, wie es unser norddeutscher Fischerkäpt'n nannte, als mit Schlafen. Natürlich wurde die Unterhaltung stark auf die eingebauten Mikrofone zugeschnitten. Strohsäcke und Decken waren mangelhaft.
Am nächsten Tag wurden wir alle vier zu etwa fünf verschiedenen Verhöroffizieren gebracht, die der Reihe nach versuchten, uns auszuquet-

schen. Allmählich hatte man Routine. Bei mir dauerte es bei keinem Offizier länger als zwei Minuten. Diesmal hatte ich von vornherein einen auswendig gelernten Satz bereit, den ich sofort auf die erste Frage nach Namen und Dienstgrad vom Stapel ließ. Hinterher blieb ich stumm: »Entschuldigen Sie bitte, ich bin bereits schon verhört und weiß, daß jedes weitere Wort für Sie nur von Nutzen sein kann. Bitte ersparen Sie uns beiden weitere, unangenehme Augenblicke und stellen Sie keine weiteren Fragen.« Wurde nun weiter gefragt, war ich genauso unhöflich und blieb stur stumm.
So kam ich sozusagen »ungestreift« durch. Bei den anderen ging es auch schnell. Wir waren alle so »gut«, daß wir noch vor dem Mittagessen fertig waren. Auch nach Ansicht unserer Wachen eine gute Leistung.
Den Rest des Tages durften wir wieder gemeinsam verbringen. Wir sahen durch die Fenster, konstatierten, daß trotz laufender Fliegeralarme in dieser Gegend niemand in die Keller ging und das ganze Treiben in dieser Stadt eigentlich einen wenig gestörten Eindruck machte. – Natürlich führte das zu Kombinationen über den vermutlichen weiteren Verlauf dieses Krieges. Eines stand für uns fest: Unsere oberste Führung hatte keinen Schimmer, wie ein Fliegeralarm in London aussah. Sonst hätte sie nicht davon gesprochen, daß man mit permanenten Fliegeralarmen die sieben Millionen Einwohner dieser Stadt Tag und Nacht im Keller halten wollte, um damit den Kreislauf der englischen Wirtschaft zum Erliegen zu bringen.
In der folgenden Nacht war die Hölle los. Nicht nur die Erde dröhnte, sondern auch unsere ganze Bude schaukelte von den Druckwellen der Bomben. Nicht wenig trug eine Batterie Schiffsflak bei, die anscheinend direkt hinter unserem Gebäude im Park stand. Es war ein Höllenlärm ohne Aussicht auf einen »shelter«. Diese Nacht hatten auch wir Ängste zu überstehen.

Lagerleben

Am nächsten Morgen wurden zwei von uns sehr früh aus den Fallen geholt. Reifferscheidt und ich sollten weitertransportiert werden. Wir hofften nun endgültig auf ein normales POW-Lager.

Wir wurden in einem Kombi-Wagen zu einem Bahnhof gefahren. Unterwegs sah man traurige Bilder. Die Menschen, die da gerade aus den Luftschutzkellern kamen und zur Arbeit gingen, sahen doch sehr mitgenommen aus. Es war bedrückend, diese vielen grau-gelben Gesichter anzublicken. Besonders in der Nähe des Bahnhofs war viel Bombenschaden. Wie sich die Leute wohl verhalten würden, wenn sie erkannten, daß wir Deutsche und Flieger waren? – Wir fuhren wohl deshalb mit dem Wagen bis auf den Bahnsteig direkt vor ein reserviertes Abteil. Ein junger sympathischer Army-Leutnant war zusammen mit zwei Posten unsere Eskorte. Sie taten ihr Äußerstes, um uns möglichst unauffällig zu transportieren. Trotzdem sammelten sich bald vor unseren Fenstern Leute, die mit Fäusten drohten. Unsere Begleiter hatten zu tun, um uns vor Unannehmlichkeiten und ein paar Pressefotografen zu bewahren. – Nach dem Geschehenen konnte man das den Leuten nicht verübeln.
Der Zug fuhr gerade rechtzeitig los, sonst wäre die Lage, vor allem wegen des reservierten Abteils, kritisch geworden. Die Sonne schien, wir konnten ausmachen, daß wir gen Norden fuhren. Alles andere blieb unbekannt, aus der Begleitmannschaft war nichts herauszuholen. Da alle Stationsnamen, Streckenzeichen und andere Orientierungshilfen, wiederum wegen der Invasion, entfernt worden waren, konnten wir selbst nichts weiteres ausmachen. Nördlich der Hauptstadt kamen wir an einem Flugplatz vorbei, der geradezu gespickt voll mit englischen Jagdflugzeugen war. Das stach ins Auge! Noch vor wenigen Tagen hatte das Auftauchen dieser Kokarden sofortigen Kampf bedeutet. Es hatte sich etwas geändert. War es nicht viel selbstverständlicher, ruhig daran vorbeizufahren und sich an den bunten Farben zu freuen, als sofort darauf loszurasen und aus vier Rohren Flammen loszuschießen? War es nicht viel vernünftiger so? – Ein Heer von Arbeitern baut mit viel Liebe so einen Vogel zusammen. – Dann treffen sich diese Vögel oben in der Luft – und die Menschen, die drinsitzen, die im Grunde genommen gar nicht so verschieden sind, schießen sich und ihre Maschinen in wenigen Sekunden zu Fetzen!
Die Fahrt war wieder eine schöne Abwechslung. – Wieder fühlte ich mich beim Umsteigen völlig unbeschwert. Außer meinen Fliegerhandschuhen konnte ich nichts vergessen und liegen lassen. Alles andere hatte ich ja an! Wenn ich wieder mal in Freiheit kam, würde ich auch einmal so »ohne« reisen. Es ging doch auch! Außerdem hatte ich ja noch besonderes Glück gehabt. Derzeit war ich wohl der einzige POW, der gleich »mit Schlafanzug« in Gefangenschaft geraten war.

Ich humpelte noch immer sehr stark. Jetzt erst merkte ich wieder, daß mein Bein noch lange nicht so war, wie es sein sollte. Nicht nur wegen unserer Uniformen fielen wir auf. Es war vielleicht ganz gut, daß einer von uns beiden hinkte. So erweckten wir auf den Umsteigebahnhöfen nicht allzu großes Haßgefühl. Die Leute erkannten die deutschen Uniformen ziemlich rasch.

Am Nachmittag kamen wir im Norden Mittelenglands an. Es war nur eine kleine Station. Hier sah es überhaupt nicht mehr nach Krieg aus. Wir wurden in einen Lastwagen gesetzt und die Fahrt ging weiter zum Lager. Die Gegend hier war hügelig und sah hübsch aus. Nach 15 Minuten Fahrt kamen wir vor einem Gebäude an, das nach gutem altem Landsitz aussah. Genauso wie wir die Bilder im englischen Schulbuch gesehen hatten. – Nicht schlecht! Hier ließ es sich aushalten! Gespannt ließ ich den Empfang über mich ergehen. Erstmal wurden wir einer ruppigen Leibesvisitation unterzogen, die gar nicht zu dem alten Landsitz paßte, und dann mußte ich feststellen, daß ich weder meine Armbanduhr noch meinen »inhaltsreichen Brief« zurückbekam. Man hatte mir diese Dinge ja damals weggenommen, und beim Eintritt in ein normales Lager sollte ich sie wiedersehen. Das nahm ich mit Gelassenheit, denn ich war vor allem froh, daß niemand allzu sehr auf der Londoner Adresse herumgeritten war. Ich war zwar bei einigen Verhören danach gefragt worden, doch bat ich jedesmal nur darum, die wichtige Nachricht zu übermitteln und sonst diesem hohen englischen Regierungsbeamten keine Unannehmlichkeiten zu machen.

Das schloßähnliche Hauptgebäude stand nur der Bewachung als Unterkunft zur Verfügung. Also so rosig war das hier auch nicht. Durch die Küche wurden wir in eine Art Speisesaal geführt. Dort empfing uns der deutsche Teil dieses POW-Lagers in Form des Küchenoffiziers. Das schon traditionelle Empfangsessen war eine Portion »Rohhack«, für Andersgläubige »Beefsteak tartar« genannt. Wie wir dann auch bald erfuhren, hieß deswegen dieser Küchenoffizier »Hauptmann Rohhack«!

Wir kamen am Nachmittag in die Wohngebäude, zu einer Zeit, wo der zünftige POW seinen Mittagsschlaf hielt. Eintreffen und Einleben ging daher ganz still und beinahe unter »Pst« vonstatten. Es berührte einen sehr merkwürdig.

Jeder bekam hier ein winziges Einzelzimmerchen, in dem gerade ein Bett Platz hatte. Stühle und Tische gab es nicht. Doch das störte erstmal gar nicht.

Camp 1. England vom 7. Sept. 1940 – 7. Jan. 1941

Nachdem wir wußten, wo wir hingehörten, meldeten wir uns wie aufgetragen beim Lagerführer. Es war Major Fanelsa, ein großer Herr um die vierzig, der für mich noch lange Zeit ein sehr zu verehrender Mann bleiben sollte.

Anschließend ging es auf die Suche nach Bekannten. Das war nicht einfach. Die teilweise belegten Stuben, jeweils so kleine Zimmerchen, waren über drei Flure verstreut.

Das Ganze war früher mal ein Studienheim für sicher nicht sehr wohlhabende Studenten gewesen.

Als erstes fiel mir ein Schild »Obltn. Franz v. Werra« in die Augen. Ich klopfte und trat ein. – Da saß einer und nähte sich gerade einen Zivilmantel. »Mensch Franz, was machst du denn hier?« – »Ich nähe mir gerade einen neuen Mantel!« sagte er in aller Seelenruhe, »wenn der fertig ist, gehe ich wieder auf Achse!« »Ja, aber sag mal, wo willst du denn hin?« – Wir kamen nicht einmal dazu, uns gegenseitig unsere »Abschußgeschichte« zu erzählen. Gleich ging es mit Abwägen, Zu- oder Abraten los. Franz hatte zweifellos mehr Mark in den Knochen als ich, oder sollte ich nur noch zu sehr unter den unmittelbaren Eindrücken des »Abgeschossenwerdens« stehen?

Schließlich ließ ich mich breitschlagen, ihm eine kleine Chance einzuräumen, wenn er es schaffen konnte, auf einem Flugplatz eine Maschine zu stehlen. Meiner Ansicht nach waren die Aussichten dafür sehr gering, aber er mußte es besser wissen. War er doch schon einmal ausgerissen! Als ich wieder aus seinem Zimmer war, mußte ich erst einmal tief durchatmen.

Der nächste bekannte Name war: »Hauptm. Kienzle«. In Eger war er Staffelkapitän in der Nachbarstaffel gewesen. – Wieder ertönte eine »Herein«-Aufforderung. Mit lautem Hallo begrüßte ich auch diesen alten Bekannten. Warum blieb er im Bett sitzen? Warum hockte er jetzt am hellen Mittag überhaupt im Schlafanzug im Bett? – Ich erschrak, mein Blick war auf seine Beine gefallen. Er hatte mich genau beobachtet und sagte: »Ja Steinhilper! Der eine Haxen ist weg! Und das schönste ist, ich weiß noch nicht einmal genau, wie das zugegangen ist! Ich weiß nur, daß ich als Führer meiner Gruppe in 7000 m noch gute Funksprechverbindung hatte! – Dann bin ich später in einem englischen Hospital mit amputiertem Bein aufgewacht! Und da haben mir die Leute dann erzählt, daß ich dort in der Gegend am aufgezogenen Fallschirm vom Himmel gefallen sei. – Ich kann mir nur denken, daß mir eine eigene Bombe auf die Maschine gefallen sein muß!«

Da stand ich und wußte nicht recht, was ich sagen sollte. Sollte ich bedauern? Sollte ich einfach von etwas anderem anfangen? – Im Frieden hatte er einen 1.5 l BMW Sportwagen gefahren. Wie hatte ich ihn damals beneidet, wenn er zum Skifahren ins Gebirge fuhr!

»Ob Sie wohl wieder einigermaßen hinkommen werden?« – »Aber sicher! – Ich habe gelesen, daß man so gute Prothesen baut, daß man sie sogar zum Skifahren benützen kann!« – Meine Bedenken äußerte ich nicht, das Bein war oberhalb des Knies abgenommen. »Na ja!« – er hatte es mir anscheinend angesehen – »Autofahren kann ich auf jeden Fall noch. Aber nun erzählen Sie erst einmal, wie Sie hierhergekommen sind!«

Nun begann sie wieder, die »Abschußgeschichte«! – Mit all ihren Einzelheiten, mit all ihren Überlegungen. Immer wieder mußte man sie erzählen.

Weitere Kriegsschulkameraden waren da, aber ich war bald durch, noch war das Lager sehr wenig belegt. Mit meiner Ankunft zählten wir 30 Insassen. Am 1. November war dieses Lager hier in Swanwieck eröffnet worden und hatte die Nummer »13« bekommen. An der Wäschenummer, die auf Anordnung unserer deutschen Lagerleitung mit Wäschetinte

in jedes Stück eingezeichnet wurde, konnte man am besten verfolgen, wie sich der »Bestand« vergrößerte. Meine Nummer war damals die »30«, sie sollte mich nun auf lange Zeit begleiten.
Die »Vorführung«, wie sie von uns in diesem Lager genannt wurde, war eine spannende Angelegenheit. – Wenn man einmal die eigene hinter sich gebracht hatte!
Bei diesem Vortrag wurde man als Neuankömmling dem Lager offiziell vorgestellt. Man stand auf einer kleinen Bühne und trug dem versammelten Lager vor, wie man hierhergelangt war. Neuigkeiten aus der Heimat waren gefragt. Welch neue Tricks gab es in den Verhörlagern? Zum Schluß stand man als mehr oder weniger gut unterrichteter »Frischgefangener« für alle akuten Fragen zur Verfügung. – Alle zwei bis drei Tage kamen »Neue«, die meist mit viel Glück am Tod vorbeigegangen waren. Oft war es auch nur ein einziger Überlebender einer ganzen Bomberbesatzung. Manchmal hatten sie auch schon wochenlang im Lazarett gelegen. Es gab immer neue Variationen, fast nichts wiederholte sich. Für uns war dabei tröstlich, daß so eine gewisse Verbindung mit der Heimat erhalten blieb und man über den Verlauf des Krieges einigermaßen unterrichtet war.
Auch Leutnant Busch und der Fischdampferkapitän trafen ein. Es gab immer wieder neue »Vorführungen«. Am interessantesten waren die der Kampfflieger, die bei Nacht heruntergekommen waren. Einer konnte berichten, daß er ganz geräuschlos mit dem Fallschirm in einen großen Park gefallen war. Er war unverletzt, hatte vom vorausgegangenen Casinoessen noch weißes Hemd mit Schlips und Kragen an. Was sollte er tun? Er begab sich in ein gut besuchtes Restaurant und setzte sich dort nieder. Es handelte sich um geladene Gäste, und er bekam auch prompt seine Mahlzeit vorgesetzt, bis ihn dann etwas später eine Dame an seiner Fliegeruniform erkannte. Sie sprach ihn in fließendem Deutsch an und bat ihn ins Nebenzimmer, von wo aus sie dann die Polizei unauffällig verständigte.
Zwei weitere Unternehmungen hielten uns in Spannung. Einmal die Vorbereitungen auf ein Weihnachtsfest im Lager, man sagte sich doch allmählich: »Sicher ist sicher!« Und dann zum anderen: v. Werra mit seinen Gehilfen, die bereits ein Zimmer im Erdgeschoß unterminiert hatten und auf dem besten Wege waren, einen Gang unter dem Zaun durchzutreiben. Am ersteren Unternehmen sollte ich mich als vortragender Klavierspieler betätigen und übte daher mit der Angst der Verzweiflung. Wie lange hatte ich keine Taste mehr angerührt! An dem »Gang« war ich nur indirekt be-

teiligt. V. Werra machte mir sogar das Angebot, die Sache mit dem Flugzeug zu zweit zu versuchen. Aber ich konnte noch immer nicht richtig gehen. Mein Knie war nicht besonders verletzt, nur die Bänder waren stark gezerrt. Beim Fußballspiel holte ich mir einmal wieder so schlimme Schmerzen, daß ich kaum ins Lager zurückgehen konnte. Vielleicht war ich aber auch innerlich noch nicht weit genug, um einen solchen Einsatz vor mir selbst rechtfertigen zu können.

Insofern war ich immerhin beteiligt, als ich des öfteren in dem Zimmer, das über dem Einstiegloch lag, Grammofon zu spielen hatte. Der Zweck war, verdächtige Geräusche zu übertönen, denn keine fünf Meter vom Einstiegloch entfernt stand ein Postenturm. Außerdem strengte ich mit anderen mein Erinnerungsvermögen an geometrische Sätze an. Zur Vermessung und Berechnung des Ausstiegloches war die Erinnerung an Logarithmentabellen und Winkelfunktionen notwendig. Um die notwendigen Kenntnisse aufzutreiben, wurde das ganze Lager zur Mithilfe gerufen. Da keinerlei Literatur vorhanden war, mußten cosinus- und sinus-Funktionen abgeleitet und sogar Logarithmus-Tabellen erstellt werden.

Oft sprach ich mit Franz, machte gegen seinen Plan Einwände, wo immer ich welche finden konnte. Er forderte mich sogar dazu auf, denn schließlich konnte es nur sein Vorteil sein. Jetzt war noch Zeit, Denk- oder Kombinationsfehler im voraus auszumerzen.

Bei diesen Unterhaltungen wurde klar, daß die Sache zu zweit besser zu machen wäre. Die Versuchung, die Sache als Hinkefuß mitzumachen, war groß, aber der Zusammenprall beim Fußballspiel machte die Entscheidung einfach.

Ein Plan v. Werras war, als Flugzeugführer einer der Hilfsnationen Englands in Fliegerkleidung bei Nacht aufzutauchen, um beim nächsten Flugplatz eine Maschine anzufordern, mit der er dann zu seinem Einsatzhafen zurückfliegen wollte.

Die endgültige Fassung sah dann so aus: Aus den Zeitungen war uns bekannt, daß derzeit ein holländischer Verband ein neues amerikanisches »Norden«-Bombenzielgerät ausprobierte. Dieses galt als »secret«. Nun war es Franzens Ziel, unbemerkt unter dem Zaun aus dem Lager zu entkommen. Zuerst wollte er sich in eine gewisse Entfernung absetzen und dann als Angehöriger dieses Verbandes auftauchen, auf Feindflug angeschossen, aber zurückgekehrt und notgelandet. In Anbetracht der Geheimhaltung sollte niemand sein Flugzeug untersuchen, er mußte sofort zu seinem Einsatzflughafen Edinburgh zurückfliegen, damit er von

dort ein Spezialbergungskommando zu seiner notgelandeten Maschine dirigieren konnte.
Klar war, daß bei diesem Plan das Glück mitspielen mußte. Aber was man bezüglich Kleidung und Ausrüstung tun konnte, wurde sehr gründlich vorbereitet. V. Werra sprach fließendes amerikanisches Englisch, war er doch schon in der Abiturklasse von zu Hause ausgebüchst und hatte sich erst wieder gemeldet, als er die USA als blinder Passagier erreicht hatte. Von der Seite her konnte er sich also der Rolle anpassen. An fliegerischer Bekleidung fehlte es auch nicht. Er wurde sehr »echt« ausgerüstet. Die deutsche Funk-Haube und Fliegerkombination ähnelten der englischen sehr. Zum Teil hatten wir ja im Verlaufe dieses Krieges manche Beutestücke aus englischen Versorgungslagern in unsere Versorgung aufgenommen, weil sie aus besserem Material gemacht waren. Nun brauchte man in diesem Fall die aufgenähten deutschen Dienstgradabzeichen nur wieder zu entfernen.
Das Unternehmen »Tunnel« hielt das Lager mehr und mehr in Spannung, besonders als man wußte, daß der Gang bereits unter dem Zaun durchgetrieben war. Man wollte aber trotzdem noch einige Meter weitergraben. Der Durchbruch nach oben, der erst in der Nacht des Aussteigens gewagt werden konnte, mußte dann immer noch am Fuße des Postenturmes erfolgen, würde aber nach den Berechnungen im Gestrüpp der daneben liegenden Gartenhecke münden.
Die Zahl derjenigen, die vom Lagerführer Zustimmung zum »Aussteigen« bekamen, wurde auf fünf begrenzt. V. Werra würde als erster und alleine gehen, die anderen in Zweiergruppen.
Als es in den Dezember ging, fiel der erste Schnee und kam der erste Frost. Der darauf bei uns einsetzende Wintersport bestand darin, daß eine Schleifbahn im Garten, der stark abschüssig war, angelegt wurde. Darauf wurde dann den ganzen lieben, langen Tag mit Anlauf auf den Schuhen »geschliffen«. Dabei wurden von den Könnern sämtliche Ski-Abfahrtstechniken angewandt. Am unteren Ende bildete eine Betontreppe eine Schanze, die ihre besondere Schwierigkeit hatte. Dieser »Schanzenlauf« endete nämlich genau neben einem Gewächshaus, dessen eiserne Ecken nach einigen Tagen auf Befehl der Lagerleitung gepolstert wurden, denn der englische Arzt beschwerte sich über die vielen »Sportverletzten«.
Eines Tages gab es große Aufregung! – Die Erde, die aus dem Tunnel stammte, war seit Wochen in einen Abwasserhydranten geschüttet worden, der in einer nicht einzusehenden Gebäudeecke lag. Das hatte nun da-

zu geführt, daß seit einigen Tagen aus dem Bodenablauf unserer Küche aus dem tiefsten Punkt dieses Systems Erde quoll. Und nun schien das ganze Ablaufsystem mit einem Schlag verstopft. Bald quoll an allen möglichen Stellen Wasser und Erde aus den anderen Kanaldeckeln im Garten. Wir mußten zur Spülung sogar die Hilfe der Bewacher in Anspruch nehmen, die zu unserem Erstaunen keinen Argwohn schöpften. Es war eben in diesem Kriege der erste Gang, der auf englischer Seite gebaut wurde! Allerdings hatten unsere »Bergleute« nach diesem Vorfall doch Bedenken. Es war einfach undenkbar, daß diese Unmengen von Erde in der Kanalisation bei den Wachen zu keinen Kombinationen führen sollten. Eine Weile glaubte v. Werra, daß die ganze Sache vielleicht doch schon bekannt sei und man die fünf nur in eine Falle laufen lassen wollte. Aber als sich nach ein paar Tagen nichts Besonderes ereignete, flog die Erde wieder fleißig in den Gully. Die paar Kubikmeter würden nun auch noch vollends durchlaufen.
Am ungestörtesten konnte jeweils beim »Singen« gebuddelt werden. Jeden Tag, an dem Neue ankamen, versammelte sich das Lager abends bei gutem Wetter vor dem Gebäude, wenn es regnete oder zu kalt war, im Treppenhaus, das drei Stock hoch war und eine gute Resonanz gab. Dieser gemeinsame Gesang waren unsere schönsten Stunden! Ein Urvieh von einem Münchener, Obltn. Bein, der einen Fuß noch in Gips trug, auf dem sich jeder Lagerangehörige mit Namenszug eingetragen hatte, schwang seinen Krückstock als Dirigentenstab und schon ging es »Dahiiin!«. Es war »unbandig« schön! Unsere Glanzstücke waren »Im Feldquartier« oder »Horch! was kommt von draußen rein!« – Dabei hatten auch die englischen Soldaten ihre Freude! Wir brachten es teilweise im Chor auf acht verschiedene Stimmen. – Auf jeden Fall, solange wir sangen, konnten die da unten ungestört graben und Erde verstauen.
Ungefähr am 20. Dezember war der Gang fertig. Die Zeit des Durchbruchs nach oben war gekommen! Nach den angestellten Berechnungen mußte nach oben etwa ein Meter Boden abgeschürft werden, damit das Loch genau in der vermessenen Hecke entstünde.

Aussteiger

Das ganze Lager kam an diesem Abend zum »Singen« auf die Treppe. Wir wollten so laut singen, daß die letzten Grabgeräusche und das Aussteigen völlig in unseren Tönen unterging.
Wir legten los wie die Stare, aber nach einer Stunde voller Lieder kam die Meldung, daß der Boden doch etwas dicker sei als berechnet. Wir mußten weitersingen. Es stand jetzt schon fest, daß morgen das Lager an allgemeiner Heiserkeit leiden würde.
Nach etwa 1 ½ Stunden war es soweit: »Werra steigt aus!« Ohne Aufforderung wurde nun größte Lautstärke erreicht. – Kurze Zeit später: – »Er ist gut weggekommen!« – Unsere guten Wünsche begleiteten ihn. – Doch schon waren die nächsten zwei dran. – Auch die kamen gut raus – und immer riefen die Wachtposten im Kreise rund um das Lager von ihren Türmen ihre routinemäßigen Ausrufe: »Number five aaall's well!« – »Number six aaaall's well!« So lief das rings um den Zaun, alle 15 Minuten. Wirklich so, als ob alles in bester Ordnung wäre. Wer »well« war, war auf jeden Fall unsere Stimmung. Kurze Zeit später waren alle fünf draußen.
Nachdem sie alle weg waren, stieg ein Mann nach, der das Loch wieder so gut wie möglich zumachte. Es war nicht, wie geplant, genau in der Hecke entstanden. – Die Absicht, es so gut zu tarnen, daß in einigen Tagen noch weitere aussteigen konnten, erschien fraglich. Daher mußte nun die deutsche Lagerführung ihre ganze Autorität einsetzen, damit nicht noch weitere »wilde« Ausstiege in der gleichen Nacht erfolgten. – Aber es war so vereinbart worden. Bei zu vielen Ausstiegen in der Nähe des Wachtturms war die Gefahr groß, daß das Loch aufgefallen wäre. Man wollte erreichen, daß die fünf Abstand gewannen, bevor womöglich Alarm geschlagen wurde.
Die Sache hatte insgesamt so lange gedauert, daß man sich im Anschluß gleich in die Betten begeben mußte. Die Wachen waren mit ihrem Ruf »lights out« sehr pünktlich und machten einen Heidenkrach, wenn nicht Schlag 10 Uhr alle Lichter im Wohntrakt erloschen waren.
Man schlief auch bald ein, die lange, laute Singerei war eine Strapaze gewesen.
Ungefähr gegen 2 Uhr war auf einmal großer Trubel auf den Gängen. Die Engländer liefen durch die Gänge und schrien laut, wir sollten aufstehen.

Natürlich entstand nun unsererseits erst einmal ein nicht gerade ungeplantes, großes Durcheinander, das ja nicht mit einem geordneten Nachtalarm verglichen werden sollte! Wenn in der deutschen Wehrmacht alles so schlecht geklappt hätte wie dieses nächtliche Antreten! – Solch verschlafene Gestalten und solch verschlafenes Mißverstehen habe ich selten erlebt. Es war beinahe ein Kunststück, bis die Wachen diese müden Krieger erst einmal in die Kleidung und dann mit noch mehr Geduld in den Speisesaal geredet hatten.
Dort sollte eine Namensfeststellung stattfinden.
Mit jedem anderen Bewacher hätten wir kein solches Spiel treiben können, nur einem Engländer platzte dabei nicht der Kragen. – Aber unser Ziel war natürlich, für die »Escaper« Zeit zu gewinnen! Wir vermuteten, daß man durch Zufall irgendeinen erwischt hatte, und nun ging es darum zu verhindern, daß bekannt wurde, wie viele weg waren, und daß gute Personenbeschreibungen zur Fahndung hinausgingen.
Vorerst war nicht herauszubekommen, wen sie geschnappt hatten und wie. Unsere Bewachung brauchte eine kleine Ewigkeit, bis sie festgestellt hatte, wie viele fehlten und wer es war. Zum ersten Male machten sie die Erfahrung, daß sie für jeden einzelnen Namen und Foto vergleichen mußten, bevor sie wirklich wußten, »who is who«. Dabei hatten sie vorsichtigerweise früher eine Lagerbestandsliste mit Fotos angelegt. Sonst wäre die Sache aussichtslos gewesen. – Alle, die den Wachen nicht durch einen besonderen Umstand oder eine Lagerfunktion bekannt waren, meldeten sich zuerst einmal unter einem falschen, aufgerufenen Namen und dann nochmals unter dem eigenen. Das Durcheinander war unvorstellbar. Erst als man uns nach Namensaufruf von einem Saal in den anderen Raum brachte, kam langsam Licht ins Dunkel. So gegen 6 Uhr morgens konnte endlich festgestellt werden, wer eigentlich fehlte. – Einen gewissen Vorsprung hatten wir für sie herausgearbeitet.
Die Sache war für unseren Lagerführer am unangenehmsten, denn er wurde mehrmals aufgefordert, Ordnung in seinem sonst so disziplinierten Haufen zu schaffen. Aber er lehnte es jedesmal höflich aber bestimmt ab. – Keine kleine Leistung!
Nach zwei Tagen herrschte leider schon Klarheit: alle fünf Ausreißer saßen im Lagerarrest. – Unsere Mannschaften, die das Essen nach »draußen« brachten, erhielten das Wissenswerteste zugesteckt. – Alle fünf waren mit 28 Tagen Arrest bestraft worden, der Höchststrafe, die die Genfer Konvention für diesen Fall vorsieht. – Man bekam immer mehr

Achtung vor diesem Abkommen. Es gab doch weit vorausschauende Leute unter den Politikern. – Und besonders bemerkenswert, jetzt im Ernstfall gab es sogar Menschen, die sich daran hielten!
Als erster war Major Cramer einem unglücklichen Zufall zum Opfer gefallen. Er hatte unterwegs ein Fahrrad gestohlen, war damit ohne Beleuchtung gefahren und aufgefallen. Er wurde von Mitgliedern des englischen CVJM angehalten und zwecks Feststellung der Personalien der Polizei übergeben.
Leutnant Manhart, auch ein alter Bekannter, guter Sportler und Muskelmann, war mit ihm gefahren, hatte sich aber dem ersten Zugriff durch einen Spurt ins Dunkel entziehen können. Er war weiter gekommen, war sogar ein Wegstück mit dem Omnibus gefahren. Er wurde dann aber am Morgen, auf Grund der Alarmmeldung, von einem Schaffner verdächtig gemeldet und dann von der Polizei in Sheffield geschnappt.
Da er sich gegen die Gefangennahme zur Wehr setzte, wurde er ganz schön verprügelt. Aber bei seinen boxerischen Fähigkeiten und seiner körperlichen Verfassung sei es keine ganz einseitige Angelegenheit gewesen.
Die anderen beiden, unser Rechtsberater Dr. Wagner und Obltn. Wilhelm, waren sprachlich am besten geeignet und waren eine ganz schöne Strecke Richtung Küste und Hafen vorwärts gekommen. Sie fielen, auf einem Lastwagen sitzend, einer Verkehrskontrolle zum Opfer.
Am wenigsten wurde über v. Werra bekannt, er ließ nur mitteilen, daß er viel zu erzählen habe, wenn er aus dem Arrest entlassen sei.
Das schönste Erlebnis für uns Zurückgebliebene war zu sehen, wie die Wachmannschaften nach »dem Loch« im Zaune suchten. Es hatte fast den ganzen Tag gedauert, bis sie über das Erdloch mit der frischen Erde stolperten. – Dann aber war Leben im Bau! – Da wurde gestaunt! – In den nächsten Tagen kamen Generäle, Kommissionen und sonstige Neugierige, um diesen Tunnel zu besichtigen oder womöglich auch einmal selbst durchzukriechen.
Erstaunlicherweise hatte das Lager kaum unter diesem Ausbruch zu leiden. Unsere Weihnachtsvorbereitungen konnten deshalb ganz normal weitergehen.
Sogar ein Chor wurde ins Leben gerufen, dem ich beitrat. Hinnerk übernahm die festliche Ausschmückung des Speisesaales, vor allem hatte er einen Weihnachtsbaum zu beschaffen und zu schmücken. – Natürlich versuchten wir alles, um unsere fünf Ausreißer wenigstens zum Heiligen

Abend ins Lager zu bekommen. Doch der Kommandant blieb in dieser Beziehung fest. Der Fall hatte in der englischen Presse ziemlich viel Staub aufgewirbelt, und der Kommandant stand noch sehr im Lichte der Aufmerksamkeit. Es war beinahe verständlich, daß er bei seiner unnachgiebigen Haltung blieb.

In den Nächten nach Neujahr gab es oft ein schauriges nächtliches Schauspiel: Ringsum, fast im Kreis um unser Camp, lagen die Industriestädte Sheffield, Nottingham, Derby. Diese bekamen fast in jeder Nacht, in denen das Wetter einen Einsatz erlaubte, die Angriffe unserer Kameraden zu spüren.

Trotz Verbots traf sich da nachts das halbe Lager im oberen Stock und schaute aus den Fenstern. Man hörte das Motorgeräusch: Das war eine Do 17 ..., das eine He 111 ..., der flog mit hohen Touren, um die Horchgeräte zu täuschen, der flog im Gleitflug mit abgestellten Motoren an. – Bei unseren Kampffliegern wurden Erinnerungen wach! Wenn sie dann auch noch daran dachten, daß da oben (manchmal flogen die Maschinen im Morgengrauen im Tiefflug ab), fast zum Greifen nahe, ein guter Freund sitzen konnte, dann kam es schon mal von den Lippen: »Verfluchte Schweinerei, womit haben ausgerechnet wir dieses Los verdient?« Ja, wir saßen. – Und überprüften, so gut wir konnten, die Einschläge nach ihrer Schwere, mit Fliegerstoppuhren, Blitz und Knall, die Entfernung, am Brand die Einwirkung. Wir wünschten den Kameraden Zielgenauigkeit! – Jeder von uns hatte auf seiner Fahrt durch England allzu viele Bombentrichter gesehen, die neben dem Ziel lagen.

Manchmal entdeckten die Posten ringsum auf den Türmen, daß da an den Fenstern nächtlicher Betrieb war. Dann ging gleich ein fürchterliches Gebrüll los. Sie hatten wohl Angst, daß wir Zeichen gaben oder womöglich sonst irgendwie mit denen da oben in Verbindung waren. Einige Male gerieten sie dabei so in Aufregung, daß sie einfach in unser Gebäude schossen. Glücklicherweise ohne jemanden zu treffen.

Nach Neujahr sanken unsere Hoffnungen auf eine Invasion im Winter erheblich ab. Es waren »Fachleute« gekommen, die Vorträge hielten, daß Ebbe- und Flutströmungen in den Monaten bis März so unglücklich lagen, daß bis April mit einer Invasion nicht zu rechnen sei.

So konnten wir ganz »am Rande« entnehmen, daß der »zuckende Löwe« England nicht im Sterben gelegen hatte. Wahrscheinlich hatte er nur geschlafen!

Man richtete sich allmählich darauf ein, daß die Gefangenschaft vielleicht

bis Mai oder gar Juni dauern könnte, aber das war schon ein ziemliches Zugeständnis. – Es war ja auch nicht vorstellbar, daß wir »Freiheitsgewohnten« es länger aushalten würden.
Mitten in darauf abgestimmte Unterrichtsvorbereitungen hinein kam der Befehl, daß wir in den nächsten Tagen aus alten englischen Zivil-Beständen Bekleidung kaufen müßten. – Mit unserem POW-Sold. – Vor allem wurde Wert darauf gelegt, daß jeder einzelne sich einen warmen Mantel zulegte.
Daraufhin wurde natürlich an allen Orten gemunkelt. Es war ja bekannt, daß schon einmal, im Juli 1940, ein Transport nach Kanada abgegangen war.
Die einen hatten es im Lager »1« selbst erlebt, wie die Kameraden abfuhren. Und wir hatten damals, noch zu Hause in der Berliner Illustrierten, Bilder von dem Eintreffen deutscher POWs im kanadischen Hafen Halifax gesehen.
Nun erinnerte ich mich genau daran, wie wir damals, noch in den Liegestühlen in Alarmbereitschaft neben den Maschinen, beim Ansehen dieser Bilder feststellten, daß diese Ärmsten nun für ein »paar Monate« zum Holzhacken verdammt waren. Was anderes konnte es schon geben in diesem Lande des »ewigen Schnees und Eises«! Und dann stellten wir im Scherz fest, daß wir nun eben als letzten Funkspruch abgeben müßten, »Auf zum Holzhacken nach Kanada!«
Bald sollte Klarheit kommen. – Mit wenigen Ausnahmen sollten alle Lagerangehörigen nach »overseas« verlegt werden. Genaue Bestimmung unbekannt. – Australien oder Kanada? – Die warmen Mäntel zeigten in eine ganz bestimmte Richtung.
Der erste Gedanke, der mich in Verbindung mit Kanada überfiel, war der an meinen Onkel, Bruder meiner Mutter, der in der Nähe von New York wohnen mußte. Wenn ich erst einmal seine genaue Anschrift hatte, dann wird ausgebüchst! Dann wird mich nichts mehr halten! Die USA waren ja neutral!
Dieser Verlegung konnte ich also mit großer Zuversicht entgegenschauen.
Andere Kameraden wurden sehr böse! Wenn der Krieg nun bald zu Ende käme, dann hockte man da drüben und konnte warten, bis die Friedensverhandlungen abgeschlossen waren. Es würde womöglich Wochen dauern, bis man ein Schiff für die Heimfahrt gefunden hatte. Diese Leute waren ernsthaft erzürnt!

Mir dagegen würde es sehr angenehm sein, wenn der gewonnene Krieg mich mit seinem Ende in Kanada überraschen würde! Dann würde ich natürlich die Gelegenheit gleich wahrnehmen und endlich meinen Amerika-Onkel in seinem eigenen Lande besuchen. Bisher hatte ich ihn nur kennengelernt, wenn er in Deutschland zu Besuch war. Da hatte er so vieles von seinen Autos, von den Kinos und allen möglichen sehenswerten Dingen erzählt, das konnte man doch ruhig einmal mitnehmen.
Am erbittertsten waren, das sei zu ihrer Ehre gesagt, unsere »Ehekrüppel«: Wie lange war man nun schon von zu Hause fort, »die arme Frau!« – und nun fuhr der Mann auch noch in das wilde Kanada!
Am 7. Januar würde es losgehen!
Es blieben im Lager nur einige Schwerverletzte zurück. Sie waren zwar ausgeheilt, hatten aber solche schweren bleibenden Verletzungen davongetragen, daß mit ihrem Kriegseinsatz von englischer Seite nicht mehr gerechnet wurde. Diese Kameraden konnten auf einen Austausch mit gleichgelagerten britischen Fällen hoffen. – Auch Hauptmann Kienzle war darunter. Wenn man daran dachte, daß diese Mitgefangenen verhältnismäßig sicher wußten, daß ihre Gefangenschaft nicht mehr allzulange dauern würde, hatte mancher Zweifel, ob sie nicht doch zu beneiden seien – auch bei dem Preis!
Infolge der eintretenden Verlegung kamen auch die Kameraden aus dem Arrest schneller zu uns. Das führte nochmals zu einem besonderen Ereignis: eine besondere »Vorführung« wurde anberaumt.
Die Erlebnisse der beiden Paare der Geflüchteten waren in großen Zügen schon bekannt. Nur v. Werra hatte bisher keinen Ton verlauten lassen. Er wollte sein Erlebnis selbst erzählen. – Ein Abend gehörte ihm.
. . .»Kurz nach dem Aussteigen, bei dem ich mich besonders über das all's well-Rufen der Posten freute, machte ich mich auf den Marsch. Bald traf ich auf eine Bahnlinie, an der ich entlang ging. Schon nach einer kleinen Strecke holte von hinten eine Lokomotive, die allein fuhr, zu mir auf. – – Da ich in meiner Fliegerkombination im Lichte der Scheinwerfer eine sicher ungewohnte Gestalt abgab, hielt der Führer an und ließ mich aufsteigen. Obwohl mir dabei nicht ganz wohl war, mußte ich dieser Aufforderung Folge leisten, wenn ich nicht ganz dumm auffallen wollte. Ich hatte starke Bedenken, ob nicht die englischen Eisenbahnen schon von unserem Ausbruch verständigt worden waren und ob diese beiden Männer auf der Maschine nur so harmlos taten und über meine Erzählungen von meinem Nachteinsatz über Dänemark wirklich erstaunt waren.

Doch es tat sich nichts Verdächtiges. – Wir fuhren bis zu einem Stationshäuschen, das an einem schienengleichen Straßenübergang lag. Dort setzten mich meine beiden ab und sagten mir, daß ich von hier aus Gelegenheit hätte, mit dem nächsten Flugplatz telefonisch in Verbindung zu treten. – Das hatte nochmals geklappt.
Zum weiteren Verlauf der Dinge konnte ich nur noch ein gutes Maß Frechheit beisteuern. Eine Person übergab mich an die andere, ein Geschehen schloß sich an das nächste. Es kam nur darauf an, einen möglichst glaubwürdigen Eindruck zu machen und möglichst immer auf Eile zu drücken. Je länger ich mit ein- und derselben Person zusammenblieb, um so gefährlicher wurde die Situation, um so weitschweifiger wurde die Unterhaltung und um so leichter konnte ich mich im Gespräch verfangen oder gar verraten.
Auf der kleinen Station wurde ich vom Vorsteher gut aufgenommen. Er bediente mich mit Tee. Gleichzeitig wollte er auch viel wissen. Da half mir oft in letzter Minute nur die Ausrede, daß ich solche militärischen Geheimnisse leider nicht ausplaudern dürfe.
Wirklich unangenehm wurde die Situation, als zwei Polizisten in Zivilkleidung auf der Station ankamen und das Telefon benutzten. Hierbei hörte ich die unangenehme Nachricht, daß einer von uns fünfen schon wieder geschnappt worden war. Die Polizisten meldeten jedoch auch, daß sie selber bisher auf ihrer Streife nichts Besonderes beobachten konnten.
Mir wurde dabei nicht wenig heiß unter der Jacke. Dazu hatte der Stationsvorsteher noch die Idee, den beiden auch eine Tasse Tee anzubieten. Diesmal saß ich arg in der Zwickmühle. Wieder mußte ich meinen Nachteinsatz schildern – wieder hatte ich aufmerksame Zuhörer und die beiden schöpften keinen Verdacht. Für mich waren diese Wiederholungen insofern von Vorteil, als ich nun bald jede Pointe beherrschte und genau wußte, wie ich meine Zuhörer fesseln konnte. Ich würde denen auf dem Flugplatz schon auch etwas Glaubwürdiges vortragen.
Bis die Verbindung mit dem Flugplatz hergestellt war, dauerte es geraume Zeit. Erst ungefähr nachts zwei Uhr wurde ich mit dem Adjutanten eines Flugplatzes in der Nähe von Sheffield verbunden. Ich schilderte ihm in ganz kurzen Sätzen meine Lage. Er wollte auch gleich ein Bergungskommando zu meiner Maschine in Bewegung setzen, aber in dieser Beziehung winkte ich stark ab. Meine Leute seien alle unverletzt und würden vorläufig an der Maschine Wache stehen. Da das eingebaute Ziel- und Abwurfgerät völlig geheim sei, wäre es mir am liebsten, wenn ich erst zu

meinem Startplatz Edinburgh fliegen könnte, um dann von dort mit einem eigenen Bergungskommando nach hier zurückzufahren. Er möchte doch bitte dafür sorgen, daß für mich so rasch wie möglich eine Maschine startbereit gemacht würde. Ich als »Captain Lott« sagte das sehr bestimmt, wie sich das für einen Captain gegenüber einem Leutnant gebührt.
Der Erfolg des Gespräches war, daß er mir versprach, sofort einen Wagen zu schicken. Der Bahnbeamte erklärte, wo wir zu finden waren.
Als ich den Hörer auflegte, konnte ich aufatmen. – Auch diese Klippe war umschifft, jetzt konnte die Sache langsam ernst werden.
Der Wagen konnte bei dem herrschenden Nebel nur langsam fahren, und wir trafen auf dem Flugplatz erst bei Morgendämmerung ein.
Es kam mir unterwegs geradezu unheimlich vor, wie ernst der Fahrer mich nahm. Er war genauso dienstbewußt, wie es ein deutscher Fahrer in dieser Situation gewesen wäre. Laufend wurde ich mit »Sir« angeredet und mußte mir beinahe selbst in die Finger beißen, um zu glauben, daß ich nicht träumte.
Auf dem Flugplatz wurde ich dann bei dem Adjutanten vorgefahren. Von dem Plan, sofort nach Edinburgh zu fliegen, war er nicht sehr begeistert. Dazu müsse er warten, bis sein Vorgesetzter erschiene, nur der könnte in diesem speziellen Fall die Erlaubnis erteilen. – Das war nun eine bittere Pille!
Er sagte mir, ich sollte die Zwischenzeit dazu benützen, um drüben in der ›officers mess‹ ein Frühstück einzunehmen. Er würde mich dort sofort anrufen, wenn irgend etwas Eiliges zu erledigen wäre.
Er kam mir doch reichlich mißtrauisch vor. – Vielleicht waren die englischen Flugplätze von unserem Ausbruch benachrichtigt. – Es gab keinen Zweifel, jetzt mußte rasch und entschlossen gehandelt werden. – Ich war allmählich überzeugt, daß hinter seinen Augen mehr vorging, als er aussprach.
In der ›officers mess‹ nahm ich nur einen Schluck ›juice‹ und sagte der Ordonnanz, daß ich beim Adjutanten etwas Wichtiges liegengelassen hätte, und nochmals zurück müßte.
Kaum war ich draußen, da schlug ich schnell eine andere Richtung ein. – Dort oben, am anderen Ende des Platzes, standen Flugzeuge, Hurricanes, das war etwas für mich!
Als ich näher kam, stellte ich an den Hallenaufschriften fest, daß es sich um ein Reparaturwerk handeln mußte, das, genau wie in Deutschland,

völlig unabhängig vom militärischen Betrieb lief. Ich war entschlossen, nun alles auf eine Karte zu setzen, und wollte mich als Flugzeugführer ausgeben, der, wiederum für den holländischen Verband in Edinburgh, eine instandgesetzte Maschine abzuholen hatte.
Einen herumliegenden Fallschirm fand ich auch noch, gab irgendwo eine Unterschrift, und schon kam ein Monteur mit, um mir die entsprechende Maschine zu zeigen. – Ich setzte mich gleich in den unbekannten Vogel, der Monteur sagte aber, ich müßte noch einen Augenblick warten, er wolle den Batteriewagen zum Anlassen herbeiholen. – Mir konnte das gerade recht sein, in der Zwischenzeit würde ich mir die nötigen Instrumente und die dazugehörigen Aufschriften ansehen, damit ich das Ding nachher auch in Gang brachte.
Doch ... vor dem Anlaßwagen kam ... mein Adjutant. – In seiner Begleitung ... ein Posten mit aufgepflanztem Seitengewehr! Die Situation änderte sich nun mit rasender Geschwindigkeit! ... Meine Vermutung hatte gestimmt. Die englischen Flugplätze waren gewarnt worden. Er hatte richtig kombiniert, traute sich aber nicht gleich, mich geradeheraus zu fragen. Wie er aber festgestellt hatte, daß ich das Casino so schlagartig wieder verlassen hatte, war das für ihn Bestätigung genug, um mich erst einmal festnehmen zu lassen. – Wie er allerdings erfahren hatte, daß ich diesen Weg zu dieser Werft eingeschlagen hatte, blieb mir unklar, und er sagte es mir auch nicht. Es war sehr schade, daß er mich so schnell gefunden hatte. Wenige Augenblicke später hätte die Lage für mich erheblich anders aussehen können.
Ansonsten war er nicht weiters ›beese‹. Er brachte mich, diesmal in Begleitung des Wachsoldaten, zurück zur Offiziersmesse, wo sich inzwischen eine ganze Anzahl englischer Fliegeroffiziere versammelt hatte, denen ich mich nun namentlich vorstellte. – Meine Flucht wurde sehr ›sportsmanlike‹ aufgenommen, und als nun mit meinem Namen auch bekannt wurde, daß ich der gleiche Mann war, dessen Fluchtgeschichte vor einigen Wochen schon einmal durch die Zeitungen gegangen war, gab es ein ziemliches Hallo. Man goß mir so viele Schnäpse hinter die Binde, daß ich von der Rückfahrt ins Lager nicht mehr sehr viel zu spüren bekam.
Weniger begeistert empfing mich unser hiesiger Kommandant, aber in dem Zustand spielte auch das keine große Rolle mehr. Im Arrest löste sich das ganze Erlebnis erst einmal in einem Tiefschlaf auf!
Für mich, den Franz v. Werra, steht jetzt auf jeden Fall fest: nach diesem

Fast-Gelingen einer so unwahrscheinlichen Sache werde ich meine Versuche so lange fortsetzen, bis es eines Tages klappen wird!«
Nach seinem Bericht hatte auch ich ein festes Ziel vor Augen. Zuerst wollte ich die genaue Adresse meines Onkels in Amerika feststellen. Dann mußte ich alles tun, daß mein Knie wieder in Ordnung kam. – In Kanada würde auch ich mein Glück versuchen.

Aufbruch zu einem anderen Kontinent

Mit Omnibussen wurden wir zum Bahnhof gefahren. Dort stiegen wir alle in einen Sonderzug, der ohne viele Stopps durch das Land fuhr. Wir wurden zwar stark bewacht, aber insgesamt ging die Sache sehr zivil vor sich.
Etwa morgens um 10.00 Uhr bestiegen wir den Zug und fuhren ohne Essen bis abends 17.00 Uhr. Natürlich wurde die Fahrtstrecke völlig geheimgehalten, was nicht hinderte, daß wir bereits im Besitze von Karten waren und bald wußten, daß wir Richtung Glasgow fuhren.
Mit der 24 000 t großen »Duchess of New York« stachen wir am 9. Januar in Glasgow in See. Die Fahrt über den Ozean ging ohne nennenswerte Vorfälle glatt vonstatten. Am 24. Januar erschienen die ersten Anzeichen für die Nähe von Land. Schon am frühen Morgen überflogen uns mehrere Landflugzeuge, die hier offensichtlich U-Boot-Überwachung flogen. Schon sehr bald danach konnten wir bei unserem Auslauf oben an Deck die winterliche Küste von – Kanada – ??? – sehen.
Bald waren wir so nahe heran, daß einige unserer Marinefachleute, die hier im Jahre 1936 mit dem Kreuzer »Emden« zu Besuch gewesen waren, die Zufahrt zum Hafen Halifax (Nova Scotia) erkannten.
Damit war das Ziel nun endgültig bekannt. Von der Schiffsführung erfuhren wir offiziell nichts. – Aber nun gingen die Leute ans Werk, die sich vorgenommen hatten, sofort beim Erreichen des amerikanischen Kontinents einen Fluchtversuch zu wagen. Die USA waren ja neutraler Boden – noch nicht offiziell in den Krieg verwickelt.
Auch in unserer Nachbarkabine war einer, der darum gebeten hatte, bei uns aus der zu öffnenden Luke steigen zu können. – Er holte seine von Hand vorgezeichnete Karte heraus, und wir halfen natürlich mit allen

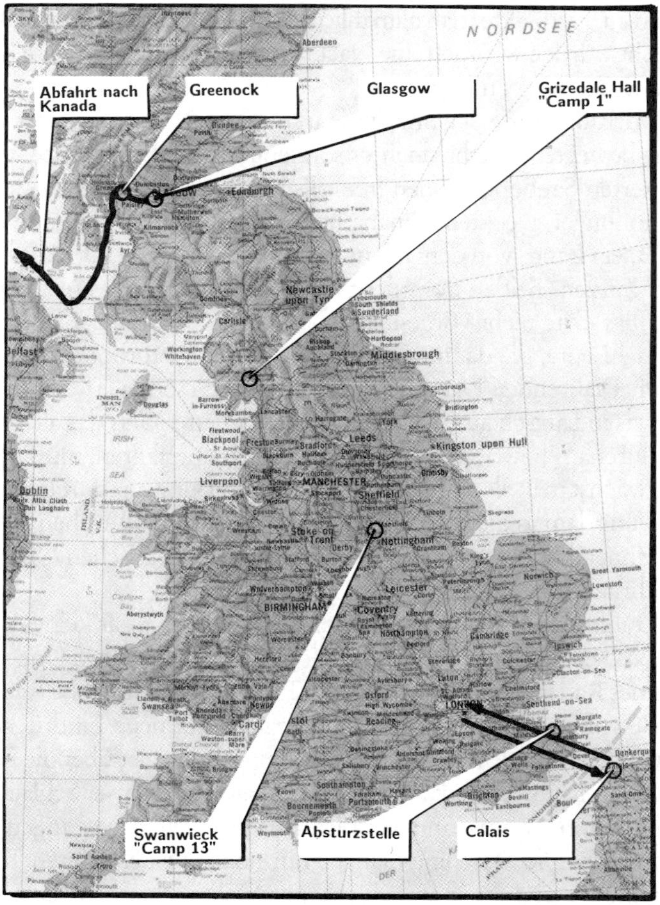

Kräften bei den weiteren Vorbereitungen. Er hatte aus den Schwimmwesten Füllmaterial entnommen, mit dem wir ihn bandagieren wollten. Bandagen wurden dabei aus einigen Leintüchern gewonnen. Er wollte beim Erreichen einer geeigneten Stelle, wenn möglich schon vor dem Anlegen, durch unsere Luke in das eiskalte Wasser springen – sich aber durch die »Schwimmwatte« isolieren, um lebend an Land schwimmen zu können. Dann wollte er sich auf den Weg zur amerikanischen Grenze machen, um so die Freiheit zu gewinnen. Er hoffte natürlich, daß der ganze Anlegepro-

zeß sich so verzögerte, daß allmählich Abend und Dunkelheit einkehrte. Vielleicht würden wir auch eine Nacht am Kai liegen, um erst am Morgen mit der Entladung zu beginnen.
Doch vorläufig war erst einmal viel zu sehen. – Die Küste, an der wir uns entlang bewegten, machte in ihrer sonnenüberstrahlten, schnee- und eisbezuckerten Sauberkeit einen freundlichen Eindruck. Die kleinen Tannenschonungen weckten beinahe heimatliche Gefühle. So hatte ich mir Kanada, ein Land, von dem ich nur wußte, daß es gute Eishockeyspieler und in kurzen, heißen Sommern »Manitoba I und II«-Weizen produzierte, fürs erste nicht vorgestellt.
Doch die Leute, die da unten in einem kleinen Motorboot mit unserem langsamer fahrenden Dampfer mithielten, sahen schon etwa so urwüchsig, etwas indianisch aus, wie ich es erwartet hatte. Und das alles machte einen durchaus bewohnbaren Eindruck! – So unerfahren, mußte ich mir sagen, wächst man als deutscher Junge auf. Jetzt ging mir durch den Kopf, wieviel uns damals die englische Jugend voraus hatte. Welchen Weitblick sie gewinnen konnte, wenn sie ihre zivilen oder militärischen Möglichkeiten wahrnahm.
Der »Durchschnittsdeutsche«, so sagte ich mir, hat ja gar keine Ahnung, wie groß diese Welt ist und welche Möglichkeiten sie bietet. Und was für ein kleines Rad in dem Uhrwerk dieser Erde sind der deutsche Raum und seine Bewohner! – Ich wurde richtig begierig auf neue Eindrücke!
Jetzt kam zuerst eine Minensperre aus Tonnen, die quer über die Einfahrt der Bucht gelegt war, und unter der Netze hingen. – Unser Schlachtschiff »Ramilles« fuhr voraus, und wir folgten nach. – Alle Bewegungen gingen sehr langsam. Die Maschinen sangen nur noch in einer tieferen Tonlage. Als wir im Hafen drinnen waren, erkannten wir rechterhand eine Landegelegenheit für See- und Landflugzeuge. Es herrschte reger Betrieb. Im Hintergrund, vor den modernen Getreidespeichern und Kaianlagen, lagen zwei ausgebrannte große Dampfer, die gar nicht in das saubere, sonnenklare Bild paßten.
Jetzt waren wir so weit im Hafenbecken, daß unsere Maschinen abgestellt wurden und einige Schlepper längsseits kamen, um uns an die Kaimauer zu schieben. Das Schlachtschiff lag schon etwas vorher fest. – Das Ganze ging viel geschäftsmäßiger vonstatten, als ich erwartet hatte.
Sobald wir festmachten, mußten wir das Oberdeck verlassen. Es hieß, wir sollten uns marschfertig machen, wir würden sofort in die bereitstehenden Züge verladen.

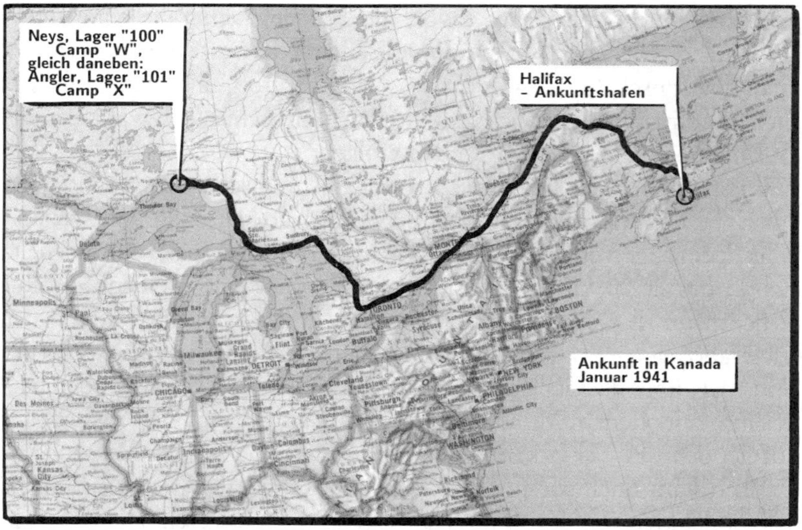

Diese Meldung war für unseren Kaltwasserschwimmer ein schwerer Schlag, er hatte doch damit gerechnet, daß wir eine Nacht am Kai festliegen würden. Jetzt bei Tag ließ sich sein Vorhaben nicht durchführen. Also erst einmal »Kommando zurück!« – Trotzdem wollte er noch abwarten! Wir packten unsere paar Habseligkeiten schnell zusammen und versammelten uns im Speisesaal. Dort fanden wir uns mit unseren übrigen Staffelangehörigen zusammen, um, wenn irgend möglich, im gleichen Lager zu landen.

Vorerst ging es aber noch lange nicht los! Bald wurde auch klar, daß wir das Abendessen auch noch an Bord einnehmen sollten. Also wieder zurück in die Kabinen! Nun wurde es für unseren Schwimmer aufregend! – Wenn wir soviel Zeit hatten, konnte es losgehen, denn von unserem Bullauge waren es jetzt nur noch wenige Stöße zu schwimmen, und es herrschte Dunkelheit. Ein Entschluß jagte den anderen, dann wickelten und wickelten wir, und es kam zur praktischen Ausführung! – Aber oh Schreck! Als er versuchte, sich durchs Bullauge zu zwängen, stellte sich heraus, daß er so gar nicht durchpaßte! – Und schon kam die nächste Überraschung: »Fertig machen zum Ausschiffen!«

Jetzt war aber Eile geboten! Unmöglich konnten wir ihn bewickelt belassen! So konnte er unmöglich das Schiff verlassen, auch sollte keine unnötige Zählerei entstehen! – Die Aufmerksamkeit der bewachenden Offiziere und Mannschaften war sowieso schon übergroß, und man wollte die Sicherheitsmaßnahmen nicht noch vermehren. Schließlich war bekannt, daß mehrere »einen Satz« machen wollten.

Wir rissen ihm die Fetzen nur so vom Leibe und schafften es dann auch noch gut. Unser POW-Transport, so wurde bald klar, sollte auf zwei verschiedene Züge verteilt werden. Wir waren für den späteren eingeteilt. Schon um 20.00 Uhr ging ein Gemunkel durch die Reihen. »Obltn. Brückmann ist weg!« Er hatte sich, dem Erzählen nach, während der Überfahrt einen Ausweis als Schiffsangehöriger besorgt und war ganz »normal« über die Gangway an Land gegangen. Einige Kameraden hatten ihm mit offenem Mund nachgesehen. Man gab ihm viel Aussicht auf Erfolg, denn es war bekannt, daß er ausgezeichnet Englisch sprach.

Endlich kam auch für uns der Augenblick, wo wir über den »nicht schwankenden« Laufsteg amerikanischen Boden betraten. Dabei wurde gar jeder Dritte oder Vierte von uns durch Pressefotografen geknipst. Schon daran war erkennbar, wie viel anders hier der Krieg noch betrachtet wurde, ganz anders als in England oder dem sonstigen Europa.

Das Aufgebot an Bewachung war sagenhaft. Das Schiff samt riesiger Lagerhalle, in der wir und unser Gepäck sorgfältig untersucht wurden, dazu Bahnhof und Züge, waren insgesamt von zwei vollständigen Infanterie-Regimentern umstellt. Daß wir so wertvoll waren!

In dieser Art Auswanderungshalle zogen wir durch ein langes Spalier kanadischer Soldaten. Wann immer die Schlange stockte, versuchte man ein Gespräch.

Mit einem kanadischen Leutnant sprach ich – natürlich über das Kriegsende: »Warum bringt ihr uns denn überhaupt noch hierher! – Spätestens im Mai ist England besetzt, und dann könnt ihr uns gleich wieder heimschicken! – Dieser ganze Transport lohnt sich doch gar nicht für euch!«

Er antwortete ganz entschieden: »You won't go home until 1960!«

Damals lachte ich darüber. Später kroch es mir dann oft eiskalt über den Rücken. Sollte diese Prophezeiung tatsächlich wahr werden?

Nachdem einmal die Durchsuchung durchstanden war, ging alles sehr rasch. – Leider! Hätten wir doch gerne mehr Eindrücke von diesem Land der Eishockeyspieler und des Manitoba I und II aus erster Hand gesammelt. Wer von uns hatte denn vorher schon einmal den amerikanischen Kontinent gesehen!

Was auf dem kurzen Weg zum Zug zu sehen war: Sehr sachlich gehaltene, moderne Hochbauten mit leuchtender Lichtreklame, aber daneben auch schiefe, halbverfallene Holzschuppen.
Reich war dieses Land! Diese Eisenbahnzüge: Bequeme, schwere Wagen, die einen soliden Eindruck machten, innen blitzblank gehalten waren und für alle eine Schlafgelegenheit boten. Matratzen und Decken lagen oberhalb der Sitzgelegenheit in einem Klappbett, das imponierte.
Leider standen wir nur noch ganz kurze Zeit auf dem Bahnhof. Wobei das »leider« nicht nur für uns galt! – Auch die einheimischen Leute, die hier versammelt waren, hätten gerne mehr Eindruck von uns gewinnen wollen. – Bei ihnen fiel auf, daß sie sehr wollig und bunt gekleidet waren, was übrigens gut zu dem Schnee und der Kälte paßte.
Diese Zuschauer drängten sich an die Absperrschranken der Bahnlinie, sie wären allzugerne auf uns zugegangen, aber die Posten paßten scharf auf und duldeten kaum eine Verständigung. Wir wunderten uns nicht, denn wir überlegten, wie viele eingewanderte Deutsche gerade hier in Kanada sein mußten. Und damals war es ja auch noch leicht, aus den neutralen USA herüberzukommen.
Etwa um 23.20 Uhr rollte unser Zug los. – Noch lange wunderte ich mich, fast die halbe Nacht lang, daß immer noch Sirenen der Dampfer aus dem Hafen zu hören waren, bis ich endlich merkte, daß dieser herrliche, wilde, zweistimmige Heulton von unserer Lokomotive stammte. Diesen Ton sollte ich noch lange und oft zu hören bekommen! Er paßte wunderbar in dieses rauhe, gesunde, wilde Land.
Zuerst mußten wir uns »einleben«. Im Zug waren für jeden Wagen etwa acht Mann Bewachung eingeteilt. Erstmalig kamen wir mit den kanadischen »Veteran Guards« in Berührung.
Es behagte uns gar nicht, daß sie alle mit einem dicken Knüppel bewaffnet waren, den sie zu allen unpassenden Gelegenheiten drohend erhoben. Sie schienen uns mit Sträflingen zu verwechseln.
Die Kameraden, die gut englisch sprachen, befanden sich bereits in heftigen Debatten. Sie versuchten, den Unterschied zwischen Strafgefangenen und Kriegsgefangenen herauszustellen. Aber vorläufig stießen sie auf Granit: »A prisoner is a prisoner!«
Und die Stöcke blieben! In unserem Wagen entspannte sich die Situation, wenigstens in der ersten Nacht. Jedoch aus anderen Wagen gelangten Gerüchte zu uns, daß es dort bereits zu einer Art von Schlägereien gekommen sei.

Durch die doppelten Scheiben hindurch versuchten wir, trotz der rabenschwarzen Nacht, einen Eindruck vom Land zu gewinnen, aber vergeblich. Die Kälte war so groß, daß man das äußere Fenster nur mit Mühe und für kurze Zeit auftauen konnte, außerdem fuhr die Maschine anscheinend immer mit Volldampf. Der gesamte Zug war dauernd von einer Dampfhülle umgeben.

Müde wurden wir in dieser ersten Nacht nicht so schnell, dazu waren wir alle noch vom Schiff her zu gut ausgeschlafen.

Einige Kameraden dachten anders. Sie probierten bereits mit Neugierde und Genuß die oben abgelassenen Klappbetten und die Schiebesitze aus. Das war wirklich praktisch und bequem!

Es war ja auch klar! Die kanadischen Eisenbahnwagen mußten wegen der großen Entfernungen schon von vornherein auf Übernachten und größere Bewegungsfreiheit eingerichtet sein. Sie waren viel größer und schwerer als ihre deutschen Kollegen von damals.

Wir saßen an vierplätzigen Tischen, die aber bei Übernachtfahrten nur mit drei Passagieren belegt werden, damit alles langliegen kann. – Dazu wird der Tisch abgeklappt und unter eine Bank geschoben. Oben kommt aus dem gewölbten Wagendach ein Bett herunter, das an zwei Ketten und einem Scharnier hängt. Wenn man unten die beiden Sitzbänke zusammengeschoben hat, holt man von oben eine sehr breite Matratze samt Bettzeug, was alles dort oben tagsüber wohl verborgen liegt.

So sah das alles eigentlich ganz friedlich aus – aber im Dunkeln wurde gemunkelt! – Wobei man mit der deutschen Sprache und geheimen Verständigung recht vorsichtig sein mußte! – Viele der Posten sprachen unsere Sprache, manchmal zwar recht holprig, aber wir wußten: Verstehen ist leichter als Sprechen!

Es ging darum, daß die Kanadier schon ein paar unserer Kameraden vermißten! – Alle Augenblicke ging ein Offizier durch und zählte die Häupter seiner »Lieben«. Wir in unserem Wagen wußten nicht, wer und wie viele fehlten. Oder war das alles nur wegen Brückmann?

Sonst wurde eifrig nach den Namen der vorbeihuschenden Bahnstationen gespäht, man wollte doch unbedingt und bald wissen, wohin die Reise ging. Wie viele wollten gleich jetzt aus dem Zug springen und versuchen, die USA zu erreichen. Aber bei Nacht ließ sich kaum etwas feststellen.

Die Posten verrieten nichts. Weder, wie viele jetzt schon fehlten, noch den Reiseweg. Doch einige Kameraden hatten aus den Büchern vom Schiff,

oder schon im englischen Lager Karten von Kanada ergattert und mit Erfolg durchgeschmuggelt. – Das war sehr vorausschauend geplant! Auf dem gesamten Transport nannte uns niemand den Reiseweg, und ohne diese Karten wären wir komplett aufgeschmissen gewesen.
Aufgrund dieser Karten wurde festgestellt, daß es von Halifax aus nur zwei große Bahnverbindungen ins Landesinnere gab. Die eine davon führte für eine gewisse Strecke durch die Vereinigten Staaten, während die andere ab Montreal an den Lorenzstrom, die natürliche Grenze zwischen den USA und dem östlichen Kanada, heranreichte.
Deswegen mußte man natürlich genau wissen, welche Richtung wir einschlugen. Fuhren wir durch die Staaten, würde das morgen früh in der Dämmerung sein. Im anderen Falle wären noch ca. 20 Stunden abwartende Ruhe geboten und erst am Abend des nächsten Tages konnten wir uns »auf Lauer« legen.
Bei der ersten Station, die mit einiger Sicherheit identifiziert werden konnte, ging eine kaum bemerkbare Erregung durch den Wagen.
Bald beruhigten sich die Nerven wieder. Selbst dieser kleine, indianisch anmutende Name konnte auf einer Karte gefunden werden. Wir fuhren die 2. Route und nicht durch neutrales Gebiet! – Man hatte es also entweder nicht gewagt, oder internationale Gesetze verhinderten es, neutrales Land zu durchqueren. Wenn das nicht so gewesen wäre, hätten unsere Bewacher schöne Geschichten erlebt. Denn wer wollte nicht wieder frei sein und hätte nicht alles dafür gewagt!
Ich selbst war mir nicht im klaren, was ich machen sollte. Ein längerer Fußmarsch, auch noch im Schnee, war nicht möglich, mein Bein machte große Beschwerden. Auf dem Transport hatte ich mich nicht genügend vorgesehen und hinkte nun wieder ganz erheblich.
Mit Hinnerk zusammen hatten wir einen gemeinsamen Tisch ergattert. Wir hatten uns unterwegs mit Jürgen v. Krause, einem Marine-Seeflieger, angefreundet und wollten so eine Dreier-Gemeinschaft bilden. Aber da er in einer anderen Kabine wohnte, war es bei dem schematischen Verladen nicht gelungen, im gleichen Eisenbahnwaggon unterzukommen.
Hinnerk und ich nahmen nun erst einmal die Tatsache hin, daß der nächste Abend in Ruhe abzuwarten war. Erst dann war eine Entscheidung zu treffen. So bauten auch wir langsam unser Bett. Mit der Zeit war man doch müde geworden, und wir wollten aufnahmefähig sein, wenn der Tag graute. – Es war hier geradezu komfortabel. Die Wagen schwankten sanft und leise, nur manchmal heulte die »wilde« Sirene durch die kalte Nacht.

Am nächsten Morgen ging es sehr lustig zu. Man weckte sich mit Scherzworten, ging nach gegenseitiger Vereinbarung zur Toilette, in der es neben Eiswasser zum Trinken auch gute Waschgelegenheit mit warmem und kaltem Wasser gab. Nur mußte jeder sparen, damit es für alle reichte. Man fühlte sich hinterher richtig frisch und ausgeschlafen.
Nachdem die oberen Liegen und die Bänke wieder auf »Tag« gestellt waren, wartete alles auf die erste Mahlzeit im Zug. Die einen tippten auf Dosenverpflegung, die anderen behaupteten, wir würden genauso verpflegt wie die Reisenden, die sonst mit diesen Zügen fuhren.
Auf jeden Fall stand fest, daß im Zug eine Küche samt Köchen vorhanden war. Das hatten wir genau beobachtet, als wir in Halifax einstiegen.
Ungefähr um 8.00 Uhr lief dann die »Überraschung« an. Nicht nur, daß wir richtiges Geschirr und Besteck serviert bekamen, nein, die auftragenden Kanadier hatten auch tadellose Kellner-Anzüge und Fräcke an. Sie bedienten uns höflich und hätten ihre Sache nicht besser machen können. Vom Frühstück selbst brauchte da nicht mehr viel geredet werden! Es paßte durchaus zum äußeren Rahmen, und man konnte nachbestellen, soviel man wollte. Das war Kanada im Gegensatz zum damals armen England, das, wie man jetzt feststellen konnte, doch unter der See- und Luftblockade zu leiden hatte! Wir »Europäer« kamen uns seltsam berührt vor: Vielleicht hatten wir ein bißchen mehr an kulturellen Gütern, aber die hier hatten nicht nur »plenty«, sie verstanden auch zu leben.
Nach dem Frühstück gingen wir mit aller Umsicht daran, einige Verfahren zu entwickeln, um die Fensterscheiben einigermaßen durchsichtig zu bekommen. Nachdem wir das Wageninnere – die doppelten Scheiben waren beide noch beweglich – kühler temperiert hatten, ging das so leidlich.
So konnten wir endlich einen Blick nach draußen werfen.
Wir fuhren durch ein stark hügeliges Land in vielen Kurven durch Täler, deren Wasserläufe entweder unter der Schneedecke verschwunden waren oder sich als wilde, wunderbar vereiste Bäche in herrlicher Schönheit zeigten.
Besonders interessant mutete es uns an, wenn die Stationen indianische Namen trugen. Das war also die Heimat von Indianern! Ich muß sagen, daß ich mir ihre Heimat gar nicht so viel anders vorgestellt hatte. Hier gab es sicher Wild in rauher Menge, hier waren Urwald, Felsen und Seen. Wir befanden uns nach unserer Schätzung so ungefähr auf halber Entfernung zwischen Halifax und der Stadt Quebec.

Das Mittagessen verlief genauso gut wie das Frühstück. Dann kam der Abend und damit die Aufregung.
Unsere Posten hatten sich inzwischen an uns gewöhnt. Da nichts Außergewöhnliches passierte, waren sie in ihrer Wachsamkeit etwas nachlässiger geworden.
Früh am Abend schon wurden die oberen Betten heruntergelassen. Die Mäntel und übrigen Klamotten wurden möglichst geschickt um die Deckenlampen herum aufgehängt. Damit wurden die meisten Fenster so verdunkelt, daß man nur noch am kalten und verstärkten Luftzug spüren konnte, ob die Doppelfenster geöffnet oder dicht verschlossen waren. Vorher hatten die Posten darauf geachtet, daß nicht beide Fenster nach oben geschoben wurden. Jetzt war ihnen die Sicht versperrt.
Die Lichter von Quebec zogen vorbei, ohne anzuhalten fuhren wir weiter Richtung Montreal. – Die meisten von uns hatten von den hiesigen Entfernungen kaum eine zutreffende Vorstellung. So warteten viele auf Montreal, das dann doch nicht auftauchte.
Wir fuhren wahrscheinlich südlich vorbei, aber das war schwer festzustellen. Es gab in der Streckenführung verschiedene Möglichkeiten, sie waren mit unseren Karten schwer auszumachen. Auf jeden Fall sollte in der Nähe, nicht allzuspät nach Montreal, »ausgestiegen« werden. Nach den Schätzungen waren wir dann in der Nähe des Lorenzstroms, von wo aus es nicht allzuweit zur amerikanischen Grenze sein sollte. Daß draußen grimmigste Kälte herrschte und tiefer Schnee lag, kümmerte nur am Rande. So würde der Aufprall wenigstens nicht allzu hart sein.
Auch Hinnerk und ich waren einigermaßen fest entschlossen auszusteigen, wenn Montreal in Sicht war oder festgestellt werden konnte, daß wir uns in der Nähe befanden.
Unser Bündel war geschnürt, unser Fenster schön dunkel und zur Probe ein paarmal geöffnet worden. So ging es in die Nacht hinein.
Mit dem verletzten Fuß mußte es auf dieser Strecke schon gehen, das hatte ich mir fest vorgenommen.
Die ganze Nacht machten wir kein Auge zu. Von Beginn der Dunkelheit an bis ungefähr 3.00 Uhr morgens wartete alles auf das Auftauchen der Stadt Montreal. – Dann ging auf einmal auf Seiten der Kanadier eine aufgeregte Zählerei los. Ein deutliches Zeichen, daß wieder einmal jemand »missing« war. Aber wer und wie viele wurde in unserem Wagen nicht bekannt.
Von nun an wurden die Posten sehr robust und hielten sich genau an ihre

Befehle. Von nun an durfte nur noch mit Voranmeldung aufgestanden werden, durften die Betten überhaupt nicht mehr heruntergeklappt und keine Kleidungsstücke mehr aufgehängt werden. Diesmal hatte es einen gehörigen Aufruhr gegeben.
Wir konnten nicht einmal mehr das Eis von den Fenstern bekommen, um Durchsicht zu erhalten. Hinnerk und ich beschlossen, diesmal unseren Plan aufzugeben. Wir wollten mit unseren Fluchtabsichten warten, bis wir im Lager eine echte Orientierung vornehmen konnten und bis ich die Adresse meines Amerika-Onkels genau aufgetan hatte. Vor allem wußten wir schon seit einiger Zeit überhaupt nicht mehr, wo wir entlangfuhren. In dieser Gegend dauerte es oft stundenlang, bis wir einen Bahnhof durchrasten, dessen Schild dann doch nicht entziffert werden konnte, weil es in dem wirbelnden Eis und Schnee kaum zu sehen war.
Nach der dritten Nacht ließ der Reiz der Reise erheblich nach, auch der Appetit war gestillt, wir wollten endlich wissen, wohin die Reise ging. Die Posten wurden mit allem Geschick ausgefragt. Aber aus ihren widersprüchlichen Angaben konnten wir eigentlich nur heraushören, daß sie selbst sehr unterschiedliche Meinungen hatte.
Mehrmals hatten wir am Morgen des 4. Fahrttages das Wasser des »Lake Superior« – wie einige genau wissen wollten – erblickt, als einige »guards« durch die Abteile gingen und warme Überjacken als Ersatz für die während der Fahrt abgenommenen Zivilmäntel austeilten. Ursprünglich wollten wir uns gegen die Beschlagnahme zur Wehr setzen. Schließlich hatten wir in England dafür mit unserem Geld bezahlt. Aber wir waren machtlos, denn diese Kleidungsstücke wären zu Fluchtzwecken nützlich gewesen.
Anders war es mit diesen Jacken. Sie waren aus dunkelblauem Wollstoff und hatten auf dem Rücken einen runden roten Kreis eingenäht. Das sah deutlich nach Sträflingskleidung aus, und wir verweigerten die Annahme. Lieber wollten wir ohne diese Überjacken durch die Kälte marschieren. Ja marschieren! Davon wurde jetzt gesprochen – es konnte also nicht mehr allzulange dauern.
Es gab noch einmal Mittagessen, und dann kamen wir bei einem Barakkenlager an, das mitten in der Wildnis, mitten in einer Schneelandschaft lag. Hier stieg der größte Teil der Unteroffiziere und Feldwebel aus. Nur ein kleiner Rest von ihnen und einige Mannschaftsdienstgrade blieben bei uns. Sie waren dafür bestimmt, bei uns »Stammpersonal« zu werden, d.h. für die Innen- und Küchendienste aufzukommen.

Ungefähr um 14.00 Uhr hielten wir bei strahlender Sonne, aber 30 Minusgraden, an einer winzigen Station an. Eine Hütte, einige Indianer und eine Frau im leuchtend bunten Skianzug war alles, was uns hier einen neugierigen Empfang bereitete. Auch hier stand wieder ein wahres Spalier von Wachpersonal. Auf einigen aufragenden Felsen waren sogar Maschinengewehre in Anschlag gebracht, auch einige Spürhunde fehlten nicht. Das Ganze sah bei der herrlichen Sonne und dem glitzernden Schnee sehr farbenprächtig aus.
Der Marsch zum Lager durch die trockene Kälte führte zuerst durch niederen Busch, der etwas mit mittelgroßen Tannen durchsetzt war, später ging es genau am Rande des »Oberen Sees« entlang. Hier türmten sich die Eisschollen hoch auf. Es wehte ein eisiger Wind vom See her, dessen schollige Eisfläche in hellem Aufruhr war.
Der gesamte Fußmarsch dauerte jedoch nicht länger als 40 Minuten. Bald standen wir vor einer Stacheldrahtschleuse, die uns wieder einmal in ein Lager, das Camp »W« brachte.
Wir waren nicht die ersten. Vor uns war der andere Zug eingetroffen. Diese Vorausabteilung erzählte gleich von dem guten Essen, aber über alles andere wurde geschimpft. Die Kanadier hätten wohl noch nie etwas von der Genfer Konvention gehört.
Wir fanden es vorläufig gar nicht so schlimm. Hier drinnen in den hölzernen Unterkunftsbaracken war es wenigstens warm, bald waren auch die Boiler angeheizt – Kohle und Holz waren reichlich vorhanden –, und man konnte nach Herzenslust warm brausen und sich gründlich waschen.
Sonst waren die Baracken kahl. Keine Bank, kein Tisch, nur zweistöckige Metallbetten. Auf die Dauer wurde das sicher sehr unbequem. Der Rat unserer Ältesten tagte bereits. Wir anderen warteten erst einmal auf das Abendessen.
Es war wirklich ein Festessen! Die Kanadier, die hinter den Ausgabetresen standen, freuten sich über unseren guten Appetit und reichten nach, soviel wir verlangten. Hinterher stellte sich dann heraus, daß sie an Butter eine Ration ausgegeben hatten, die normalerweise für drei Tage reichen sollte.

Genfer Konvention und Hungerstreik

Doch auf dieses Essen hin wurden unsere Ältesten nicht versöhnlicher gestimmt. Die Gerüchte verdichteten sich, daß schon seitens der Vorausabteilung unter Oberstltn. v. Wedel, unserem neuen Lagerführer, harte Verhandlungen mit dem kanadischen Kommandanten stattgefunden hatten. Von Wedel war jetzt Fliegeroffizier, früher Kavallerist, der schon im ersten Weltkrieg in russische Gefangenschaft gefallen war. Aus der damaligen Gefangenschaft hatte er gewisse Kenntnisse über die Genfer Konvention mitgebracht. Er stellte seine Forderungen auf dieser Basis und wohl auch angesichts der Tatsache, daß sich zu diesem Zeitpunkt des Krieges ja viel mehr Engländer in deutscher Kriegsgefangenschaft befanden als umgekehrt. Auch ihm ging es in erster Linie darum, den Kommandanten vom Sträflingsstandpunkt abzubringen – aber bisher erfolglos. Man mußte nun neue Wege beschreiten. Das sollte ein Hungerstreik werden!

Hungerstreik! So etwas hatte ich bisher nur in Zeitungen in Verbindung mit politischen Häftlingen gelesen – aber wir?

Das war eine Geschichte, auf die mußte man sich erst einstellen, nicht nur körperlich vorbereiten, sondern auch seelisch!

Am nächsten Morgen war es soweit. Nach dem Frühstück hieß es: »Dies war die letzte Mahlzeit, alle Offiziere trinken von jetzt an nur noch Wasser!« – »Die Stammkompanie nimmt am Hungerstreik nicht teil.« – »Die Mannschaften führen den Innendienst weiter!«

Nach Angaben unseres deutschen Arztes, der als Fliegeroffizier unter uns war, sollte man so 10 Tage ohne gesundheitlichen Schaden aushalten können.

Um diese Ereignisse drehte sich die nächsten drei Tage alles. Es war eine Nervenprobe! Das Ziel war: Durch Telegramm die Zusage zu erhalten, daß der Vertreter der Schutzmacht – der Schweiz oder der des Roten Kreuzes – unserem Lager sofort einen Besuch abstatteten.

Andernfalls sollte die Sache so lange gehen, bis wir entweder künstlich ernährt wurden oder eingingen.

Am dritten Tage gab es erregende Szenen: Die dünneren unter uns fühlten sich den »Dicken« gegenüber benachteiligt, und der eine oder andere wollte nicht, weil er nun zufällig mager war, zuerst sterben! Die Aufregungen waren aber immer nur kurz und hysterisch. Es hielten alle durch.

Am Abend des dritten Tages fielen einige dazu »Abkommandierte« beim Zählen – dazu mußte man nach wie vor dreimal täglich aus den Betten – ohnmächtig um. Das machte auf die kanadischen Offiziere einen starken Eindruck.
Der vierte Tag brachte morgens beim raschen Aufstehen zum ersten »Roll Call« schon einige echte Umfaller. Mir ging es insgesamt nicht schlecht. Noch war ich in Verfassung, um im Schnee einige Außenrunden am Zaun entlang zu machen.
Sowohl der Vertreter der Schutzmacht, als auch der des Roten Kreuzes sagten ihren Besuch innerhalb von acht Tagen zu. Und da die Sache nun schon lief, gab auch der kanadische Kommandant seinen Segen mit Sofortmaßnahmen.
Auf jeden Fall wurden alle unsere Forderungen erfüllt, und zwar nicht nur für unser Lager, sondern für alle kanadischen deutschen POW-Lager, ob Offiziere, Unteroffiziere oder Mannschaft, wurde hinterher Zug um Zug die Genfer Konvention erfüllt.
Und am 31. Januar 1941 haben ich und andere nicht nur mit großen Appetit, sondern auch mit bestem Gewissen viel gegessen. Diese Mahlzeit hatten wir uns wirklich verdient.
In den folgenden Wochen eines fast vollständig eingeschneiten Daseins hörten wir dann auch von unseren Ausreißern. Fünf Offiziere waren insgesamt ausgebüchst. Davon waren vier wieder gefaßt worden. Nur Franz v. Werra war noch auf freiem Fuße. Gerüchteweise wußten wir von ihm, daß es ihm gelungen sei, über den Lorenz-Strom hinüber in die Staaten zu gelangen. Dort sei er festgenommen worden, aber gegen eine Kaution von 10 000 $, die vom deutschen Generalkonsulat New York bezahlt worden sei, wieder freigekommen, bis sein Fall vor der US-amerikanischen Einwanderungsbehörde verhandelt werden würde.
Dabei sei die schwierige Rechtslage entstanden, ob er als »illegaler Einwanderer« in das Land, aus dem er kam (Kanada), oder in sein Heimatland (Deutschland) zurückverwiesen werden mußte.
Ja, Franz war wieder mal auf Draht gewesen. Er hatte gewußt, wann wir in der Nähe von Montreal waren, und war im richtigen Augenblick ausgestiegen. Bis zur Grenze hatte er Autos angehalten. Am Strom hatte er ein verlassenes Boot gefunden, und mit einem Brett als Paddel überquerte er den eisigen Fluß, der nur zur Hälfte zugefroren war.
Später erfuhren wir mehr. Die Kaution konnte nicht zurückbezahlt werden, weil Franz nicht auf den Urteilsspruch warten wollte. Er besorgte

sich mit Hilfe des Konsulats einen falschen Paß, trampte damit nach Südamerika und erreichte von dort die Heimat per Fluglinien.
Die anderen waren weniger glücklich. Brückmann, der mit dem Ausweis glücklich von Bord gekommen war, fiel auf, als er sich in einer Hafenkneipe in Halifax wärmen wollte. Sein allzu gutes Oxford-Englisch deutete auf einen »Reingeschmeckten«. Ein anderer, der ebenfalls in Halifax freigekommen war, wurde beim Umziehen in einem Holzschuppen von einem jungen Mädchen ertappt.
Die restlichen zwei waren unterwegs aus dem Zug gesprungen und standen einsam und verlassen in der Schneewüste. Nachdem der Zug weg war, blieb ihnen nichts anderes übrig, als eine menschliche Behausung zu suchen. In einem kleinen Dorf, das sie fast erschöpft erreichten, fielen sie als Ortsfremde gehörig auf.
Aber wir freuten uns doch! Wenigstens einem war es geglückt. Er hatte es beim dritten Anlauf geschafft. Das war wirklich verdient.
Zum Punkt »escapen« gab es trotz des strengen Winters vielfältige Aktivitäten. Viele hatten Verwandte in den USA, und alle wollten sie es versuchen.
Das Problem wurde so dringend, daß wieder der Rat der Ältesten eingreifen mußte. Er beauftragte Major Cramer mit der Prüfung der jeweiligen Fluchtabsichten.
Von den 260 Offizieren im Lager reichten etwa 220 ihre Pläne schriftlich ein. Diese wurden geprüft und je nach Erfolgswahrscheinlichkeit – dazu gehörten Sprachkenntnisse, Originalität des Planes, körperliche Verfassung usw. – zur Ausführung zugelassen. Es wurden dann etwa 70 »Prädestinierte« ausgesucht, die in einer vorgesehenen Reihenfolge ihre Pläne realisieren wollten und mit der Unterstützung durch die Lagerinsassen rechnen konnten.
Leider zählte ich nicht zu diesen 70 und war deswegen ziemlich niedergeschlagen, hatte ich mir doch schon Hoffnung auf Erfolg gemacht. Aber meine Adresse in den USA war halt noch nicht genau genug, und der lädierte Fuß war ebenfalls bekannt.
Auch sonst fühlte ich mich nicht glücklich. Das Knie machte trotz Trainings im tiefen Schnee rund um das Lager immer neue Schwierigkeiten. Und dann die Post! Auf lange Zeit war ich in unserer Baracke der einzige, der keine Heimatpost bekommen hatte. Endlich, im April, wurde bei der Postausgabe mein Name aufgerufen.
Als ich den Brief in Händen hielt, hätte ich vor Wut beinahe geheult.

Diesen Brief hatte ich von England aus an den Onkel in den USA gerichtet und um Wäsche und Kleidung gebeten. Denn in anderen Fällen hatte das per Rotes Kreuz funktioniert. Nun war dieser Brief unter der von mir angeschriebenen Adresse leider unzustellbar, war nach England zurückgegangen und hierher nach Kanada nachgesandt worden.
Dieser erste Brief war ein ausgesprochen schlechter Witz. Noch trauriger hätte der Fall für mich allerdings ausgesehen, wenn ich damals schon erfahren hätte, daß gerade etwa zur Zeit meines Abschusses dieser US-Onkel über Japan, Rußland nach Deutschland zurückgekehrt war. Doch diese Nachricht erreichte mich erst später in den Briefen meiner Mutter.
Es wurde Mai, bis ich die erste Nachricht von zu Hause erhielt. Zuerst kamen die Briefe in so konfuser Reihenfolge an, daß ich nicht recht klar sah, was die zu Hause dachten und wußten. Erst mit der Zeit dämmerte es. Die Benachrichtigung über das Rote Kreuz hatte in meinem Falle sehr lange gedauert, und ich hatte zu Hause bis zum Februar 1941 – also über vier Monate – als vermißt gegolten. Eine schlimme Zeit für die Angehörigen.
Der Schnee blieb bis Mai liegen. Aber ab März schien die Sonne über Mittag schon ganz warm, und es startete eine Art Sonnen-Bade-Saison. Allerdings hatte man nur dann einen Genuß von den wärmenden Strahlen, wenn man sich den Wind vom Leibe halten konnte. Dazu wurden geradezu raffinierte Sonnenburgen gebaut, die um die Mittagszeit mit Matratzen und Decken ausgelegt wurden.
Wann immer es die Schneeverhältnisse zuließen, zog ich auf die »Außenrunde«, am Zaun entlang. Sie war in diesem Lager gute 700 Meter lang. Auf diese Art wollte ich den Fuß langsam aber sicher wieder in Ordnung bringen. Außerdem brauchte ich Bewegung und frische Luft, um nachts schlafen zu können.
Mit dem Knie ging es sehr langsam. Aber nach ungefähr drei Monaten war es soweit, daß ich langsam mit Sport anfangen konnte. Und nachdem der Schnee weggetaut war, verschrieb ich mir jeden Tag einen 3000-m-Lauf. Das tat nicht nur meinem Knie gut, sondern diente insgesamt der körperlichen und geistigen Verfassung.
Allerdings wurden sowohl das Laufen als auch das Spazierengehen durch den knöcheltiefen Sand im gesamten Lager sehr erschwert. Aber wir wollten ja keine Rekorde aufstellen, sondern eben fit bleiben.
Angenehm war auch, daß man, wenn man die nötigen Can. Dollars auf seinem POW-Konto hatte, beim großen Warenhaus »Eaton's« nach Ka-

talog Bestellungen aufgeben durfte. Da kam ursprünglich alles: Koffer, Grammofon, Schallplatten, Liegestühle ...! Bis es den Kanadiern dann doch zu bunt wurde und nur noch vorzensierte Waren zugelassen wurden. – Aber es genügte schon, um in kleinem Kreise in der Sonne zu liegen und Musik zu hören.

Mitten in der Wildnis

Musik, Sonne, Schnee, gutes Essen ... Herrlich, müßte man eigentlich denken, so eine Kriegsgefangenschaft! Aber schon in der Bibel wird von dem goldenen Käfig, der eben ein Käfig ist, gesprochen. Es gab sogar Bier, soviel man bezahlen konnte, denn nicht alle nützten ihre Ration aus. Lukky Strikes, Chesterfields, Camels, Navy Cuts, alles was das Herz begehrte, war für die Raucher da. Konserven und frisches Obst aller Arten waren in der Kantine vorhanden, und man konnte kaufen, soviel man Geld hatte.
Aber es gab auch die Nerven! Mit welcher Gier stürzten wir uns jeden Tag aufs neue auf die Zeitungen, die nur dann zensiert waren, wenn etwas über Fluchtversuche von Kriegsgefangenen drinstand oder besondere Kriegsereignisse akut waren!
Wie schwer war es, so schicksalsergeben darauf zu hoffen, daß es wieder anders werden würde. Es war kein Leben!
Was machten unsere »escaper«? Vor allem für mich, der nicht »zugelassen« war, sah das nach großem Trauerspiel aus! Während des harten Winters wurde zuerst ein Schneetunnel gestartet. Er reichte schon zwischen die beiden umgebenden Zäune, da setzte für ein paar Tage Tauwetter ein, und »die Sonne brachte es an den Tag!«.
Später wollte eine Gruppe bei einem Blizzard einfach über den Zaun. Das wäre ohne weiteres möglich gewesen, denn das Schneetreiben ist bei solchen Verhältnissen so heftig, daß man kaum 10 Meter weit sehen kann. Doch unser Lagerführer erlaubte keinem dieses Wagnis. Er hielt es für sicheren Selbstmord. Später lasen wir dann auch in der Zeitung, daß dieser Blizzard 70 Menschen das Leben gekostet hatte. Autos waren unterwegs steckengeblieben, die Insassen erfroren, und das in einer viel zivilisierteren Gegend als der hiesigen.

Die anschaulichste Geschichte von der Gefährlichkeit dieser Blizzards: Ein Bauer, der während dieses Schneesturms nach seinem Vieh sehen wollte, kam auf dem Weg vom Wohnhaus zum Stall um. Zwar hatte er für derartige Fälle einen starken Draht von der Haustür zur Stalltür gespannt – zum Festhalten. Aber anscheinend war er abgetrieben worden. Man fand ihn nachher erfroren ca. 2000 Meter vom Haus entfernt. Wir konnten im nachhinein froh sein, daß unser Lagerführer so klug gewesen war. Wer da hinausgeklettert wäre, hätte das sicher mit dem Leben bezahlt.

Als der Schnee weg war, ging die Tunnelgraberei los. Das wurde wieder eine Periode schwerer Schicksalsschläge. Nicht nur wegen des wiederholten Mißgeschicks beim Graben, sondern auch wegen der Nachrichten aus der Heimat. Es ging fast Schlag auf Schlag. Nachdem unser Schlachtschiff »Bismarck« die stolze »Hood« der englischen Flotte versenkt hatte, wurde sie gestellt und selbst versenkt. Dann blieb der erfolgreiche U-Boot-Kommandant Prien aus, und die Luftwaffe verlor Mölders.

Wir konnten das alles in den Zeitungen lesen. Wenn etwas zensiert war, dann schmuggelten die kanadischen Posten diese Nachrichten mit Hochgenuß ins Lager.

Ein richtiger Hieb für uns war die Nachricht: »Krieg mit Rußland!«. Darauf waren wir nicht vorbereitet, es kam wie ein Blitz aus heiterem Himmel.

Wir hatten zwar vorher in den englischen Zeitungen von den Warnungen des englischen Premierministers Winston Churchill gelesen, der Rußland vor einem bevorstehenden Einmarsch warnte, aber darüber hatten wir gelacht! – Alles die übliche Propaganda! – Wir verstanden uns doch seit 1939 mit Rußland glänzend. Hatte man nicht Polen mit den Russen geteilt? War Rußland nicht unser bester Abnehmer für Industrieprodukte und lieferte uns dafür Öl, Getreide und Holz?

Nun war diese Nachricht wie eine Bombe geplatzt. Da gab es Szenen! Fast alle hatten wir geglaubt, in diesem Jahr zu Hause zu sein. Und nun? – Rußland war groß! Das konnte diesmal keinen »Blitzkrieg« geben – oder mußte es sogar einen geben?

Es gab im Lager zwei Reaktionen. Die einen sagten sich: Unsere Führung weiß, was sie tut. Sie weiß, was sie dem deutschen Volke zumuten kann, also wird es auch diesmal schnell gehen. Sie suchten sofort nach inzwischen von ›Eaton‹ georderten Atlanten und rechneten aus, wie schnell es im günstigsten Falle gehen konnte. – Die anderen waren völlig verzweifelt

und verstört. In meiner Hüttenabteilung brüllte und heulte einer aus Wut und Verzweiflung. Er ließ in seinen Ausbrüchen keinen guten Faden an unseren politischen und militärischen Führern, aber man konnte ihm nicht helfen.
Für alle war nun das große Rätselraten um das Ausbleiben der Invasion Englands gelöst.
Man erfuhr es zwar nicht offiziell, aber es war nun klar. Sie war also schon nach Molotovs Besuch im August 1940 abgeblasen worden. Das hatten die »Politiker« unter den Kameraden schon vorher gewußt! – Wie lange hatten wir »armen Irren« vergeblich gehofft!
Die Luftangriffe auf England, die wir beinahe bis zur Sinnlosigkeit geflogen hatten, sollten einen ausreichenden Ersatz für die Invasion darstellen. Aber wir, die wir in England »angekommen« waren, sahen da wohl klarer als unsere oberste Führung. Der Luftkrieg allein konnte keine Entscheidung bringen. Der Traum vom Sieg über England war für uns vorerst in die weitere Ferne gerückt.
Auch nach den optimistischsten Berechnungen dauerte unsere Gefangenschaft nun noch mindestens ein weiteres halbes Jahr.
Das löste verschiedene Reaktionen aus. Die einen wollten unter allen Umständen einen Fluchtversuch wagen, die anderen legten einen längerfristigen Lern- und Studienplan fest.
Bei der verstärkten Ausbruchstätigkeit gab es leider nicht die richtigen Grenzen. Von drei verschiedenen Teams wurden zugleich an verschiedenen Stellen des Lagers Tunnels angefangen. Bei der großen Zahl der Beteiligten und Aufpasser gegen die Innenposten konnte es gar nicht ausbleiben, daß den Kanadiern ungewöhnliche Tätigkeiten und Emsigkeiten auffielen.
Der Ideenreichtum der Kanadier war groß. Sie kamen immer mit neuen Überraschungen. Mit ihre wirksamste Abwehrwaffe waren lange und große Erdbohrer. Diese drehten sie wie Korkenzieher bis zu 2 m Tiefe in den Boden, suchten alle verdächtigen und geeigneten Stellen ab und knackten so alle drei Gänge.
Trotzdem gedieh nochmals ein Tunnel sehr weit. Er war schon bis an den ersten Zaun heran vorgetrieben. Die unterirdischen Abstützungen waren aus Holz und Pappe so geschickt gebaut, daß die Bohrer keinen auffallenden Widerstand fanden. Aber dann mußte eine Art Entlüftungsanlage nach oben gebaut werden. Die fiel irgendwie auf. Die Kanadier kamen so überraschend mit einer Art Überfallkommando ins Lager, daß unsere ei-

genen Warnposten kaum Zeit hatten, die »Arbeiter vor Ort« zu warnen. Der Einstieg befand sich im Freien und wurde von Sonnenbadern abgeschirmt. Als unsere Wächter Alarm geben mußten, tat sich an einer Stelle plötzlich der Sandboden auf, und Menschen stiegen heraus. Die schon umzingelnden »Veteran Guards« waren darüber so verdutzt, daß sie im ersten Moment vergaßen zuzugreifen, außerdem spritzte ihnen Hptm. Grisslich, der aus dem Einstieg kam, soviel Sand in die Augen, daß sie ihre Hände zuerst zum Augenreiben brauchten. Aber sie merkten bald die Absicht und nahmen bei den letzten Aussteigenden die Verfolgung auf. Es gab eine Hetzjagd durch die Hütten. Die meisten der überraschten »Maulwürfe« konnten dabei ihre schmutzigen Klamotten loswerden und sich mit harmlosem Gesicht unter die Brause stellen, zusammen mit Teilnehmern an einem Gymnastikkurs, der gerade zu Ende gegangen war. Nur bei einem dieser harmlosen Badenden waren sich die Posten so sicher, daß sie ihn mitnahmen.

Einige Wochen vorher war Oberstleutn. v. Wedel krank geworden. Unser Lagerführer hieß jetzt wieder Fanelsa, inzwischen hatte er über das Rote Kreuz erfahren, daß er zu Hause zum Oberstltn. befördert worden war.

Bei dieser Tunnelentdeckung und der damit zusammenhängenden Art der Verfolgung und Festnahme kam es zwischen Fanelsa und dem kanadischen Kommandanten zu einem so harten Wortwechsel, daß der Kanadier unseren Lagerführer kurzerhand mit in den Arrest außerhalb des Zaunes einsperren ließ.

Draußen, gleich bei der Wachbaracke, saßen nun also der »Sandstreuer«, Obltn. Müller, ein Stuka-Flugzeugführer und Oberstleutn. Fanelsa, unser Lagerführer, zur Strafe ein.

Nach einigen Tagen heulten nachts um 22.00 Uhr bei den kanadischen Wachmannschaften plötzlich die Alarmsirenen.

Erst später in der Nacht erfuhren wir, daß Müller aus dem Arrestabort ausgebrochen war. Wir wünschten ihm von Herzen Glück und Erfolg, das Wetter war sommerlich. Wenn auch weit und breit außer der Eisenbahnlinie weder Weg noch Straße vorbeiführten, würde ihn wenigstens das Klima nicht zur Umkehr zwingen.

Doch einen Tag später brachte man ihn tot ins Lager zurück. Er hatte nach unseren Beobachtungen zwei Einschüsse, davon stammte einer offensichtlich von einer Kleinkaliberbüchse, der andere von einem Revolver.

Der kanadische Kommandant gab die Erklärung, Martin Müller sei von einem Jäger, einem Indianer erschossen worden.
Bittere Gefühle stiegen in uns auf, und Fanelsa machte sich schwere Vorwürfe, daß er draußen im Arrest nicht deutlicher abgeraten hatte. Müller hatte ja kaum Marschverpflegung und schützende Kleidung mitnehmen können.
Unser toter Kamerad wurde bis zu seiner Beerdigung im kanadischen Sand bei uns im Lager aufgebahrt, und seine besten Freunde hielten ihm die Totenwache. – Wir alle haben dabei viel an seine Mutter zu Hause gedacht. – Was mußte das für ein Schicksalsschlag sein. Zuerst vermißt, dann zwar gefangen, aber doch Hoffnung auf Rückkehr, und nun tot! Manche überlegten jetzt nochmals! Konnte man das verantworten? Durfte man das seinen Angehörigen zufügen? Wie gering war doch die Aussicht auf Erfolg. – Aber vor allem kam die Überlegung: Wir waren Soldaten, deren Heimat sich im Krieg befand, da gab es keine andere Wahl!
Daß einige der Kanadier bei Fluchtversuchen manchmal schnell mit der Waffe zur Hand waren, hörten wir auch aus dem Nachbarlager, wo beim ersten Eisenbahnstopp unsere Unteroffiziere und Mannschaften ausgestiegen waren. Mit ihnen gab es deswegen Verbindung, weil aus verschiedenen Anlässen, wie Krankheit, Unfall, neue Dispositionen der Kanadier, immer wieder ein Wechsel stattfand. Auch Schieverhöfer wurde verlegt, und so wurde ich von ihm getrennt.
In diesem Lager war ein langer Tunnel gelungen und es waren 28 Insassen ausgebrochen. In der Schneewildnis wurde die Mehrzahl bald gestellt, und bei der Gefangennahme wurden zwei Männer erschossen und andere angeschossen, obwohl sie die Hände erhoben hatten.
Von nun an – und für eine lange Zeit – verweigerte unser Lagerführer jede Erlaubnis zum Ausbruchsversuch. Er lasse keine weiteren Selbstmorde mehr zu! – Wir verstanden ihn!
Für einige Zeit war damit das Ausbruchsfieber gebrochen. Es gab einfach keine Erlaubnis mehr. – Bis dann etwa Mitte September wie ein Lauffeuer die Nachricht durchs Lager lief, daß der Major Cramer schon außerhalb des Zaunes unterwegs sei!
Diese Sache war so geheim geblieben, daß nur die unmittelbar Beteiligten und einige Spaziergänger diesen Fluchtversuch miterlebten. Die Sache hatte sich am hellen Tage abgespielt.
Major Cramer war in England damals zusammen mit v. Werra und den

Camp W, Wachturm im Südwesten   Nov. 41

Camp W, Blick zum See.   Juni 41.

anderen durch den Tunnel gekrochen. Er war im Kriege schon hochdekoriert und geehrt worden. Er hatte es nicht nötig, aus Prestigegründen einen »escaper« zu spielen. Ihn trieb einfach das soldatische Pflichtgefühl. Das wußte das ganze Lager.
Cramer hatte die Sache mit großer Kühnheit vorbereitet und durchgeführt. – Am hellen Tag spielten einige seiner besten Kameraden in Zaunesnähe Handball. Dabei machten sie so gekonnt Aufsehen, daß die Wachtposten oben auf den benachbarten hochsitzartigen Holztürmen abgelenkt wurden und Cramer unter den Stacheldrähten durchkam, die an dieser Stelle etwas locker verspannt waren.
Er kroch unbemerkt durch, und das Lager war voll der Bewunderung. Das war mutig! Aber wir hatten auch unsere Sorgen um den damaligen Senior unter den Ausbrechern. Er war zwar in durchtrainierter körperlicher Verfassung, hoffentlich erging es ihm aber nicht so wie dem Kameraden Martin Müller.
Leider war schon am nächsten Tag unsere Freude vorbei. Cramer saß draußen im Arrest, erzählten uns die Posten, doch er sei gesund.
Während seiner Arrestzeit – maximal vier Wochen nach Genfer Konvention – hörten wir dann von unseren eigenen Essensträgern Näheres.
Die Wildnis in der Umgebung des Lagers sei tatsächlich unwegsam und unbegehbar. Ein Durchkommen querfeldein sei unmöglich. Cramer hatte sich daher auf der einzigen freien Bahn, dem Schienenstrang, vorwärts bewegen müssen. Als er eine Brücke überquerte, wurde er von einem Brückenwärter gestellt. Die Freiheit hatte auch diesmal nur kurze Zeit gedauert.
Doch die Kanadier hatten wieder einmal gesehen, daß wir keine Angst hatten und daß wir noch besser bewacht werden mußten. Das war natürlich auch unsere Absicht. Wenn wir schon nicht mehr an der Front eingesetzt waren, dann wollten wir wenigstens hier auf diese Art und Weise »streitbare Kräfte« bilden. – Waren wir zu gewissenhaft? – Wir glaubten, diese soldatische Verhaltensweise der Heimat zu schulden.

Verlegung in eine neue Umgebung

Im Oktober liefen wilde Gerüchte um. Einmal hieß es, wir würden nun in ein Lager mitten in den Rocky Mountains, noch abgelegener, verfrachtet, und dann wiederum war die Rede von einem Lager mit Schwimmhalle und Turnsaal.

Zwar konnten wir über den neuen Bestimmungsort nichts Genaues erfahren, aber bald stand einwandfrei fest, daß wir dieses Lager verlassen würden.

Gerade als Mitte des Monats November der erste Schnee fiel, erging der Befehl des kanadischen Kommandanten zum Packen. Doch immer noch erfuhr niemand, wohin die Reise gehen sollte. Die Anweisung lautete, daß wir ein Stück Handgepäck mitführen durften, alles andere Hab und Gut sollte verpackt und bezeichnet werden. So würde es dann schon vorher verladen und nachher mittransportiert werden.

Da keine Gewichtsbeschränkung erging, wanderte alles mit: Selbstgefertigte Stühle und Tische, gebastelte Lampen, sogar einige Holzbretter, die vorher aus den doppelten Wänden ausgebaut worden waren. Alle Turn- und Sportgeräte wurden verpackt. Musikinstrumente, auch ein Klavier ging mit. Bücherkisten und andere Behälter entwickelten sich geradezu als Koffermöbel und Kombinationen, man wußte ja nie, in welcher Einöde wir wohl ankommen würden. Sowohl wir als auch die Kanadier staunten, was sich da in zehn Monaten an »Besitz« angesammelt hatte.

Am meisten Kopfzerbrechen machte bei dieser Verladung das wertvolle »Ausbruchsgerät«. Da hatte sich im Laufe der Zeit in listigem, langwierigem Bemühen eine wichtige Werkzeugsammlung zusammengefunden. Es gab Brecheisen, Schaufeln, Hämmer, Beißzangen, elektrische Kabel, Lampen, Holz zum Tunnel-Abstützen und dergleichen mehr.

Da unsere persönlichen Kisten vor dem Verladen geöffnet und untersucht wurden, wollte niemand sein Eigentum mit diesen Dingen mischen. Die Sicherheit, ertappt zu werden, wäre 100prozentig gewesen. Auch waren viele der Geräte zu groß. Andererseits wollten wir sie nur sehr ungern zurücklassen, wir hatten erlebt, wie schwer sie zu beschaffen waren. Je mehr es den Innenposten bewußt geworden war, wie geeignet solche Instrumente zum Ausbruchsversuch waren, um so mehr paßten sie auf, wenn sie uns für wichtige Innenarbeiten hin und wieder ein wertvolles Stück überließen.

Nach langem Beraten und Nachdenken beschloß man, das ganze »suspekte Gut« in einer großen Allgemeinkiste unterzubringen, die größtenteils Bücher und Sportgeräte enthielt, im oberen Teil aber einen umfangreichen doppelten Boden besaß. Dort paßte alles hinein. Dabei wurde diese Kiste aber über vier Zentner schwer. Damit sie überhaupt transportiert werden konnte, umwickelten und verschnürten wir sie mit dem Tau, das beim Sport zum Tauziehen oder zum Hangeln gebraucht worden war. So sah diese Riesenkiste eigentlich ganz echt und manierlich aus. Wir trugen das schwere Ding an die richtige Stelle neben das übrige Sportgerät, das schon untersucht und gestapelt bereitgelegt war.
Nachher konnten wir zusehen, mit wieviel Mühe die verladenden Wachsoldaten das schwere Ding auf einen Lastwagen hievten. Wir konnten und durften dabei nicht helfen, denn alles Gut, das schon untersucht und wieder vernagelt war, durfte von da an nur noch von Kanadiern angefaßt werden. Sie hatten einfach übersehen, daß dieses Riesentrumm so unauffällig daneben gestellt worden war. Oder aber sie scheuten in diesem Fall die umfangreiche Arbeit einer Stichprobe.
Weiteres Kopfzerbrechen gab es für eine Gruppe von Tunnelbauern, die nach letzten Erkenntnissen und trotz der immer wieder eingesetzten Erdbohrer ihren Tunnel schon zwischen die beiden Zäune vorgegraben hatten. Der Einstieg, eine kleine Holztür, befand sich wieder im Freien in der Nähe des Zaunes in einer Sandmulde. Nach jedem Graben wurde das Türchen vollständig abgedeckt. Die Tunnelabstützung war von der bewährten flexiblen Holz-Pappe-Art, die von den Bohrern nicht zu ertasten war.
Nun mußten wir also überraschend das Lager verlassen. Sollte diese viele Arbeit ganz umsonst gewesen sein? – Kaum, wenn es gelingen würde, den nachfolgenden Lagerinsassen eine Nachricht zu hinterlassen.
Man mußte zwar das Risiko eingehen, daß auch die Kanadier die Pläne finden konnten, aber trotzdem wurden Zeichnungen und Lagerpläne angefertigt. Diese wurden in den Baracken in geeignet erscheinenden Spalten versteckt, und es gab in deutscher Sprache gewisse Hinweise und Pfeile.
Wer das wohl finden würde? – Hoffentlich Deutsche!
Später machten wir selbst die Erfahrung, daß das in allen Lagern so gehandhabt wurde. Wenn man in einem neuen Lager ankam, lohnte es sich erst einmal, in den Mauerritzen, Fußbodenspalten genau nachzusehen. Wenn vorher Deutsche dort gewesen waren, fand man fast immer Hin-

weise auf begonnene Fluchtmöglichkeiten oder auch Werkzeuge. Bei den Werkzeugen fühlte man sich sicher, bei einem Tunnel wußte man nie, ob der Feind nicht vorher da war.
Am Morgen des Abfahrtstages bekamen wir fast 15 cm Neuschnee, und es war überraschend kalt. Sehr früh schon standen wir mit unserem Handgepäck vor den verlassenen Hütten und wurden in Formation noch einmal gezählt. Danach folgte eine körperliche Untersuchung jedes einzelnen und anschließend wurden wir in Gruppen von 50 Mann durch das Lagertor geschleust.
Jede dieser halben Hundertschaften erhielt eine kanadische Begleitmannschaft von 15 Bewachern. So marschierten wir den gleichen Weg zurück, den wir vor zehn Monaten gekommen waren.
Was hatte sich in der Zwischenzeit alles geändert! Damals hatten wir mit lachendem Mut auf die Invasion gewartet. Es lohnte sich doch gar nicht, daß sie uns nach Kanada brachten. Und diesmal? – Die Gesichter waren verbissener geworden. Wir hatten Krieg mit Rußland, der sich schon festgefahren hatte. Bis jetzt hatten wir an einen schnellen Sieg in diesem Jahre geglaubt, als unsere Truppen so nahe an Moskau herankamen.
Nun stand fest, daß es frühestens nächstes Frühjahr weitergehen konnte – und wie lange dann noch?
Die Optimisten blieben bei ihrem »höchstens noch ein halbes Jahr!« – Doch was Wunder, wenn die Fluchtgedanken immer mehr in den Vordergrund traten! Wir wurden zu Hause dringend gebraucht, wir waren ausgebildet und hatten Kampferfahrung!
Auch die Lagerführung hatte die Meinung geändert. Für den Transport waren sämtliche Fluchtversuche freigegeben. Es gab allerdings eine Anweisung: Der Zug darf erst dann »verlassen« werden, wenn wir durch eine zivilisierte Gegend fahren. Auch auf dem Transport hat es keinen Sinn, sich in der Wildnis auf den Weg zu machen.
Wenn wir nur gewußt hätten, in welche Richtung wir fahren würden! Auf alle Fälle hatten wir Karten abgezeichnet. Zusammen mit Jürgen v. Krause wollte ich mein Glück versuchen. Aus einem Atlas hatte er die Gegend abgezeichnet, die für den Fall einer Fahrt nach Westen in Frage gekommen wäre, während ich für die östliche Richtung vorgesorgt hatte. Wir waren über eine Woche über unseren Karten gesessen und mit unseren Erzeugnissen recht zufrieden. Mit farbigen Tuschen und spitzen Federn hatten wir genaue Zeichnungen angefertigt, auf die man sich verlassen konnte und in denen wir uns schon zurechtfinden wollten.

Ziel war: Die Grenze der neutralen USA. Allerdings wußten wir jetzt, daß man sich dort auch nicht gleich erwischen lassen durfte. In den Zeitungen hatten wir gelesen, daß aus dem POW-Lager Fort Henry zwei deutsche Offiziere die Grenzpolizei am amerikanischen Ufer des Ontario-Sees erreicht hatten. Sie wurden von dieser aber sofort zurück nach Kanada ausgeliefert. – Also Vorsicht mit der »Neutralität«!
So schmiedete jeder mit mehr oder weniger verbissenem Gesicht auf dem Weg zur Station noch an seinen Plänen herum. Diesmal gab es keine »Prädestinierten«! Die Fahrtrichtung blieb immer noch das größte Fragezeichen.
Als wir endlich um die Ecke bogen und der Buschwald die Sicht auf die wartende, riesige Wagenschlange freigab, konnten wir Schlüsse ziehen. Die Lokomotive stand nach Osten, von wo wir hergekommen waren! – Damit kam meine Karte in Frage.
Wir fragten uns, warum der Zug so lang war. Wir waren nur ca. 270 Gefangene. Aber bald wußten wir Bescheid: Zu unserer Bewachung waren 220 Mann des »Provost Corps« eingesetzt.
Schon beim Einsteigen ging es durch die Reihen: »Hast du gesehen! Diesmal haben sie die Fenster von außen verschraubt. Diesmal sieht es schlecht aus!« Die Kanadier hatten genauso viel dazugelernt wie wir in diesen zehn Monaten.
Es sah tatsächlich sehr schwierig aus! Jedes Schiebefenster war von außen mit sechs starken Holzschrauben festgeknallt. Wir staunten noch mehr, als wir das Wageninnere betraten. Es wimmelte nur so von Wachtposten, und man bekam kaum Durchsicht. Sie hatten von vornherein einen barschen Ton und gaben auf Fragen keine Antwort. Es waren diesmal kräftige, junge Burschen, die strikte Anweisung hatten, sich auf nichts, aber auch auf gar nichts einzulassen.
Als wir dann saßen, mußten wir noch mehr Vorsichtsmaßnahmen zur Kenntnis nehmen. Die inneren Fenster waren auch verschraubt. Dazu konnte man an diese Holzschrauben nur dann herankommen, wenn man vorher eine Verdeckleiste löste und verschob. Selbst unsere eigenen »Fachleute« staunten. – Doch kommt Zeit, kommt Rat!
Vorerst war jedoch nichts zu machen. Die Wachen waren noch viel zu aufgeregt. Sobald einer von uns sich auch nur erhob, ging sofort das Gebrülle los: »Sitzen, nicht herumstehen, jeder auf seinen Platz!«
Im Flüsterton kam nun erst mal der Befehl durch: »Vor Sudbury darf niemand den Zug verlassen!«

Unsere Führung war also noch nicht zu sehr beeindruckt. Wir würden schon etwas finden! »No nix narrets!« meinte ich auf gut schwäbisch zu Jürgen.
Bis Sudbury würden wir ungefähr 12–15 Stunden Fahrt haben. Das wußten einige noch vom Januar her. Also eilte vorläufig gar nichts. Wir mußten erst einmal durch gutes Benehmen die Posten beruhigen. Sie kannten uns bisher nur aus Zeitungen, damit waren wir für sie vollendete »Hunnen«.
Gegen 10 Uhr am Vormittag fuhr der Zug los. Keiner von uns trauerte dieser wilden Gegend nach, wenn sie auch landschaftlich ihre besondere Eigenart hatte. So schöne Sonnenauf- und untergänge sollten wir nie wieder zu sehen bekommen. Noch ergreifender als die unwegsame Wildnis, die das Lager umgab, waren bei Nacht die Nordlichter, die manchmal wie spiegelnde Flakscheinwerfer um die Himmelskuppel wanderten.
Doch im Einerlei des Lagerlebens hatte sich der Sinn für diese Naturschönheiten langsam abgestumpft. Wir sahen zum Ende nur noch den Sand und den Zaun und hatten große Sehnsucht, etwas mehr Zivilisation zu erleben.
Da nun die Richtung festlag, konnten wir den Aussagen des Vertreters des Roten Kreuzes mehr Vertrauen schenken. Er hatte unserer Lagerführung angedeutet, daß ein neues Lager für uns in vieler Hinsicht wesentliche Verbesserungen bringen würde.
Gegend und Fahrt konnten wir nicht so genießen wie ursprünglich beabsichtigt. Die Gemüter waren zu sehr mit den Fenstern – als Hindernissen – beschäftigt. Wir saßen noch keine Stunde im Wagen, als der erste schon verlauten ließ: »Eine Schraube habe ich los!« – Kein Zweifel, da hatte einer mit Fummeln angefangen.
Die Posten hatten Station bezogen. Nun bekam man Überblick, aber sie waren sehr wachsam! – Der Eifrige mit seiner Schraube war allgemein als »Pechvogel« bekannt, und als er mit Stolz seine Schraube herumzeigte, wurde er von der Allgemeinheit schwer verwarnt. Er möge doch ja nicht weitermachen. Wenn die Wachen jetzt schon einen erwischten, wären nachher die Chancen für alle anderen beschränkt.
Glücklicherweise war er empfänglich für Ratschläge und gab weitere Schraubversuche mit seinem Tischmesser vorläufig auf. Unser gesamter Wagen kam überein, daß wir mit den »Arbeiten« erst nach Anbruch der Dunkelheit beginnen wollten.
Unsere Bewacher hatten neue Zeitungen bei sich. Beim Mitlesen fanden

wir bald eine interessante Notiz. Das andere kanadische Offiziers-Lager »Fort Henry« war nach Bowmanville bei Toronto verlegt worden. Man erwartete dort noch ein weiteres Kontingent von deutschen Offizieren aus einem Lager im Westen. Das konnten nur wir sein. Nun wußten wir, wohin die Reise ging.

Jetzt wurden die Karten sorgfältig nach der Fahrtstrecke abgesucht. Aber mit Vorsicht, damit unsere Posten ja keine solche Zeichnung sahen oder gar erwischten. Unter keinen Umständen wollten wir bei ihnen Gedanken an Flucht besonders wachhalten. Ihre Instruktionen waren sowieso schon scharf genug. Und nun hatten sie sich wenigstens etwas beruhigt. Am Wagenende und der Mitteltür standen je zwei Posten, in der Mitte des Halbwaggons war ein Fixposten plaziert, und dazwischen patrouillierte ein weiterer Mann hin und her.

Diese Bewachung war klug ausgedacht. Vor allem die sich bewegenden Posten waren unberechenbar. Doch langsam hatten wir die Jacken aufgehängt, bekamen Zeitungen zu lesen, die ausgebreitet wurden, und allmählich wurde so manche Sicht gründlich versperrt.

Draußen flog die schöne Landschaft, die wilden Ufer des Lake Superior vorbei. Man sah zerklüftete Felsen, mit Schnee bedeckt, dazwischen – ab und zu aufblitzend – die weite Fläche des Sees, der am Horizont im Kältedunst endete. Man fühlte – wer hier leben will, muß einen harten Kampf gegen die Naturgewalten durchstehen. Die ganze Gegend war noch unbesiedelt, obwohl die südliche Bahn vorhanden war, die quer durch Kanada verlief.

Noch führte keine Straße durch. Noch konnte man mit dem Auto nicht von Ontario nach Saskatchewan fahren. Dieser gewundene Schienenstrang, auf dem sich unsere rauschende Eisenschlange entlangwand, war die südliche von zwei Bahnstrecken, die die Westprovinzen mit dem industriereichen Osten verbanden.

Langsam war es soweit, daß man sich an die Fenster herantrauen durfte. Bei der jetzigen Fahrgeschwindigkeit war auszurechnen, daß wir etwa 2 Uhr nachts in Sudbury sein würden. Bis dahin mußten die Fenster zu öffnen sein, und dann durfte es losgehen! Nur wenige würden es schaffen, denn alle halbe Stunde ging ein kanadischer Offizier durch und zählte. So würde sofort festgestellt werden, wenn jemand fehlte!

Im Wagen wurde an vielen Ecken angefangen zu »bauen«. Auch Jürgen und ich fingen an. Wir lösten uns gegenseitig ab. Einmal arbeitete er, und ich deckte mit der Zeitung und beobachtete vor allem den beweglichen

Posten, dann umgekehrt. Dabei konnte man nur arbeiten, wenn der andere »los« flüsterte, um dann bei »stopp« aufzuhören und belanglos irgendwo weiterzunesteln. Dabei mußte sich der »Arbeitende« völlig auf den anderen verlassen, denn die Schrauberei erforderte volle Aufmerksamkeit und Präzision. Die Ablösung fand statt, wenn man müde, nervös oder ungeduldig wurde.
Zuerst galt es, die abdeckende Holzleiste abzuheben. Darunter saßen die Schrauben, die verhinderten, daß man das Innenfenster verschieben konnte.
Immer wenn der »Pendelmann« uns den Rücken drehte, ging es weiter. Nach ungefähr 1½ Stunden hatten wir alle inneren Schrauben herausgedreht und konnten das Innenfenster probeweise nach oben schieben. Jetzt hatten wir Zugriff zum äußeren Fenster. Aber da saßen wir auf! Wie wir schon beim Einstieg gesehen hatten, waren hier die Schrauben von außen eingedreht. Da war guter Rat teuer.
Es gab nur zwei Möglichkeiten: Entweder das Glas zerschlagen und stückweise hinausdrücken, oder aber die hölzernen Rahmenleisten ringsum ausschneiden. So konnte man dann wahrscheinlich die ganze Scheibe ausheben und nach außen werfen.
Da die erste Methode zweifellos viel Lärm verursacht hätte, entschieden wir uns in Übereinstimmung mit den anderen Wageninsassen für den zweiten Weg.
Die Haare konnten einem zu Berge stehen, wenn man sah, wo und wie überall im Wagen gearbeitet wurde. – Einer schraubte unter seinem Sitz einen größeren Blechdeckel auf, ein anderer griff zur Säge, die er vorher sorgfältig am Körper versteckt hatte, und fing an, den Fußboden durchzusägen. Ein dritter machte sich am Fenster in der Toilette zu schaffen. Die Atmosphäre war so mit Spannung geschwängert, daß man sich wundern mußte, daß die Posten das nicht förmlich rochen. Sie waren doch mitten unter uns, gingen durch, sprachen jetzt sogar ab und zu einige Worte und merkten nichts von diesen emsigen Aktivitäten! Sie hatten die Ruhe weg, während bei uns die Nerven prickelten.
Gegen 18 Uhr wurde es dunkel, und die Lichter im Wagen gingen an. Das war fürs erste sehr ungünstig. Einmal wurden dadurch die Posten wieder etwas wacher, und dann kam das Licht jetzt aus anderer Richtung. Unsere Mäntel und Uniformröcke, die vorher gegen das Tageslicht geschützt hatten, mußten erst wieder langsam und unauffällig umgehängt werden. Für fast zwei Stunden trat damit eine Arbeitspause ein.

Aber dann ging es weiter. Mit einer Nagelfeile machte ich mich daran, die Holzleiste, die ringsherum die Glasscheibe hielt, wegzuheben. Das Holz war tadellos mit dem Rahmen verleimt und außerdem sehr hart, so daß man es Stück für Stück wegstemmen mußte. Mit der Nagelfeile ein wirkliches Geduldsspiel.

Die Arbeit lief etwa so: Der Posten passierte uns, Jürgen rief »los«, daraufhin schob ich leise und unbemerkt das innere Fenster hoch und stemmte am äußeren. In der Zwischenzeit schirmte Jürgen mit der Zeitung die Sicht gegen die Posten an der Tür ab, während ich gleichzeitig aufpassen mußte, daß mein Mantel schön aufgehängt am Fenster blieb, damit der Posten am anderen Ende nichts sehen konnte. Und schon kam: »Stopp!« Ich riß das letzte Stückchen Holz los, schob das innere Fenster sanft zurück und fing an, mit meinem Partner normal weiterzureden. Wieder war es gut gegangen, wieder waren weitere 3 cm weg.

Die Sache ging ganz erheblich an die POW-Nerven. Es kribbelte überall in Fingern und Kopf, und das Herz schlug bis in die Ohren hinein. Der gehende Posten brauchte sich nur einmal überraschend früher umzudrehen, und schon wäre die Bescherung dagewesen. Man atmete jedesmal auf, wenn das Fenster wieder unten war. Es ging unglaublich langsam – aber immer mit Geduld – lieber drei mal vergeblich auf- und zumachen, als einmal beim Stemmen erwischt werden.

Wir wechselten ungefähr alle Viertelstunde. Es war auch körperlich anstrengend, und dazu war der Wagen stark überhitzt. – Man konnte ja kein Fenster öffnen!

Natürlich kam es auch vor, daß »stopp« kam und das Fenster klemmte, dann konnte man kaum zuschieben, bevor der Posten drehte, und schon stand er neben einem, und man dachte: »Jetzt ist alles aus!« – Dabei wollte er bloß selbst einmal durchs Fenster sehen und fragte so nebenbei nach dem Namen der Station, die man gerade durchfahren hatte.

Wir fuhren noch immer durch Wildnis mit wenig Dörfern und wenig Besiedlung. Man mußte Glück haben, um da draußen ab und zu ein Licht in der Dunkelheit blinken zu sehen.

Es wäre wirklich sinnlos, hier auszusteigen, von hier war keinerlei Weiterkommen.

Überhaupt sah es mit diesem »Aussteigen« schlecht aus. Unser Zug lief wieder als Sonderzug und hielt nur dann, wenn ab und zu ein Ein- oder Ausfahrtsignal nicht hochgezogen und auf »rot« stand. Und das geschah sehr selten. Außerdem lag diesmal der Schnee noch nicht hoch genug, daß man auch bei schnellerer Fahrt abspringen konnte, wie es damals v. Werra auf der Herfahrt getan hatte.

Selbst während eines Halts konnte man nicht heraus. Solange der Zug noch ausrollte, sprangen auf jeder Seite des Wagens Posten ab, die, mit dem Gewehr an der Hüfte, während des Anhaltens draußen wachsam waren. Es kam also nur ein Abspringen beim Anfahren in Frage.

Und dann mußte man auch noch Glück haben, daß man von einem Posten auf dem Gepäckwagen hinter unserer Wagenreihe nicht gesehen wurde. Den und sein Maschinengewehr hatten wir heute morgen schon bei der Abfahrt gesehen. Eine Ablösung saß sicher auch noch dort oben, mit dem Finger am Abzug.

Gegen 8 Uhr bekamen wir eine Art Abendbrot, diesmal aus der Tüte. Einige unserer deutschen Männer, die in der Küche mithalfen, brachten Kaffee durch den ganzen Zug. Sie erzählten, daß es in den anderen Wagen genauso zuginge wie hier. Überall würde an den Fenstern gearbeitet, mit ähnlichen Methoden! – Die zweite Scheibe sei noch nirgendwo draußen. – Es ginge überall gleich langsam voran!

Die sich ablösenden Zähloffiziere arbeiteten mit der Pünktlichkeit einer Maschine. Alle halbe Stunde kamen sie durch.

Ungefähr um 22.30 Uhr hatte Jürgen Pech. Wir hatten die gesamten Holzleisten entfernt, bis auf eine Längsseite. Nun versuchten wir, die lose Glasscheibe als Ganzes zu lockern und herauszulösen. Es war eine riskante Sache, denn die Scheibe paßte recht genau, und man konnte mit der Nagelfeile kaum daneben oder darunter fassen.

Ich hatte noch gar nicht »stopp« gesagt, als er plötzlich die Innenscheibe zuschob und nur sagte: »Verdammt!«

Gleich konnte ich das »Elend« selbst sehen: Auf halber Höhe gingen strahlenförmig vom Rand her Sprünge quer in die Scheibe, die den Lampenschein wie Brillanten brachen und glitzernd zurückwarfen. Wenn der Posten dieses Gefunkel nicht sah, mußte er blind sein.

Ich stand erst mal auf, ging zur Toilette, um zu sehen, wie stark die Risse vom Mittelgang her auffielen. – Es ging! – Nur die Kameraden töteten mich fast mit Blicken ... Sie hatten sofort mitbekommen, was los war, und hatten nun berechtigterweise alle um das eigene Fenster Angst. Außer bei uns waren im Wagen noch drei weitere Scheiben »in Arbeit«. Wäre unser Fenster aufgefallen, hätte man sicher gleich den ganzen Zug kontrolliert! – Und bisher war doch alles so gut gegangen, und die Wachen benahmen sich jetzt schon recht verträglich.

Uns beiden war wirklich nicht mehr wohl in unserer Haut. Wenn unser Fenster »platzte«, kam wahrscheinlich niemand aus dem Zug! Ein Großalarm wäre sicher!
Jürgen und ich hielten kurze Beratung. Reparieren konnten wir die Sprünge nicht. Auch wenn wir nicht weitergearbeitet hätten, war die Gefahr groß, daß dieses glitzernde Spinngewebe im Glas auffallen würde. Also gab es nur eine Möglichkeit: Dabei würde es zwar Scherben und Geräusch geben, aber es war der einzige Weg, damit diese Sprünge im Glas verschwanden.
Wir wollten vom Rand her, wo die Sprünge entstanden waren, zuerst ein kleineres Loch hinausdrücken und dann so schnell wie möglich – aber immer mit der nötigen Vorsicht – den Rest folgen lassen. Bei dem Fahrtlärm, den der Zug machte, gab es schon eine gewisse Chance.
Jürgen erklärte, nachdem ihm das Fenster zerbrochen sei, wolle er nun auch den ersten Durchbruch machen. »Wenn ich dabei geschnappt werde, ziehe ich vier Wochen in den Bau und bin so wenigstens für diese Zeit vor den Vorwürfen der Kameraden sicher!«
Diesmal gab es eine lange Pause, bis ich »los« sagte. Ich wartete, bis der marschierende Posten sich über eine Bridge-Runde beugte und fragte, wie das Spiel verlief. – Dann ging es los!
Inzwischen hatte Jürgen gefütterte Handschuhe angezogen, und ich wartete gespannt auf das Geklirr. Aber nichts war zu hören. Zu gerne hätte ich selbst hingesehen, aber ich mußte den Posten genau im Auge behalten.
»Stopp!« – Ich atmete auf, wenigstens hatte er das Innenfenster rechtzeitig zugebracht.
»Was ist los?«
Er beruhigte mich. »Das geht in Ordnung, beim nächsten Mal fliegt der erste Fetzen raus!« – Tatsächlich! Ein großer Splitter stak nur noch lose am Rand. Wenn der Posten bei dieser Kehrtwendung nichts merkte, war es gut fürs erste. Nur sah gerade jetzt der Schaden noch auffälliger aus als vorher.
Der Mann ging vorbei, das Fenster hoch, ein paar Sekunden – und ein Aufatmen ging durch die Menge! – Ein Strahl frischer Luft drang beinahe sichtbar in das Abteil. In dieser stickigen Atmosphäre hätte man davon gar nicht genug bekommen können. – Doch es ging nicht um frische Luft – wir konnten froh sein, daß keiner der Posten etwas gemerkt hatte. Das Innenfenster wurde zugeschoben, schon war es wieder gleichmäßig warm.

Aber wie sollte es weitergehen? Diese erleichternde Frischluft war jetzt jedes Mal spürbar, wenn das Innenfenster hochgeschoben wurde. Das konnte nicht unbemerkt bleiben! Da mußte etwas geschehen!
Es wurde bekannt, daß in den anderen Waggons die oberen Bettfallen heruntergelassen worden waren, obwohl es verboten war. Das machten wir natürlich sofort nach, und auch bei uns bemühten sich die Wachen nur kurz, das zu verhindern. So entstand an den Fenstern viel mehr Dekkung. Nun waren sie fast in Dunkelheit gehüllt. Auch konnte die Frischluft nicht mehr so ungehindert in den Raum blasen. Zuerst gab es wegen der herabgelassenen Betten noch ein paarmal Unstimmigkeiten mit den Posten, doch dann blieben sie endgültig unten, und die Posten waren wieder fest plaziert oder gingen auf und ab.
Gerade während den etwas lauten Auseinandersetzungen blühte unsere Arbeit. Wenn Jürgen jetzt das Fenster hochschob, kam nicht nur ein Strahl, sondern ein ganzer Schwall von Frischluft von draußen. Manchmal wurden sogar die aufgehängten Röcke und Mäntel in Schwingung versetzt, aber wir blieben unentdeckt. Langsam kehrte im Abteil wieder Friede ein, nachdem die Wachen unsere Mäntel und Wolldecken so zurechtgerückt hatten, daß sie einigermaßen durchblicken konnten.
Jürgen ließ sich nicht ablösen: »Jetzt bin ich schon mal dran!« Er arbeitete gekonnt, es ging zügig voran. Er brach immer größere Splitter heraus. Dabei war nicht einmal viel zu hören! Das Ausbrechen gab nur ein trokkenes »Knack«, danach hörte man draußen manchmal die klirrenden Glassplitter entlangschlittern.
Das Loch wäre jetzt schon groß genug gewesen um durchzuspringen, aber die Scheibe mußte ganz raus, der Bruchrand konnte sonst auffallen. Und er schaffte es! Nach dem letzten »Stopp« konnten wir beide mit ruhigeren Augen um uns sehen. Auch den anderen Wageninsassen war ein großer Stein vom Herzen gefallen. Sie standen fast noch mehr unter Druck als wir, mußten sie doch untätig abwarten.
Jetzt sah unser Fenster wieder normal aus, die äußere Scheibe war komplett draußen und die Innenscheibe ganz normal geschlossen! Nun galt es nur noch, die nötige Gelassenheit aufzubringen, um bis Sudbury durchzuhalten.
Die anderen machten an ihren Fenstern fieberhaft weiter. Nachdem unser Ausstieg fertig war, wollten sie sobald wie möglich gleichziehen. Die Plätze bei uns aufzufüllen, war unmöglich. Platzwechsel wurde grundsätzlich nicht erlaubt.

Klar war sowieso: wer nicht innerhalb der halben Stunde zwischen den Zählungen wegkam, würde es nicht mehr schaffen. Sobald die ursprüngliche Wachsamkeit wieder einkehrte, konnte keiner mehr aussteigen. Nun wurde natürlich teilweise etwas »grob« gearbeitet, und man mahnte sich gegenseitig, nicht zu leichtsinnig zu werden.

Auch in den Wagen vor uns wurde fleißig gearbeitet. Es klirrte nur so an den Wagen entlang, wenn der Zug hohe Fahrt hatte und die Splitter vorbeischwirrten. – Daß die Kanadier nichts hörten?

Es war bald Mitternacht, der Zug näherte sich Sudbury. Soweit wir auf der Karte folgen konnten, mußten wir in ½ Stunde da sein.

Nun mußten aber noch andere Dinge vorbedacht werden! Wenn Jürgen und ich hinausgesprungen waren, würden unsere Sitze leer sein, das mußte sofort auffallen. – Außerdem war es notwendig, genauso wie beim Aufbrechen des Fensters, daß uns jemand ein Startsignal gab. Denn für diese Zeit mußten wir unsere eigene Aufmerksamkeit ganz dem Öffnen und Hinausspringen widmen. Wir brauchten also qualifizierte Hilfe.

Wir fragten einen Kameraden, der auf der anderen Seite saß, ob er die Beobachtung der Posten übernehmen und uns dann »los« zurufen würde. – Er erklärte sich sofort bereit.

Nun packten wir unsere Sachen so um, daß wir in die dünnen Regenmäntel unsere notwendigsten Dinge einwickelten. Diese Mäntel hatten wir so vorbereitet, daß sie zur Not auch als Zivilmäntel gelten konnten. Unsere Uniformröcke hatten wir so präpariert, daß nur noch die Knöpfe mit Stoffüberzügen versehen werden mußten. Diese staken schon fertig in den Jackentaschen.

Um ein wirklich friedfertiges Bild abzugeben, legten wir uns zum Schein schlafen.

Wenn man so dalag, wurde das Geklingel der draußen entlang schlitternden Glassplitter noch besser hörbar. Das flog nur so an den Wagen entlang. Es schien so, als ob da vorne ein wahres Wettrennen ausgebrochen sei. Es war verständlich, vor Sudbury wollten sie alle fertig sein. Wenn diese hastige Arbeit nur nicht auffiel! – Aber bei den heruntergeklappten Betten ließ sich gut arbeiten, man konnte hoffen.

Da kam Sudbury! – Plötzlich ein ganz erstaunlicher Eindruck. Nach dieser Wildnis jetzt eine Stadt mit leuchtender, vielfarbiger Lichtreklame. – Es war ein längerer Aufenthalt, wir hatten Lokomotivwechsel. – Aber bei unserer inneren Erregung hatten wir keine Zeit zum Herumschauen. – Bald mußte es losgehen!

Wir rollten wieder an! Diesmal wollten wir noch nicht springen, die Beleuchtung auf dem gesamten Bahnhofsgelände war viel zu hell.
Es dauerte gar nicht lange, und wir hielten wieder an einer kleinen Station. Die war auch schön dunkel. Jürgen und ich waren uns einig, diesmal geht's raus!
Der Zug fuhr an, langsam rollten wir an der Verladerampe entlang ... jetzt wäre es Zeit ... auch das »los« kam ... doch das Fenster mußte zubleiben. – Gleich hinter der Rampe kam eine längere Brücke mit hohen Eisenbogen. Da hätte man sich ganz gehörig die Köpfe angeschlagen. Und als unser Wagen die Brücke verließ, hatten wir schon zu viel Fahrt aufgenommen. Also beim nächsten Halt!
Obwohl uns gar nicht so zumute war, legten wir uns wieder hin und warteten unauffällig. Geduldig durften wir jetzt nicht mehr bleiben – jetzt kam es darauf an. Bei den verschiedensten offenen Fenstern lagen andere Männer auf der Lauer.
Wir waren uns einig: Beim nächsten Halt mußten wir unbedingt raus. Der Posten konnte stehen, wie er wollte. Festhalten konnte er uns nicht, und draußen herrschte stockfinstere Nacht.
... Durch die Vordertür kam ein Trupp Provost-Canadier unter Führung eines Sergeanten. Gleich rüttelten sie auf beiden Seiten des Abteils an den Fenstern. Sie waren noch nicht einmal sehr erstaunt, daß hie und da die inneren Fenster hochgeschoben werden konnten, weil die Schrauben fehlten. – Aber nun war guter Rat teuer.
Jürgen lag näher am Fenster. Er hatte die Situation sofort erfaßt. – Es war keine Zeit zu verlieren! – Bei jedem hochzuschiebenden Fenster ließ sich sofort ein Posten nieder, und die betreffenden POWs wurden nach Feststellung ihrer Namen an einen anderen Platz versetzt.
In sehr merkwürdiger Schlafstellung klemmte Jürgen mit dem Ellbogen unter Aufbietung aller Kraft den Fensterrahmen fest. Als er auch noch anfing zu schnarchen, wirkte der »Schlafende« fast glaubhaft.
Mein Herz schlug so laut und schnell, wie es sich für einen Schlafenden nicht gehört, als sich der Trupp näherte und der Sergeant sich über uns beugte. – Er war ein kräftiger Bursche, was wir schon beim Eintreten gesehen hatten. Aber Jürgen blieb Sieger!
Er schnarchte gleichmäßig weiter, drückte dabei aber gegen den Rahmen, daß man es knacken hörte. – Mit scharfem Ruck stellte er die Schnarcherei ein und fing an zu fluchen, als der Störenfried sich wieder zurückbeugte. Das Fenster blieb zu, und wir waren die Entrüsteten.

Doch die Situation war noch lange nicht normal. Draußen flogen immer noch Glassplitter, das mußte den jetzt geschärften Ohren auffallen, und richtig . . . keine fünf Minuten später . . . erschien nochmals ein Trupp. – Die nahmen überhaupt keine Rücksicht mehr! Solange sie am Fenster kontrollierten, mußten die Sitze geräumt werden.
Wir traten in den Gang – ein Ruck – und unser Fenster flog hoch! Herein wehte »frischer Wind aus Kanada!« – Dies war das erste »freie« Fenster, das dieser Trupp gefunden hatte. Sie hatten nicht nur ein Erfolgserlebnis, sondern waren natürlich auch froh, daß sie uns so kurz vor dem Aussteigen gestoppt hatten.
Es gab ein großes Theater. Man stellte unsere Namen fest, und ich weiß heute nicht mehr, wie falsch wir uns in der Verzweiflung benannten. Aber beinahe mußten wir dann darüber doch noch lachen.
Als man uns allzu sehr zusetzte mit Fragen und Aufschreiben, kamen uns die Kameraden im Abteil zu Hilfe. Wo die Fenster noch nicht besetzt waren, oben und unten an allen Ecken, wachten sie »ahnungslos« auf, obwohl der eine gerade die Säge und der andere im letzten Augenblick den Schraubenzieher weggesteckt hatte. Sie rieben sich ganz empört die Augen und fragten, was dieses allgemeine Wecken zu bedeuten hätte. Auch verstanden viele plötzlich kein Wort Englisch mehr und fingen an, mit den Posten deutsch zu reden. Als jedoch einer in gutem Englisch erklärte: »I don't understand one word of English, I want to see the interpretor or the representative of the red cross«, verloren auch die Kanadier ihre Geduld, und es gab laute Schreierei und ein völliges Durcheinander – aber das war ja gerade die Absicht.
Wir zwei benutzten diese Ablenkungsmanöver dazu, um mit allen Sachen zu einem Kameraden umzuziehen. Dieser seinerseits verzog sich auch so rasch wie möglich. Er hatte sein inneres Fenster bereits hoch und die ganze Holzleiste am zweiten Fenster weggestemmt. Sein Fenster war bisher unbemerkt geblieben. Er gab sich aber nicht mehr viel Chancen. Wenn dieses Fenster auch noch auffallen sollte, was konnte es schaden, wenn man uns nochmals aufschrieb. Wir saßen sowieso in der Tinte, wenn man später unsere Identität trotz unserer falschen Namen feststellen würde, was bei 270 Mann nicht allzu schwierig sein würde.
Außerdem hatte dieser Kamerad eine gute Seele, er hatte unser Pech mit Bedauern erlebt und wollte uns nochmals eine Chance geben.
Nebenbei erfuhren wir, daß der Trubel daher stammte, daß bei der letzten Zählung drei Mann fehlten. Die waren gleich in Sudbury »gejumpt«.

Manhart war wieder dabei, Hinnerk war neu im Team und den dritten Mann, Obltn. Malischewski, kannte ich von einem Kurs auf der Nachrichtenschule Halle. Natürlich hielten wir die Daumen für sie, wären aber lieber selbst draußen gewesen.
Jürgen und ich mußten es nun mit Frechheit versuchen. Wir schoben das innere Fenster einfach hoch und ließen es oben.
Das äußere Fenster war hier überhaupt nicht angeknackt, wir wollten diese Scheibe als Ganzes komplett ausheben. Obwohl das ganze Abteil voller Wachen stand, fiel diese Möglichkeit niemandem auf. Direkt neben uns stand ein Posten, der zur Kontrolle versuchte, das äußere Fenster, das er noch für das innere hielt, hochzuschieben. Mit Befriedigung stellte er fest, daß es fest und nicht zu bewegen war . . .
Peter Krug, von dem wir diesen Platz übernommen hatten, hatte wirklich gute Arbeit geleistet. Er hatte die Holzleisten so sauber weggeschnitten, daß man erst bei ganz genauem Hinsehen feststellen konnte, daß die Scheibe eigentlich »fertig« war.
Aber das endgültige Ausheben war verdammt schwer. Das Glas klemmte noch irgendwo. Unten konnten wir es schon in die Hand nehmen, aber oben blieb es einfach hängen. Und Gewalt durfte man jetzt nicht mehr riskieren. Geklirr und Frischluft wären sofort aufgefallen. Der Zug fuhr gerade nicht allzu schnell, und wie wir gesehen hatten, war draußen die Schneehöhe hoch genug für ein Wagnis.
Wir mußten die Scheibe aber so weit lockern, daß wir sie auf einen Ruck ausnehmen und mit der schmalen Seite nach draußen werfen konnten, um dann hinterher die innere Scheibe wieder zu schließen.
Gott sei Dank kam bis jetzt kein weiterer Kontrolltrupp. Wenn die Geschichte noch lange dauerte, war auch diese Chance kaputt. Wegen des Zeitdrucks mußten wir allmählich fast offen arbeiten.
Da war es soweit! – Aber auch der Kanadier schaute ausgerechnet jetzt gerade voll her. – Jürgen hatte die komplette Scheibe in beiden Händen, bog sie nach innen und rüttelte mit aller Kraft daran . . . Aber es war endgültig aus! – Unser Posten staunte und erschrak zugleich – hatte er doch die ganze Zeit neben uns gestanden.
Jetzt wurden wir als besonders gefährliche Burschen registriert. Der Offizier, der zum zweiten Male unsere Namen aufschrieb, staunte nicht wenig, daß er schon wieder die gleichen Gesichter vor sich hatte. Für ihn stand fest, daß wir auch dieses Fenster »gekillt« hatten. Diesmal gaben wir gleich unsere richtigen Namen an, denn wir wollten nicht, daß das Spiel

mit den falschen Namen zu früh im Lager geklärt werden würde. Die anderen Namen fielen fürs erste gar nicht auf. Er war viel zu sehr mit der Tatsache beschäftigt, daß wir in der halben Stunde, wo wir an diesem neuen Platz gesessen hatten, schon wieder ein Fenster bis zum Aussteigen »fertig« gemacht hatten.

Es war zu gefährlich, uns in einem normalen Abteil zu lassen! Er ließ uns abführen in ein kleines Abteil am Ende des Wagens, in dem die Wachablösungen saßen. Dort wurden wir mit Mißtrauen und Abneigung aufgenommen, was uns nicht wunderte!

Doch bald ließ diese Gift-und-Galle-Stimmung nach, nachdem die Kanadier festgestellt hatten, daß wir recht gut englisch sprachen und sie sich mit einer interessanten Unterhaltung die Nacht besser um die Ohren schlagen konnten. – Als der Zähloffizier dies bemerkte, wurden diese Gespräche untersagt. – Aber auch da fand sich bald Abhilfe! Gegen den Offizier und den Wachsergeanten wurde von den Kanadiern selbst eine »guard« aufgestellt. Dieser Kanadier warnte rechtzeitig, und wir konnten uns unterhalten, worüber wir wollten. Es waren patente Burschen!

Wir erklärten ihnen, daß wir genauso Soldaten seien wie sie, und es sei einfach unsere Pflicht, unsere Heimat wieder zu erreichen, um dort zu helfen. Dafür hatten sie Verständnis, und wie so oft ließ sich auch bei diesem internationalen Gespräch auskommen, nach dem Motto: »Dienst ist Dienst, Schnaps ist Schnaps!«

Nach ungefähr zwei Stunden, morgens um 3 Uhr, hielten wir auf einer mittelgroßen Station. Anscheinend waren dort über den Bahntelegrafiedienst Schreiner bestellt worden, die sich nun daran machten, die Fenster zu vernageln, die durchgebrochen worden waren. In unserem Wagen waren es die beiden, an denen wir gesessen hatten.

Aus der Dauer des Aufenthalts konnte man schließen, daß es nicht wenig Arbeit gab.

Nach dem Halt durften wir in unseren ursprünglichen Wagen zurück und fuhren weiter. Die Posten paßten jetzt aber so sorgfältig auf und waren so strikt in ihren Anweisungen, daß an einen Fluchtversuch nicht mehr zu denken war. – Das hatte auch sein Gutes. Der Nervenkitzel war vorbei, und man wollte jetzt wenigstens das Beste aus der Reise machen.

Zuerst übermannte uns nun doch der Schlaf für ein paar Stunden. Selbst die hartnäckigsten Kartenspieler schliefen von 4 bis 6 Uhr. Da natürlich die Betten nicht mehr heruntergeklappt werden durften, sah man die merkwürdigsten Schlafstellungen.

Ab 6 Uhr begann es zu dämmern, und man konnte wieder die draußen vorbeiflitzende Schneelandschaft betrachten. Fast waren wir mitten in der Zivilisation. Wir bedauerten doch, daß unsere Kameraden schon so weit droben im Norden, fast noch im Busch, ausgestiegen waren. Hier waren bessere Möglichkeiten zum Fortkommen. Hier gab es Dörfer, kleine Städtchen, Lastwagen, Personenwagen und Omnibusse, wenn man Geld hatte. Hier waren Chancen gegeben! Auf unseren Karten konnten wir insgeheim feststellen, daß wir bis auf etwa 150 km an die amerikanische Grenze herangekommen waren.
Wir lehnten uns in die Sitze zurück, um die paar Stunden »Leben« noch zu genießen, die uns bis zum Eintreffen in dem neuen Lager verblieben. Der Zug stockte jetzt immer häufiger, je mehr wir uns einer Großstadt näherten, die sich durch Vororte und moderne Anfahrtstraßen ankündigte. Draußen war es sehr dunstig, die Sicht war stark behindert, aber für unsere hungrigen Augen gab es trotzdem noch genug zu sehen. In der Morgendämmerung brannte zum Teil noch die Reklame vom Vorabend, die den Städten des amerikanischen Kontinents ihr Gesicht gibt. Elektrizität schien, trotz Krieg, keine Rolle zu spielen.
Wir wußten immer noch nicht, welcher Stadt wir uns näherten. Toronto, meinten die Experten, andere hielten es für unglaubhaft, daß man das Risiko eingehen würde, mit uns mitten durch eine solche Metropole zu fahren. Wenn hier einer »escapte«, konnte er sicher in der Menge untertauchen.
Doch wir fuhren tatsächlich in Toronto ein, in das Häusergewirr.
Allerdings wurde auf dem Hauptbahnhof nicht angehalten. Wir fuhren hinter der Haupthalle durch und blieben erst nach dem vielfachen Gleisgewirr außerhalb auf einer kleinen Station stehen. Dort nahmen wir Wasser und fuhren bald wieder los.
Das Ziel wurde jetzt genannt. Die Posten sprachen von noch ca. einer Stunde Fahrt, dann würden wir in Bowmanville ankommen. – Das Gelände war recht eintönig, und wir packten ohne Ablenkung unsere paar Sachen.
Gespannt waren wir, ob wir auch so empfangen werden würden wie die Kameraden aus Fort Henry. Von denen hatten wir unterwegs in der Zeitung gelesen, daß sie in Bowmanville am Bahnhof ausgestiegen seien und dann, nach Abgabe des Ehrenwortes, fast ohne Bewachung durch die Straßen des Städtchens marschiert waren.
Wir wußten nicht, ob sich unsere Lagerführung auf so etwas einlassen

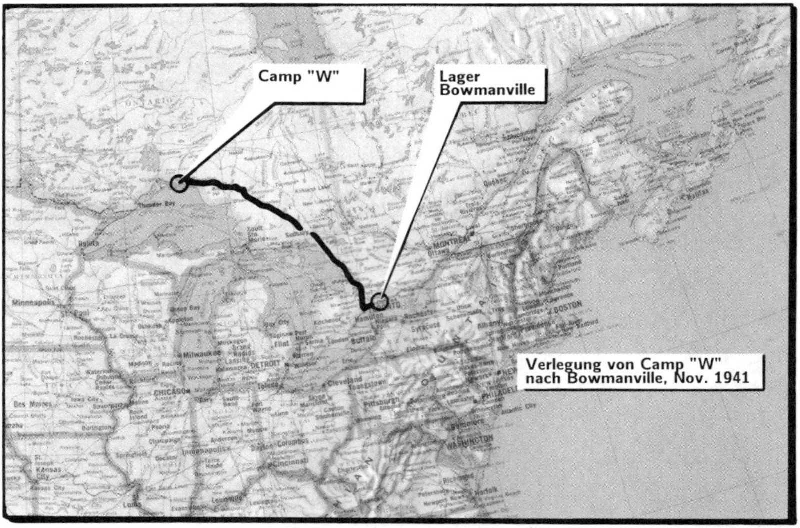

würde. Bis jetzt hatte sie jedes generelle Ehrenwort abgelehnt. Jedoch mißtrauten uns die Kanadier so sehr, daß sie uns noch nicht einmal befragten.

Die Insassen des Lagers »W« waren als »bad boys« abgestempelt. Daher hielt man mit uns auf einem Geleise in der Nähe des Lagers. Dessen Stacheldrahtzaun und Postentürme konnten wir schon vom Zug aus sehen. Vom Bahndamm bis zum Lager stand ein Spalier von Veteran Guards, die uns nicht aus den Augen ließen.

Nachdem wir ausgestiegen waren, betrachteten wir unsere Wagen von außen und schämten uns beinahe. Die paßten gar nicht mehr in dieses so friedfertig aussehende, ungestörte Land! Nicht nur an unserem Wagen waren Fenster mit rohen, ungleichmäßig abgeschnittenen Brettern vernagelt, andere Wagen waren noch mehr verschandelt.

Es sah wirklich scheußlich aus, diese schönen roten Wagen verschwanden fast unter den gelben ungehobelten Brettern, die in beliebiger Länge rechts und links über die Fenster hinausragten. Wir hatten so etwas wie Kriegsluft ins Land gebracht. Man durfte sich nicht wundern, wenn die Presse wieder einmal über die zu gute Gefangenenbehandlung herfiel.

Das neue Lager machte von außen und aus der Ferne einen recht guten Eindruck.

Innerhalb des Zaunes standen fast nur rote Backsteingebäude, die modern gehalten waren. Ihre Fugen waren weiß ausgepinselt. Nur der Stacheldraht und die Wachbaracken verdarben das Bild.
Nun war es soweit, die Insassen unseres Wagens waren nochmals gezählt worden, und jetzt durften wir durch das Spalier zum Lager marschieren. Auf halbem Wege stand eine Abordnung des ehemaligen Lagers Fort Henry, die uns begrüßte. Diese Offiziere waren, wie wir in der Zeitung gelesen hatten, schon vor uns eingetroffen. Als Vertreter des deutschen Lagerführers hieß uns der erste POW der Engländer überhaupt, der U-Boot-Kommandant Kapitän Glattes, willkommen. Er war – auf See unterwegs – vom Kriegsausbruch überrascht worden und schon 1939 in Gefangenschaft geraten.
Wir hatten natürlich gleich viel zu fragen, wurden aber vertröstet. Der Lagerführer General Friemel würde uns im Lager mit einer kurzen Ansprache begrüßen. Dabei würde er uns mit den Verhältnissen vertraut machen.
So geschah es dann auch. Allerdings war es für den General nicht leicht, uns mit seiner Stimme zu erreichen. – Der Wiedersehenstrubel war einfach zu lebhaft.
Was traf sich nicht alles hier! Schulkameraden, Kameraden des gleichen Jahrganges der Kriegsschulen von Luftwaffe und Marine, Besatzungsmitglieder und was es sonst noch an Überraschungen gab.
»Du mußt unbedingt mit mir auf eine Bude ziehen!« war dann das nächste Wort. Klar, daß alte oder neue Freunde zusammenziehen wollten. Anfänglich versuchte die von der Lagerführung eingerichtete Organisation, allen Wünschen gerecht zu werden.
Mir war es vorläufig egal, wo ich hingelegt wurde. Hauptsache, Jürgen und ich blieben zusammen. Ich hatte wegen des mißglückten Fluchtversuchs eine solche Wut, daß mir alles andere gleichgültig war. Mich interessierte noch nicht einmal, daß dieses Lager sogar eine Turnhalle mit eingebautem Hallenbad hatte.
Nachdem der größte Trubel vorüber war, schoben Jürgen und ich uns etwas nach vorne. Das Los entschied für Zimmer Nr. 7 im Haus »zwei«. Wir wurden mit zwölf Mann dorthin zugeteilt. Das Gebäude sah von außen recht ordentlich aus. Als wir eintraten und durch die Vorhalle gingen, erlebten wir keine geringe Enttäuschung. – Da waren ja die Schlafräume in Camp »W« fast besser vorbereitet gewesen als hier.
Raum 7 war ein leeres Klassenzimmer, aus dem nur die Bänke herausge-

holt worden waren. Ein kleines Lehrmittelzimmer schloß sich an, und die dort eingebauten Regale waren die einzigen Einrichtungsgegenstände, die wir antrafen.

An den Wänden hingen noch die Schultafeln, nicht einmal Feldbetten waren aufgestellt.

Schon ging es los! Für manche war dies ja schon das dritte oder gar vierte Lager, in dem man sich einzurichten hatte. Und wie immer ging es nach dem Wahlspruch: »Wer zuerst kommt, mahlt zuerst!« – Am wichtigsten war Holz!

Wo immer sich verwertbares Holz zeigte, wurde es von dem wachsamen POW-Auge erfaßt. – Ehemalige Gartenzäune, Bretterverschläge, Regale aus den Umkleideräumen im Schwimmbad, alles marschierte mit! – Man mußte zuerst genügend Material sammeln, später konnte man basteln. Auch alte und krumme Nägel waren sehr gefragt.

Ich beteiligte mich an diesen Unternehmungen nur mit großem Widerwillen. Zum Teil wurden fertige Gegenstände in großer Eile auseinandergerissen, so daß mehr zerstört wurde als nachher wieder verwendet werden konnte. Aber man durfte die eigene Stube nicht aufsitzen lassen. Wenn man nichts ins Zimmer brachte, saßen alle nachher ohne Möblierung da. Es war inzwischen bekannt, daß die Kanadier für die Schlafräume weder Tische noch Stühle lieferten.

Auch wenn man sich selbst sagte »Ich liege lieber auf meiner blanken Koje!« war das nicht in Ordnung. Denn später wollte man ja lernen, dazu gehörte Lesen und Schreiben. Außerdem mußte eine so große Stube unterteilt werden. Man brauchte Zwischenwände oder wenigstens Vorhänge. Wir durften ja nicht hinaus zur Arbeit und mußten, vor allem bei schlechtem Wetter, in den Schlafräumen unsere Zeit verbringen. – Also beteiligte man sich, zwar nur widerwillig, an der allgemeinen Klauerei. Bald wurde der größte Unsinn jedoch von der eigenen Lagerführung gestoppt, so daß wenigstens die besseren Stücke wie Umkleideschränke, Regale und ähnliches in die Turnhalle zurückwanderten.

Am Abend waren wir noch nicht einmal soweit, daß wir alle Betten hatten. So schlimm war das auch nicht, wir schliefen eben mit den Matratzen am Boden.

Am nächsten Tag ertönten früh schon die ersten Hammerschläge. Auf der Stube herrschte fürchterliches Durcheinander, und wer noch nicht so früh dran sein wollte, machte sich erst mal aus dem Staube.

Am Nachmittag gab es eine angenehme Überraschung. Jetzt machte sich

bemerkbar, daß man hier in der Zivilisation lebte. Die Post funktionierte wieder! Die Briefe, die sich während der Verlegung angestaut hatten, wurden ausgeteilt.
Für mich war eine besondere Überraschung dabei. Ich erhielt das erste Paket aus Deutschland. Ich packte es sorgfältig aus, genauso wie es eingepackt worden war.
Da war Gebäck drin, Sporthosen, eine Mundharmonika, und viele andere schöne Dinge, mit Klugheit von Mutter und Vater zusammengestellt. Ich setzte mich hin und dachte an zu Hause. Von dort kam das her! – In unserem Klassenraum wurde gehämmert und gezimmert, daß die Fetzen flogen, es sah so aus, als ob wir uns einrichteten, um hier den Rest unseres Lebens zu verbringen.
Das hielt ich nicht mehr aus. Irgend etwas mußte geschehen, und zwar bald!
»Jürgen, ich habe die Nase voll, ich haue ab! Kommst du mit?« Er war sich nicht im klaren, ob das Spaß oder Ernst war, und sagte zuerst »natürlich«. Doch als ich dann erklärte, daß es morgen losgehen sollte, hielt er mein Vorgehen für überstürzt.
Lange versuchte er mir klarzumachen, daß dies eine falsche Gefühlsreaktion sei, aber es half alles nichts. Ich war fest entschlossen. Danach sagte er mir all seine Hilfe und Unterstützung beim »Zaundurchwinden« zu.
Schon gestern, am Tag der Ankunft, hatte ich mir die Zäune gut angesehen. Während der Zeit, wo mir die Hämmerei auf die Nerven ging, hatte ich das noch genauer getan – die Zäune waren noch nicht fertig – es gab eine Chance durchzukommen, und zwar gar nicht weit entfernt von unserem »Haus 2«. Das Lager wurde frisch verdrahtet, und an dieser Stelle waren am äußeren Zaun noch keine Drahtrollen verlegt. Auch hatten wir hier am Ufer des nahen Ontario-Sees keinen Schnee, auf dem es Kriechspuren geben würde.
Deswegen patrouillierten an dieser Stelle auf einem asphaltierten Weg Posten entlang des Zaunes. Aber wenn man die richtige Kehrtwendung erwischte, konnte man über diesen Weg rennen und dann eine steile Böschung hinabspringen. Vorher mußte man allerdings, sowohl am inneren Zaun als auch am äußeren, die unteren Stacheldrähte mit Holzstäbchen so verspreizen, daß man durchkriechen konnte. Dies war mit Risiko verbunden, denn schon in zwei Meter Abstand vor diesen hohen Lagerzäunen verlief ein halbhoher »Warndraht«. Wer den überschritt, mußte da-

mit rechnen, daß auf ihn geschossen wurde, das war schon bei der Ankunft ausdrücklich angesagt worden.
Außer Jürgen, der das eine Ende des Weges beobachten sollte, versprach mir auch Oberltn. Rudi Baudler seine Hilfe. Er würde mit mir am Zaun entlang wandern und signalisieren, wann der Posten »kehrt« machte und ich mich fallen lassen sollte.
Als das alles einigermaßen besprochen war, ging ich noch am gleichen Abend zu Oberstltn. Fanelsa, um mir eine Genehmigung zu holen. Zuerst sah es nicht gut aus; er wisse gar nicht, wer dafür zuständig sei, noch sei es eigentlich General Friemel. Erst als ich sagte, daß der Drahtverhau jeden Tag weiter wachsen und ich mich nicht bremsen lassen würde, stimmte er zu. Er würde es wohl oder übel auf seine Kappe nehmen. Aber voreilig sei es doch!

10 Minuten bis Buffalo

Als alles vorbereitet war, sollte die Sache nachts um ungefähr 20.00 Uhr losgehen. Es war der 23. November 1941.
Unser Haus »2« stand etwa fünf Meter von den doppelten Zäunen entfernt. Schon vorher hatten Baudler und ich innerhalb des Lagers eine Stelle ausgesucht, auf die wir nun zugingen . . . sie lag etwas im Dunkeln . . . Rudi rief »Uli los!« und schon war ich unter dem Warndraht durch, lag auf dem Bauch im leichten Lichtschatten und robbte an den ersten Zaun heran.
Schon das kostete ziemliche Aufregung, hatte ich doch bis zum Zaun, noch innerhalb, einen hellen, zementierten Fußweg zu überqueren, der schon »out of bounds« lag. Doch ich kam gut bis zum Zaun.
Dort hielt ich nochmals genaue Umschau. Außerhalb, auf meiner Ebene, lag parallel zum Zaun die Straße, die grell mit Scheinwerfern beleuchtet war. Auf ihr gingen in etwa 150 Meter Abstand zwei Posten auf und ab. Schlecht für mich war, daß ich den linken Posten immer dann nicht sehen konnte, wenn er hinter seinem Scheinwerfer verschwand. Den Posten rechts von mir konnte ich immer gut beobachten. Aber die Freunde halfen! Sie gingen an der linken Seite so nahe an den Zaun, daß dieser Posten sie anrief. Jetzt war Baudler wieder da, in Ruhe hatte er sich umgedreht und sagte »weiter«.

Nun spannte ich die ersten beiden meiner eingekerbten Holzstäbchen zwischen die untersten Stacheldrähte, beim zweiten machte es »knacks«! – Von der oberen Kerbe aus war der Stab der Länge nach glatt durchgeschlitzt. Aber ich hatte einen Reservestab dabei. – Dieser hielt!
Dazu hatte ich solange gebraucht, daß mein rechter Posten schon wieder auf mich zukam, bevor ich den ersten Zaun durchkriechen konnte. – Er kam bis auf 10 Meter heran, und ich kroch förmlich in den Boden. Jetzt machte er kehrt, links war immer noch Klarzeichen. – Also durch! – Mit meinem Mantel blieb ich hängen, und es ratschte und riß an vielen Zaunstacheln, aber ich kam durch, nahm die Stäbe schnell heraus und legte mich flach an den zweiten äußeren Zaun. – Schon wieder schaute ich dem »rechten« fast ins Antlitz! – Doch jetzt hatte ich etwas Deckung durch den Telefonmast, der außerhalb stand und einen leichten Schatten warf. Nicht umsonst hatte ich mir vorher angesehen, wie ich kriechen mußte! Das zahlte sich jetzt aus!
Bei der nächsten Wendung wurde es spannend. Wieder steckte ich einen Stab schräg ein und drückte: Es zischte, und wieder hatte ich zwei gleich lange Hälften in meiner Hand! – Wenn mein letzter Stab das gleiche machte, saß ich wie eine Maus zwischen den beiden Zäunen und konnte mir die Nase gegen die Drähte reiben.
Wenn der Zaun nur mit einem Stäbchen verspannt war, konnte ich zur Not auch durchkriechen, falls ich einen zerrissenen Mantel in Kauf nahm. Vorsichtig setzte ich das kostbare Stück ein und drückte. – Die Spannung der Drähte war viel größer als vorher – aber trotzdem hielt dieses Stäbchen . . . Wieder kam der Posten auf mich zu . . . Hoffentlich fielen ihm die schräg verspannten Drähte nicht auf . . . Mein Herz schlug immer schneller . . . Beim nächsten »turn« war ich dran!
Hoffentlich war links klar, leider konnte ich jetzt weder hören noch sehen, wie diese Seite aussah, der Posten hielt sich schon seit längerer Zeit hinter dem Scheinwerfer auf.
Da kam, fast direkt vor mir, die erlösende »Kehre«! – Mühselig drehte und würgte ich mich an dem starken Stäbchen vorbei und zerriß den Mantel an allen Enden. Mit roher Gewalt mußte ich einfach durchreißen! – Deshalb dauerte es auch so lange! Und sofort mußte ich stilliegen, als ich draußen war. – Das Stäbchen hatte ich dabei herausgedrückt und konnte es in der Aufregung nicht wieder finden.
Nun lag ich genau im Schatten des Telefonmasts und versuchte, mich so dünn wie der Schatten zu machen. – Der Posten kam nun direkt auf mich

zu, zu ihm lag ich quer! – Bis auf vier Meter kam er heran. – Ich hatte wirklich Angst, er könnte mein lautes Herzklopfen hören, aber da kam die letzte Kehrtwendung.
Es hatte schon Beherrschung gekostet, nachdem ich schon draußen war, nicht sofort weiterzuspringen. Der Posten hätte praktisch nur zugreifen müssen, als er so auf mich zukam. – Aber jetzt gab es kein Halten mehr! Ich schaute auch nicht mehr nach links! – Auf der drüberen Seite war die rettende Dunkelheit!
Ich sprang auf! – Und daran hatte ich nicht gedacht! – Die Eisen an meinen Schuhen klapperten auf der Straße, daß selbst ein Schlafender davon aufgewacht wäre. – Ruckartig drehte der Posten sich um und schrie: »Haaalt!«
Aber schon war ich über die Straße hinweg und rannte und fiel den steilen Abhang hinab in die Nacht. – Obwohl ich jetzt unten auf dem Bauch lag, wirkte es beruhigend, daß der Kegel seiner Taschenlampe weit oberhalb von mir ins Leere ging. Also konnte niemand auf mich zielen – schließlich waren ja auch noch die Wachen auf den Türmen!
Weiter rannte ich querfeldein. Die wilde Jagd fand erst ihr Ende, als ich unten, im flachen Talgrund, in der Finsternis voll gegen einen Drahtzaun plumpste. – Der warf mich zuerst einmal zurück und zu Boden. Aber dadurch hatte ich auch kurz Zeit, um zurückzublicken. Ich hatte bereits etwa 50 m gewonnen und konnte sehen, daß die Taschenlampe des Postens in dem leichten Nebel schon nicht mehr bis zu mir reichen konnte. – Da ging die erste Alarmsirene los, es folgte ein wildes Geheule aus allen Ecken und Enden des Lagers. Die Jagd war angesagt! – Ich war das Wild, das gejagt werden sollte! Weiter! – Nichts wie weiter! – Ich hatte keinen Vorsprung, jede Sekunde war kostbar!
Nachdem ich wieder auf den Beinen war, kam die Überlegung zurück. Von hier unten bis oben zur Straße am Hügel waren es ungefähr 800 Meter, dazwischen lag zwar ein Bach, aber diese Straße mußte ich unbedingt überqueren, sonst hatten sie mich gleich wieder.
Also weiter im Lauf. Hinter mir flammte ein großer Scheinwerfer auf, aber am Bach entlang standen Büsche, die meine Silhouette gut verdeckten. – Schon rannte ich durch die »Pfütze«! Das Wasser ging mir kaum bis an die Knöchel, und ich wäre kaum naß geworden, wenn nicht am anderen Ufer schon wieder ein Zaun gestanden hätte. Aber trotz suchendem Scheinwerfer kam ich gut darüber hinweg, und mit keuchendem Atem ging es nun die andere Seite des Tälchens hinauf.

Noch zwei Zäune überstieg ich mit vor Anstrengung zitternden Gliedern, dann kam die Straße – darüber hinweg – da ging es erst los!
Ein Zaun nach dem anderen! – Alle verliefen sie quer zu meinem Lauf, und alle mußte ich überklettern. Die Drähte quietschten, und meine Muskeln flatterten vor Aufregung und Anstrengung.
Ich nahm mir kurz die Zeit zum Aufatmen und Zurückschauen. Von hier, einer leichten Anhöhe, konnte man das gesamte Lager überblicken. – Dort wirkte sich der Alarm voll aus. Einige Personen- und Lastkraftwagen verließen schon in allen Richtungen das Lager und verteilten sich auf die Straßen.
Noch waren es nicht allzu viele, ich gab mir immer noch Chancen durchzukommen.
Mein nächstes Ziel waren die Lichter von Bowmanville. Nach wenigen hundert Metern kam ich schon an den ersten Häusern vorbei, die hier aber noch ganz vereinzelt lagen. Aber anscheinend hatten sie alle Wachhunde am Haus, die schon bei jeder Annäherung mit fürchterlichem Gebell anschlugen.
Bei einem Haus – ohne Hund – brannte ein sehr helles Licht. Dort besah ich die Reste meines Mantels: Damit konnte ich mich nicht unter Menschen sehen lassen! Einer Astgabel in einem Obstbaum vor diesem Haus vertraute ich ihn an. Es hingen so große Fetzen weg, daß ich nicht lange überlegen mußte.
Leider mußte ich auch meine Schokolade, als Marschverpflegung gedacht, in den Manteltaschen lassen. Essen konnte ich vor Aufregung und Hitze keinen Bissen. In den einzigen Taschen, die mir nun verblieben waren, den Hosentaschen, wäre mir die Schokolade sofort zerlaufen.
Vorerst war mir nun wohler, jetzt hatte ich nur noch eine blaugraue Fliegertuchhose und einen grauen Rollkragenpullover an. Darin konnte ich mich bewegen und fühlte mich von der Hitze befreit.
Wieder nahm ich den Marsch auf und stand gerade neben einem Haus auf dem zugehörigen Gartenzaun, als urplötzlich aus der Haustüre ein Hund herausschoß. Er bellte wütend und rannte auf mich zu! – Eine genauso wütende Frau folgte und rief ihn mit energischer Stimme zurück. Sie band ihn außen an der Hundehütte fest.
Gerade noch hatte ich Zeit gefunden um herunterzuspringen, mußte aber mitten im angeschalteten Hauslicht am Boden liegenbleiben. Es war Glück, daß ich nicht gesehen wurde, die Frau kehrte ins Haus zurück. Als ich so wenig bekleidet auf dem kalten Boden lag, empfand ich zum

ersten Mal die Kälte, es war eben doch schon Ende November in Kanada – wir hatten einiges unter null Grad.
Nach weiteren Zäunen und Gärten gelangte ich wieder auf eine schmale Straße, die Richtung Bahnlinie führte. Vor einem ankommenden Auto ging ich nochmals bäuchlings in den grasigen Straßengraben, aber dann ging es aufrechten Schrittes weiter den Geleisen zu.
Schon konnte ich die Signalleuchten erkennen, da machte mein Weg einen Bogen nach links. Um die Richtung nicht zu verlieren, wollte ich quer durch einen Farmhof gehen, mußte aber sofort wieder zurück, weil auch hier ein Hund mit wüstem Lärm anschlug. So lief ich eben den Bogen aus und stieg dann unterhalb der Straßenunterführung auf die Schienen.
Damit war ich auf die nördlich geführten Geleise der Canadian National gelangt. – Leider herrschte hier heute gar kein Verkehr, während von der südlicher verlaufenden Strecke der Canadian Pacific laufend das wilde, zweitönige Sirenengeheul der Lokomotiven zu hören war. Es war also soweit, ich war unterwegs!
Vorsichtig marschierte ich auf den Geleisen in westlicher Richtung in das Städtchen Bowmanville ein. Nachdem Alarm ausgelöst worden war, erwartete ich mit Sicherheit, daß der Bahnhof von Soldaten überwacht wurde. – Aber ich würde mich schon nicht dem Zufall ausliefern. Meine Augen mußten eben wie früher beim Jagdfliegen zuerst sehen. Das konnten sie nur, wenn ich mich im Dunkeln bewegte und ins Helle beobachtete.
So kroch ich am Rande der Schienen entlang durch Büsche und Disteln, und ging lieber durch Hinterhöfe, als daß ich unter einer Lampe durchgegangen wäre. Ich hatte schon drei Überführungen passiert, als ich wirklich »dringend« in eine Ecke mußte. – Und schon erregte ich damit die Aufmerksamkeit eines Mannes, der mich auch nach meiner »Tätigkeit« kaum mehr aus den Augen ließ.
Ich war mißtrauisch und schlug erst einmal verschiedene Haken um mehrere Häuserecken, bevor ich wieder auf die Gleisanlage zurückkehrte. – Was einem doch nicht alles zum Verhängnis werden kann!
In Sichtweite vor dem Bahnhöfchen stellte ich eindeutig fest, daß es friedlich und verlassen war – keine Sonderbewachung. Deswegen trat ich nun ganz offen auf die Straße neben den Schienen und überquerte kurz vor der Station, zusammen mit anderen Leuten, die Eisenbahngeleise auf die andere Seite. Diese Berührung mit den »normalen« Menschen behagte mir aber erst einmal gar nicht – war das nicht zu riskant?

Daher bezog ich gleich anschließend wieder ein Versteck, in einem Gebüsch rund um eine Art Wasserturm, der gegenüber dem kleinen Blockhaus, dem Stationsgebäude, lag.
In dem Blockhäuschen, das war diese ganze Station, brannte in einem kleinen Fenster ein spärliches Licht. Nichts, aber auch gar nichts deutete darauf hin, daß hier demnächst mit irgendwelcher Art von Eisenbahnverkehr zu rechnen sei. Da hatte ich auf eine verkehrte Karte gesetzt, diese Linie schien so gut wie ausgestorben!
Weiter voraus am Bahngeleise kam in weitem Bogen die Hauptstraße Bowmanville–Toronto aus dem Städtchen heraus. Diese wimmelte geradezu von Straßenverkehr, in leichter Überhöhung führte sie vor mir über die Bahnstrecke.
Ich beschloß, ein Wagnis einzugehen. – Dort vorne, in der steilen Kurve, die die Überführung einleitete, wollte ich versuchen, unbemerkt auf irgendein Fahrzeug aufzuspringen. Sollte das nicht gelingen, würde wohl nichts anderes übrig bleiben, als einen Wagen anzuhalten und zu fragen, ob ich nicht bis Toronto mitgenommen werden könnte.
Es mußte jetzt schneller weitergehen! Wenn ich noch länger in der näheren Umgebung des Lagers hängenblieb, wurde die Hoffnung, durchschlüpfen zu können, immer geringer. Dazu waren die Such- und Alarmaktionen der Kanadier viel zu gut.
An abgestellten Güterwagen ging es entlang. Danach gelangte ich an den Anfang einer längeren eisernen Bahnbrücke. Sie war taghell beleuchtet. Der Versuch, unten durchzukommen, war vergeblich – das darunter fließende Wasser war zu tief. Ich mußte oben drüber. – Niemand sah mich, wie ich auf den Schwellen über die Eisenbrücke marschierte, und auf der anderen Seite konnte ich mich in die Dunkelheit verdrücken.
Weiter ging es entlang der Gleisanlage. Ich konnte schon rückwärts auf das Städtchen sehen, das sich mit seiner bunten Schaufensterreklame entlang der Hauptstraße genau in meine Richtung öffnete. Vor mir lag die Straßenüberführung, schon war ich auf der richtigen Straßenseite.
Auf meiner Seite stadtauswärts standen noch vereinzelte Häuser mit brennenden Eingangslampen.
Im Vorbeigehen nahm ich nun erstmal meine äußere Erscheinung unter die Lupe: Es war nicht abzuleugnen – so würde ich mich auf jeden Fall sofort verdächtig machen. – Über und über war ich mit stachligen Kletten behangen. Von der Tuchhose gingen sie nicht allzu schwer ab, – aber von dem Rollkragen-Fliegerpullover! Da hingen sie, wie die »Kletten«!

Ein erleuchtender Gedanke – ich zog den Pullover aus, drehte die innere Seite nach außen und schon sah er perfekt aus.
Leider hatte ich dazu meine Handschuhe ablegen müssen und fand sie anschließend im dunklen Gras nicht mehr wieder. Von nun an konnte ich die Hände nur noch in den Hosentaschen wärmen.
Auch meine »Schiebermütze« sah mir nicht vertrauenerweckend genug aus, unter dem Arm schien sie besser aufgehoben. Meinen Kamm hatte ich noch nicht verloren und konnte mir daher mit Sorgfalt die Haare kämmen. – Schließlich könnte es ja sein, daß ich das Herz einer vorbeikommenden Fahrerin erweichen mußte.
Der günstigste Punkt zum Aufspringen schien mir eine steil ansteigende Kurve auf der anderen Seite der Überführung. Dort war die Steigung so stark, daß fast alle Fahrzeuge, vor allem die Lastwagen, zurückschalten mußten. – Dort stellte ich mich auf und versuchte erst einmal, auf die vorbeikommenden Lastwagen von hinten aufzuspringen.
Ich hatte wenig Erfolg! – Entweder hatten die Last- und Lieferwagen zwar hinten einen offenen Aufbau, wie ich es zum Aufsitzen brauchte, dann aber waren sie klein und zu schnell, als daß ich ihnen folgen konnte. – Oder aber es handelte sich um große Sattelschlepper, die ringsum voll verkleidet waren. Wenn ich wirklich einem schnell nachgerannt war, um ihn einzuholen, fand sich nirgendwo ein Griff oder ein Halt, an dem ich mich hochziehen konnte.
Nun wollte ich es mit der anderen Möglichkeit, dem Anhalten, versuchen. Also fing ich an, mit meiner Sportmütze zu winken.
Bei jedem herannahenden Wagen schlug mein Herz. Er konnte Fahrt, Freiheit – oder Festnahme bringen. Die Insassen und den Fahrer konnte ich erst erkennen, nachdem ich schon gewinkt hatte und der Wagen auf meine Höhe kam. – Doch niemand hielt. Ich schätzte, daß ich hier beinahe schon eine Stunde verbracht hatte, es mußte so um 22.00 Uhr sein. Jetzt stellte sich auch heraus, daß es schlecht war, keine Uhr zu besitzen. Fast wurde ich mißmutig.
Da kam wieder ein großer schwerer Sattelschlepper daher! – Wiederum winkte ich, und auch er fuhr weiter. Doch er mußte so weit zurückschalten, daß er beinahe Schritt fahren mußte. Im Vorbeifahren sah ich, daß nur ein Mann im Führerhaus saß. Also los! – Ich trabte an und kam in der Kurve auf das Trittbrett neben dem Führerhaus.
Ich riß die Tür auf und schrie in den Motorlärm hinein: »Is it allowed, will you take me to Toronto?« – Laut überschrie auch er die Maschine: »No,

there is a war on! – I cant't do it now, it's against regulations!«
Für mich gab es nun aber kein Halten mehr. Noch immer stand ich auf dem Trittbrett und ließ ihn die offene Tür nicht mehr zuziehen: »But I am a Norwegian!« – Schon saß ich drin neben ihm auf der Polsterbank. Jetzt kam es darauf an! – Angstvoll hörte ich auf den Motor. – Eigentlich erwartete ich, daß sein Ton gleich absterben würde und dafür eine laut schimpfende Stimme einsetzte.
Aber mein Fahrer hatte ein gutes Herz! Er hatte sich einen seelischen Ruck zu meinen Gunsten gegeben ... 2. Gang! ... 3. Gang! ... und jetzt brummte der schwere Schlepper in gleichmäßiger Fahrt Toronto zu.
Doch noch spürte ich arge Beklemmung! – Ich rollte zwar, aber ich hatte auch Rede und Antwort durchzustehen. Und schon ging es los: »You are a Norwegian, how did you get over here?«
Wenn ich nun in der Folge eine tadellos passende Geschichte zu erzählen wußte, dann war das nicht meiner Schlagfertigkeit und Phantasie zuzuschreiben. Nein, diese Geschichte hatte ich schon seit langer Zeit für diesen Fall bereit. Sie stammte aus der amerikanischen Illustrierten »Look«. Darin war vor einiger Zeit ein Artikel erschienen, der von einem jungen Norweger handelte, der mit dem Segelboot aus dem besetzten Norwegen geflohen war und heute in Kanada in »Little Norway«, einer Halbinsel unweit Torontos, seine Ausbildung zum Flugzeugführer absolvierte. In bestem Schulenglisch – das paßte auch zu einem Norweger – erzählte ich nun meine Geschichte. Wie ich als Heizer auf einem Dampfer von Glasgow nach Halifax gelangt sei. Und nun sei ich als Tramp ohne Geld unterwegs nach Toronto, wo ich mich als Freiwilliger melden wollte, um in »Little Norway« ausgebildet zu werden.
Bei dieser ganzen Schwindelei wurde ich noch nicht einmal allzu rot, denn zum Teil waren ja sogar Wahrheiten darin enthalten.
Manchmal wurde es unangenehm! »How are the Nazis behaving themselves in Norway?« – Oder so ähnlich.
Bald aber gelang es mir, das Gespräch auf andere Bahnen zu lenken, z.B. die guten Straßen hier in Kanada. Ich hatte zu bemerken, daß unsere Straßen in Norwegen viel schlechter seien als diese hierzulande, was auch gestimmt haben dürfte.
Wir sprachen über Verkehrsregeln und Verkehrszeichen am Rande der Straße, als ihm plötzlich etwas einfiel! – »Do you know the name of the place, where I picked you up? – You were standing directly under the roadsign!« – »Bowmanville it was, I guess!« sagte ich so beiläufig wie nur

möglich. Dabei verschluckte ich mich beinahe an dem Rauch der Zigarette, die er mir vorher angeboten hatte.
Diesmal sah er mich an, als er fragte: »Do you know, that they just opened a prisoner of war camp there?«
Das war nun schon fast zu viel. Ich hielt die Zigarette unterhalb der Knie, damit er ja mein Gesicht nicht sehen konnte. Mir lief alles Blut weg, die Stimme wurde ganz trocken. Doch ich brachte noch etwas heraus: »So they did, who is being kept in that camp?« – »Well Germans, they were shipped from England to this country, in this camp they keep only officers, but from all branches, Air Force, Navy and Army!«
Ich murmelte etwas vor mich hin, war aber viel zu überrascht, um etwas Sinnvolles sagen zu können. – Es war doch geradezu verdächtig, wie gut er informiert war.
Doch daran war jetzt auch nichts mehr zu ändern. Wenn er Verdacht geschöpft hatte, mußte ich auf der Hut sein, sobald wir in die Nähe eines Verkehrs- oder sonstigen Polizisten kamen.
Die paar Züge, die noch von der Zigarette verblieben waren, brauchte ich notwendig!
Abschließend fiel mir dann doch noch ein, daß man hier sicher diese Gefangenen gut bewachen würde, schließlich sei Kanada ja weit vom Krieg entfernt und könnte entsprechende Vorsorge treffen. Dann fragte ich sofort nach dem Namen der kommenden größeren Stadt. – Ich tötete diesen unangenehmen Gesprächsstoff einfach ab.
Dabei war mir aber gar nicht wohl! Zwar zeigte mein Fahrer in seinem Benehmen auch weiterhin nichts Verdächtiges, ich war mir aber eigentlich sicher, daß er Lunte gerochen hatte.
Die nächste Stadt war Oshawa! Etwa 30000 Einwohner!
Sie war wie üblich hell erleuchtet, und nun sah ich diese aufwendige Lichtreklame zum ersten Mal wirklich aus der Nähe. Schon wollte ich mich dem Genuß dieses ungewohnten Bildes hingeben, als wir mit einem plötzlichen Ruck bei einem Schutzmann anhielten! –
Ich schaute meinen Fahrer erschrocken an. – Wenn er gewinkt hätte, wäre ich mit einem Satz aus der Tür gewesen. – Ich war auf alles gefaßt, gleich neben der Hauptstraße ging es in einen dunklen Hinterhof.
Er merkte sofort, daß ich beunruhigt war. – Kein Wunder, meine Augen flackerten vor Aufregung! – »We just had to stop here, this is a red light. As soon as green shows up, we go ahead!« – Und schon erklärte er mir diese Ampeln und ihre Funktion im Verkehr.

Wieder mal umsonst aufgeregt! Die Verkehrsampel hing etwas hoch, über der Mitte der Kreuzung, und ich hatte sie innerhalb der bunten Lichtreklame gar nicht beachtet. Jetzt kam gelb . . . nun grün, und der Motor peitschte den schweren Lastzug durch die fast schon leere Straße. Im Scheinwerfer wirbelte leichter Schneefall.
Es hörte sich herrlich an, dieses Heulen! Wie lange war es her, daß mein Vogel so geheult hatte, wenn ich ihm beim Start die Schwingen frei ließ! Nun konnte ich wirklich aufatmen. Wenn er mich diesmal nicht abgesetzt hatte, gab es auch für die allernächste Zeit keine Gefahr für mich. – Ich unterhielt mich nun etwas freier.
Über »Little Norway« erzählte ich alles, was ich in dem Artikel gelesen hatte. Der Kommandant sei Olympiasieger von 1936, und ich würde mich sehr auf mein Eintreffen dort bei meinen Landsleuten freuen. Selbst sei ich großer Freund verschiedener Sportarten.
Der Fahrer zeigte sich immer mehr von seiner freundlichen Seite. Er gab mir den Rat, mit der Straßenbahn zur Stadtmitte zu fahren, weil er in den Vororten nach Peterboro – oder so ähnlich – abbiegen müsse. Manchmal sprach er ein Dialekt-Englisch, das ich in der Schule nicht gelernt hatte. Am Hauptbahnhof sei eine gute Auskunftsstelle. Dort sollte ich entweder um eine Gelegenheit zum Übernachten fragen, oder aber sie würden mich gleich zu meinen Landsleuten bringen. Für diesen Rat bedankte ich mich sehr.
Unsere Fahrstraße, der »King's Highway 2«, hatte sich inzwischen in zwei Fahrbahnen, vergleichbar mit den deutschen Autobahnen, verbreitert, als wir in die »suburbs« – ein Wort, das ich bei der Gelegenheit lernte – von Toronto einfuhren.
Nach mehreren Eisenbahnunterführungen hielten wir in einer Nebenstraße an.
Der mir wirklich lieb gewordene Mann – es fiel mir nicht leicht, ihn so anzulügen – gab mir zum Abschied noch 35 Cents. Damit könne ich mir ein warmes Sandwich kaufen, und dann sollte ich nur immer der Hauptstraße entlang gehen und in die erste beste Straßenbahn einsteigen, die würden mehr oder weniger alle zum Hauptbahnhof fahren. Dem Schaffner sollte ich nur meine Geschichte erzählen, dann hätte ich bei der Bezahlung sicher keine Schwierigkeiten.
Nochmals bedankte ich mich aufrichtig und wurde beim Händedruck so weich, daß ich mich ihm um ein Haar anvertraut hätte. Doch der Verstand mußte stärker sein als die Gefühle. Ich wollte weiterkommen.

Der schwere Sattelschlepper brummte ab in die Dunkelheit, in den rotgelben Schlußlichtern wirbelten Schneeflocken.
Erst ging ich nun mal in einen Hinterhof und brachte meine Kleidung auf Vordermann. Bis jetzt hatte ich die Hosen unten in die Socken gestopft – das sah nach Wandersmann aus. So holte ich das letzte aus meinen Bügelfalten heraus. Nicht so gut ging es meinen Füßen. Sie waren von der Bachdurchquerung noch ganz schön naß und natürlich kalt. Aber nachdem ich einmal angefangen hatte zu marschieren, spürte ich das nicht mehr so sehr. Vor allem hatte ich gar keine Zeit mehr daran zu denken und schaute mich lieber in der Straße um, wo alle Augenblicke ein Gasthaus oder ein Speiselokal oder gar Tanzhaus, alle mit großen Fenstern – ohne Vorhang –, zum Eintreten aufforderten. Wenn man da einmal stehenblieb, war es schwer, wieder weiterzugehen. Auch juckten mich die 35 Cents in der Tasche, als ich die knusprigen Sachen auf den Anrichten sah. Etwas Warmes hätte mir gut getan. Mit meiner »eisernen Ration«, einer Hartwurst in jeder Hosentasche, mußte ich so lange wie möglich haushalten.
Zwar hätte ich mit dem Hinweis auf meine norwegische Abstammung jederzeit mein Englisch erklären können und hätte sicher sogar Unterstützung gefunden. Was aber, wenn jemand auftauchte, der meine »Landessprache« ausprobieren wollte? Das war hier in Toronto gar nicht so unmöglich! – Nein, das konnte ich mir nicht leisten! – So marschierte ich weiter und hatte immerhin meine Freude am Zuschauen.
Nach ungefähr 15 Minuten, es war etwa 11.00 Uhr, wie ich an den in der Straße aufgestellten Uhren ablesen konnte, erreichte ich eine Überführung, die über viele Geleise hinwegführte. Jetzt wurde es Zeit, sich nach dem Bahnhof zu erkundigen, denn hier mußte ich entweder links oder rechts entlang gehen. Also ran!
Gerade kam mir eine Straßenbahn entgegen, aus der verschiedene Leute ausstiegen. Ich suchte mir einen ungefähr 18 Jahre jungen Mann mit dikken Brillengläsern aus und fragte ihn nach der »railway station«.
Er sagte mir sehr bereitwillig, daß diese ganz in der Nähe sei und er sie mir zeigen wolle.
Ich wunderte mich, dafür schien mir die Gegend hier etwas zu wenig belebt. Aber ich kam mit und fing sicherheitshalber gleich an, meine Norwegergeschichte zu erzählen.
Ich wollte immer rechtzeitig meinen fremden Akzent erklären, bevor etwas Dummes geschah! – Das wäre übrigens gar nicht notwendig gewe-

sen. Später stellte ich fest, daß viele Kanadier – vor allem im französischen Kanada, Quebec – ein viel schlechteres Englisch sprachen als ich selbst. Mein Begleiter erwärmte sich sofort für mich und mein Schicksal und war sehr um mich besorgt. – Wir waren angekommen. Gleich hinter der Straßenunterführung befand sich ein Häuschen, das höchstens ein kleiner Nebenbahnhof sein konnte.
Ich erklärte nun, daß ich zur »main-railroad-station« wollte. Darauf gab er erstaunt, fast erbost, zurück: »Oh! You mean the Union Station!« – Es tat mir leid. Zwar hatte ich guten Gegraphie-Unterricht gehabt, aber dabei wurde leider nicht erwähnt, daß der Hauptbahnhof in Toronto »Union Station« hieß und eigentlich alle größeren Bahnhöfe in diesem Land eigene Namen trugen. Mein Begleiter konnte nichts dafür, daß meine Lehrer mich so unwissend gelassen hatten. Jetzt hatte er aber endgültig den Eindruck bekommen, daß man mich betreuen mußte wie ein kleines Kind. Deshalb wollte er mich trotz der späten Stunde selbst zum Hauptbahnhof bringen.
Er ließ sich nur davon abhalten, als ich ihm erklärte, er könne mich doch in eine Straßenbahn setzen, die zum Bahnhof fahre. Wenn er dem Kondukteur Bescheid sage, könne nichts mehr schiefgehen.
Darauf ließ er sich endlich ein. Ich hatte aber in der Zwischenzeit eine Heidenangst auszustehen.
Wie oft hatte man in den hiesigen Zeitungen Interviews mit »refugees« meiner Klasse gelesen. Wenn man im Straßenbahnwagen erst mal mich und meine Geschichte kannte, konnte das eine schöne Bescherung geben. – Dabei legte ich so wenig Wert auf größere »publicity«!
Das Glück meinte es besser. Wir waren gerade auf dem Weg zur Straßenbahnhaltestelle, als hinter uns eine Tram ankam. Er sagte mir, das sei meine Nummer. Da packte ich die Gelegenheit beim Schopf.
Ich verabschiedete mich »a tempo« und rannte los. Zuerst folgte er mir ein paar Schritte, aber sein schwerer Mantel ließ ihn bald zurückfallen, und er gab auf.
Hinterher wurde ich selbst langsamer, gerade langsam genug, daß es nicht für die Straßenbahn reichte!
Als sie weg war, drehte ich mich auch nicht um, obwohl er hinter mir herrief. Doch als das Rufen anhielt, gab ich durch Zeichen nach hinten zu verstehen, daß ich an der nächsten Haltestelle die folgende Tram nehmen würde.
Mein junger Freund war nun schon so weit zurückgefallen, daß ihm mei-

ne Zeichensprache kaum mehr verständlich sein konnte. Aber darauf kam es gar nicht an! – Ich wollte wieder allein sein. – Wenn er angefangen hätte, wieder in den Laufschritt zu fallen, wäre ich einfach schneller getrabt. So viel Fürsorge konnte ich nicht brauchen. – Sie würde mich mit Sicherheit nach »Little Norway« bringen – mit Sicherheit in den dortigen Arrest! Das nächste Mal mußte ich vorsichtiger sein! Meine Geschichte war für dieses Land zu sensationell!

Jetzt konnte ich wieder rüstig weitermarschieren – Richtung Stadtmitte. Aus der ganzen Geschichte hatte sich wenigstens die richtige Strecke ergeben!

Immer mehr wurde mir klar, daß Toronto keine Kleinstadt war. Gegen 11.40 Uhr nahm der Personen- und Autoverkehr trotz der späten Stunde in diesen Straßenquadraten ganz erheblich zu. Auch die Häuserfronten ließen die Nähe der Bahnhofsgegend erahnen. Es war an der Zeit, wieder einmal zu fragen. Aber ohne »story«!

Diesmal überlegte ich mir jedes Wort, bevor ich einen alten Mann, der am Stock ging, ansprach: »I beg your pardon, Sir, how is the best way to go to the Union Station?«

In genau der gleichen höflichen, aber auch präzisen Art, kam die Antwort: »You just go straight ahead, young man, and then take the third street to the left. This is Yonge Street, which will bring you right to the station. On the opposite side of it you can see the big tower of the York Hotel.«

Das war diesmal tadellos gegangen. Ich zog höflich meine Mütze, die ich jetzt wieder aufgesetzt hatte, und ging guten Mutes weiter.

Ich mußte mich sehr vorsehen, daß ich mit dem Verkehrsgewimmel nicht in Konflikt kam. – Über ein Jahr war ich nun schon POW und einem derartigen Fußgänger- und Fahrzeugverkehr nicht mehr auf Anhieb gewachsen.

Ich hatte zweifach zu tun: Einmal waren da zahlreiche Ampeln zu beachten und dann mußte ich auch aufpassen, daß ich nicht angefahren oder gerempelt wurde. Das wäre doch zu scheußlich gewesen, wenn ich ausgerechnet wegen falschen Verhaltens den zahlreich anwesenden Polizisten aufgefallen wäre.

Doch ich fand die Yonge Street, fand die Union Station und nicht zuletzt den Turm des York Hotels.

Der Bahnhof machte einen imposanten Eindruck. – In dieser Fülle von weißbläulichem Licht kam ich mir in meiner schäbigen Kleidung doppelt

deplaziert vor. Auf der anderen Seite stand das York Hotel, das auf einen weltentwöhnten Kriegsgefangenen erst recht einen märchenhaften Eindruck machte.
Für geraume Zeit patrouillierte ich auf dem plattenbelegten Vorplatz auf und ab. Dabei erregte ich nicht nur das Mißfallen einiger Taxi-Chauffeure, sondern auch die Zuneigung einiger Mädchen, die mir trotz meiner Kleidung recht ermunternd zunickten. – Ich konnte ihnen doch nicht sagen, daß ich es mit 35 Cent in der Tasche lieber nicht wagen wollte. – Erst recht nicht, daß ich es viel zu eilig hatte! – So mußte ich es eben in Kauf nehmen, für einen Schüchternen gehalten zu werden.
Auf diese Weise suchte ich fast 10 Minuten lang vergeblich nach einer Art Seiten- oder Hintereingang, und allmählich wurde die Aufmerksamkeit der Chauffeure so groß, daß ich mich widerwillig entschloß, den Haupteingang zu benutzen, obwohl dort in jeder der drei Flügeltüren ein Livrierter stand, der zwar augenscheinlich nur zum Öffnen der großen Glastüren da war, dem ich aber bei meiner »Erscheinung« genauso zutraute, daß er mich um eine Fahrkarte fragte.
Warum wollte ich eigentlich in den Bahnhof? – Schon kurz vor meiner Ankunft hier in Toronto hatte ich mich entschlossen, weiterhin »auf Tempo« zu machen. Bis jetzt hatte sich ein gewisses Maß an Risiko bewährt. Ich wollte mir hier einen D-Zug in die Staaten aussuchen und dort möglichst rasch mit einem deutschen Konsulat in Verbindung treten. Ohne Geld konnte ich einen D-Zug natürlich nicht als normaler Passagier benutzen, aber trotzdem wollte ich erst mal nach einem Fahrplan suchen. Auf den Bahnsteig konnte man sich sicher irgendwie einschleichen, und mitfahren würde ich notfalls auch irgendwo auf der Lokomotive. Es war ja kohlrabendunkel!
Tempo mußte ich machen: einmal wegen der wenigen Verpflegung und zum anderen wegen der wenigen Kleidung. Es war kalt!
Gerade als ein gut angezogenes Ehepaar mit zwei halbwüchsigen Kindern den Bahnhof betrat, war ich auch an der Tür.
Ich hielt mich so dicht bei ihnen, daß ich ungefähr als ihr Gepäckträger, Laufbursche oder Fahrer gelten konnte. Tatsächlich kam ich ungeschoren durch. Die Tür wurde so lange offen gehalten, bis auch ich durch war.
Im Inneren empfand ich die Wärme als die vorherrschendste angenehme Abwechslung. Sonst mußte ich fürs erste staunen über das farbenprächtige, trotzdem geschmackvolle Innere dieser glasglitzernden Halle, die blitzsauber gehalten war, auch jetzt um die Mitternachtszeit herum.

Verkaufsstände für Blumen, Schokolade, Zeitungen, diskrete Schalter, bequeme Wartebänke und elegant angelegte Zeittafeln waren für mich sowieso kein gewohnter Anblick mehr. Und das hier war etwas vom Modernsten und Saubersten, was dieser Kontinent bieten konnte. Es war zur Repräsentation einer reichen Stadt gebaut.
Diesmal ließ ich mir erst mal einige Sekunden Zeit und genoß mit den Augen. – Dann machte ich mich an den Obelisk mit den Abfahrtszeiten, der in der Mitte der Halle stand.
Mit meiner Kleidung kam ich mir nicht mehr so auffällig vor. Die Leute, junge und ältere, die hier als Reinemacher mit Besen, Lappen und Eimern hantierten, waren um kein Haar besser angezogen als ich. Auf den Bänken verbrachten verschlafene Gestalten die Nacht, die zum Teil sogar für mich verdächtig aussahen.
Die Versuchung war groß, sich auch hinzulegen und in der molligen Wärme etwas auszuruhen. Aber sicher war es hier genau so wie in Deutschland: Wenn die Polizei jemand sucht, sucht sie sicher zuerst auf den Bahnhöfen.
Die Uhren im Inneren des Gebäudes zeigten verschiedene Zeiten. Bei der einen war es nach 12 Uhr, bei der anderen war gerade 1 Uhr vorbei. Es war fast zum Verrücktwerden, daß es immer wieder solche Überraschungen gab.
Damals war ich noch so schlecht mit den kanadischen Verhältnissen vertraut, daß ich nicht wußte, daß es eine Bahnzeit gibt, die über ganz Kanada hinweg gleich bleibt, und eine Ortszeit, die innerhalb des Landes, je nach geographischer Breite, bis zu fünf Stunden Differenz ergibt. – Aber im Notfall sollte es mir auf eine Stunde Wartezeit nicht ankommen. Ich wollte vorläufig einfach annehmen, daß wir schon nach 1 Uhr lebten. Damit würde ich auf Nummer sicher gehen.
Ich stand vor dem Kiosk. – Die Zeiten standen hier schön geordnet, mit einem p.m. oder einem a.m. dahinter, aufgereiht. – Unglaublich, da war man nun 23 Jahre alt geworden und wußte nicht Bescheid. Was sollten diese ominösen Zeichen bedeuten? Hieß a.m. »at morning«, oder »after morning«? In diesem Meer von rätselhaften Uhrzeiten kam ich ganz schön ins Schwimmen. So mußte einem Erstkläßler zumute sein, der zum ersten Male lernte, die Uhr abzulesen.
Trotzdem suchte ich mir die Züge heraus, die in Richtung Buffalo liefen. Das war von hier aus der nächste Weg in die Vereinigten Staaten.
Dabei stellte sich heraus, daß die Züge in gewissen Zeitabständen nach

Westen liefen. Die Zeiten waren so geordnet, daß der Verkehr nach meinen Feststellungen von 7.00 bis 12.00 a.m. gen Westen lief, hinterher kamen die Züge wohl aus dieser Richtung und fuhren dann erst wieder von 7.00 bis 12.00 p.m. in meine gewünschte Richtung.
Wenn ich annahm, daß p.m. »past midday« hieß, fuhr der letzte Zug nach Buffalo um 12.18 p.m.
Hatte ich also Glück, dann war es jetzt 12.05 Uhr, und ich konnte diesen Zug noch kriegen.
Rasch lief ich in eine Unterführung hinein, von der aus Aufgänge zu den Bahnsteigen führten. Aber schwere, schmiedeeiserne Tore, die die hinaufführenden Treppen versperrten, waren mir im Weg. Da gab es kein Durchschlüpfen, auch kein Hinüberklettern. Von hier aus konnte ich – ohne Fahrkarte – keinen Bahnsteig erreichen!
Nichts wie raus aus dem Gebäude! Es blieb nur noch die Möglichkeit, über die Geleise einzumarschieren. Aber schnell mußte das gehen!
Diesmal mußte ich die Glastüre selbst öffnen, anscheinend hatten die Portiers um 12.00 Uhr Dienstschluß. Mir war das lieber so!
Gleich außerhalb ging ich wieder an den Taxis vorbei nach rechts bis zum Ende des Bahnhofsgebäudes. Daran schloß sich eine Art Schuppen an, der wohl der Verladung von Expreßgut diente. Hinterher kam ein Parkplatz, auf dem viele herrliche Personenautos standen. Wie gut hätte mir jetzt eine schnelle Fahrt zur Grenze getan! – Aber dahin und darüber hinweg wollte ich kommen, auch ohne Wagen!
Ansonsten war die Situation gar nicht so schlecht. – Hinter dem Parkplatz hatte der Zaun zu den Geleisen eine Lücke, nur eine Kette versperrte den Durchgang.
Ich nahm mir noch nicht einmal die Zeit, die daran hängende Verbotstafel durchzulesen. Mit aller Selbstverständlichkeit löste ich die Kette aus dem Haken und trat die paar Stufen zum Schienengelände hinauf. Dort bot sich zuerst ein recht verwirrendes Bild von vielen bunten Lichtern, Geleisen und Weichen.
Aber bald konnte ich mir ein Bild machen. Ich konnte an der linken Seite den hintersten Bahnsteig recht gut erkennen und zählte von da aus nach rechts zur Station zu. So wußte ich schon aus der Entfernung recht gut, wo mein Zug einfahren sollte. Obwohl die Schilder zuerst nicht lesbar waren, konnte ich meine Schritte bald Richtung Plattform »4« lenken. Die beleuchtete Uhr auf einem Turm in der Stadt zeigte gerade 12.15. Wenn der Zug jetzt kam, mußte ich nicht mehr lange warten.

Trotz der späten Stunde fuhren noch verschiedene Rangier- und sonstige Lokomotiven. Bei den vielen Weichen mußte ich ganz schön aufpassen und im voraus disponieren, um mich jeweils außerhalb der Scheinwerferreichweite zu bewegen.
So sprang ich wie ein Frosch von einem Gleis zum anderen, bis ungefähr 12.30 Uhr. – Daraus schloß ich mit einiger Sicherheit, daß es jetzt doch schon 1.30 Uhr sein mußte.
Aber trotzdem wollte ich noch eine Weile warten. Bei den langen Strekken, die hier die Züge zurückzulegen hatten, waren solche Verspätungen bis zu einer Stunde und mehr keine Seltenheit.
Aber diese ewige Hin- und Herlauferei wurde mir doch zu dumm! Ich war dauernd in Bewegung wegen der rangierenden Lokomotiven.
Doch ich hatte Veranlassung, mich so nahe wie möglich bei dem vermuteten Abfahrtsgeleise aufzuhalten.
Die Union-Station war ein Durchgangsbahnhof, die Züge aus dem Osten fuhren auf meiner Seite ein und verließen ihn auf der anderen Seite gen Westen. Also – sollte mein Zug kommen – mußte ich schnell daran entlang rennen, ihn einholen und beim Überholen, nach dem Halt, feststellen, ob und wo ich mich verstecken konnte. Im äußersten Fall sollte es dann ganz vorne der Tender oder gar die Lokomotive sein. – So zumindest war meine jetzige Absicht, flexibel mußte man ja fortwährend sein.
Alles mußte schnell gehen, ich wußte nicht, wie lange der Zug stehenbleiben würde. – Daher durfte ich nicht allzu weit vom voraussichtlichen Haltepunkt des Zuges entfernt sein.
Doch da eröffnete sich eine andere Möglichkeit. Ganz rechts, fast neben dem großen Stationsgebäude, wurde eine lange Schlange von D-Zug-Wagen in eine Art Betonröhre hineingeschoben. Sie kam so zu stehen, daß die letzten beiden Wagen gerade noch herausreichten, und so genau am Beginn des dortigen Bahnsteigs, schon im Dunkeln, endeten.
Von dort aus würde ich einen guten Überblick haben und wäre auch nicht zu weit entfernt. – Hoffentlich waren die Wagen nicht verschlossen!
Vorsichtig sondierte ich die Lage und stieg aufatmend in den hintersten Wagen ein.
Hier drinnen war es warm, ich hatte einen wunderbar weichen, plüschgepolsterten Platz und konnte so gut nach links sehen, daß ich jeden ankommenden Zug rechtzeitig erkennen konnte. Durch die lange Warterei wurde ich aber immer ungeduldiger.
Es war geradezu unheimlich. Außer dem Rangierbetrieb hatte ich noch

keinen Personen- oder Fernzug zu sehen bekommen! – Nur ganz drüben hinter der Bahnhofshalle rollten manchmal lange Güterzüge durch. Dort schien es weitere Bahnanlagen zu geben.
Allmählich meldete sich immer stärker ein Hungergefühl, und um Leib und Seele zusammenzuhalten, beschloß ich, über eine meiner beiden Hartwürste herzufallen. Außerdem konnte ich hier dazu ganz manierlich trinken. Aus einem Behälter, neben dem Waschraum im Waggon, servierte ich mir Eiswasser im Papierbecher.
So war es auszuhalten, das Leben auf der Flucht! dachte ich bei mir.
Bis 1.00 Uhr auf der Stadtuhr wartete ich ganz geduldig. Doch dann wurde ich durch Türengeklapper vorne im Zug beunruhigt. Ich stieg aus, um mir von den Geleisen aus die Bahnsteige näher zu betrachten. Dabei ging ich so nahe heran, daß ich die Uhren auf den Plattformen ablesen konnte. Diese zeigten alle schon 2.20 Uhr, so daß einigermaßen feststand, daß der sehnlichst erwartete Zug von 12.18 Uhr längst durch sein mußte.
Nun wollte ich mir doch auch die Anlagen hinter den Bahnsteigen ansehen. Es war beinahe ein Marsch zu nennen, 15 Geleise zu überqueren ist keine Kleinigkeit. Doch dann winkte neue Hoffnung: Güterzüge!
Dabei gab es nur einen großen Nachteil: Man wußte nicht, wohin sie fuhren!
Zwar versuchte ich, aus den verschiedenen Aufschriften oder angeklebten Zetteln etwas herauszulesen, aber das war so vielfältig, alt und neu waren kaum zu unterscheiden, der Nicht-Fachmann kam da nicht klar. Man konnte sich kein Bild über Route oder Bestimmungsbahnhof machen.
Etwas war hier in Kanada anders als bei uns zu Hause: Die Eisenbahner, die sich auf den Geleisen bewegten, trugen ganz normale Zivilkleidung und unterschieden sich damit nicht von mir. Das war vorteilhaft, so konnte ich mich notfalls als Hilfs- oder Maschinenarbeiter herausreden.
Da mit den stehenden Güterwagen nichts anzufangen war, versuchte ich es nun mit den fahrenden Zügen. Die waren aber hier hinten alle so schnell, daß ich keinen, der in meine Richtung gefahren wäre, einholen konnte. – Wenn ich bloß einen Weg gefunden hätte, um festzustellen, wohin die abgestellten Wagen gebracht wurden! Es wäre so leicht gewesen, sich auf einem Güterwagen zu verstecken!
Da war nun nicht mehr viel zu überlegen. Ich mußte es nochmals mit dem Fahrplan für Personenzüge versuchen. Es hatte keinen Sinn, sich auf

irgendeinen Güterwagen zu setzen, dort zu frieren, um dann womöglich nach Stunden doch nicht abzufahren!
Genau auf dem gleichen Weg, den ich gekommen war, fand ich wieder zurück. Auf dem Parkplatz drückte ich mit Vorsicht an einigen Wagen die Klinken, sie waren aber alle gut verschlossen!
Diesmal standen nur noch zwei Taxis vor der Union-Station, der Platz war fast menschenleer und wirkte wie ausgestorben.
Mühelos gelangte ich wieder in die Halle und konnte feststellen, daß nun auch die Läden geschlossen waren. – An den Ständen und Schaltern waren keine Menschen mehr zu sehen, nur noch an einem Schalterfenster brannte Licht. Alles andere war in einem matten Schummerlicht, und auf den Bänken wurde kräftig geschnarcht.
Der Kiosk mit den Fahrzeiten leuchtete aber noch immer mit seinem braunen und roten Licht. Diesmal konnte ich mir Zeit nehmen, um genauer zu studieren. – Nach vielen Vergleichen war ich ziemlich sicher, daß der erste Personenzug in meine Richtung nicht vor 7.24 a.m. fuhr. Auch war ich mir ziemlich sicher, daß dieses a.m. etwas mit der Zeit nach Mitternacht zu tun hatte. – Fragen wollte ich deswegen niemand, denn ich fürchtete, mit so einer blöden Frage gründlich den Ausländer zu dokumentieren. Also was tun? Hier auf einer Bank übernachten – oben in einem abgestellten D-Zug-Wagen – oder nochmals versuchen, auf einen gen Westen fahrenden Güterzug aufzuspringen?
Ich entschloß mich für das letztere. Auf jeden Fall wieder rauf auf die Geleise, hier im Bahnhof erschien mir der Boden doch zu heiß. In Toronto war ich gerade etwa 60 km von unserem Lager entfernt, da mußte ich sehen, daß ich bald weiter weg kam.
Außerdem war ja doch die Möglichkeit gegeben, daß ich per Zufall den richtigen Güterzug erwischte, wenn nicht, konnte ich irgendwo unterwegs wieder absteigen, würde aber wenigstens weiter weg vom Lager sein.
Also wieder raus aus dem Gebäude und wieder zurück auf dem nun schon wohlbekannten Weg. Allmählich verkehrte ich hier schon so, als ob ich zur kanadischen Eisenbahn gehörte. Ich fühlte mich ganz vertraut mit den Geleisen und den Weichen.
Gerade als ich bei den durchgehenden Schienen hinter dem Personenbahnhof angekommen war, fuhr ein Güterzug nach rechts an. Ich spurtete . . . und erreichte einen Wagen mit offener Schiebetüre, in den ich mich hineinwälzte. Hier wäre es ganz gemütlich gewesen. – Doch der Zug

wollte es anders. Er rangierte ein paarmal hin und her, bis es mir zu dumm wurde und ich wieder ausstieg.
Leider war jetzt auch hier der Durchgangsverkehr ziemlich abgeflaut. – Vorhin war fast auf allen Geleisen gleichzeitig Betrieb gewesen. Jetzt fuhr nur ganz selten ein Zug mit hoher Geschwindigkeit durch. Es war wie verhext!
Ich wurde mutlos und fast verdrossen. Mit einer Art Wut im Bauch beschloß ich, geradewegs in die Bahnsteighalle vorzudringen. Es konnte ja sein, daß es zufällig einen Leerzug gab, der außerhalb des Fahrplanes fuhr. So etwas gab es meines Wissens manchmal in Deutschland, warum nicht auch hier?
Vom hinteren Ende her war die große Halle parallel zu den Schienen mit großen Schiebetoren verschlossen, und ich mußte längere Zeit suchen, bis ich einen Durchlaß fand. Doch schließlich war ich in der großen Halle auf dem letzten Bahnsteig angelangt und konnte kaum bis zum anderen Ende sehen.
Alle »platforms« wirkten wie ausgestorben, daher konnte ich es mir ruhig leisten, einfach quer über die ersten drei Geleise hinweg zu stiefeln, hinüber zu einem Personenzug, der ohne Lokomotive dastand, aber mit einigen Dampfrohren am Bahnsteig versehen war, um im Stehen weitergeheizt zu werden.
Anfänglich konnte ich die großen Buchstaben an der Wagenseite nicht lesen. Doch beim Näherkommen ließen sich die goldenen Lettern bald zusammensetzen: »TORONTO/HAMILTON/BUFFALO« stand da!
Beinahe hätte ich einen Luftsprung gemacht. – Aber sofort dämpfte ich meine Freude. Jetzt hieß es »Köpfchen und Ruhe behalten!« Das hier war eine echte Chance, die Freiheit zu gewinnen! – Wenn ich es geschickt anstellte, konnte das den Wiederbeginn eines normalen Lebens bedeuten! – Natürlich mußte ich dabei ein klein wenig Glück haben!
Es würde zwar noch einige Zeit dauern, bis die Wagen ins Rollen kamen, aber die Hauptsache war, daß sie dahin fuhren, wohin ich wollte.
Gleich hinten stieg ich am letzten Wagen ein, um durch den ganzen Zug durchzugehen und ein gutes Versteck zu finden. Das wollte ich mit aller Sorgfalt aussuchen.
Der hinterste Wagen bestand zu einem Teil aus einer großen Küche, zum anderen Teil aus einem »Coffee Parlor«.
Auf dem Gang ging ich erst mal an der Küche vorbei in den daran anschließenden Aufenthaltsraum. Dort sah ich keine Möglichkeit, es stan-

den ganz normale Tische und Stühle herum. Genau wie in einem deutschen Café sah es hier drinnen aus.
Weiter nach vorne! – Der nächste Wagen war ein »Pullman«. Für mich war das etwas ganz Neues, und ich schaute mich mit großem Interesse um. »Pullman Car« war für mich aus Büchern der Inbegriff des Komforts, den ein Eisenbahnwagen bieten konnte.
Dieser ganze große Raum machte auf mich einen so luxuriösen Eindruck, daß ich nicht lange nach einem Versteck suchte. Hier standen echte Clubsessel, die so weit voneinander entfernt waren, daß man sie um 360 Grad drehen konnte. Trotzdem konnte man unten jeweils noch eine Fußstütze herausziehen, damit man sich der ganzen Länge nach ausstrecken konnte. – Die Vorhänge, die bis zum Boden herunterhingen und mit dicken Kordelseilen bedient wurden, wirkten erst recht feudal auf mich. – Nein, das schien nicht gerade als POW-Versteck geeignet!
In der Mitte war der Wagen durch »Ladies« und »Men« in zwei Hälften geteilt. Da diese Türen verschlossen waren, ging ich schnell weiter vor. Nun kam ein normaler Personenwagen. Nicht wie bei uns mit Holzbänken, sondern überall Plüschsofas, etwas besser ausgestattet als unsere damalige 2. Klasse.
Aber schon mußte ich vorsichtig sein! Draußen klatschte ein Wasserbesen an das Fenster . . . Fensterputzer waren am Werk! – Auf der Stelle drehte ich um und stieg etwas weiter hinten, auf der abgewandten Seite, wieder aus.
Da ich noch genügend Zeit hatte – bevor keine Lokomotive dran war, konnte ja nichts passieren –, wollte ich doch sehen, ob der andere Zug, der weiter drüben Richtung York-Hotel stand, nicht besser geeignet war. Er sah nicht so farbig und bunt aus wie mein voriger. Hier waren es lauter schwere, dunkelgrüne Wagen, die geradezu massiv wirkten und durch die an ihnen hängenden Eiszapfen noch mehr beeindruckten.
Der Name »St.-Louis-Expreß« paßte ausgezeichnet! – Tatsächlich! So hatte ich mir einen »Expreß« vorgestellt, der in dieses Land paßte. Das war Kraft, das war amerikanische Technik, und doch gaben der Reif und das Eis ihm ein anheimelndes Aussehen! Man fühlte, daß man im Inneren dieser Wagen sicher reiste. Wie schön mußte es sein, so im Warmen zu sitzen und durch das Land zu reisen!
Dies waren die beiden einzigen Züge, die in der ganzen großen Halle standen. Auch dieser hatte keine Lokomotive vorgespannt. Er konnte noch nicht lange hier sein, denn einige Leute waren gerade damit beschäftigt,

die Dampfrohre anzuschließen, und vorne am Gepäckwagen wurde noch ausgeladen.
Merkwürdig, wie wehmütig einen schon der Anblick von sorgfältig verpackten Paketen stimmen konnte! Sicher waren auch hier Sendungen dabei, die an die Soldaten an der Front geschickt wurden!
Bei diesem Zug gab ich mir gar nicht erst große Mühe, sorgfältig auszukundschaften. Erstens wußte ich über die Fahrstrecke nach St. Louis nicht Bescheid, und zum anderen war hier sowieso noch zu viel Betrieb. – Also zurück!
Als ich gerade über die Bahnsteige und Geleise zurückturnte, hörte ich das ächzende Fauchen einer Güterzuglokomotive, die anscheinend eine schwere Last anzuziehen hatte.
Hier war meine Gelegenheit! Ich startete – und mit einigen Sprüngen und Sätzen, die man auch Stolpern hätte nennen können, durchquerte ich den Rest der Halle, rannte an den Eisentoren entlang, durch die kleine Türe durch und ... beinahe wäre ich in den Zug hineingerannt! – Er ratterte gleich auf dem ersten Gleis durch.
In vollem Lauf rannte ich um die Ecke, und ohne langes Zögern – er fuhr ja gen Westen – hängte ich mich mit klammen Händen an einen halbhohen, offenen Güterwagen, der mir gerade in den Weg kam.
Und beinahe mußte ich für meine Hast büßen! – Es war mir zu wenig Kraft verblieben, um anschließend mit einem Ruck im Klimmzug hoch zu entern.
So hing ich mit keuchendem Atem an dem ratternden, schwarzen Ungeheuer. Der Lärm der schlagenden Räder wurde brausend von der dicht daneben vorbeisausenden Eisenwand verstärkt, und ich hatte bange Sekunden zu überstehen, bevor ich mit dem Atem nachkam.
Doch dann klappte es! Ich fiel wie ein Sack über die Bordwand in den Kohlenstaub auf dem Boden. Ich lief gleich vor und duckte mich in die vordere rechte Ecke, denn jetzt fuhren wir bereits an Weichenwärterhäuschen vorbei. Von daher fiel zu viel Licht auf mich, wenn ich nicht hinter der Bordwand verschwand.
Und schon wurde der Zug wieder langsamer ... würde er stehen bleiben? – War der Güterbahnhof womöglich erst vor uns? Ich bangte und hoffte zugleich. Wir wurden wieder schneller ...
Von jetzt an hieß es aufzupassen. – Rechts und links fuhren andere Züge und Lokomotiven, die alle viel Licht hatten, einmal aus dem Fenster am Führerhaus und dann aus einem großen Scheinwerfer in der Kesselmitte.

Am unangenehmsten war die Beleuchtung aus den Lokomotivfenstern. Da saß man plötzlich mitten im Licht und konnte dem betreffenden Lokomotivführer fast die Hand reichen, wenn er sich herausbeugte.
So blieb ich denn von nun an dauernd in Bewegung auf meinem leeren Kohlenwagen. Immer rechtzeitig mußte ich an der jeweiligen Bordwand abtauchen und hinunterknien. So kam ich aber ganz gut durch! Insgesamt wurde das Fahrttempo immer geringer, immer häufiger blieben wir stehen. Doch war es ein Trost zu sehen, daß es den anderen Zügen auch nicht besser erging.
Sie schoben sich immer nur wenige 100 Meter nach vorne. Nett war dabei die Unterhaltung, die zwischen den Lokomotivführern hin und herflog. Ob sich diese Leute alle kannten, oder ob das zum Beruf gehörte?
Unangenehm war, daß wir beim nächsten Halt genau unter einem großen Schaltwerk hielten, neben dem eine große Tafel mit vielen roten, grünen und gelben Lichtlein hing. Mein Wagen war genau in der Helligkeit zum Stehen gekommen. Erst nachdem der Stellwärter oben nicht mehr aus dem Fenster hing, sondern sich am Telefon betätigte, konnte ich ab und zu einen Blick riskieren.
Die Tafel war wohl ein Schaubild der gesamten Gleisanlagen im Bahnhof, und die vielen kleinen Lichter bedeuteten wahrscheinlich Weichensignale, die je nach Stellung ihre Farbe wechselten. Hoffentlich dauerte es nicht allzulange, bis unser Gleis dran kam!
Und ach! Nun fuhren wir gar noch rückwärts auf ein anderes Gleis! Und nicht genug! – Überraschend, genau über mir, erschien plötzlich ein blonder Haarschopf an der Bordwand. Ich hätte bloß meine Hand auszustrecken brauchen, um hineinzufassen! Aber ich tat nichts dergleichen! Beim nächsten Halt verschwand er wieder, und bald ging es wieder vorwärts. Im Schrittempo aber es ging weiter. Wenn wir allemal fast zum Stehen kamen, hätte ich am liebsten mitgeschoben. – Herrgott! – Wußten denn diese Leute nicht, daß Zeit Geld war – für mich noch mehr als für jeden anderen, für mich war jede Minute, die ich hier verzettelte, unbezahlbar, ich wollte so schnell wie möglich über die Grenze!
Von wegen Grenze! Wir fuhren noch unter einer Brücke durch und dann standen wir auf einem Abstellgleis an der Rampe einer großen Fabrik! Jetzt war ich genug Güterzug gefahren! – Noch war Zeit, um auf dem Rückweg vielleicht das Glück auf der Straße zu suchen. Sobald ich einen Wegzeiger nach Hamilton oder den Niagara-Fällen sah, würde ich wieder nach einem »ride« fragen.

Oder wenn ich irgendwo auf einem Parkplatz einen Wagen in Gang bekam, würde ich schon selbst die richtige Straße finden!
Neben der Brücke, die wir vorher durchfahren hatten, betrat ich einen großen Parkplatz, der zu einer anderen Fabrik gehörte, die hell erleuchtet war und sicher auf Nachtschicht arbeitete.
Dieser Parkplatz war leider zu gut beleuchtet, so daß ich nicht ungestört an den Wagen herumhantieren konnte. So war ich froh, als ich etwas später einen Schuppen fand, dessen einer Torflügel halb offen war und in dem ein großer, schöner, hellgrauer Chevrolet stand. Ich trat ein und schnallte erstmal an der rechten Vordertür. Leider zu! – Der Besitzer war auch zu vorsichtig! Er stellte den Wagen in die Garage und schloß noch zu. Enttäuscht drehte ich mich um und erschrak! Genau in der Tür hob sich gegen den hellen Hintergrund eine große Gestalt ab, die eine Uniformmütze trug und hereinschaute. – Ich zögerte keinen Augenblick . . . der Mann war allein . . . und ich war fest entschlossen, sollte er mich festhalten wollen, mir den Weg mit der Faust freizukämpfen . . . ging aber durch die Tür hinaus, vorbei an ihm, sagte »good night!« und wandte meine Schritte zur Fabrik.
Entweder hatte er meine Entschlossenheit gespürt, oder er hielt mich tatsächlich für den Besitzer des Wagens. Auf jeden Fall machte er keine Bewegung gegen mich und gab keinen Laut von sich. Ich drehte mich aber nicht um und atmete erst auf, als ich bei der Fabrik wieder eine Straße betreten hatte und hinter einer Hausecke seinem Gesichtskreis entschwand.
Aber der Gedanke an ein Auto hatte etwas Faszinierendes an sich. Hier kam schon wieder ein Parkplatz.
Ich suchte mir diesmal einen 1928er Ford heraus, der mit offenem Verdeck dastand. Ich setzte mich hinein, fand aber nicht einmal die Stelle, wo der Zündschlüssel hineingepaßt hätte. Dieses alte Auto war zu sehr verschieden von dem, was ich kannte. Ich versuchte es daher gar nicht, irgendwelche Kabel am Armaturenbrett oder unter der Haube zu suchen und kurzzuschließen. Ab und zu kam doch ein nächtlicher Passant vorbei.
Der Ford sagte also auch »nein«, und da die immer wieder sichtbar werdende Turmuhr schon 3.00 Uhr zeigte, lenkte ich meine Schritte wieder zum Bahnhof.
Unterwegs kam ich bei einem Umschlagplatz für Fernlaster vorbei. Dort standen zwar eine Menge abgestellter Sattelschlepper, aber anscheinend schlief hier alles. Nur an einem Schleppfahrzeug arbeiteten zwei Monteu-

re, die ab und zu den Motor aufheulen ließen. Fragen wollte ich nicht, es sah nicht so aus, als ob sich hier in absehbarer Zeit etwas bewegen würde. Auf dem weiteren Weg fand ich dann noch einen alten, offenen Chevrolet, bei dem ich die Öffnung für den Zündschlüssel fand. Doch die Drähte darunter waren viel zu gut verkapselt, als daß ich auf ein baldiges Ergebnis hoffen durfte.

Also Schluß mit diesem Hin und Her, jetzt ging es endgültig und genau in Richtung Bahnhof zurück. Nach etwa 30minütigem Marsch wanderte ich wieder an einem Bretterzaun entlang, hinter dem eine Böschung zum Bahnhofsgelände hinaufführte. – Mit einer Flanke sprang ich hinüber und stand gleich danach oben auf dem Damm, von wo aus ich das ganze Gelände überblicken konnte.

Bis zur Bahnhofshalle – ich kam jetzt aus westlicher Richtung, war es noch ein ganzes Stück. Zuerst mußte ich eine Bahnanlage durchqueren, auf der viele Lokomotiven abgestellt oder gründlich durchgesehen wurden. Ich stiefelte hindurch und paßte mit meiner vom Kohlenstaub verschmutzten Kleidung sehr gut unter die Mechaniker und Heizer, die hier herumliefen und die gewaltigen Dampflokomotiven abschmierten oder auch anheizten.

An einer Drehscheibe mußte ich nahe vorbeigehen und sagte freundlich »good morning«, wenn mir jemand begegnete.

Nach weiteren 10 Minuten auf den Schienen erreichte ich schließlich kurz vor 4 Uhr die Bahnhofshalle, in die ich diesmal von vorne eintrat, wenn ich in meiner Fahrtrichtung dachte.

Über die Geleise ging ich ganz zielbewußt auf den TORONTO – HAMILTON – BUFFALO-Zug zu. Er stand noch auf dem alten Fleck, nur mit dem Unterschied, daß die Fensterwäscher jetzt drüben am »St. Louis Expreß« arbeiteten.

Diesmal umrundete ich den ganzen Zug erst einmal von außen, um notfalls einen Sitz unterhalb des Waggonbodens zu finden.

Ich legte und verdrehte mich auf verschiedenen Rohren, runden und eckigen Behältern, nur um festzustellen, daß es gar nicht viele Möglichkeiten gab. – Als beste »Aufhängung« ergab sich ein Platz auf einer Kiste, die mit »Sand« beschriftet war und unter einem normalen Personenwagen hing. Das Hinterteil konnte ich auf den Kistendeckel legen, der Oberkörper fand Platz unter den vorderen, die Beine zwischen den hinteren Streben, mit denen die Kiste am Wagenboden befestigt war. Nach meiner Berechnung konnte ich auf diesem Platz nur von jemandem gesehen werden, der sich bückte, um ganz bewußt unter den Waggon zu blicken, oder dann, wenn jemand aus größerer Entfernung in flachem Winkel herschaute.

Der andere einigermaßen geeignete Platz wäre auf dem Federblatt des »Coffee Parlors« gewesen. Gegen Sicht war dieser Platz noch besser getarnt, doch würde ich ziemlich gedrängt zwischen Feder und Wagenboden zu liegen kommen, und da ich nicht wußte, wie weit so ein Eisenbahnwagen durchfederte, nahm ich dieses Risiko nicht in Kauf.

Mit diesen beiden »Notsitzen« im Hinterkopf konnte ich jetzt bei der noch reichlich zur Verfügung stehenden Zeit geradezu mit Genuß an die sorgfältige Durchsuchung des Zuges nach einem Versteck im Inneren herangehen.

Von vorne beginnend musterte ich zuerst den Gepäckwagen. Der war verschlossen!

Der nächste war ein Personenwagen. Der Reihe nach öffnete ich jede Tür und jeden Kasten. Zuerst waren die Toiletten dran, dann probierte ich die Größe des Schränkchens, in dem Axt und anderes Notwerkzeug enthalten waren. – Zu klein. – Nun versuchte ich mich an einem anderen Kasten, an dem ein rotes Licht brannte. Auch diese Tür ging auf, und mit Schrecken stellte ich fest, daß jetzt auf einmal der ganze Wagen erleuchtet war. Schnell drückte ich das Geisterwerk wieder zu, und der Spuk war vorbei! Das Licht ging wieder aus. Mich hätte es nicht gewundert, wenn auch noch eine Sirene ertönt wäre.

Und tatsächlich! Schon näherten sich außen am Wagen Schritte! Es reichte gerade noch unter die Bank und entlang der Längswand! – Ich konnte nicht genau sehen, was der Mann machte. Er betätigte sich in der Nähe des Kastens, um dann gleich wieder auszusteigen. Das war wie Hexerei!

Weiter nun zum nächsten Wagen! Dies war wieder ein Personenwagen, fast genau so wie der andere. Auch hier war wieder der merkwürdige Schrank mit der Glastüre und den elektrischen Blitzen aufgemalt. – Nicht nur die Neugier lockte mich, auch die Größe dieses Schrankes schien ausreichend.

Kaum war die Tür auf, als auch schon das Licht brannte. Ich erschrak fast genau so wie vorher und brachte in der Hast die Tür gar nicht ganz zu! Obwohl gleich wieder Dunkel herrschte, legte ich mich sicherheitshalber in der Mitte des Wagens unter die Polsterbänke. Diesmal konnte ich sehen! Der Mann machte den Kasten auf und fluchte leise vor sich hin, schloß die Tür wieder und danach hörte ich Schlüsselgerassel!

Als er draußen war, probierte ich vorsichtig! – Nicht um zu öffnen, nur um zu sehen, ob jetzt abgeschlossen war. – Und tatsächlich! – Der Griff ließ sich nicht mehr drehen. – Was der Mann sich wohl für Gedanken über die Ursache der elektrischen Störungen machte?
Weiter nach hinten! – Dem nächsten Personenwagen widmete ich nur so viel Zeit wie zum Durchgehen erforderlich war. Dann kam wieder der Pullman-Wagen.
Wie vorher schon festgestellt, gab es im Sitzraum keine geeignete Gelegenheit. – Allerdings, die Toiletten schienen recht geräumig zu sein. Ob sie noch verschlossen waren?
Zuerst versuchte ich es, wie es sich gehörte, bei »Men«, aber die waren verschlossen. So mußte ich eben meine Zuflucht bei »Ladies« suchen, und siehe da, hier war man zugänglicher! – Allerdings nur bis zum Vorraum, einer Art »Wartezimmer« mit Pudertischchen, Eckspiegel, Stühlchen, einem schwarzen Ledersofa und einer blausamtenen Plüschbank. Die Tür zur Toilette war auch hier dicht. Aber wenn es überhaupt ein Versteck geben sollte, dann war es unter den Bänken!
Die Plüschbank war nicht geeignet, sie war zu hoch, und man konnte ohne weiteres darunter sehen, wenn man gegenüber saß. Das schwarze Ledersofa hätte wirklich ein ausgezeichnetes Versteck abgegeben, wenn ich einen kleineren Po gehabt hätte! Vor dem Sofa verlief vorne eine Fußleiste, die schon mal die Sicht versperrte, und dann war die Unterkante hier so tief, daß man sich auf den Bauch hätte legen müssen um zu sehen, was darunter war.
Aber leider konnte ich nicht hineinschlüpfen, sondern mußte die ganze obere Polstersitzfläche abheben, konnte dann auf dem Boden liegen und mich sozusagen mit der Federkernmatratze zudecken. So wäre fast nichts von mir zu sehen gewesen. Und trotzdem hatte die Sache ihren Haken. Vorne, wo voraussichtlich die Kniekehlen sein würden, gab es Spielraum genug, aber hinten, wo voraussichtlich die Gewichte zu tragen waren, drückte mein eigener Po die Polsterbank etwa 5 cm höher als die Auflage. Im Benutzungsfalle hatte ich also nicht nur »netto«, sondern gar »brutto« zu tragen! – Erst blieb ich mal ein Weilchen liegen und überlegte. – Dann fiel mir ein, daß der Zug ja auch einen »Coffee Parlor« hatte, damit erschienen die Folgen nicht tragbar, und ich stieg aus meiner Falltüre heraus.
Draußen im Aufenthaltsraum war wirklich kein Versteck zu finden. Zum Ausprobieren setzte ich mich zwar einmal in einen der bequemen Sessel,

zog die Fußstütze heraus und legte mich flach. Gerne wäre ich hier so eingeschlafen, um dann am kommenden Morgen in lässiger Haltung die Niagara-Fälle zu erleben! – Aber das war eben leider nicht möglich.
Nun nahm ich mir den »Coffee Parlor« vor. Wie schon festgestellt, konnte der Raum selbst mit den Stühlen und Tischen nichts bieten. Also kam diesmal die Küche dran.
Dort suchte ich zunächst nicht nach einem Versteck, dazu roch es viel zu gut nach Würstchen!
Tatsächlich! – Im großen Kohlenherd glostete eine leichte Glut vor sich hin, und verschiedene Töpfe, alle gefüllt mit Wasser, waren aufgestellt. Als ich anfing, in den Töpfen herumzufingern, machte ich mir keine Gewissensbisse, daß ich eventuell etwas stehlen würde, sondern darüber, daß ich mit so schmutzigen Händen in das Wasser faßte, das anderen Leuten später als Kaffee verabreicht werden würde. Es war jedoch zu hoffen, daß es vorher noch aufgekocht wurde.
Nach einigem Suchen vermutete ich, daß die gute Ware in einer Art Wasserschiff liegen mußte. Ich versuchte es mit der Hand – aber erstens war das Wasser sehr heiß und zweitens zu tief! – Gerade als ich mir den Ärmel hochkrempelte, fiel ein Lichtschein in die Dunkelheit des verlassenen »Parlors«. Beim Eintritt in die Küche hatte ich sowohl die Gangtür als auch die vordere Küchentür offen gelassen. Nun trat ein Mann mit Bauchlaterne in den Waggon ein.
Da hieß es schnell handeln! Zuerst den Deckel, den ich in der linken Hand hielt, geräuschlos auf das Schiff setzen, dann abwarten, welchen Weg der Uniformierte nehmen würde.
Er konnte geradeaus gehen, dann kam er über zwei Türen gleich zu mir in die Küche. Für diesen Fall mußte ich durch die hintere Küchentüre, die nach innen geöffnet war, entweichen, ich konnte weiter über den Seitengang nach vorne gehen und würde ihm so nicht begegnen. Bog er ab in den eckigen Gang, konnte ich durch die zwei Türen nach vorne in den »Parlor« entschlüpfen.
Der Lichtschein blieb geradeaus gerichtet . . . also kam er hier durch . . . schnell und geräuschlos verließ ich die hintere Küchentür und . . . sah gerade noch den Lampenschein in den Gang blinken, bevor ich um die Türecke bog.
Ich prallte zurück . . . da hätte nicht viel gefehlt, und ich wäre mit ihm zusamengestoßen! Gerade rechtzeitig war ich wieder in der Küche, als auch schon die hintere Küchentür ganz nach innen aufgemacht wurde. – Es

blieb nichts anderes übrig, als mit dem Türflügel gemeinsam zurückzugehen, bis ich mit dem Rücken an der gangseitigen Küchenwand stand. Unten stellte ich meinen Schuh hin und sperrte für etwas Abstand!
Der Mann mußte irgend etwas gehört haben. Er öffnete die Tür sehr vorsichtig und leuchtete auch noch herein! – Anscheinend stand er in der Tür und schaute sich die ganze Küche an! – Dabei hielt ich mich hinter der Tür an der Klinke fest und mußte zusehen, wie oberhalb der Klinke auf der anderen Seite seine Hand mit der Lampe hereinragte und den Raum ableuchtete. Er war etwas verunsichert, das konnte man an den zögernden Bewegungen des Handgelenks erkennen. Dabei war es äußerst still, gefährlich still! – Und ich durfte nur ganz verhalten atmen, um weder ein Geräusch zu machen noch die Tür mit Brust oder Bauch zu bewegen! Das waren bange Sekunden! – Doch er sah und spürte mich nicht und verließ hinter der Küche den Wagen! – Wieder einmal aufatmen! – Dabei hatte ich alles nur meinem eigenen Leichtsinn zu verdanken! – Wieder einmal nahm ich mir vor: »Alter Freund, sei vorsichtig, es lohnt sich!« Mit diesem guten Vorsatz verließ ich den Wagen, um mit gleicher Sorgfalt wie bei der Innenseite alle Wagen nochmals von außen abzusuchen. Die Uhr zeigte gegen 4.30 Uhr.
Durch das wiederholte Herumkriechen auch unter den Wagen war ich inzwischen nicht nur rußig geworden, sondern auch mit Öl verschmiert. Damit war aus dem Fliegergrau der Hose und des Pullovers ein echtes Eisenbahnerschwarz geworden, und meine Hände und Gesicht waren so verschmutzt, daß ich immer mehr als »echt« gelten konnte.
Deshalb bewegte ich mich nun völlig ungezwungen und kletterte von dem Perron des Pullmanwagens auf dessen Dach, von wo aus ich mich dann auf der ganzen Länge des Zuges bewegen konnte. Über die Lücken zwischen den Wagen half jeweils ein kleiner Sprung.
Hier oben fühlte ich mich sehr sicher, denn genau oberhalb der Zugmitte verliefen längsseits zwei riesige T-Träger, die den Rauchabzug einfaßten. Diese Träger konnte ich mit den Händen gut erreichen, und wenn notwendig, verschwand ich mit einem Klimmzug nach oben. Außerdem konnte ich von hier aus die ganz und gar menschenleere Halle überblikken, so daß mich niemand mehr überraschen würde.
Zuerst versuchte ich mein Glück an den Lüftungsklappen. Da war nichts zu machen – schade, daß ich nicht im Besitz von Schraubenzieher und Hammer war – man hätte hier schon manches aufschrauben können. Dann fand ich auf einem der Personenwagen zwei große Blechdeckel auf

dem Dach. Diese waren etwa 1,5 × 3,0 Meter groß und zirka 15 cm hoch. Sie waren nur mit Flügelmuttern verschraubt, und ich machte mich sofort an die Arbeit.
Die Schrauben waren bald ab, aber dann mußte ich alle Kraft aufwenden, um den festgerosteten Riesendeckel loszuzerren. Auch bekam ich ihn zuerst nur auf halbe Höhe auf einer Seite und mußte nun mit aller Gewalt daran reißen. – Mit Riesengepolter fiel der schwere eiserne Deckel auf das Wagendach. – Das schepperte durch die ganze Halle und brachte von den anderen Bahnsteigen ein lautes und vielfaches Echo zurück. Ich erschrak. Aber niemand kümmerte sich um den Lärm, und ich konnte mir die Bescherung ansehen!
Unter dem Deckel lag, genau eingepaßt, eine Art Segeltuchmatte, deren Zweck ich nicht ergründen konnte und die leider den Nachteil hatte, nicht hoch genug zu sein, um mich an ihrer Stelle in das Eisenbett hineinschlüpfen zu lassen. Das wäre sonst gut gewesen. Ich hätte die Matte irgendwie beiseite geschafft, wäre in den langen Kasten gekrochen und hätte den Deckel von innen wieder zugeklappt. Dafür hätte es sogar einen geeigneten Griff gegeben – aber leider, es war zu flach, und ich paßte nicht hinein!
Also Deckel wieder drauf und Schrauben dicht. Das gab wieder viel Krach, aber allmählich kam ich mir so sehr als Mechaniker vor, daß ich überzeugt war, die fachmännische Ausführung meiner Arbeit konnte sich auch bei ungewollten Zuschauern sehen lassen.
Der Entlüftungsaufsatz auf dem Dach des Pullmanwagens wäre hoch und breit genug gewesen! Hier versuchte ich es nochmals von innen, aber auch hier fehlte der Schraubenzieher. Wenn man das bloß geahnt hätte!
Die letzte Möglichkeit waren also doch die verschiedenen Kästen, die unterhalb der Waggons angebracht waren. Der erste Deckel, den ich abnehmen konnte – auch er war nur mit Flügelmuttern verschlossen –, war komplett voll. Hier befand sich ein ganzer Akkumulatorensatz! Beim Aufsetzen des schweren Deckels hatte ich doch einige Mühe, und halb vor Angst, halb von der Anstrengung, kam ich ganz schön in Schweiß.
Im nächsten großen Kasten hingen verschiedene Notwerkzeuge säuberlich in ihren Halterungen. Auch wenn man die Werkzeuge entfernt hätte, wären die Halterungsleisten im Weg gewesen.
Nach langem Suchen blieb letztlich nichts Besseres als der »Notsitz« auf der Sandkiste übrig.
Inzwischen war es nun am Bahnsteig fast 5 Uhr geworden, und bis zur

Abfahrt des Zuges – inzwischen war die Zeit 7.24 eingestellt – verblieben noch etwa 2½ Stunden. Diese wollte ich nun noch unbedingt dazu ausnützen, um mich für die Anstrengungen der Fahrt etwas zu wärmen und auszuruhen.

Dazu suchte ich einen normalen Personenwagen auf. – Natürlich verlockte auch die Kaffee-Küche nochmals, aber davon hatte ich genug! – Der Schreck saß mir in den Gliedern!

In dem Wagen legte ich mich etwa in der Mitte auf den Boden und empfand die mich umgebende Wärme herrlich wohltuend. Ich kroch in die an der Wand entlang führende Heizung fast hinein, um mich möglichst gut aufzuwärmen ...

Als ich aufwachte, klapperte vorne eine Wagentüre. Im Waggon war Licht, und zu meinem Fußende schimpfte eine Frauenstimme hinter einem kehrenden Besen her!

Eine schöne Bescherung! Die Frau schimpfte auf einen Mann, der sich am vorderen Ende befinden mußte! – Er solle sich nicht dauernd auf die Toilette verziehen und dort rauchen, sie hätte keine Lust, den Wagen allein zu fegen!

Er ergab sich und begann von vorne her zu kehren. Auf halbem Weg dazwischen lag ich auf dem Boden. Es kam darauf an, wer schneller sein würde, der Mann oder die Frau? Ich wartete ab!

Da war auch schon der Besen des Mannes. Er traf mich an der linken Schulter und stoppte sofort! »Oh! Are you hiding there?« – Ich stand sehr langsam und schläfrig auf: »No! I was just goddam sleepy! That's all!« – Sprach's und ging unmutig von dannen.

Die ganze Sache spielte sich so selbstverständlich ab, daß ich kaum einen Zweifel hatte, daß das glattgehen würde – und es ging glatt!

Jetzt war es 6.00 Uhr, und auf den Bahnsteigen herrschte viel mehr Leben. Auf jeden Fall konnte ich mich jetzt nicht mehr innerhalb der Wagen aufhalten.

So wollte ich möglichst beschäftigt aussehen und lief an den Zügen auf und ab. Bei dem langsam anbrechenden Tageslicht schaute ich nochmals auf meine Bekleidung. Es gab keinen Zweifel – ich sah »echt« aus. Auch wenn ich seit Jahren bei der Canadian Pacific gearbeitet hätte, würde ich nicht anders aussehen!

Ab 6.20 Uhr liefen laufend aus dem Westen Züge ein, die dick vereist und mit Schnee bedeckt ankamen. Langsam war ich mir nicht mehr so sicher, ob ich nicht doch den uniformierten Beamten auffallen würde. – Zwar lief

ich geschäftig auf und ab, aber wer mir je zuschauen sollte, mußte feststellen, daß es da keinen Sinn gab.
Deshalb beteiligte ich mich nun bei einem Abschmierteam von zwei Mann als Schlußmann. Dabei hielt ich mich so weit entfernt, daß meine Vordermänner meinen Anteil nicht erkennen konnten. – Wann immer ein Zug einlief, ging der Vordermann an den Wagen entlang, um an den Zugachsen eine Klappe zu öffnen. Der folgende Maschinist goß jeweils Öl per Handöler ein und verschloß die Klappe auf der Schmierbuchse wieder. Daß da nun ein Dritter – ich – hinterher lief, um nachzusehen, ob die Klappe wirklich zu war, paßte eigentlich recht gut in das Bild.
Da ich auch diese Tätigkeit mit Eifer ausführte, gab es beinahe einen Zusammenstoß. – Gerade als ich an einer geöffneten Wagentür vorbeieilen mußte, halfen dort einige junge RAF-Flieger, an ihren halben Schwingen erkannte ich sie als »navigators«, einer hübschen jungen Dame die Treppe herunter. Dabei stieß ich einen etwas zu heftig und auch noch in meinem dreckigen Gewand unsanft an. – Dafür erntete ich einen heftigen militärischen Anpfiff. – Der neu erworbene Dienstgrad mußte demonstriert werden! – Das machte mich ganz schön wütend, schließlich war ich bei der Arbeit!
Aber natürlich lief ich schnell weiter, um der Arbeit im Team nachzukommen – ja kein Aufsehen erregen!
Als es so langsam 7.00 Uhr wurde, gab ich diesen »job« auf und hielt mich sicherheitshalber in der Nähe meines Zuges auf.
Auf der Seite der Sandkiste war zwar auch ein Aufgang von der unter den Bahnsteigen durchführenden Passage vorgesehen, aber er war zur Passage unten mit der Eisentür verschlossen.
Die Passagiere für meinen Zug kamen auf der anderen Seite herauf und stiegen auch auf dieser Seite ein. So konnte ich also ungestört und im Dunkeln auf meiner Seite hinter einer Glastüre im Aufgang Stellung beziehen. – Wenn der Zug dann anfahren würde, mußte ich nur die Tür öffnen, gelassen hinaustreten, ein paar Schritte machen, um mich von der Fahrgastseite abgewandt auf meine Sandkiste zu setzen.
Aber der Teufel ist ein Eichhörnchen! – Gerade war ich hinter diese Tür getreten, als sich genau vor mir der Bahnbeamte mit dem Winkefähnchen schön breitbeinig aufstellte! Mit seinen nach hinten gefalteten Fingern trommelte er mir fast gegen den Bauch, es war nur noch die Glasscheibe dazwischen.
Wenn er so stehen blieb, bis der Zug abfuhr, mußte ich ihn entweder mit

der Tür wegdrücken, oder aber ich mußte diesen Zug schnappen lassen. Doch der Fahrplan half. Auf dem Nebengleis lief ein Zug ein, anscheinend mit Anschluß an meinen »TORONTO – HAMILTON – BUFFALO«. Der erforderte soviel Aufmerksamkeit, daß auch mein Beamter mit dem Fingertrommeln aufhörte und den Fahrgästen hilfreich sein wollte. Da stieg eine Menge Leute um, und das brachte so viel Leben auf den Bahnsteig, daß ich es wagen konnte, mich auch auf dieser Seite des Zuges offen zu bewegen.
Es wurde wahr! – Ob nun der Mann mit der Fahne auf meiner Seite war oder nicht – mein Zug setzte sich gemächlich in Bewegung. – Ich war nur wenige Meter von der Kiste entfernt – ging wenige Schritte mit – sah mich dabei um – faßte mit den Händen in die Streben und warf mich unter den Waggon. Dabei landete ich gut auf der Kiste und streckte sofort meine Beine unter die hinteren Eisenstreben. Dann drehte oder wälzte ich mich so auf die Seite, daß ich eine schöne Aussicht hatte!
Es war eine herrliche, ganz neue Perspektive! – Ich glitt mit meinem Kopf ungefähr 10 cm oberhalb des Randes des betonierten Bahnsteigs entlang. Selbst lag ich schön im Dunkeln, konnte aber die Leute neben mir auf dem Bahnsteig recht gut sehen. – Wirklich! – Es fuhr sich gut so! – Man merkte sofort, wie komfortabel diese Eisenbahnwagen gefedert waren. Wir fingen an, leicht und elegant zu schwingen.
Bei der Ausfahrt aus der Bahnhofshalle staunte ich doch über meine Unverfrorenheit. – Es war ja schon taghell!
Und ein Abschied! – Hier standen meine beiden Kumpels vom Abschmiertrupp! – Der mit der Ölkanne war sogar in der Hocke! – Wahrscheinlich schaute er seinen Schmierbuchsen nach! Dabei konnte er mich natürlich nicht übersehen! Aber irgendwie muß er sich wohl über meinen Anblick gefreut haben, denn er winkte freundlich hinterher.
Ich nahm mir die Freiheit und winkte zurück. Es blieb mir ja doch nichts anderes übrig, als gute Miene zum bösen Spiel zu machen und auf ihre Verschwiegenheit zu hoffen.
Schon sausten wir außerhalb über die Weichen, und ich spürte den kalten Zug zwischen Hose und Pullover. Ich hatte ja nur noch ein Hemd darunter, aber es war trotzdem herrlich. Ich fuhr und wußte, wohin ich fuhr! Es war wirklich ganz neu, so flach über den Schwellen zu gleiten. Es gab fast eine Versuchung, einmal unter mich zu fassen und mit der Hand auf der Schiene entlang zu streicheln. Aber ich begnügte mich mit dem Gefühl, daß ich schnell der Grenze zur Freiheit entgegeneilte.

Jetzt war ich doch ein bißchen stolz! – Wie weit hatte ich es schon gebracht – und wie hatten fast alle noch vorgestern und gestern abend den Mißerfolg prophezeit. Keine Chancen wollten sie mir geben, bei der Wachsamkeit der Posten würde ich schon im Zaun, wahrscheinlich schon beim Herankriechen, geschnappt werden. Darauf konnte ich mir schon etwas gönnen, und mein Heißhunger war nicht klein!
Ich nahm die zweite Hartwurst, die aus dem Heimatpaket meiner Eltern stammte, aus der Tasche und biß während der Fahrt kräftig hinein.
Noch kaute ich am ersten Bissen – er schmeckte trotz der schmutzigen Hände hervorragend, als ich die Wurst wieder in die noch schmutzigere Tasche zurückstecken mußte. Der Zug bremste scharf, wir fuhren in eine Station ein.
Da war es klar, daß ich mein Hinterteil nicht zu weit unterhalb der Wagenwand herausstrecken durfte. Ich klemmte mich also mit Oberteil und Beinen fest in die Streben und zog mich nach oben. Wir hielten! – Von dem ersten Gleis neben mir bis zur Wand des Stationsgebäudes waren es nur etwa 4 m, und man konnte sehen, daß hier eine Menge Leute warteten. Von denen konnte ich bei den Männern Schuhe und Hosenaufschläge sehen, bei den Frauen waren es nur die beschuhten Beine. Die Situation erschien doch etwas kitzlig! – Wenn jemand etwas fallen ließ und sich bücken mußte, würde ich sofort auffallen.
Aber schon kam wieder Ruhe in die wuselnden Beine. Anscheinend blieben viele zurück und warteten auf den nächsten Zug, während wir uns wieder in Bewegung setzten.
Allerdings, beim Anfahren konnte ich in schrägem Winkel nach hinten auch die Gesichter der wartenden Menschen sehen, mußte also annehmen, daß mein Gesicht sichtbar sein würde.
Doch was sollte mich das viel aufregen, wir fuhren schon wieder mit hoher Fahrt und rasten an einer zweibahnigen Autostraße entlang durch die Vororte von Toronto. Ich zog zufrieden meine Wurst heraus und biß kräftig in das trockene Fleisch. Das nahm so meine Aufmerksamkeit in Anspruch, daß ich plötzlich überrascht feststellen mußte, wie genau neben mir auf der Straße ein hellgraues Coupé mitfuhr. Die Insassen, ein junger Mann und seine hübsche Mitfahrerin, hielten gleiches Tempo und hatten offensichtlich ihre Freude an mir. Ich konnte das verstehen! – Der Anblick eines frühstückenden Eisenbahntramps ist sicher auch in Kanada nicht alltäglich. So beteiligte ich mich denn an der guten Stimmung und winkte ihnen fröhlich mit meiner Wurst zurück. Das ging so einige Zeit,

bis es mir unangenehm wurde, die Fahrgäste über mir am Fenster mußten doch merken, daß diese Winkerei nicht ihnen galt.
Da kam schon die nächste Station, der Zug wurde langsamer und meine beiden lustigen Begleiter enteilten, während ich meine Bauchmuskeln anstrengen mußte!
Bei jedem Halt fürchtete ich, daß wir zu weit vom Stationsgebäude entfernt stoppen würden, denn bei flachem Winkel würde ich mit ziemlicher Sicherheit erkannt werden. Ich hatte ja nicht erwartet, daß wir so oft anhalten würden.
Diesmal würde es wirklich weiter weg sein. Auf Gleis 1 arbeiteten Eisenbahnarbeiter mit Spitzhacken und schlugen Steine unter die Schwellen. Wir hielten auf Gleis 3, und ich drückte mich so weit wie nur möglich nach oben, denn die Arbeiter hatten von hinten gute Blickrichtung zu mir. Die einsteigenden Passagiere mußten über die Gleise klettern, um zu den Wagen zu gelangen. Ich konnte gut beobachten, wie sie sich vor mir in zwei Hälften teilten, um die Vorder- oder Hintertür meines Wagens zu erreichen. Nur ein Paar Hosen mit schwarzen, gut glänzenden Stiefeln hielt genau Kurs auf mich. Hosen sowohl als auch Stiefel sahen verdammt nach Beamten aus – ob das die Polizei war?
Da beugte sich auch schon ein Mützen-beschirmtes Haupt unter den Wagenrand und ein Zeigefinger winkte. »Come on!«, sagte der Beamte, der aber ein recht gütiges Gesicht hatte und mir mehr nach Bahnbeamten als Polizei aussah – sicher sein durfte ich aber nicht.
Enttäuscht, mit einem Achselzucken und wortlos stieg ich von meinem so sorgfältig ausgesuchten Sitz herunter. Doch den Kampf um die Freiheit hatte ich noch lange nicht aufgegeben. Zwar steckte ich die Hände langsam und etwas abgekämpft in die leeren Hosentaschen und ging recht bedrückt durch die staunenden Arbeiter zum Rande des Bahndammes, der vor der Station verlief – aber ich hatte gleichzeitig vermerkt, daß niemand auf diesem Bahnhof eine Schußwaffe bei sich hatte.
Wenn in diesem Augenblick jemand versuchen würde mich anzuhalten oder festzunehmen, würde er sein Wunder erleben! Ich hatte mir jetzt schon die Strecke und die zu schlagenden Haken ausgesucht, wenn ich anfangen mußte wegzurennen.
Doch nichts dergleichen geschah! Die Arbeiter standen wie Denkmäler herum und sperrten die Augen über mein seltsames Auftauchen auf. – Nach dem Beamten drehte ich mich überhaupt nicht mehr um. – Ehe ich selbst gewahr wurde, daß alles noch einmal gut gegangen war, trabte ich

schon die Böschung des Bahndammes hinunter auf eine Wiese und kam auf eine Straße, die im Bogen in eine Unterführung unter den Geleisen hindurch führte.
Da ich mir über den richtigen Weg nach Hamilton nicht ganz sicher war, mußte ich fragen. Kurze Zeit später kam ich an einer Schule vorbei. Die Schule fing gerade an, die Kinder strömten in hellen Scharen. Ich fragte nach dem Weg und bekam den Hinweis, auf dieser Straße weiter zu gehen, bis ich zur Hauptstraße käme. Dort solle ich rechts abbiegen und sei dann auf Strecke.
Nun überlegte ich folgendes. – Wenn ich recht gesehen hatte, war es auf der Schuluhr 8.00 Uhr gewesen. Von hier aus nach Hamilton waren es nach meiner Schätzung ca. 60 km. Würde ich also den ganzen Tag marschieren, ohne Rücksicht auf meine Füße – von meiner Infanterieausbildung her wußte ich, daß das meine Schwachstelle war –, dann würde ich bestimmt noch vor Mitternacht in Hamilton eintreffen, also in der Zeit, wo Züge gen Westen fuhren. – Dort wollte ich dann bei Nacht den Hauptbahnhof finden, um einen D- oder Personenzug nach Buffalo auszusuchen. Bei Nacht würde mir die gleiche Geschichte wie soeben nicht mehr so leicht passieren.
Vielleicht erwischte ich unterwegs auf der Hauptstraße ein Fahrzeug. Auf jeden Fall mußte ich ab jetzt frech sein. Es hatte keinen Wert mehr, sich verstecken zu wollen! Jetzt wurde offen marschiert!
Das war zumindest auch nicht auffälliger, als sich den ganzen Tag an einem Fleck herumzutreiben, wo man Gefahr lief, mehrmals den gleichen Leuten zu begegnen und als Fremder aufzufallen.
Zwar war ich in meinem ganzen Leben nie mehr als 35 km an einem Tag marschiert. Das war früher, 1937, bei der Grundausbildung als Fahnenjunker auf der Luft-Kriegsschule gewesen. Aber damals hatten wir auch gute 30 kg Gepäck im Rucksack gehabt, und heute ging es um mehr! Ich würde schon durchhalten und nicht auf der Strecke bleiben.
Gedanken machte ich mir natürlich auch, wer mich wohl »verpfiffen« hatte. Der Bahnbeamte war so gezielt auf mich zugegangen, daß es klar war, daß er mich auf Grund einer Vorwarnung verscheuchte. Gott sei Dank hatte er mich für einen ganz normalen Tramp gehalten! Die Autofahrer konnten es nicht gewesen sein – dazu war der Zeitabstand bis zum Anhalten zu kurz gewesen, ob es doch meine Abschmierkollegen gewesen waren? – Es spielte jetzt auch keine Rolle mehr!
Bald war ich auf der Hauptstraße, die laut Wegzeiger Richtung Hamilton

führte. Und nun ging der Kampf gegen die Straße los. Solange ich mich noch in den Vorstädten bewegte – leider war ich mit der Bahn nicht darüber hinaus gekommen – gab es beim Gehen nebenher wenigstens etwas zu sehen. Es gab noch Straßenbahnen, Autos, viel Verkehr und Schaufenster! – Ja, herrlich gefüllte Schaufenster mit Früchten und Eßwaren aller Art. Meine 35 Cent fielen mir wieder ein. Aber noch war die Vorsicht stärker als der Hunger. Eisern marschierte ich an den Versuchungen vorbei. – Genauso eisern wie an den beiden Polizisten, von denen einer lässig auf einer Harley-Davidson saß, während der andere sich angeregt vom Straßenrand aus mit ihm unterhielt. Sie beachteten mich schmutzigen Knaben überhaupt nicht, wie ich die Straße überquerte, an deren Ecke sie standen.

Ja! Jetzt war mein beschmiertes Aussehen wieder ein Problem! Außer mir lief niemand so schmutzig herum. Falls ich in ein Gespräch verwickelt wurde, mußte ich unbedingt eine passende Geschichte in Vorbereitung haben.

So gegen 9.00 Uhr brachte ich Toronto endgültig hinter mich, und die Lauferei fing an stur zu werden. Außerdem war ich hier der einzige, der neben der Landstraße zu Fuß ging. Zwar waren zu dieser Zeit in Kanada vereinzelt Radfahrer auf den Landstraßen anzutreffen, aber Wandern oder jegliche Art von Fortbewegung zu Fuß war nicht üblich. Schon deswegen würde ich auffallen – aber auffallen hieß noch lange nicht, geschnappt zu werden! Und wenn ich nichts riskierte, würde ich auf andere Art eingehen. Ich war allmählich ganz schön fertig!

Aber aufgeben, daran war kein Gedanke! – Ich würde Hamilton heute auf dieser Straße erreichen, wenn mich die Polizei nicht vorher auflas.

Gegen 11 Uhr war ich soweit, daß ich versuchen wollte, ein Fahrrad zu klauen, sobald sich irgendwo Gelegenheit bot. Doch wie erwähnt, die waren hier sehr rar – auch zum Stehlen!

Um 12 Uhr befand ich mich auf einer mindestens 10 km langen Allee, die schnurgerade vorauszusehen war. Ich entschloß mich, ein Auto anzuhalten.

Kurz nachdem ich an einem Army Camp vorbeigekommen war, in dem Rekruten gedrillt wurden, hatte mein Mützenschwenken Erfolg. Ein großer schwarzer Wagen, eine geschlossene Limousine, hielt an, und ich fragte, ob ich nicht bis Hamilton mitkommen könnte. Die beiden Insassen musterten meine schmutzige Kleidung etwas bedenklich und sagten nein! Sie würden schon nach 800 yards links abbiegen, in eine Seiten-

straße! Doch ich bat sie, ob ich nicht doch mitfahren könnte – vielleicht war ich ihnen nur zu schmutzig? – Nun gut! Sie sagten, ich sollte einsteigen, aber mich vorsehen, und gaben mir ein Stück Papier, auf das ich mich setzen sollte, ohne das hellbraune Stoffpolster zu berühren.
Die beiden jovialen Herrn fingen nun an, ihrer Neugierde freien Lauf zu lassen. Was ich denn in Hamilton wollte? Ich erzählte, daß ich Norweger sei und mich auf 1. Januar als Freiwilliger bei der »Free Norwegian Air Force« in Little Norway gemeldet hätte. Die paar verbleibenden freien Wochen wollte ich bei meiner Tante in Hamilton verbringen. Von einem Freund hätte ich mir einen alten Ford gekauft, der mich das letzte Geld gekostet habe, aber trotzdem so klapprig war, daß er stehenblieb und ich ihn trotz aller Bemühungen – wie mein Anzug zeige – nicht wieder in Gang gebracht hätte! – Nun müßte ich unter allen Umständen meine Tante finden, denn ich hätte nur noch 35 Cent in der Tasche und stünde völlig hilflos und allein hier in Kanada!
Die beiden hörten aufmerksam zu. Der eine meinte: »That's quite a story!« – Worauf der andere etwas leise zurückgab, wobei ich glaubte, das Wort »Camp« herausgehört zu haben. Aber so schlimm konnte das nicht gewesen sein, denn die beiden brachen in ein schallendes Gelächter aus. Trotzdem war ich sehr beunruhigt.
Hätte ich damals gewußt, daß ich den Wagen ungefähr 600 m vor den Toren des Zivilinterniertenlagers »Mimico« angehalten hatte, wäre mir weit unwohler gewesen.
Doch so ganz harmlos waren die beiden doch nicht: Wie ist die Adresse deiner Tante? – Darauf war ich vorbereitet. Die letzte größere Stadt vor Hamilton war Burlington, also gab es bestimmt eine Burlington Ave 23. Daher wohnte meinte Tante in Hamilton Burlington Ave 23. Gott sei Dank hielt der Wagen tatsächlich schon nach 800 yards, und ich war die Ausfragerei los. Aber die zwei hatten bestimmt starke Zweifel an mir gehabt, und ich schwor mir nun, eher vor Ermattung umzusinken als nochmals um einen »ride« zu bitten.
Also trottete ich weiter! – Sie hatten mir zum Abschied immerhin noch den guten Rat gegeben, unterwegs feste die Arme zu schwenken und mir an die Brust zu klopfen, damit mir nicht zu kalt würde. Wenn ich so den ganzen Tag weitermarschierte, würde ich schon noch ans Ziel kommen, vielleicht würde mich trotz des »Kriegsverbots« jemand mitnehmen, auf jeden Fall sei ich auf der richtigen Straße!
Diese Allee war wirklich ewig lang und nahm überhaupt kein Ende!

Immer sehnsüchtiger hielt ich Ausschau nach einem Fahrrad und war richtig neidisch auf die »Grey-hounds«, die schönen silbergrauen Busse, die mit der Aufschrift »Toronto-Hamilton« oder umgekehrt alle Stunde bei mir vorbeikamen.
Bei einem Bus, der mich am Vormittag überholt hatte, erkannte ich jetzt im Gegenkurs den Fahrer an seinem braunen Anzug wieder. – Der war schon in Hamilton gewesen, ich mußte laufen, dabei hatte für den die ganze Zeit, die ich hier so langsam vergeudete, viel weniger Bedeutung als für mich armen Hund.
Gegen 13.00 Uhr kam ich durch Oakville, das meiner Meinung nach auf halber Strecke lag. Damit war ich wohl im richtigen Tempo geblieben und konnte es vielleicht bis 20.00 Uhr schaffen.
Der Ort hatte wieder herrliche Obstauslagen, und ich hatte riesigen Kohldampf. Aber ich behielt die 35 Cent in meinem Uhrentäschchen in der Hose. Noch war ich stark genug, um auch ohne etwas zu essen weiter zu kommen.
Nachdem ich die Hälfte hinter mich gebracht hatte, wurde ich ungeduldig und konnte die Ortschaften, die da nacheinander kamen, kaum abwarten.
Etwa gegen 17.00 Uhr machte ich einen guten Fund. Unter einem Apfelbaum in einem Garten lagen grüne Äpfel, die zum Teil noch genießbar waren, die meisten davon waren angefroren und auch angefault, sahen scheußlich aus, schmeckten aber herrlich.
Mit der Zeit machte sich am linken Fuß eine Wasserblase bemerkbar. Ich nahm mir keine Zeit, um nachzusehen – das war ja immer mein Problem beim Marsch gewesen. Sicher war ich mir darüber, daß mich nur noch zwei Widrigkeiten aufhalten konnten: Entweder die Polizei, oder ich fiel um! – andernfalls würde ich heute nacht eine D-Zug Lokomotive benutzen – und ich hatte auch schon eine Vorstellung, wie und wo!
So arbeitete ich mich mit der Zeit in eine Art entschlossene Wut hinein und kam dabei meinem Ziel immer näher! Schon jetzt zeigten alle Wegzeiger nach Burlington, nach Burlington, nach Burlington . . . und ich wußte, das war der letzte Ort auf meiner zwar ungenauen, aber bisher verläßlichen Karte vor Hamilton.
Doch auch dies Burlington kam ewig nicht. Wie beneidete ich die Jungs, die da links aus einer schönen Villa, nicht weit vom See entfernt, kamen und mit ihren Fahrrädern um die Wette strampelten. Nur so zum Spaß, einmal hin, einmal her, um ihre noch unverbrauchte Kraft ausspielen zu

können. – Und ich hinkte dahin und mußte auch noch Angst haben, daß ich mit der Zeit nicht doch den Fahrern der Omnibusse auffiel, denen ich zum Teil schon bis zu sechsmal begegnet war.
Ich kam mir fast wie aus der Gesellschaft ausgestoßen vor! Wie schön und gepflegt waren diese Gegend und diese parkähnlichen Gärten, und wie verstohlen mußte ich durchschleichen! Die Straße führte so dicht am Ontario-See entlang, daß man oft zum See hinausblicken konnte. Häufig war der Blick aber von den Gärten und Parkanlagen nach links begrenzt. Hübsche und gemütlich aussehende Villen wechselten ab mit schloßähnlichen Gebäuden. Sie wurden immer häufiger, je näher ich an Burlington herankam.
Eine besondere Verlockung ergab sich daraus, daß ich an den meist luxuriösen Gartentoren echt deutsche Namen wie Rommel, Hummel oder Schäfer ablesen konnte. Ob ich da nicht einfach einmal anklopfen sollte? Es war nicht allzu viel Überwindung notwendig, um keine solche Dummheit zu machen! Wie leicht würde ich mich dabei verraten! Nein, es gab nichts anderes als eine Lokomotive über die Grenze!
Noch härter war das nächste Bild für mich: Aus einer Villa, etwas von der Straße abgesetzt, kamen zwei Mädchen, etwa im Alter von 13–14 Jahren heraus – laut lachend zog die eine ihr etwa sieben Jahre altes Brüderchen hinterher. Unten vor der Aufgangstreppe standen zwei prächtige Wagen, eine dunkle Limousine und ein hellgraues offenes Cabriolet.
Jedes von den Mädchen stürzte sich in einen Wagen, der kleine Bruder wurde auf den Sitz gepackt, schaute bei dem Cabrio gerade über den Wagenrand hinweg, und schon fuhren die beiden los und schalteten und jagten die Straße hinunter – wie die Henker! Sie fuhren spazieren, denn nach ein paar Minuten kamen sie zurück und drehten gleich darauf die gleiche Runde noch einmal.
Schon vor längerer Zeit hatte auf einem Schild gestanden »10 Auto-minutes to Burlington«, und ich marschierte noch immer.
Da kam ich wieder an einem Haus vorbei. »Braun« war angeschrieben. Davor stieg eine ältere Dame in einen Wagen. Ich hatte solchen Hunger, und sie sah so vertrauenerweckend aus, daß ich schon auf den Wagen zuging, um nach etwas Eßbarem zu fragen, als sie von einem jungen Mann, anscheinend dem Sohn, zurückgerufen wurde. Das bewahrte mich diesmal vor einer Dummheit.
Schließlich wurde es doch wahr! Ich stand mitten in Burlington beim Schutzmann am Wegzeiger und wußte nicht wohin.

Nach Hamilton gab es verschiedene Möglichkeiten: Eine Autobahn mit zwei Fahrbahnen, ab hier Queen-Elizabeth-Highway genannt, und die normale Straße.
Ich wollte aber klüger sein und folgte einer schmalen Straße, die der Eisenbahn entlang führte. Sie lief nach meiner Ansicht genau auf Hamilton zu, das ich im Hintergrund in großer Entfernung bereits an seinen vielen Häusern erkennen konnte.
Dabei passierte mir ein schwerer Fehler! – Schon beim Näherkommen entdeckte ich, daß zwischen mir und der Stadt noch eine Seebucht lag. Die Eisenbahn wurde vermutlich über eine Brücke geführt. Es war aber jetzt schon 19.00 Uhr und man hatte nur noch Dämmersicht. Bald hatte ich die Bescherung! Hier auf dieser Seite der Bucht kam ich nochmals in einen kleineren Ort, von dem aus ich erkennen konnte, daß die Bahn auf einer hohen – anscheinend Hängebrücke – hinüber führte. Aus der Entfernung war bei dieser Beleuchtung nicht auszumachen, ob es sich womöglich um eine hochgezogene Ziehbrücke oder gar um Ladekräne handelte. Ich konnte nur sehr verschwommen aufragende Stahlgerüste erkennen.
Die kleine Straße hörte auch noch auf! Alle Wegzeiger zeigten von hier nach rechts um die Bucht herum.
Es blieb mir nichts anderes übrig, als im spitzen Winkel wieder zurück zu marschieren, bis ich wieder auf den »Queen-Elizabeth-Highway« kam. Dort trottete ich entlang und hatte eine Heidenangst vor der Polizei, denn hier war genauso wenig wie auf den deutschen Autobahnen ein Gehweg vorgesehen.
Es wurde immer dunkler, und der zweibahnige Highway mündete in eine Ortschaft, in der es wieder Bürgersteige gab. Hier mußte ich meine Fortbewegungsart auf normal umstellen.
Sonst bewegte ich mich inzwischen so fort: Ich lief mal 1000 m, dann ging es im Schritt, bis ich genug Atem hatte, um wieder in Laufschritt zu fallen. Das hatte zwei Vorteile: Einmal blieb ich so einigermaßen warm, während ich vorher schon ab und zu vor Kälte zu »schnattern« angefangen hatte, und dann merkte ich bei dieser Anstrengung nicht mehr die Schmerzen an meinem linken Fuß; die Wasserblase war schon längst in eine schmerzlich reibende Angelegenheit übergegangen.
Trotzdem überkam mich immer wieder dieses Schaudern. Aber das war egal, von jetzt an konnte ich ununterbrochen die Lichter von Hamilton über die Bucht herüberleuchten sehen.

Ja, inzwischen war es Nacht geworden, und hätte ich geradeaus gehen können, wäre ich wohl in einer halben Stunde dort gewesen. Aber so mußte ich, wie ich an den Lichtern der mich laufend überholenden Autos erkennen konnte, diese ganze Bucht umrunden und hatte noch sehr viel Weg vor mir. In der hintersten Ecke dieser Art Talkessel mußte eine lange Brücke über den hinteren Wasserarm führen. Das war scheußlich! Ich rannte und humpelte abwechselnd weiter und schlug mit den Armen um mich. Man merkte nun schon, daß die klare Nacht etwa minus 10 Grad gebracht hatte. Ein Vorteil war, daß ich ab jetzt nur noch fror und die Schmerzen an beiden Füßen immer weniger beachtete.
Endlich kam die Highway-Brücke! – Obwohl natürlich auch hier kein Fußweg vorgesehen war, wagte ich mich ohne große Bedenken hinüber, ich war schon zu abgestumpft.
Gerade als ich die Brücke fast hinter mich gebracht hatte und auf der anderen Seite noch hoch über dem Wasser dahinhoppelte, fuhr genau unter mir ein Zug Richtung Stadt. Ich schaute genauer! – Und tatsächlich! Hier unten an diesem Ufer führten drei Geleise entlang. Das war die Sache! – Ich würde mich, sobald es das Brückenende zuließ, hinunter auf die Eisenbahnstrecke begeben und so sicherlich den Bahnhof finden! So würde ich mich gar nicht erst durch die Straßen fragen müssen!
Kaum war die Brücke zu Ende, als ich schon über die Einzäunung flankte und so blitzartig die Böschung hinunterrutschte, daß ich nur noch an der Geschwindigkeit feststellen konnte, wie steil es bergab ging.
Unten angekommen, bewegte ich mich nur etwa 200 m auf den Schwellen weiter, als ich mich schon zur Seite schlagen mußte. Die Geleise teilten sich hier, und aus einem Bogen von rechts kam rückwärts der Zug heraus, der gerade vorher unten durchgefahren war.
Da ich von keinem seiner Lichter erfaßt werden wollte, legte ich mich in das hoch wuchernde Gras an der Böschung, bis der Zug zum Halten kam, um dann wieder vorwärts, diesmal geradeaus, weiterzufahren. Er war leer, die Personenwagen waren zwar erleuchtet, aber niemand saß darin.
Da stand ich nun mit meiner Weisheit und fragte mich, wohin? Wo war nun der Bahnhof, geradeaus oder nach rechts? – Ich hatte noch die Nase voll von meinem ersten Fehlgang, der hatte mich ca 7 km Umweg gekostet! – Wenn ich hier fehlging, konnte mich das nochmals eine Stunde kosten, zu Fuß waren alle diese Entfernungen sehr weit.
Also fragen? Hier unten war niemand zu finden. Es blieb nichts anderes

übrig, als mühselig die steile Böschung wieder hinauf zum Highway zu klettern. Dieser führte oben bald in leichtem Bogen nach links. Wieder hatte ich unnötig viel Kraft verbraucht.
Kurz danach kam ich über eine gigantische, mit Steinen verkleidete Brükke, unten führten viele Geleise durch. Die Brücke war sehr hoch und machte gewaltigen Eindruck auf mich! Als ganz kleines Menschlein lief ich da neben den breiten Fahrbahnen hinüber, und ein scharfer Wind von rechts blies mich beinahe hinunter. Als ich so zwischen diesen hellen Steinquadern, von Scheinwerferlicht geradezu überflutet, dahinzuckelte, kam ich mir doch sehr klein und winzig vor.
Und trotzdem, welchen Aufruhr hatte ich wohl verursacht, wie viele Menschen waren hinter mir her und versuchten, mich wieder einzufangen?
Auf der anderen Seite teilte sich die Autobahn, und ich mußte jemanden finden und fragen. Es klappte, ich bekam Auskunft. – Zur Main-Railway-Station würde ich gelangen, wenn ich der Straße nach links ins Tal folgte. Unten, wenn es eben würde, sollte ich nochmals fragen.
Das war gut gegangen, vielleicht nur noch einmal fragen, und ich würde die Station schon sehen.
Es war nicht so einfach. Unten lag ein Restaurant, aus dem es verführerisch duftete. Dort fragte ich eine etwa 35jährige Frau, die mir die Richtung erklärte. Das Essen war für meine 35 Cent sicher zu teuer!
Nach etwa weiteren 200 m auf dieser Straße traf ich auf die Geleise des Güterbahnhofes. Da herrschte so gut wie gar kein Betrieb. – Dahinter auf den Werften, die hier wohl am Wasser lagen, wurde dafür eifrig gearbeitet. Die Niethämmer ratterten laut durch die Nacht, und das helle Scheinwerferlicht wurde oft genug durch die Lichtbögen der Schweißgeräte noch verblitzt.
Wieder einmal wußte ich nicht weiter. – Von Güterzügen wollte ich nichts mehr wissen. Ich wollte mit einer D-Zug-Lokomotive fahren, von der ich wußte, wohin sie fuhr, und inzwischen war klar, daß sie schnell fahren mußte!
Kein Mensch war zum Fragen da. Mit hängendem Kopf ging ich weiter – wieviel Umweg würde das nun wieder bedeuten? Da fuhr von hinten ein 12jähriges Mädelchen auf ihrem Fahrrad ohne Licht an mir vorbei. Ich rief sie an, und erschrocken sprang sie sofort ab. Vielleicht hatte sie wegen des Fahrens ohne Licht ein schlechtes Gewissen.
Gleich waren wir beide gründlich erleichtert, sie, weil ich nur nach dem

Weg fragte, und ich, weil sie mir mit lang ausgestrecktem Zeigefinger das hell erleuchtete, weiße Bahnhofsgebäude, das etwas erhöht stand, zeigen konnte.
Es waren keine 10 Minuten mehr – und ich stand davor! – Wirklich ein schönes, ganz neues Gebäude! Überall in diesem Lande merkte man, wie jung und kraftvoll es war. Wenn wir Gefangene uns auch manchmal über schiefe und baufällige Hütten und Schuppen kritisch äußerten, diese Bauten, die errichtet wurden, um Bestand zu haben, konnten sich sehen lassen!
Durch die große Glastüre ging es ins Innere. Vor Wärme und Wohlbehagen wäre ich beinahe zerronnen! Jetzt galt es, eine Entscheidung zu fällen. Hier gab es »hot dogs« auch noch mit Kartoffelsalat in meiner Preisklasse. War es bei meiner Verfassung nicht eine Unterlassungssünde, wenn ich nicht zugriff? Aber dicht neben dem Würstchen-Schalter stand die Zeittafel mit den Abfahrtszeiten.
Bald fand ich mich darauf zurecht. a.m. war für mich jetzt 0.00 bis 12.00 und p.m. 12.00 bis 24.00. Beim Suchen näherte ich mich bald der Zone von 10.00 p.m. – Die Uhr hier drinnen zeigte nämlich kurz nach 10.00 Uhr.
Da stand es: 10.24 Uhr nach Buffalo! – Von diesem Augenblick an gingen mir aus dem Gedicht über John Maynard, den Steuermann auf dem Erie See, die Worte – »Noch 10 Minuten bis Buffalo!« – im Kopf herum.

Nimm alle Kraft zusammen . . .

Die heiße Wurst war schnell vergessen! Jetzt hieß es: »Rauf auf den Bahnsteig!«
Aber ich wunderte mich über meine Beine! Die paar Minuten Stehen und die Wärme hatten wieder Empfindung in sie gebracht!
Trotz zusammengebissener Zähne humpelte ich so erbarmungswürdig zum Ausgang, daß es das Mädchen hinter der Theke im Würstchenstand wirklich jammerte. Ich wagte nicht, ihr ein zweites Mal in die Augen zu sehen, sie hätte mich sonst sicher herangerufen.
Ich sah aber auch toll aus! Am Ausgang spiegelte ich mich in der Glasscheibe. – Nicht nur die Kleidung, auch das Gesicht war fast bis zur

Unkenntlichkeit verschmiert, und jetzt humpelte ich auch noch! Das konnte schon einen Hund jammern.
Draußen ging gleich neben dem Bahnhof eine Brücke über die Geleise, und ich konnte von oben die Bahnsteige abzählen.
Über die Brücke fuhr neben mir die Straßenbahn, und es herrschte starker Fußgängerverkehr. Aber das kümmerte mich nicht die Bohne. Ich war viel zu fertig und spürte zu starke Schmerzen beim Gehen, als daß ich einen Schritt mehr als notwendig gemacht hätte. So stieg ich einfach am Ende des Brückengeländers inmitten des Fußgängerverkehrs über den hier beginnenden Bretterzaun auf die Böschung, die zu den Geleisen hinunterführte.
Das tat ich mit einer solchen Selbstverständlichkeit, daß ich selbst keine Sorge hatte, daß mich irgendwer hindern oder aufhalten würde. Und tatsächlich, schon stand ich unten und ging an einigen abgestellten Güterwagen vorbei.
Weiter vorne stieß ich auf zwei Reihen abgestellter Personenwagen, die – oh Wunder! – sowohl offen als auch wunderbar geheizt waren. Doch beim Erklettern der Stufen erschrak ich gewaltig! Beim ersten Tritt hatte mir ganz plötzlich die Kopfhaut geschaudert, ich bekam am ganzen Körper Schüttelfrost, war für einige Sekunden wie gelähmt und sah nur noch Sternchen vor den Augen.
Und das ging hier drinnen in der Wärme dauernd so weiter.
Das Schütteln wäre noch zu verstehen gewesen, aber das Zucken in der Kopfhaut und die blitzenden Sterne! Außerdem hörte ich plötzlich, wie ich laut fragte: »Jürgen, was machen wir bloß? Was machen wir jetzt?« Irgendwie stimmte etwas nicht mit mir. War es tatsächlich dahingekommen, daß es Blödsinn war, weiterzumachen? Konnte ich mich mit diesen Zuckungen auf eine Lokomotive legen? Was nützte es meinen Eltern oder überhaupt jemand, wenn ich mir dabei den Tod holte? War es nicht höchste Zeit, daß ich anfing, realistischer zu überlegen?
Sollte ich nicht lieber zur Polizei gehen und sagen: »Hier habt ihr mich wieder, ich bin krank, ihr habt Glück gehabt, sonst wäre ich auf und davon!« Das wäre doch auch ein ganz schöner Triumph!
Nun merkte ich doch, daß ich richtig am Spinnen war.
Verdammt nochmal! Hier kam in 10 Minuten der Zug nach Buffalo durch und ich überlegte noch! In zwei Stunden konnte ich über der Grenze sein, konnte in einer Telefonzelle stehen und vielleicht schon Verbindung mit dem deutschen Konsulat in Buffalo aufnehmen. Vielleicht

konnte ich mich sogar in eine Taxe setzen und mich dorthin fahren lassen. – Und da überlegte ich noch? Und wenn ich in zwei Stunden auf der Lokomotive halbtot vor Kälte war, ich würde schon nicht umkommen, und für wieviel weniger hatte ich in diesem Krieg schon mein Leben riskiert! Langsam beruhigte sich das Schaudern, nur ab und zu erwischte ich mich dabei, wie ich halblaut vor mich hinsagte: »Jürgen, was machen wir jetzt bloß?« – Ja, ich war doch ganz schön ausgelaugt, körperlich und nervlich! Ich war immerhin 26 Stunden fast ohne Unterbrechung auf den Beinen, hatte fast 33 Stunden kaum etwas gegessen oder getrunken, mußte dauernd aufpassen und hellwach sein, und ganz nebenbei war ich dabei etwa 75 km marschiert! – Doch ging es langsam wieder!
Die Uhr zeigte schon 10.30 auf den Bahnsteigen, zu denen ich aus meinem Abteil gut hinübersehen konnte, und noch zeigte sich kein Zug. Aber diesmal schien es zu klappen. Am Bahnsteig 2, auf dem der Zug erwartet wurde, hatten sich Reisende aufgestellt, deren Gepäck man ansah, daß die meisten eine größere Reise vor sich hatten.
Vorher war ich einmal an meiner Wagenreihe entlang gegangen, um mich über den besten Anmarschweg zu orientieren. Dabei konnte ich feststellen, daß mein Zug nicht ganz leer war. Vorne im Packwagen arbeitete ein Postbeamter, aber sonst hatte ich nichts zu befürchten. Ich stieg in den geeignetsten Wagen ein und wartete startbereit.
Drüben gingen noch weitere Lichter an, und auch verschiedene Bahnbedienstete warteten auf den Zug nach Buffalo. –
Und jetzt kam er! Langsam und reifbedeckt liefen die schweren Wagen ein. – Aber was war das? Viele Leute stiegen aus, doch die versammelten Fahrgäste blieben auf dem Bahnsteig stehen. Die Maschine machte los und fuhr nach vorne weg. – Was sollte das nun wieder heißen?
Doch hier war die Lösung: Noch ein weiterer Packwagen wurde vorgespannt. – Jetzt stiegen zwar die Reisenden ein, aber die Lokomotive legte ab und fuhr vorwärts ins Dunkel. – Aha! Jetzt hatte ich es! Nur ganz schwach dort vorne in der Dunkelheit konnte ich erkennen, wie ein Wasserkran über den Kessel geschwenkt wurde und seine Fluten in den durstigen Schlund stürzte.
– Endlich war es soweit! – Langsam rollte das schwarze Ungeheuer zu den Wagen zurück. – Es ging los! –
Die Maschine war noch etwa 20 m von dem Packwagen entfernt, als ich hinunterkletterte und einfach quer über Geleise und Bahnsteige hinweg auf sie zusteuerte.

Sie wurde vorsichtig, mit Abstand-Rufen, genau wie bei uns in Deutschland, zurückdirigiert, und ich stand genau neben dem Führerhaus, als noch etwa 8 m fehlten.
Vor der Lokomotive trat ich auf das Gleis und marschierte unterhalb des Scheinwerfers mit ihr zurück. Es war genau wie ich erwartete: Alle Augen und Ohren warteten auf den Zusammenprall – 5 Meter, 4 Meter, 3 . . . Ich sah vorne an der Maschine einen Tritt, daneben eine eiserne Leiter . . . Hinauf! . . . Und ehe ich überlegen konnte, gab es einen Krach . . . Die Maschine prallte auf, und ich fiel um, auf den Laufsteg oben, zwischen Kessel und seitlichen Windschild. Den Blick nach hinten gerichtet, lag ich platt und so flach wie möglich auf dem Bauch.
Noch immer waren alle Augen auf das Ankuppeln gerichtet, und ich konnte mich kurz orientieren. Ich hatte Glück, daß die Maschine noch vor der ersten Lampe stand, denn der Windschutzschild war nicht lang genug. Man konnte mich bei gleicher Höhe von der Seite her, ab der Schulter sehen.
Aber zu meinem Erstaunen konnte ich feststellen, daß weder der Kessel noch die daran entlangführenden Röhren zu heiß waren. Im Gegenteil! Sie wärmten angenehm, und ich schmiegte mich gerne an. Der Laufsteg, auf dem ich lag, war kalt, wie eben kaltes Eisen ist.
So ließ sich das schon aushalten! Nicht so klar war mir, wie das mit der Pumpe in meiner Hüftgegend werden würde. Die stampfte und keuchte zwar nun ganz anheimelnd, genau wie bei einer deutschen Maschine auch, aber sie versprühte auch genauso viel Dampf, der mich vorläufig in der Nierengegend herrlich wärmte, doch auch ganz schön feucht machte. Wenn das noch ein Weilchen so weiterging, mußte ich weichen, um nicht angebrüht zu werden.
Jetzt hieß es, Kopf runter! Alles andere war ja schwarz an mir, aber mein Gesicht wäre selbst einem flüchtigen Blick noch aufgefallen.
Ich kroch fast zwischen die Rohre hinein und wartete wieder einmal mit schlagendem Herzen!
Kaum traute ich meinen Sinnen, als es in dem Kessel anfing zu knacken und zu knistern. – Und doch war es wahr! Durch den Schornstein neben mir fauchten die ersten Dampfstöße. – Das Zittern und Beben im Leib des Dampfrosses ließ nach – ich streichelte über die Röhren, und man merkte richtig, wie ihm wohl wurde, als es ausgreifen durfte. »Schön brav!« dachte ich! – »Noch 10 Minuten bis Buffalo?« – Ob es wirklich wahr wurde? Erst als ich merkte, daß wir richtig rollten, nahm ich den Kopf hoch und

lugte zum Führerhaus. – Nein, wenn ich so dicht am Kessel lag, konnte er mich nur sehen, wenn er sich weit aus dem Fenster herausbeugte, denn ich konnte auch nicht hinter seine Ecke sehen!
Der Bahnhof mit seiner Helligkeit und seinen lebendigen Lichtern lag schon weit zurück, aber wir fuhren noch nicht schnell! – Hamilton war eben in eine Bucht gebaut, aus deren Grund wir uns erst hocharbeiten mußten. – Meine Maschine war stark und mächtig! Die Dampfstöße zischten wie Säulen in den kalten sternklaren Himmel. Es war herrlich! Ich fuhr endlich! Am liebsten hätte ich hinunter ins Tal gejodelt. – Das war wieder Leben! Jetzt war ich kein Zwerg mehr! Jetzt eilte ich mit Riesenschritten dem Ziel zu!
Seitlich unter mir lagen die vielen Lichter der ganzen Stadt. Ich fühlte mich stark an Stuttgart erinnert. Das lag ja auch so im Kessel! – Ob ich tatsächlich die Heimat bald wiedersehen sollte?
Allmählich hörten die Weichen und bunten Lichter der Signale auf, aber noch immer ging es bergauf. Wir fuhren in einem seichten Einschnitt, und ich konnte nichts mehr sehen. – Egal, ich konnte die Zeit anders ausnutzen. Ich legte mich auf den Rücken, um die rechte Seite zu wärmen.
Nun waren wir oben, und ich staunte! Ja, in der Maschine steckte allerhand drin! Nach wenigen Minuten rasten wir dahin, daß mir zuerst wirklich Bedenken wegen des Festhaltens kamen. Aber ich fand ein Rohr, unter das ich meinen Arm schieben konnte.
Von vorne zog es in die unten offen flatternden Hosenbeine, daß es mich in meinen kurzen Unterhosen gleich wie einen Schneider fror. – Das ging nicht so weiter!
Da die Pumpe schon seit dem Anfahren die Arbeit eingestellt hatte, konnte ich mich, bei gleichzeitigem Festhalten an ihr, vorsichtig nach vorne aufrichten und stülpte meine Socken über die Hosenbeine. – Aber kaum hatte ich damit angefangen und war gerade mit dem linken Bein fertig, da hätte ich vor Schreck fast losgelassen! – Was war das?
Etwa ein Meter über meinen Ohren heulte die zweitönige Sirene los ... Das brüllte so laut und drohend, daß ich zuerst nicht wußte, wo mir der Kopf stand ... Kaum hatte ich mich davon erholt, als dicht neben mir eine Glocke anfing zu läuten, dann knallte es auch noch über mir, und alle Augenblicke wurde ich von Ruß behagelt, so daß ich die Augen schließen mußte. Ich klammerte mich verzweifelt fest! Wirklich, ich war voll des Schreckens! – »Aber du sollst es nicht schaffen,« dachte ich. »Herr Lokomotivführer!« – »Auch wenn du gesehen hast, daß hier einer liegt! Du

kannst mich nicht hinunterjagen! Ich lasse nicht los!« – Natürlich hatte er zufällig herausgesehen, als ich mein Bein gehoben hatte! Ich konnte mir das Ganze nicht anders erklären.
Doch außer den Schornsteinexplosionen und dem Ruß ließ der ganze Lärm bald nach, um bei der nächsten Straßenkreuzung wieder von vorne anzufangen! – Diesmal wurde ich schon nicht mehr so überrascht, aber es klang immer noch schauerlich genug!
Ich beobachtete den Führerstand genau! Dort zeigte sich nichts Verdächtiges! War alles wieder gut? – Ich entschied mich gerade für das andere Hosenbein, als mir schon ein neues Experiment bevorstand. Da vorne näherte sich ein anderer Zug auf Gegenkurs! Da nur zwei Gleise vorhanden waren, blieb nicht viel Zwischenraum, und ich hielt mich eisern fest!
Es gab tatsächlich einen Schlag nach links, aber die Druckluftwelle war nicht so stark, wie ich erwartet hatte. Nur die Lokomotive kam durch den Sog stark ins Schaukeln. Ich hätte nicht geglaubt, daß die parallelen Schienen solche Schlingerbewegungen erlauben würden. – Der andere war auch ein Personenzug. – Doch von den erleuchteten Fenstern sah ich nur einen Lichtstreifen. Im Nu war der ganze höllisch rasselnde Spuk vorbei, und ich konnte mit meinen klammernden Fingern etwas nachlassen. – Damit hatte ich schon vor dem ersten Halt so ungefähr alles mitgemacht, was mir auf einer Lokomotive überhaupt begegnen konnte. – Also so viel war sicher, die Fahrt und die Kälte würde ich überstehen. Am unangenehmsten war der Ruß. Da half auf die Dauer nur, die Mütze völlig über die Augen zu ziehen. Allerdings durch den Pullover rieselte es nur so!
Der Zug bremste! Jetzt kam eine Station! Wir fuhren schon an den ersten Häusern vorbei. Ich wollte aber nicht wissen, wie diese Station hieß, ich würde schon merken, wenn wir über die Niagara-Fälle fuhren. Bis dahin war ja noch lange Zeit.
Ich kroch beinahe in den Kessel hinein und hoffte darauf, daß dieses schmutzige schwarze Bündel hier oben auf der Lokomotive eben als zu der Maschine gehörend angesehen wurde.
Der Halt kam, und wir standen mitten im Licht. – Das konnte ich bemerken, denn zwischen Laufsteg und Kessel konnte ich durch einen freien Spalt auf die großen Räder und Schubstangen der Maschine durchsehen, und die waren voll beleuchtet.
Aber schon zitterte mein ungeduldiges Roß wieder. Es knackte richtig in den Nähten, und ich spürte, welch gewaltige Anstrengung es für so eine Maschine ist, bis sie den ganzen Anhang auf Schwung gebracht hat.

Auf der Fahrt begegneten wir noch verschiedenen Zügen, die ich nun aber spielend nahm. Und ich drehte mich immer schön um meine Längsachse und blieb so mollig warm, trotz des Fahrtwindes.
Links zur Fahrtrichtung konnte ich an den Lichtern, die in lustigen Häufchen an einer Kette hingen, das Ufer des Ontario-Sees ausmachen. Wir fuhren ziemlich erhöht, und als wir einen Kanal überquerten, der in mehreren Schleusen zum Spiegel des Ontario-Sees hinabführte, fiel mir ein, daß das wohl der Welland-Kanal war, der den Erie- mit dem Ontario-See verband. Das war noch eine zusätzliche Beruhigung. Also stimmte alles. Bisher war ich mir nicht ganz sicher gewesen, ob dies der richtige Zug war, schließlich waren wir erst um 10.45 Uhr abgefahren.
Ich weiß nicht mehr, wie viele Stationen es waren und wie oft wir gehalten haben, auf jeden Fall brachte ich alles gut hinter mich. Das Schild von St. Catherine hatte ich einmal beim Einfahren in die Station erspäht – war auch richtig – und dann sah ich schon ein Stationsschild: »Niagara Falls (Ont.)«!
Das war die Grenzstation! – Jetzt galt es! – Glücklicherweise fuhren wir ziemlich weit vor, am Bahnhofsgebäude vorbei, so daß meine Lokomotive nicht mehr unter dem Lampenschein zum Stehen kam. Wie wohl die Grenzkontrolle aussah?
Da ich so schön im Dunkeln lag, konnte ich einen Blick riskieren.
Am Zug liefen auf jeder Seite zwei Männer entlang, die mit ihren Lampen die Fahrgestelle ableuchteten. Dabei wurde nicht klar, ob sie nach jemandem suchten oder ob sie nur die Schmierung der Achsen kontrollierten.
Doch nun wurde es kitzlig! Aus der Lokomotive stieg ein Mann aus und ging auf meiner Seite nach vorne! Hören konnte ich nichts, denn wie immer beim Halt stampfte die Pumpe ruhig weiter, als ob nichts gewesen wäre. Doch durch den Spalt nach unten konnte ich sehen! Zu meinem Entsetzen merkte ich, daß der Mann die hohen Räder und Schubgelenke unter mir abschmierte. Er trug keine Mütze, und sein blondes Haar war genau unter mir. Nur der Laufsteg trennte uns! Ich konnte nichts anderes tun als abwarten. Er war so in seine Arbeit vertieft, nahm so pünktlich Schmierloch um Schmierloch dran, daß ich bald aufatmen konnte! Er stieg schon wieder ins Führerhaus!
Die ganze Grenzkontrolle war überhaupt keine! Der Aufenthalt dauerte vielleicht zwei Minuten, und schon heulten die Sirenen los! Wir fuhren wieder. – Das hier war ein riesiger, weit verzweigter Rangierbahnhof, nur langsam rollten wir durch die vielen Weichen. Aber gleichgültig, ob lang-

sam oder schnell! Jetzt ging es über die Grenze! – Drüben war neutrales Land. Drüben war ich aus dem Krieg! Die Gefangenschaft war zu Ende! – Ich hätte vor Freude am liebsten laut aufgeheult und glaubte zu zerspringen. Aber es war jetzt stiller um mich geworden, das konnte ich mir nicht leisten! Weiterhin Köpfchen behalten!
Was hatten sie mir im Lager alles prophezeit: »Sie kommen noch nicht einmal durch den Zaun!« – Ja Pfeifen! Jetzt war das etwa 28 Stunden her, und ich fuhr über die Grenze!
Da fing die Brücke an. – Unter mir rauschten die braunen, schäumenden Fluten durch. Ich sah talabwärts auf das dahinschießende Wasser, das von ungeheurer Wucht zeugte. Von den Fällen konnte ich nichts sehen, die mußten auf der anderen Seite, flußaufwärts gelegen sein.
Das alles war so gewaltig und so herrlich, und bei der jetzt schnelleren Fahrt konnte ich laut mitbrüllen, ich hatte beinahe Angst, vor Freude wahnsinnig zu werden. Ich brüllte so lange, bis ich keine Angst mehr vor dem Zerspringen hatte! – Wenn das einer gehört hätte!
Da war das andere Ufer, es fingen wieder Weichen an, wir näherten uns einem Bahnhof! Vielleicht kam hier auf der amerikanischen Seite erst die richtige Grenzkontrolle?
Auf jeden Fall wollte ich auf dem Zug bis Buffalo mitfahren. Ich war viel zu abgekämpft, um mich auf etwas anderes als ein deutsches Konsulat in einer größeren Stadt zu verlassen. Hier in dem kleinen Grenzbahnhof gab es so etwas sicher nicht.
Außerdem wußte ich, daß ich auch der amerikanischen Polizei nicht in die Hände fallen durfte. Der Fall »v. Werra« hatte damals zu viel Staub aufgewirbelt, und aus dem Fall der zwei von Fort Henry war bekannt, daß die amerikanische Polizei sofort nach Kanada zurückstellen würde. Ich mußte also unter allen Umständen versuchen, mit verläßlichen Leuten in Verbindung zu kommen.
Wir fuhren über viele Weichen, und im vorsichtigen Vorausschauen konnte ich sehen, daß der Bahnhof sehr hell beleuchtet war.
Also wieder Kopf ran an den Kessel und so klein wie möglich zusammengekrochen! – Das war wahrscheinlich die letzte Station vor Buffalo – wenn ich hier durch war, hatte ich es geschafft!
Der Name der Station interessierte wieder nicht. Ich wollte nur gut über diesen Halt wegkommen. – Wir hielten unter ziemlich hellen Lampen. Doch es dauerte nicht lange! Schon fuhr die Maschine wieder an. Aber irgend etwas war anders. Diesmal fuhr mein gutes Roß ohne große Mühe

an. Kein Knistern und Knacken in den Fugen! Auch blieb das Tempo gleichmäßig langsam.
Als wir aus dem Licht herauswaren, nahm ich den Kopf hoch! – Tatsächlich! Wir fuhren ohne Zug! Nur der Tender hing noch dran. Ich konnte gut nach hinten zum Bahnhof sehen, weil wir schräg nach der Seite wegmachten. Dort stand die ganze Wagenreihe verlassen da.
Was war das? Brauchten wir schon wieder Wasser? – Dann mußte ich aber bei der ersten Gelegenheit hier runter, denn dabei würden sie mich bestimmt erwischen.
Oder hängten wir einen zusätzlichen Wagen dazwischen? Auf jeden Fall hieß es – aufpassen!
Da hielten wir! Genau über mir führte das Eisengerüst eines Fußgängerüberganges hinweg, so daß ich für die darübergehenden Leute genau auf dem Präsentierteller lag. Ich konnte es mir nicht leisten, herunterzusteigen, erstens war es hell, und zweitens gingen oben viele Leute, die mich bestimmt beobachten würden. Ich blieb also ruhig liegen und konnte sogar die Schritte hören, die über mich hinwegtrampelten.
Die Lokomotive fuhr rückwärts an! In gemächlichem Tempo ging es wieder an den abgestellten Wagen vorbei! – Aha! dachte ich, also holen wir doch einen Wagen und spannen ihn vor. – Vielleicht konnte ich liegen bleiben, man wußte ja nicht, wie alles laufen würde!
Auf dem Bahnhofsschild konnte ich beim Rückwärtsfahren gut lesen: »Niagara Falls N.Y.« Jetzt wußte ich es genau! Die Leute, die hier herumstanden, waren Amerikaner, Neutrale. Wenn ich Glück hatte, konnte ich mich vielleicht dem ersten Besten anvertrauen.
Doch was war das? Die Maschine wurde nicht langsamer, sondern schneller!
Wir rasselten mit ganz schöner Fahrt über die Weichen. Ich rutschte unruhig hin und her und fühlte, daß irgend etwas schieflief.
Wir hatten schon wieder mindestens 60 km/h drauf! Und jetzt ... verdammt noch mal! Am liebsten hätte ich laut Halt gebrüllt ... das konnte doch nicht wahr sein, das war doch Hohn! Ich sah die Lampen der Niagara-Brücke auf uns zukommen!
Jetzt war mir alles egal! Und wenn ich mir sämtliche Knochen brach, ich mußte abspringen!
Ich erhob mich und wollte vorwärts auf die Leiter! Aber kaum hatte ich den Kopf hochgenommen, sah ich etwas, was erst recht Kummer machte!

Auf den Trittbrettern, vorne an der Lokomotive, standen etwa vier oder fünf Mann vom Zugpersonal, die mit zurückfuhren!
Verzweifelt legte ich mich zurück und glaubte wirklich, daß ich nun überschnappen würde.
Kaum fünf Minuten später fuhr ich wieder über die Brücke zurück, auf der ich vorhin so gejubelt hatte! »Noch 10 Minuten bis Buffalo!« Das ging mir wieder durch den Kopf! – Das war also das Ende!
Aber ich wurde nicht verrückt! Sollte es wirklich das Ende sein? – Gab es nicht noch mehr Züge? – Ich mußte nur meine Sinne zusammennehmen und durchhalten! – Ob ich noch genügend Kraft hatte?
Warum mußte diese Lokomotive bloß zurückfahren! – Das war Spott und Hohn! – Ein Rätsel!
Wir fuhren wieder drüben ein. Das Schild »Niagara Falls (Ont.)« schien mich auszulachen. – Wir hielten!
Nein, nicht aufgeben, zusammenkauern! Deswegen sah ich nicht, sondern hörte nur, wie die Leute sich vorne entfernten – ohne nach mir zu fahnden. Anscheinend hatten sie mein Aufrichten doch nicht bemerkt. Nun war alles ruhig genug. Vorsichtig richtete ich mich auf und schaute umher! – Niemand zu sehen – mit steifen Gliedern kletterte ich die eiserne Leiter hinunter und wollte müde nach rechts vom Stationsgebäude wegschleichen.
Da sprach mich überraschend jemand an, aber ganz freundlich war er: »What were you doing up there?« – »O, I was just oiling the engine!« sagte ich und wollte weggehen. Aber jetzt wurde er hart: »Wait a minute!« Und packte mich fest am Arm!

Nie wieder . . .?

Gleich sah ich auch, warum er sich so stark fühlte! – Drüben vom Stationsgebäude her kamen im Laufschritt etwa vier Männer dahergestürzt, einer davon mit Gewehr im Arm!
Ich war viel zu ausgelaugt, es erschien jetzt sinnlos, nochmals – womöglich – wegzuhumpeln! – Die Männer waren auch schon da und überschütteten mich mit Fragen: Wo ich herkäme?
Nochmals schoß ein rettender Gedanke durch den Kopf! – Ich kam ja aus

den Staaten! Vielleicht konnte ich erreichen, daß ich als illegaler Einwanderer wieder nach drüben bugsiert wurde. – Das war vielleicht eine Chance!
»I am from the States and wanted to come to Canada for work!« sagte ich. Doch sie nahmen mich auf jeden Fall mit zum Büro des Immigration-Officer. Dort mußte ich Rede und Antwort stehen.
Was ich in Kanada arbeiten wolle, woher ich käme, was mein Ziel sei, so ging das weiter von allen Seiten.
Diese Menschen musterten mich sehr mißtrauisch! Ich wollte sagen, ich wolle Holzfäller werden, aber es fiel mir zum Zungenabbeißen nicht das Wort »lumberjack« ein! – Das sollte schon der Kuckuck holen. – Ich geriet richtig ins Stottern . . . und alles brach in ein erleichterndes Lachen aus!
»You never are an American!« – Es war mir inzwischen klar geworden, daß es sehr unwahrscheinlich war, daß ich Erfolg hatte.
Gut: »I am an escaped German officer from Bowmanville and I don't want to fool you any longer!« – Diesmal war das Gelächter noch größer! – Anscheinend hatte ich neuerlich einen Fehler gemacht.
»Just have a look into this mirror!« – Sie hielten mir einen Spiegel vor! – Und ich erschrak selbst. – Mir schaute ein echtes Negergesicht entgegen, weiße Augen, rote Lippen und weiße Zähne in scharfem Kontrast zu der schwarzen Haut. – Nur das helle Haar paßte nicht ganz zu dieser Abstammung! – Ich mußte selbst lachen! – Und ich hatte Angst gehabt, daß mein Gesicht als heller Fleck auf der Maschine auffallen könnte!
Die Stimmung war nun gelockert, aber sie wollten mir tatsächlich nicht glauben, daß ich ein entsprungener Offizier sei! – Schon lernte ich wieder dazu – vielleicht hätte ich doch noch versuchen sollen, mit einer anderen Geschichte eine neuerliche Fortsetzung zu finden. – Aber nun war es zu spät! Sicher hätte es nicht viel genützt, denn ich besaß keinerlei Ausweispapiere.
»Your name?« – »Ulrich Steinhilper« – sagte ich. Nun wurden sie fast böse. Ich sollte nun endlich diese verdammten Tricks aufgeben. Wenn ich nicht wüßte, daß ich Jürgen v. Krause hieße, dann müßten sie mich erst mal der Polizei übergeben, die würde schon herausfinden, was ich für ein »Criminal« sei.
Oh Schreck! dachte ich. Also hatte Jürgen beim »Zählen« meinen Platz ausgefüllt und damit eine falsche Personenbeschreibung ausgelöst. Aber das half nichts mehr. Die ließen mich nicht mehr laufen! – Gut, sagte ich,

wenn sie mir nicht glauben könnte, sei das ihre Sache, aber ich sei auf jeden Fall vom Camp Bowmanville, kein Verbrecher, sondern Obltn. der Luftwaffe.
Teilweise glaubte man mir! – Aber ich sei ein »smart guy«! – Auf jeden Fall müßte da die Mounted Police ran! – Diese wurde gleich per Telefon gerufen und wollte in 10 Minuten da sein.
Fast heimlich schob sich der Lokomotivführer an mich heran. An dem hellen Haarschopf, der unter mir abgeschmiert hatte, erkannte ich ihn. – In Teufels Küche hätte ich ihn gebracht, er sei verantwortlich dafür, daß auf seiner Maschine niemand über die Grenze gelange, ob ich ihm nicht mit ein paar guten Ausreden helfen könne.
Mir fiel nichts ein, ich konnte ihm nur sagen, ich sei schon seit Hamilton mitgefahren und sei oben auf der Gangway gelegen, hätte ihn sogar beim Abschmieren der Räder gesehen, vielleicht würde ihm dazu selbst etwas einfallen.
Er schüttelte nur den Kopf und meinte, das bedeute viel »trouble« für ihn. – Er tat mir wirklich leid!
Die Fragen schwirrten nur so durch den Raum, und ich erzählte ohne Bedenken ein gut Teil meiner Unterwegs-Erlebnisse. Allerdings ließ ich offen, wie ich bis Toronto gekommen war. Den Truckfahrer wollte ich nicht auch noch hineinziehen. Es genügte, wenn er selbst in der Zeitung gewahr werden würde, wie ich ihn angelogen hatte.
Die Leute wollten mir vor allem nicht glauben, daß ich in 28 Stunden eine solche Strecke ohne Hilfe bewältigt hatte, und zweifelten deswegen alles an. – Wenn sie mich bloß nicht zum Verbrecher machten.
Kurz darauf erschienen zwei »plain-clothmen« der Mounted Police und nahmen mich mit. Da ich für sie bis jetzt noch kein POW war, legten sie mir Handfesseln an und führten mich ab. Bei allem weiteren Geschehen legte ich mehr oder weniger die Hände in den Schoß. Der Traum war aus: »Noch 10 Minuten bis Buffalo«!
Auf der Polizeistation kamen die Dinge bald ins richtige Lot. Sie schauten weniger in meinen Steckbrief und hielten sich mehr an meine Angaben. So wurde ich auch nicht zu den Verbrechern gesperrt, sondern staunte: »We first put him into a bathtub, so he looks more human again!« – Und so geschah es. Ich wurde in einen Raum geführt, in dem auf jeder Seite eine geplättelte Badewanne vorhanden war. Ein uniformierter »Mounty«, der zu meiner Wache eingeteilt war, half mir mit lachendem Gesicht bei der Wäsche. Er meinte, es sei am besten, wenn ich abwechselnd beide

Wannen benützen würde, denn mit einem mal würde ich doch nicht sauber. – So tat ich dann auch!
Die erste Wanne war schwarz vor Ruß, als ich aber anschließend in den Spiegel sah, war mein Gesicht gerade kaffeebraun geworden! Insgesamt waren drei Bäder und eineinhalb Toilettenseifen notwendig, und immer war ich noch nicht sauber!
Dabei konnten wir beide meine Füße betrachten! – Er besorgte sofort Pflaster und Binden. – Erst recht nach dem Baden fingen sie schrecklich an zu schmerzen. Ich kam hinterher in keine Schuhe mehr.
Scheußlich war auch, daß ich wieder die verrußten Klamotten anziehen mußte, allerdings ließ ich Hemd und Pullover aus, es war hier überall sehr gut geheizt.
Als ich wieder zurück ins Office kam, wurde ich von den beiden Kriminalbeamten mit »hallo!« begrüßt. Nun anerkannten sie mich wenigstens als Mensch, aber ich hatte noch weit, um bei ihnen als deutscher Offizier zu gelten. Sie schenkten mir auch saubere Unterwäsche, mit langer Unterhose.
Bald unterhielten wir uns lebhaft. Nebenan aus einem Café ließen sie Tee, Sandwiches und sogar Kuchen kommen. Weniger behagte mir dabei, daß auch einige junge Damen mitkamen – es war ja schon lange nach Mitternacht –, die mich besichtigen durften wie den Affen im Käfig. Sonst wurde ich aber sehr gut behandelt. Ich spürte, daß ich etwas Fieber hatte, war aber zu aufgewühlt, um Schlafbedürfnis zu haben.
Verwundert war ich darüber, daß einer der Beamten trotz der späten Stunde dauernd am Telefon beschäftigt war und über mich Auskunft gab. Da sein Pult zu weit entfernt war, so daß ich den Inhalt nicht mitbekam, schloß ich, daß er bei allen möglichen Stationen den Suchalarm abblies. Ab und zu rief er mir eine Frage zu, die ich auch beantwortete, soweit sie nicht meinen Weg von Bowmanville nach Toronto betraf. Auch er schien mir nicht zu glauben, daß ich allein und ohne Hilfe so schnell vorangekommen war, aber er gab fleißig Auskunft.
Es war fast 3 Uhr morgens, als nochmals Besuch kam: Ein junger Mann und zwei junge Damen. Ich hatte gerade wieder meine schmerzenden Füße ausgepackt und saß in Unterwäsche mitten im Raum auf meiner Matratze.
Die jungen Damen seien die Töchter des kanadischen Majors Brown, der im 1. Weltkrieg v. Richthofen abgeschossen habe. Da ich in dieser Beziehung unwissend war, konnte ich mit dem Besuch nicht viel anfangen. Ich

war aber doch höflich genug, um mich bei der Unterhaltung anzustrengen.
Der junge Mann sah mich bedauernd an! »Will you try again?« Bei mir selbst dachte ich, daß ich es keinem vorher sagen würde, ob ich es nochmals versuchen würde, außerdem hatte ich jetzt von der Tücke des Schicksals die Nase reichlich voll, so daß es mir leicht fiel: »No, never again! – Too much walking! Look at my feet!«
Wir hatten alle möglichen Themen. Wir sprachen auch über die nach Kanada ausgewanderten Deutschen, wobei mir versichert wurde, daß die Deutschen hierzulande sehr angesehen seien. Sie hätten aber einen großen Fehler, sie seien übermäßig geschäftstüchtig und könnten nicht genug kriegen. Das Thema wurde zu schwierig, und ich sagte, daß ich nun doch langsam müde würde und gerne schlafen möchte.
Die drei verabschiedeten sich, und als bei mir im Raum das Licht aus war, konnte ich den telefonierenden Beamten doch etwas besser hören. Dabei verstand ich mehrmals so etwas Ähnliches wie: »I think you can make a big story out of this!« – Dabei dachte ich mir aber nichts Böses.
Zu der großen Matratze hatte man reichlich Decken ins Zimmer gebracht. So versuchte ich denn zu schlafen. Nachdem die ewigen Telefonate aufgehört hatten, blieb nur noch der uniformierte »Mounty« zurück. Er ruhte sich auf seinem Stuhl in der Ecke aus, die Tür war ja verschlossen, aber ich konnte nicht schlafen. Mein Fieber wurde stärker, meine Augen waren voller Ruß, und auch sonst tat alles weh. Es hatte keinen Wert. Der Mounty, ein guter Kerl, holte mir Wasser zum Trinken, und wir unterhielten uns.
Wir sprachen über Politik, Löhne, Kanada, das Land ohne Menschen, und wieder über die eingewanderten Deutschen. – Ja, die Germans sind fleißig und strebsam, aber wieder hörte ich den Vorwurf: »Aber sie hören nie auf mit der Strebsamkeit und kennen keine Grenzen im Besitzergreifen, wenn man sie nicht dazu zwingt.« Ich wollte meine Landsleute gegen diesen Vorwurf verteidigen, aber er stimmte nachdenklich. Dies war nun schon das zweite Mal und von einem einfachen Mann, er hatte vorhin nicht zugehört.
Am Morgen wurde ich verhältnismäßig rasch und formlos abgeholt. – Ein unwirscher First Lieutenant der Veteran Guards von Bowmanville erschien mit einem Sergeanten, einem Wachsoldaten und dem Fahrer. Er unterschrieb einen Übergabeschein, der Polizist meinte, sie sollten in Zukunft besser auf mich aufpassen, und schon ging es zurück.

Wir fuhren in einem Stationwagon, einem Sechssitzer mit der gelbbraunen Holzkarosserie.
Als der Fahrer sich zweimal verfranzt hatte, erklärte ich boshaft genug, wie wir fahren mußten. Wir müßten auf den Queen-Elizabeth-Highway, das wußte ich doch genau!
Bald fanden wir den rechten Weg bei Hamilton und fuhren dann die gleiche Strecke zurück, die ich gestern marschiert war. Diesmal brauchten wir dazu etwa zwei Stunden. So ging das viel leichter, aber meine Stimmung war gestern besser gewesen.
Der Oberltn. sprach wenig mit mir. Er war ungehalten, weil ich die kanadische Geographie besser kannte, und glaubte nun erst recht nicht, daß ich die ganze Strecke zu Fuß gegangen sei. Er hielt mich für einen raffinierten Lügner.
Am Lager angekommen, wurde ich zuerst außerhalb zum kanadischen Kommandanten, dem Colonel Bull, geführt, der sich als prächtiger Mensch entpuppte. – Er musterte mich genau, und als er sah, wie sehr ich heruntergekommen war, meinte er: »You already had enough punishment!« Das wars fürs erste. Er brachte mich, zusammen mit dem kanadi-

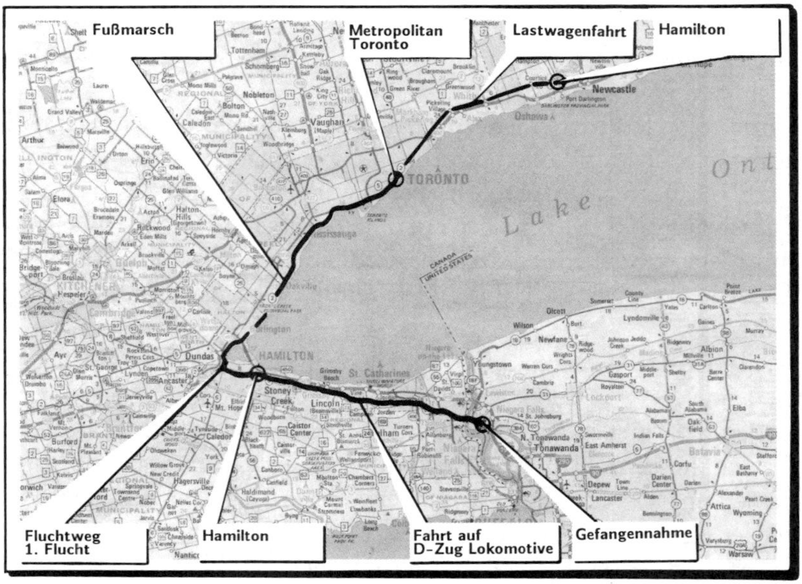

schen Dolmetscher, selbst ins Lager hinein, zur deutschen Lagerführung. Innerhalb des Zaunes begegneten mir einige gute Freunde. Ich grüßte!... Doch niemand grüßte zurück. Sie schauten mich nur sehr seltsam an. – Was war denn los? – Schließlich hatte ich doch etwas geleistet! Die konnten doch nicht böse auf mich sein?
Wir traten in das Zimmer von General Friemel. Der kanadische Kommandant überreichte mich mit den Worten: »Here is a good man back!« – Und nun kam der Hammer: »Wir haben Ihnen ja gleich gesagt, Sie kommen nicht weit!« – Ich wollte mich rechtfertigen: »Aber Herr General, ich war über der Grenze, ich war schon über die Niagara-Fälle weg, ich habe nur verdammtes Pech gehabt!« – Doch schon sprach er über andere Dinge mit dem Kanadier, der ihm dann den Rat gab, mich zuerst einmal zu entlassen, ich hätte Fieber, brauchte ein heißes Bad und etwas zu essen. Auch könne man dann ungestörter reden.
Sehr enttäuscht ging ich aus dem Raum. Aber es war nicht überall so. Wie ein Lauffeuer ging es durchs Lager! Die Freunde von vorhin waren auch dabei. – Sie hatten mich unter dem Ruß in der schmutzigen Kleidung gar nicht erkannt. – Sie hatten es sehr merkwürdig gefunden, daß ein einheimischer Arbeiter in Begleitung des Dolmetschers und kanadischen Kommandanten militärisch grüßte. Nun lachten wir darüber.
Sie holten mir die Zeitungen, die in dicken Überschriften meine Geschichte brachten. – So wurde ich wenigstens eines Teils meiner Erzählungen enthoben. Trotzdem kam ich jetzt vorläufig weder zum Brausen noch zum Essen.
Einige besonders Kluge meinten gleich: »Das muß man doch wissen, daß beim Grenzübertritt Lokomotive und Zugpersonal gewechselt werden!« – Ja, das hätte man wissen sollen, aber es war eben für mich das erste Mal, daß ich ausgerechnet auf einer Lokomotive über die Grenze fuhr, und außerdem war ich am Ende meiner Kräfte.
Als ich etwas später allein war, las ich in Ruhe selbst die »Toronto Globe and Mail«.
Was las ich da? – »Nazi all mixed up! Didn't know, where he was!« Stammers only: »I won't do it again!« – So etwa lauteten die Überschriften! Das tat weh! Erstens war ich kein Nazi! Sondern Soldat, der seine Pflicht tat, und zweitens: »I won't do it again!« – So legte man meine spaßhafte Bemerkung aus! Ich überlegte nun zum ersten Male ernsthaft, ob ich es wieder versuchen würde.
In den nächsten paar Tagen hatte ich es nicht leicht. Einmal warteten so-

wohl Jürgen als auch ich auf unsere formelle Bestrafung, und zum anderen machten die »gescheiten« Kameraden Kummer.
Da kam doch einer und sagte: »Das war sehr leichtsinnig von Ihnen, nun sind wir endlich in einem Lager, wo es sich lohnt auszureißen, und nun haben Sie durch Ihre schlecht vorbereitete Flucht alles versaut. Draußen bauen die Kanadier jetzt einen Zaun auf, durch den niemand mehr durchkommt. Außerdem haben sie zusätzliche Posten aufgestellt!«
Er war nicht der einzige! Manchmal wurde ich mehrmals am Tage angesprochen von Leuten, die mehr oder weniger das gleiche sagten. Sie alle hätten auch »escapen« wollen, und ich war schuld, daß man nicht mehr raus kam!
Fast traute ich mich nicht mehr aus unserem Zimmer und wartete dort auf die Bestrafung. Die hier drinnen hatten mitbekommen, wie schwierig allein das Rauskommen für mich gewesen war. Sie blieben still, denn unter ihnen befanden sich einige Männer mit ernsthaften Vorsätzen zur Flucht.
Ich wünschte mir sehnlichst, daß der Kommandant meine 28 Tage Arrest verkündete, damit ich wenigstens für diese Zeit meine Ruhe hatte. Oder aber er sollte sie mir erlassen – diesem echten Soldaten war das zuzutrauen –, dann würde ich den Schwätzern schon zeigen, ob man aus diesem Lager herauskam oder nicht!
An dem Zaun wurde heftig gebaut, das stimmte. Aber noch würde es mindestens drei Wochen dauern, bis der Drahtverhau unten am Boden ringsherum fertig sein würde. Die Zwischenpfosten, die überall aufgestellt wurden, um dem Draht mehr Spannung zu geben, konnten nicht ernstgenommen werden.
Abends in der Dunkelheit ging ich manchmal spazieren, da war ich vor den »klugen« Ansprachen sicher und konnte ungestört meine Beobachtungen machen. – Nur Jürgen wußte von meinen Gedanken. Er hatte sich damit abgefunden, daß er wegen des Namenstausches mitbestraft werden würde, und willigte ein, als ich ihm erklärte, daß ich beim nächsten Versuch wieder allein sein wollte.
Ich erklärte ihm, daß ich diesem dummen Gerede ein Ende machen mußte und auf jeden Fall auch deswegen nochmals einen Versuch starten wollte. Auch die Wut auf die Zeitungen hatte ich noch nicht verwunden. Außerdem wüßte ich jetzt mehr, wie und was ich anfangen könnte. Allerdings würde ich aus diesen verschiedenen Gründen mehr Risiko eingehen und wollte die Sache auch deswegen allein machen.

The Kingston

300. KINGSTON, ONTARIO, WEDNESDAY

Whig-Standard

NOVEMBER 26, 1941 3 CENTS

Escaped Nazi Recaptured

NIAGARA FALLS, Ont., Nov. 26—(CP)—Unaware that he had spent one-half-hour in the United States, the 71st German prisoner-of-war to escape from a Canadian internment camp since the start of the war is back in confinement today.

The prisoner, who said he escaped from an internment camp near Bowmanville about nine o'clock Monday night, was captured here by the crew of a Canadian National Railways train which had just returned across the border after dropping cars on the U.S. side.

Mit großer Sorgfalt beobachtete ich die Bewachung des Lagers, die Zeiten der Postenablösungen und vor allem die Räumung des Sportplatzes, der in einem Bereich des Lagers gelegen war, wo der Drahtverhau noch im Ausbau war. Bei Einbruch der Dämmerung durfte dort nicht mehr gespielt werden, und ein Warndraht verhinderte das Betreten danach. Ebenfalls waren die Lichtverhältnisse und der gefallene Schnee am Zaun von Wichtigkeit.

Langsam wurde es Zeit zu erfahren, was der Col. Bull aus meinem Fluchtversuch für Strafen ableiten würde.

Der Tag war gekommen, Jürgen und ich wurden von einem kanadischen Innenposten auf der Stube benachrichtigt. Auch Manhart, der in der gleichen Stube wohnte, erfuhr von Hinnerk Waller und Malischewski, daß sie, die drei Ausreißer vom Zug, zum Kommandanten bestellt seien.
Am Vormittag wurden wir am Lagertor abgeholt und nach draußen zum Dienstzimmer von Col. Bull geführt. Dort warteten wir fünf Sünder erstmal in einem Vorraum.
Die drei waren ungefähr drei Stunden vor mir ins Lager zurückgebracht worden. Auch ihre Flucht hatte ein schnelles Ende gefunden, sie waren eben doch zu früh, fast noch in der Wildnis, »ausgestiegen« und blieben auf einem vereinsamten Schienenstrang hängen. Ein Bahnwärter hatte sie gemeldet. – Ihre Flucht hatte zusammen mit der meinen in den Zeitungen einen kleinen Aufruhr verursacht. Die kanadische Öffentlichkeit forderte eine bessere Bewachung der »gefährlichen« Deutschen.
Wir erwarteten also nicht viel Gutes vom Kommandanten. Auch wenn er ein gütiges Herz hatte, lag sicher so viel öffentlicher Druck auf ihm, daß er uns exemplarisch bestrafen mußte. Bei mir und Jürgen kam ja noch dazu, daß wir wegen der Fenster aufgeschrieben worden waren.
Endlich erschien der kanadische Dolmetscher, ein Captain, der uns aus dem Lager »W« begleitet und uns eigentlich ganz »lieb«-gewonnen hatte. Er war Weißrusse von Geburt und hatte einen lustigen Akzent, sowohl in Englisch als erst recht in der deutschen Sprache. Wir nannten ihn wegen seiner Vorliebe für Pferde – er hatte in der russischen Armee bei den Kosaken gedient – »Pferdedieb«. Die drei Eisenbahn-»escaper« wurden zuerst vorgeführt.
Durch die Tür war nichts zu hören. – Es dauerte ungefähr 10 Minuten, dann wurde ich hineingeführt.
Die anderen drei waren nicht mehr anwesend. Anscheinend waren sie durch eine Seitentür abgeführt worden. Ich hatte keine Ahnung, wie sich diese Unterhaltung abspielen würde.
Der Colonel wünschte mir freundlich »good morning!« und fragte, wie es mir ginge. Nachdem ich erzählt hatte, daß ich nicht sehr krank gewesen sei, sagte er, er sei darüber froh, daß ich mir bei diesen Strapazen nichts geholt hätte. Er halte mich für einen guten Soldaten, um den er genau so besorgt sein müsse wie um seine eigenen Leute.
Er habe eigentlich die Pflicht, mich mit 28 Tagen Arrest zu bestrafen, da er aber glaube, daß ich durch die Flucht selbst schon genügend Strafe gehabt hätte, würde er für diesmal davon absehen.

Als er mich dann fragte, ob ich die Absicht hätte, wieder auszubrechen, mußte ich lügen: Derzeit hätte ich genug, jetzt im Winter seien die Kälte und die Anstrengung einfach zu groß. – Er lachte, und ich war in Gnade entlassen!
Ich konnte ihm doch nicht sagen, daß ich schon wieder Pläne fürs nächste Mal hatte! Da hätte er mich sicherheitshalber erst mal vier Wochen in den Arrest außerhalb des Lagers, unter strenger Bewachung, stecken müssen.
Mehr besorgt war ich um Jürgen. Mit mir konnte der Kommandant schon ein gewisses Mitleid haben, aber mußte Jürgen als »frecher Lügner« nicht mit Sicherheit auf harte Strafe rechnen? Man mußte abwarten.
Als ich auf die Stube zurückkam, war Manhart auch schon da. Er war ebenfalls mit einer wohlgemeinten Ermahnung davongekommen. Dieser kanadische Kommandant hatte wirklich ein Soldatenherz.
Jürgen kam etwas später. Bei ihm war es hart hergegangen, er sollte wirklich eingesperrt werden. Erst als er erklärte, daß er aus guter Kameradschaft gehandelt hatte, wurde auch ihm die laut Genfer Konvention zustehende Strafe erlassen.
Nun wußte ich also, woran ich war. – Vor Weihnachten noch würde der nächste Versuch gestartet werden!
Mehrere Male unterhielt ich mich mit Manhart, »Manni« genannt, um die letzten Erfahrungen hier in Kanada auszutauschen. Er hatte ja schon in England gewisse Erkenntnisse gesammelt. Da er jedoch kaum aus der »Wilderness« herausgekommen und seine »Reiseerfahrung« nur kurz war, stimmten wir überein, daß ich über die hiesigen Verhältnisse mehr wußte als er. – Manni war immer schon ein guter Kamerad gewesen, und versprach mir gleich, mich bei meinem neuen Vorhaben zu unterstützen. Er hatte in der berühmten »Werkzeugkiste« aus dem Lager »W« eine Beißzange mitgeschmuggelt, die er mir zur Verfügung stellen wollte.
Jürgen und er waren informiert, aber sonst sprach ich, auch auf der Stube, nicht viel von meinem Vorhaben. Am besten war, wenn es möglichst wenig Mitwissende gab, dann konnte auch nicht viel darüber geredet werden. Man wußte ja, daß die kanadischen Innenposten teilweise deutsch verstanden und ein Teil ihrer Aufgabe darin bestand, die Ohren offen zu halten.
Im übrigen wurden im Lager schon wieder an den verschiedensten Stellen Tunnels gestartet und gegraben.
Ich wollte wieder oben durch! – Das war zwar gefährlicher, war aber schneller zu verwirklichen.

Gerade zum Trotz

Das erste, was ich zur Flucht vorbereiten wollte, war eine Jacke, die zivil aussah und stark genug war, um nicht wieder im Stacheldraht hängen zu bleiben.
Ohne irgendwelche professionelle Hilfe der Lagerschneiderei machte ich mich selbst ans Werk. Es sollte eine Windjacke werden, die allen Anforderungen gerecht wurde.
Zur ersten Vorlage für den Schnitt nahm ich meine Fliegerbluse. Als Stoff wählte ich einen dunkelblauen Seesack. Das Segeltuch war so hart, daß der Stacheldraht nicht eindringen konnte.
Außerdem nahm ich die Reißverschlüsse meiner Fliegerstiefel als Bünde an Hals und den Ärmeln, und auch unten als Abschluß sollten Teile aus einem völlig verzogenen, in England gekauften Wollpullover dienen.
Zuerst zeichnete ich das Ding einmal als Ganzes vor, damit ich selbst eine Vorstellung hatte, wie es fertig aussehen würde. Vorne in der Mitte war ein langer Reißverschluß vorgesehen, rechts und links sollte jeweils eine geräumige Längstasche aufgenäht werden.
Dann nahm ich meine Fliegerbluse, legte sie auf Zeitungspapier und zeichnete von jedem einzelnen Stück ein Blatt, das ich um so viel größer machte, wie ich voraussichtlich zum Saum brauchen würde. Die so entstandenen Einzelstücke legte ich mir am Körper zur Kontrolle nochmals an, und so entstand dann der endgültige »Schnitt«.
Danach wurde mein Seesack zertrennt. Ich mußte feststellen, daß er mir nicht zu sämtlichen Teilstücken reichte. Aber ich hatte noch etwas Kantinengeld gespart und konnte einem Kameraden für 4,5 kanadische Dollar seinen Seesack, der die gleiche Farbe hatte, abkaufen.
Das »Zuschneiden« war eine Kleinigkeit, aber das Nähen! Maschine stand mir keine zur Verfügung. Die in der Lagerwerkstätte hatten wir auf Ehrenwort (d.h. nicht zur Fluchtvorbereitung) bekommen, und so mußte ich alles von Hand sticheln. – Es war wirklich eine Stecharbeit! Besser wäre gewesen, wenn ich eine Schusterahle zur Verfügung gehabt hätte. Das Segeltuch war zwar immun gegen Stacheldraht, aber fast genau so widerstandsfähig gegen eine Nähnadel! Es sah ungefähr so aus: Ich mußte die Nadel mit einer eisernen Unterlage durchtreiben und dann mit den Zähnen durchziehen. Wenn ich abrutschte, gab es blutige Finger. Auch einen Fingerhut hatte ich mehrmals nach rückwärts durchbohrt!

Kein Wunder, daß ich trotz unermüdlicher Arbeit – morgens noch bei Dunkelheit fing ich an und hörte nachts um 22.00 Uhr auf – zwei Wochen brauchte. Anfänglich spielte ich täglich noch eine Stunde Eishockey, das in Bowmanville in großem Stil angefangen wurde, um mich fit zu halten. Dann wurde mir aber das Spielen zu gefährlich und zu zeitraubend. Ich wollte mir nicht leisten, so zu stürzen oder zusammenzuprallen, daß ich ins Krankenrevier eingeliefert werden mußte, wie es vielen anderen erging. Also blieb ich ohne Unterbrechung bei der Nadel.

Nachdem meine Jacke fertig war, bekam ich von allen Seiten Anerkennung. Die wollenen Abschlüsse als Kragen, wärmende Manschetten und Hüftabschluß paßten sich dem harten Segeltuch ausgezeichnet an und ergaben zusammen mit dem Reißverschluß und den aufgesetzten Taschen ein sportliches Aussehen, als ob die Jacke gekauft wäre.

Die Fliegerhose und den grauen Rollkragenpullover, die beim letzten Versuch so rußig geworden waren, bekam ich auch gerade rechtzeitig aus der hier möglich gewordenen chemischen Reinigung zurück.

Ich hatte mir nicht vorstellen können, daß man so viel Ruß und Schmiere wieder herauslösen könnte, aber nach der Reinigung sahen Hose und Pullover wieder sehr ordentlich aus und paßten gut zu meiner Jacke.

Bekleidungsmäßig war ich damit fertig bis auf einen weißen Schneetarnanzug. Da es draußen inzwischen völlig verschneit war, konnte ich diesmal nur in weißer Tarnkleidung darauf hoffen, einigermaßen ungesehen durch den Zaun zu kommen.

Aus weißen Bettleinentüchern schneiderte ich mir an einem Tag ein Schneehemd, eine lange weiße Hose mit Zugbund und eine Kapuze.

Dicke Lederhandschuhe, mit denen ich kräftig in den Draht fassen konnte, besaß ich schon seit Lager »W«.

Als Karte diente mir die Skizze, die Jürgen für mich in der Zwischenzeit angefertigt hatte.

Auch einen Ausweis fertigte man nach meinem Wunsch. Er war mit Schreibmaschine vorgeschrieben, dann hektographiert worden und erhielt Stempel von einer englischen Dienststelle in Gibraltar und dem amerikanischen Konsulat in Montreal.

Ich wollte mich als »freier Franzose« tarnen, der aus Frankreich geflohen war und über Montreal nach New York wollte.

Die Stempel waren einigen Abbildungen in der Zeitschrift »Life« nachgemacht, die in einem Artikel über die Bewegungen der freien Franzosen unter General de Gaulle berichteten.

Die Anfertigung dieser Stempel war schon erprobt: Man strich das Eiweiß eines rohen Eies auf ein Blatt Papier, zeichnete mit Zirkel und freihändig den gewünschten Abdruck in Spiegelschrift und mit Tintenstift auf, leckte mit der Zunge sanft darüber und konnte so bis zu drei Abzüge machen, von denen man sich den besten aussuchte. Sowohl die hektographierten Schreiben als auch die Stempel machten einen recht offiziellen Eindruck.

Trotzdem wollte ich nicht allzuviel auf den Ausweis setzen. Man wußte, daß es sehr schwer sein würde, wieder frei zu kommen, wenn man erst einmal von polizeilichen Stellen in Gewahrsam genommen worden war.

Als »Reiseproviant« kaufte ich mir in der Kantine Schokolade und Feigen. Außerdem paßten noch zwei Päckchen Hartkäse in meine Brusttaschen. Das alles zusammen sollte etwa für drei »Reisetage« reichen. Mehr als drei Tage würde ich bei diesem Winterwetter nicht durchstehen und mußte schon deshalb in diesem Zeitraum New York erreichen.

Daß inzwischen wegen Pearl Harbour und Japan Kriegszustand auch mit den USA eingetreten war, spielte für mich keine große Rolle.

Einmal wollte ich beweisen, daß man immer noch aus dem Lager herauskam, und zum anderen hoffte ich in den USA an eine Adresse zu gelangen, die mir vielleicht nach Mexiko weiterhalf.

Seit dem 7. Dezember hatte Deutschland USA den Krieg erklärt, aber Mexiko war noch neutral. Von dort aus mußte man eben versuchen, nach Südamerika zu gelangen. Dort flog immer noch die »Condor«.

Große Pläne, kleiner Anfang.

Aus den USA erhielten viele Kameraden und auch ich Pakete von deutschen Familien. – Diese Adressen wurden mir teilweise zur Verwendung angeboten, und ich suchte mir nach eigenem Gutdünken diejenigen aus, die mir am »zuverlässigsten« erschienen. Dabei wählte ich vornehmlich diejenigen Paketsender aus, die fast schon regelmäßig schickten und dazu freundliche Briefe schrieben. Es war doch mit einer gewissen Sicherheit zu vermuten, daß sie echt Anteil an unserem POW-Schicksal nahmen.

Natürlich war von vornherein klar, daß man ein großes Risiko sowohl für sich selbst als auch diese »Adressaten« eingehen würde, sollte es zu einem Kontakt kommen. Aber Flucht ging eben nicht ohne Risiko, und schließlich war Krieg.

Die Adressen schrieb ich mir auf ein winziges Zettelchen und nähte es in mein Hosenfutter ein. Es waren 14 wirklich deutsch klingende Namen, meistens im Staate New York und in der Stadt New York selbst. Die

Dame, von der ich inzwischen Pakete und Briefe erhielt, ließ ich aus, denn es erschien mir selbstverständlich, daß diese Adresse sofort überwacht würde, sobald herauskam, daß ich wieder unterwegs war. In der kanadischen Presse wurde sowieso mehrmals die Vermutung geäußert, daß die deutschen Kriegsgefangenen bei Fluchtversuchen Unterstützung von außerhalb der Lager empfingen.
Während dieser Tage arbeitete ich wirklich fieberhaft, fast Tag und Nacht, verbrachte aber trotz der Anstrengung die Nächte meist schlaflos. Es gab einfach viel zu viel zu überlegen.
Diesmal hatte ich unter anderem vorgesehen, Seile, Ledergürtel und starke Wollschals mitzunehmen. Diese wollte ich für die Fahrt per Schnellzug dazu benützen, mich unterhalb des Wagenbodens zwischen den dort vorhandenen T-Trägern festzubinden. Solche Stellen kannte ich inzwischen ja genau von meinen nächtlichen »Untersuchungen« auf der Union Station in Toronto.
Am 15. Dezember 1941 war ich mit allen Vorbereitungen fertig. Abends um 19.00 Uhr bat ich sieben Kameraden zu einer Besprechung. Sie wollte ich bitten, mir zu helfen, bis ich am Zaun zu liegen kam. Dann würde es allein meine Sache sein, wie ich weiterkam. Aber ohne solche Mithilfe würde es nicht gehen.
Der Plan sah so aus: Der von mir sorgfältig beobachtete Hand- und Fußballplatz lag in einer Ecke des Lagers. Noch immer war der Zaun dort erst mit den neuen Zwischenlatten versehen. Der dichte spiralförmige Drahtverhau am Boden war noch nicht bis dorthin verlegt. Deshalb wurde dieses Gelände, obwohl innerhalb des großen Außenzaunes gelegen, jeden Abend pünktlich um 18.00 Uhr von den Kanadiern geräumt. Nach Einbruch der Dunkelheit wurde dieser Zaunabschnitt noch zusätzlich von zwei Innenposten bewacht. Diese »Veteran Guards« lenkten den POW-Fußgängerverkehr so, daß ab diesem Zeitpunkt niemand mehr eine »Runde« entlang diesem noch nicht ganz so perfekten Stacheldraht-Abschnitt drehen konnte. – »Rundendrehen« war in jedem Lager eine sehr wichtige und ausgleichende Tätigkeit des POW! – Ob bei Tag oder bis zum letzten »Roll Call«.
Genau um 18.00 Uhr wollte ich in Begleitung von zwei Kameraden so eine letzte Runde drehen, völlig unauffällig und normal, bis wir mitten zwischen den dortigen zwei Wachttürmen anlangten. Dort wollte ich mich dann in den Schnee fallen lassen und gleich an den Zaun herankriechen.

Jeweils zwei andere Freunde sollten sich genau in dem Augenblick, wo ich zu Boden ging, exakt unterhalb dieser beiden Wachttürme begegnen und sich dabei so auffällig benehmen, daß die Posten auf beiden Türmen mit Sicherheit auf sie sehen würden und nicht auf unsere Dreiergruppe auf halbem Wege dazwischen.
Der siebte Mann sollte die Aufgaben übernehmen, die beiden Innenposten, die zu diesem Zeitpunkt im Anmarsch waren, gegebenenfalls anzusprechen, um zu verhindern, daß sie in diese Situation zu früh hineintappten. Diese »guards« hatten außer der anschließenden Bewachung noch die Zusatzaufgabe, den Sportplatz zu räumen, wenn er unsererseits um 18.00 Uhr nicht pünktlich verlassen wurde. – Sahen sie aber beim Eintreffen, daß niemand mehr spielte, dann bezogen sie sofort Posten und sorgten dafür, daß niemand hinter dem am Zaun gelegenen Fußballtor durchging. Für meinen Fall durften sie also erst erscheinen, wenn der Sportplatz völlig verlassen war, das heißt auch die sechs mich unterstützenden Kameraden verschwunden waren und ich im weißen Anzug schon am Zaun lag.
Leider konnte die Sache nicht 10 Minuten vorher gemacht werden, denn genau um 18.00 Uhr ging die Ablösung der Wachttürme außen am Zaun entlang. Sie lösten sich alle zwei Stunden ab – würden also das voraussichtlich im Zaun entstehende Loch erst um 20.00 Uhr entdecken.
Nachdem ich den Kameraden den Plan bis in das kleinste Detail auseinandergesetzt hatte, erklärten sich alle gerne bereit zu helfen. Ich brauchte nur noch darum zu bitten, hinterher niemandem etwas zu erzählen. Die letzte Bitte war, sich morgen tagsüber und abends die Platzverhältnisse noch genauer anzusehen, gestartet werden sollte am übernächsten Abend, am 17. Dezember.
Am folgenden Tag ruhte ich mich so gut wie möglich aus und holte mir die Erlaubnis der Lagerführung.
Während ich im Lager »W« noch fast unüberwindliche Schwierigkeiten gehabt hätte, erhielt ich diesmal sofort die Zustimmung von Oberstltn. Fanelsa, dem früheren Lagerführer in Camp »W«. Inzwischen war er zum offiziellen Sachbearbeiter »Flucht« im Lager Bowmanville ernannt. Mein vergangener, zwar recht unglücklich ausgegangener Fluchtversuch hatte ihm doch gezeigt, daß ich den nötigen Mut besaß, um sinnvoll zu wagen.
Eine strikte Anweisung erhielt ich diesmal allerdings: Keinem Menschen zu sagen, welchen Weg ich genommen hätte und wie ich aus dem Lager

herausgekommen sei, falls ich wieder geschnappt würde. Das sei das mindeste, was man den Kameraden, die nach einem noch kommen würden, schuldig sei.
Damit lag nun alle Initiative bei mir.
In der Nacht vom 16. auf den 17. Dezember regnete und taute es stark, so daß ich zuerst Sorgen um die Anwendung eines weißen Tarnanzuges hatte. Aber bei einer morgendlichen Runde stellte ich fest, daß die Sachlage nur noch günstiger geworden war. Die gesprenkelten Flecken von Schnee und Grasnarbe, die sich am Zaun und zwischen den Zäunen abwechselten, waren mit den Augen viel schwieriger zu überwachen, als eine gleichmäßig weiße Fläche. Gerade an meiner Stelle, zwischen zwei Zaunlampen, führte ein heiler weißer Schneestreifen durch die Zäune hinaus, der sich auch außerhalb zwischen meinen beiden Wachttürmen fortsetzte. Er führte bis dahinter an eine Hecke heran. Dieses Schneeband ergab bis zu der Hecke, die hinter den Türmen abwärts führte, einen geeigneten Hintergrund für meine weiße »Bettbekleidung«! – Dort konnte ich dann meine Tarnkleidung ablegen und verstecken, um wieder Richtung Bahnlinie abzumarschieren.
Das sah alles gar nicht schlecht aus! – Nur naß würde ich in dem Matsch werden. Ich mußte mich so warm wie möglich anziehen.
Für den Abend hatte die »Fluchtführung« sogar die Küche verständigt, und ich erhielt eine außerplanmäßige Mahlzeit, die mir genügend Kräfte geben sollte. Dann kam die Anzieherei!
Da ich doch nicht gut im weißen Tarnanzug durchs Lager marschieren konnte, kam als alleroberste Umhüllung ein Mantel, den mir Jürgen auslieh. Er war sowieso eine meiner beiden »Leibwachen«.
Als ich vollständig angezogen war, zerging ich beinahe vor Aufregung und Hitze in der warmen Stube!
Manhart mit einem Freund war schon draußen, und das andere Paar folgte uns, als wir etwa 10 Minuten vor 18.00 Uhr die Stube verließen.
Der siebte Mann agierte selbständig. Er lungerte am Eingangstor zum Lager herum und wartete, bis die beiden Innenposten durch das Tor hereinkamen. Notfalls wollte er sie auf irgendeinen Vorfall im Lager aufmerksam machen, um sie abzulenken.
Soweit klappte alles wie am Schnürchen! – Wir drei gingen in lebhaftem Gespräch beim Sportplatz in die Runde, während das Paar vor uns sich bereits anschickte, sich am unteren Postenturm zu begegnen. Das Paar hinter uns trennte sich langsam und gewann Abstand.

Es war inzwischen schön dunkel geworden, eigentlich war es erstaunlich, daß mit der fortgeschrittenen Jahreszeit die Kanadier den Räumungstermin nicht vorverlegt hatten. – Als wir auf der langen Geraden hinter dem Fußballtor angelangt waren, konnte man kaum noch bis zur nächsten Ecke des Zaunes sehen. Die zwei Gestalten vor uns waren gerade schwach zu erkennen, sie waren genau zur Zeit am richtigen Fleck, die hinter uns würden es sicher genauso gut machen. Noch immer verlief alles wie geplant, es hieß eigentlich nur, die Nerven zu behalten.
Jetzt ging ich als Äußerster rechts am Zaun, nur noch drei Meter trennten mich davon. »Jürgen, nimm den Mantel weg!« – Schon hielt er ihn oben fest, ich schlüpfte unten weg und ließ mich fallen. Jürgen zog ihn nun in aller Ruhe selbst an, während mein anderer Begleiter mir zurief: »Hier die Zange!« – Genau wie besprochen, flog Mannis Beißzange neben mir auf den Boden – so war es bequemer, aber auch sicherer. Wäre ich wegen meines doch recht merkwürdigen Aufzugs zufällig im Lager im Anmarsch einem der kanadischen Innenposten aufgefallen, wäre sie nicht bei mir gefunden worden, und nicht ohne Einsatz verloren gewesen. Sie steckte in einem meiner beiden Lederfäustlinge, damit ich sie besser im Schnee erkennen konnte. Außerdem konnte ich beim Ausziehen des Mantels nicht an beiden Händen Fäustlinge gebrauchen.
Da lag ich nun. Nein, schon lag ich nicht mehr. Während noch Jürgen den Mantel anzog, war ich an den Zaun herangekrochen. Dort allerdings blieb ich erst mal ruhig liegen und wartete ab, ob es keinen verdächtigen Schrei geben würde. – Alles blieb ruhig, meine beiden Begleiter stapften schon im Matsch davon.
Nachdem beide Fäustlinge gut angezogen waren, machte ich die Beißzange bereit! – Und schon kamen die beiden Hintermänner vorbei. »Alles in Ordnung. Viel Glück!« murmelten sie vor sich hin! Und sie marschierten weiter.
Ich war allein innerhalb der Sportplatzecke!
Da hatte ich die Beißzange schon angesetzt und drückte . . . Ohne Erfolg! Nochmals versuchte ich mit einer Hand . . . Wieder nichts!
Nun richtete ich mich sogar ein bißchen auf und drückte diesmal mit beiden Händen! . . . Nochmal nichts! – Verdammt! An alles hatte ich gedacht, aber nicht daran. Warum hatte ich nicht vorher ein Stückchen Stacheldraht genommen und versucht, ob man ihn mit einer Beißzange abzwicken konnte? – Ich hatte es einfach für absolut selbstverständlich gehalten. – Die Zange war scharf genug, darauf hatte ich geachtet. Was nun?

– Der Draht war gehärtet und zeigte kaum Spuren vom Biß der Zange. Sollte ich aufgeben müssen? Sollten die Kameraden doch recht haben, daß man hier nicht mehr herauskam? Sollte ich zurückkriechen?
Nein, das kam nicht in Frage! Ich hatte mir fest vorgenommen: Entweder raus oder Arrest!
Also würde ich es weiter versuchen, bis ich es schaffte, oder jemand auf mich aufmerksam wurde.
Ich setzte wieder an und drückte! Ratsch . . . es klirrte laut, aber mir war das jetzt egal. Wieder nichts! Diesmal war ich abgerutscht!
Beim nächsten Mal drückte ich nicht nur, sondern schüttelte auch, daß der ganze Zaun wackelte. Ich zerrte mit aller Gewalt! Und wieder glitt ich ab . . . doch als ich mir diesmal den Schaden besah, fand ich heraus, daß ich beim Ausrutschen einen einzelnen Draht von den beiden verdrillten erwischt hatte, und daß er ab war!
Jetzt aber Vorsicht! Es ging zwar langsamer, als ich geglaubt hatte, aber es ging!
Hoffentlich hatte niemand meinen Lärm gehört.
Nun nahm ich den übrig gebliebenen Einzeldraht vor und drückte. Ich brauchte alle Kraft, aber ich merkte schon, daß man zusätzlich etwas drehen mußte.
Beim nächsten darüber liegenden Draht schaffte ich es schon mit einer Hand. Man mußte nur jeden Draht einzeln packen und einen gewissen »Dreh« anwenden. Der Draht scherte nicht ab, sondern splitterte jedesmal mit pfeifendem Geklirr, das sich zu meinem Entsetzen gleich rings um den Zaun fortsetzte.
Nach jedem »Knack« horchte ich gespannt auf die Folgen – aber es ging bis jetzt gut! Erstaunlich, denn der Lärm war bei der sonstigen Stille erheblich. – Schon lagen die beiden untersten Drähte des inneren Zaunes am Boden!
Ich schob die Beißzange unter das Tarnhemd und kroch durch!
Die Höhe war gut, aber als ich gerade zwischen den beiden Zäunen lag und beim »Hochlinsen« feststellte, daß beide Wachttürme die Fenster geöffnet hatten, kam ich keinen Ruck mehr weiter! Irgendwo am Bauch wurde ich wie mit Klammern festgehalten!
Als ich mich mit Gewalt weiterschob, krachte es unter mir am Schneehemd. So ging es nicht!
Mit langsamen Zeitlupenbewegungen wälzte ich mich auf den Rücken und sah die Bescherung . . . Ich hatte zwei der losen Stacheldrähte unter

mir mitgezerrt, bis sie straff gespannt waren und mich nicht mehr weiterkriechen ließen. Sie hingen kreuz und quer verhakt in meinem Schneehemd und auch noch in der Hose darunter!

So lag ich denn auf dem Rücken zwischen den Zäunen und hakte Stachel für Stachel aus. Die Lage war scheußlich. Gerade hier, wo ich für einige Zentimeter keine Deckung hatte, mußte ich liegenbleiben und dabei auch noch den Kopf hochnehmen.

Es war geradezu ein Wunder, daß nichts passierte. – Schließlich hatte ich alles gelöst und konnte weiterkriechen.

Nun war ich am nächsten, dem äußeren Zaun. Aber schon mußte ich feststellen, daß ein weiteres Hindernis vorhanden war. Nach dem hohen Zaun waren noch einige schräge Stacheldrähte verspannt, die später einmal das Gewölle halten sollten. Da mußte ich auch noch durch!

Viermal machte meine Zange »Knacks«, und ich konnte meinen Kopf durchstrecken.

Jetzt wurde es unangenehm. Jetzt gab es keine Deckung mehr. Nur noch die paar schrägen Stacheldrähte versperrten die Sicht zu den offenen Türmen. Rechts der Posten hing aus dem Fenster, während der linke aufrecht im Inneren des Turmes stand. Sie durften nur die Augen aufmachen, dann mußten sie mich sehen. Mein »weißer« Schneetarnanzug war durch die Wälzerei sowohl naß als auch schmutzig geworden.

Aber ich wollte weiter. Wenn eine Gewehrmündung auf mich gerichtet war, würde es immer noch an der Zeit sein aufzugeben.

Wenn die Drähte nur nicht so geklirrt hätten. Besonders die hier draußen machten einen fürchterlichen Lärm. Jedesmal wenn ein Draht ab war, rollte er sich mit Gezisch zusammen. Danach legte ich mich völlig flach auf den Boden und wartete ab . . . jedesmal geschah wie durch ein Wunder nichts. Ich konnte mir das nicht erklären. – Stellten die mir da oben nur eine Falle, um mich nachher mit Sicherheit zu erlegen?

Doch hatte ich nun von diesem schrägen Zaun drei Drähte zu Boden gebracht. Das genügte zum Durchschlüpfen.

Sorgfältig räumte ich meinen Weg von den verfänglichen Drähten frei, dann glitt ich im Matsch weiter.

Noch drei Meter und ich war auf dem Weg, der die beiden Wachttürme verband. Der war leider völlig dunkel und voll Wasser, aber es half nichts, ich mußte durch.

Mein Gleiten war wirklich geräuschlos still, und ich glaube, daß meine infanteristischen Ausbilder mit meiner Fortbewegungsart zufrieden ge-

wesen wären. Ich gab mein Bestes ... schön langsam, ja keine hastigen Bewegungen, flach am Boden und nur ja kein Geräusch!
Da war ich schon hinter der Verbindungslinie zwischen den beiden Türmen angelangt ... Noch 10 Meter ... noch 8 Meter, fast konnte ich schon aufstehen, so dunkel war es hier. – Aber da war noch ein Feldzaun. – Noch immer war ich vorsichtig. Nicht aufstehen! – Ich kroch ein paar Meter entlang und fand ein Loch in dem Maschenzaun. Jetzt war ich auch da durch und konnte mich in die dahinterliegende Hecke hangeln. Endlich wollte ich es wagen, und ich stand auf!
Ich war nicht nur von außen naß. Nicht nur die warme Stube, vor allem die Aufregung hatten mir von innen warm gemacht. Aber jetzt war ich durch, und diesmal hatte es keinen Alarm gegeben!
Also schnell und zielbewußt handeln! Zuerst riß ich mir meinen Schneetarnanzug in Fetzen vom Leibe! Anders ging es nicht mehr, ein Teil war sowieso in den Zäunen hängengeblieben, der Rest hing zerrissen an mir und klebte vor Nässe.
Warum, weiß ich nicht, aber die Zange legte ich auch dazu, ebenso die Lederhandschuhe. Es widerstrebte mir einfach, die Sachen wild in die Gegend zu feuern. Da lag nun alles zusammen, fein säuberlich im Busch versteckt.
Ich zog unter meiner Jacke eine Pudelmütze hervor, die ich dort versteckt hatte, nahm aus den Hosentaschen ein Paar trockene Wollhandschuhe und stand als zünftig gekleideter Skifahrer fest in meinen wasserdichten Skistiefeln.
Diesmal hatte die Sache alles in allem doch besser geklappt als das letzte Mal. Ich hätte es mir kaum träumen lassen. Ich war wieder draußen. Zum Anfang würde das für die Zeitungen und die Besserwisser genügen.

Wieviel Vorsprung?

Nachdem ich die Tarnkleidung vom Leibe hatte, war mir auch sonst etwas wohler. Jetzt sah ich aus wie jede andere Zivilperson und konnte auch in Lagernähe nicht mehr so ohne weiteres beschossen werden. Schluß jetzt mit den Gedanken über Presse und »Klugscheißer«. Jetzt kamen meine eigenen Absichten, und es galt, keine Zeit zu verlieren.

Vor allem in den letzten Tagen hatte ich aufmerksam auf das Heulen der vorbeifahrenden Züge gehört und meinte, feststellen zu können, daß auf dem nördlichen Gleis, also dem uns näheren, ein Zug jeden Abend um 19.00 Uhr gen Osten fuhr. Vielleicht konnte ich den noch erwischen. Meine Uhr zeigte gegen 18.30 Uhr. Jawohl, diesmal besaß ich sogar eine Uhr, eine vernickelte Taschenuhr von Eaton's. Sie hatte nur $ 1.20 gekostet, ging aber ausgezeichnet.

Der Hecke entlang in Deckung ging es wieder hinunter in das Tal, aber diesmal nicht Richtung Ort Bowmanville, sondern gleich in Richtung der Canadian-National-Bahnlinie.

Drüben auf dem Hügel gegenüber dem Lager, auf der anderen Seite des Tales, stand seit meiner letzten Flucht ein ganz neuer Turm, der mit seinem Scheinwerfer regelmäßig das ganze Tal absuchte. Aber bis zu mir reichte er schon nicht mehr, ich war zu tief und zu weit entfernt, außerdem schützte mich wieder ein leichter Nebel.

Immer noch ertönte kein Alarm, also war fast sicher, daß ich bis 20.00 Uhr Vorsprung hatte, dann erst würde die nächste Ablösung den Zaun abgehen. Um 22.00 Uhr war »roll call«, die letzte Zählung des Tages. Da würde dann schnell die Hölle los sein. Man hatte mir erzählt, wie es das letzte Mal gewesen war.

Alle Lagerinsassen wurden in der Turnhalle versammelt, und dann jeder einzelne auf Grund der im Lager »W« und den anderen Lagern angefertigten Steckbriefe mit den daraufklebenden Fotos verglichen. So versuchte man die fehlende Person zu identifizieren, um dann eine entsprechende Fahndung an Polizei, Presse und Rundfunk durchzugeben.

Das war trotzdem fast unmöglich, denn schon damals bei Anfertigen der Fotografien hatten wir gewußt, wofür sie bestimmt waren, und hatten die nötige Verwirrung eingebaut. Oft stimmten die Namen nicht, falsche und echte Bärte waren im Spiel, auch Brillen, Haartracht und was immer möglich war, dienten der Täuschung. Deswegen war so eine Alarmzählung jedesmal nicht nur für die Bewacher, sondern auch für die eigenen Kameraden ein riesiges Geduldsspiel.

Ich wollte für diesmal 1½ Stunden Vorsprung annehmen. Deswegen lief ich nicht durch den Bach, sondern wollte an meinem Ufer solange bleiben, bis ich entweder den Bahndamm erreichen würde oder vorher eine Brücke, schließlich mußte der Bach Richtung Ontario-See fließen. Der Bach wollte es anders! Er führte so im Bogen gegen das Lager zurück, daß ich zu nahe an eines der Kontrollhäuschen an einer der Anfahrtsstraßen zum Lager kommen würde. – Also mußte ich doch auf die andere Seite gelangen. Leider war aber das Wässerchen hier tiefer, es war gestaut. An einem Zaun entlang, der hinüberführte, hatte sich eine dünne Eisschicht gebildet.

Vorsichtig probierte ich: Das Eis war sehr dünn! Man konnte nur versuchen, wie bei der Lebensrettung und im Physikunterricht gelernt, das Gewicht auf eine möglichst große Fläche zu verteilen! – Also stellte ich mich wie zum Startsprung ans Ufer, sprang aber nicht frei weg, sondern drückte mich ganz flach und sanft ab …

An der welligen Bewegung unter mir merkte ich, wie riskant die Sache war, glitt aber wunderbar zum anderen Ufer. Nur beim Aufstehen brach ich ganz kurz mit dem rechten Fuß ein. Aber ich war so schnell am Ufer, daß das Wasser keine Zeit hatte, mir nasse Strümpfe zu machen.

Doch da ich die Verhältnisse schon kannte, lief ich frei und offen auf dem kleinen Weg, der an den Geleisen entlangführte. – Nach wenigen Minuten langte ich wieder beim »Wasserturm« gegenüber dem kleinen Stationsgebäude an. Aber es war wie verhext, auch heute kam kein Zug.

Doch diesmal wartete ich nicht lange, ich ging gleich weiter über die eiserne Brücke auf die Eisenbahnüberführung zu, wo ich das letzte Mal auf den Truck gestiegen war.

Auf dieser kurzen Strecke hörte ich wieder unten im Süden auf der Linie der Canadian Pacific dauernd die Lokomotiven heulen. Gut, sagte ich mir, dann werden wir eben hinter der Überführung querfeldein Richtung Seeufer gehen. Dort muß ich irgendwie auf die anderen Geleise treffen.

Gleich nachdem ich die jetzige Bahnlinie überquert hatte, stieg ich die Straßenböschung hoch und startete quer über die Felder in die Richtung, wo ich die südliche Bahnlinie vermutete.

Zuerst ging es leicht abwärts, auf einer Art Wiese. Dann kam eine kleine Mulde, in der tiefer Schnee lag. Nach kurzer Zeit versank ich tief im Matsch und versuchte, im Bogen die Mulde zu umgehen. Doch vom Schnee geriet ich in einen Acker, in dem ich beinahe meine Stiefel verlor, so klebte der Lehm an den Füßen.

Das war also nicht sehr sinnvoll. Von unserer Herfahrt erinnerte ich mich noch, daß von Toronto bis Oshawa die Linien der »National« und der »Pacific« fast nebeneinander verlaufen waren. Erst in Oshawa, der mir schon bekannten Stadt Richtung Toronto, hatten sie sich getrennt. Also war es vielleicht doch viel vernünftiger, so lange der jetzigen Spur zu folgen, bis die beiden Linien sich vereinten.

Zwar ging ich damit erst mal entgegen meiner vorgesehenen Fluchtrichtung, aber Oshawa besaß sicher einen größeren Bahnhof, dort würde ich mit mehr Sicherheit einen haltenden Zug erwischen. Außerdem wußte ich von der letzten Lastwagenfahrt her, daß die Entfernung von Bowmanville nach Oshawa nicht allzu groß sein konnte.
Also umgedreht in der Dunkelheit. Nun erst stellte ich fest, daß ich trotz meines durchs Fliegen gut entwickelten Richtungssinnes komplett die Orientierung verloren hatte. Um mich herum war es stockfinster, und ich konnte weder Bäume noch einen Horizont erkennen. Nach einiger Zeit landete ich glücklicherweise bei meiner Schneemulde und fand dort meine eigenen Fußstapfen wieder. In diesen ging ich zurück und fand so die Böschung und die alten Geleise wieder.
Leider war dieser schmale Weg neben den Schienen sehr matschig, und ich bekam selbst in meinen verschnürten Skistiefeln langsam nasse Socken und Strümpfe. Auch auf den Schwellen lief es sich nicht gut, sie paßten überhaupt nicht zu meiner Schrittlänge. So wechselte ich eben ab, einmal auf dem Pfad, wenn er es etwas trockener war, sonst auf den Schwellen.
Nach etwa einer halben Stunde mußte ich an einer gut beleuchteten und bewachten Wegkreuzung vorbeigehen, an der auch ein Wärterhäuschen stand.
Gerade als ich über den Weg ging, schlug ein unsichtbarer Hund mit mörderischem Gebell an. Und von nun an wurde ich durch die Nacht hindurch von Hundegebell begleitet.
Jedesmal, wenn ich glaubte, daß hinter mir endlich Ruhe eintreten und das Gebell verstummen würde, schlug vor mir, rechts oder links ein neues Tier an. Ich wurde von einem zum anderen weitergereicht. Dabei stand keines der Gehöfte direkt am Gleis. Meistens zeigte sich seitab nur ein Licht, das zu einem entsprechenden Haus gehören konnte, aber die Hunde mußten außer dem Gehör oder dem Sehen noch einen anderen Sinn haben, der ihnen sagte, daß da unten auf den Schienen ein Fremder entlang marschierte.
Dabei mußte ich daran denken, wie oft man seinem eigenen Hund zugerufen hatte: »Sei doch endlich still, du dummer Kerl, es ist doch gar niemand da!« – Bloß gut, daß sich die Menschen manchmal für klüger halten als sie sind, dachte ich.
Bald war ich mehr als eine Stunde marschiert und konnte noch immer nichts von dem Zusammenschluß mit der anderen Spur entdecken. Des-

halb beschloß ich nun, einfach der nächsten Querstraße zu folgen, es konnte nicht mehr weit zu den anderen Zügen sein. Links von mir hörte die Heulerei überhaupt nicht mehr auf. Da mußte ein Zug dem anderen folgen.

Gerade als mein Gleis einen leichten Bogen nach rechts begann, führte ein kleines Sträßchen über die Schienen. Es ging in spitzem Winkel nach links weg, das war genau meine Richtung.

Nach kurzer Zeit befand ich mich auf einer langen Pappelallee, die im Verlauf beleuchtet war und an einem Gehöft vorbeiführte. Meine Uhr zeigte schon 21.00 Uhr, und mir war plötzlich nicht wohl zumute. Ein Köter kläffte. Jetzt kam ich unter die Lampen und war schon querab zu den Gebäuden, in denen noch Licht brannte, da hörte plötzlich das Gebell auf, und ein mittelgroßer Hund kam auf mich zugeschossen. Das geschah urplötzlich! Da er nicht mehr bellte, kümmerte ich mich gar nicht um ihn, sagte auch nichts zu ihm. – Ich war aufs äußerste gespannt, was er machen würde, und war entschlossen, ihn beim Angriff einfach zu erwürgen. Eine andere Lösung fiel mir nicht ein.

Der Hund schnupperte an meinen Hosen und folgte, während ich gleichmäßig weiterging. Ich wartete eigentlich fortwährend, daß er zuschnappte, und hätte am liebsten mit dem Fuß nach ihm gestoßen, aber ich wollte ihm wie mir eine Chance geben und wartete zu.

Nun kam eine kleine Brücke, und ich war außerhalb des Lampenscheins, allzuviel konnte mir von dem Tier jetzt nicht mehr passieren.

Das schien der Kerl auch einzusehen, er blieb stehen und schaute mir nach. – Guter Hund! – Er hatte seine Pflicht getan, und gerade so lange aufgepaßt, bis ich an seinen Häusern vorbei war. Ich war sehr zufrieden mit ihm.

Leider bog mein Sträßchen nun mehr nach rechts, und ich wählte daher einen Feldweg, der in meine Richtung führte. Er war aber anscheinend kurz vorher von Ackerwagen befahren worden und strotzte von lehmigen Fahrtrillen. Da war es jetzt doch besser, übers Feld zu gehen.

Gerade näherte ich mich einer Reihe von niederen Büschen, da erschrak ich ganz gewaltig! Da brauste mitten aus der Nacht ein Ungetüm auf mich zu! Rechts von mir war eine Hohle, aus der heraus ein Güterzug heranjagte. Er fuhr Richtung Montreal, keine 10 Meter vor mir durch die Finsternis!

Entlang der Büsche führte ein Zaun, den ich erst einmal übersteigen mußte. Nun war ich wieder auf Bahngelände, hier fühlte ich mich wohler.

Noch immer ging ich Richtung Oshawa. Ich konnte mir nicht erklären, daß es so weit sein sollte, damals im Truck war es viel schneller gegangen. Rechter Hand kam ein Streckensignal, das Grün zeigte. Ich überlegte, ob es wohl eine Möglichkeit gäbe, daraus Rot zu machen. Wenn der Zug halten würde, könnte man ja wieder »Grün« geben. Zum Aufsteigen wäre immer Zeit. Aber ich fand keine Lösung.
Nicht umsonst war das Signal auf Grün gestanden. Kurze Zeit später überholte mich von hinten ein Personenzug. Ich legte mich, solange er vorbeifuhr, auf den Bauch an die Böschung. Ja, hier herrschte Betrieb in beide Richtungen. Nicht umsonst waren zwei Geleise verlegt. – Aber noch immer marschierte ich! Jetzt begrenzte rechts und links eine hohe Böschung die Sicht, und ich hatte keine Ahnung, ob ich an Oshawa schon vorbeigegangen war, oder wie weit es noch sein sollte.
Oben an der Böschung erschienen rechts zwei Farmhäuser, und dann sah ich oberhalb der nächsten Biegung einen Lichtschein.
Endlich öffnete sich die Sicht. Zuerst rechts gegen Land zu, dort führte in weitem Bogen die Hauptstraße von Bowmanville in eine Stadt hinein. Das konnte nur Oshawa sein. Nun trat auch links die Böschung zurück, und ich konnte sehen, wie die Bahn auf einem hohen Damm nach links in ein großes Lichtermeer hineinführte. Noch weiter links war der Horizont völlig flach, da mußte der Ontario-See liegen.
Ich konnte wirklich froh sein, daß ich nicht auf den anderen Geleisen geblieben war. Sie waren bis jetzt nicht eingemündet, nach meinen Vermutungen mußten sie noch immer nördlich der Verkehrsstraße liegen. Da hätte ich einen sehr langen Umweg gemacht!
Allmählich bekam ich einen unheimlichen Durst. Ich mußte den bisher vergossenen Angstschweiß ersetzen.
Als ich über den hohen Damm ging, kam mir der Gedanke, daß unten ein Bach fließen mußte, der hier nach links in den See abfloß. Dort konnte ich sicher trinken.
Der Damm war so steil und rutschig, daß ich wieder einmal eher unten war, als ich geglaubt hatte. Unten war ein Bach, aber das wenige Wasser stank so fürchterlich nach Petroleum, daß ich nicht wagte, auch nur einen Schluck zu trinken.
Das Aufsteigen war viel schwerer als vorher die Rutschpartie. Auf allen vieren mußte ich mich festhalten und war oben in Schweiß gebadet.
Noch ein paar Minuten, und ich konnte die bunten Lichter der Station sehen.

Gerade als ich Richtung Bahnhof marschierte, fuhr drüben auf der anderen Seite ein Personenzug ein. – Wenn ich den erwischte! Und wenn es wieder die Lokomotive oder die Puffer sein sollten! Auf jeden Fall wurde es jetzt Zeit, daß ich irgendwo draufsaß, um schneller vom Fleck zu kommen. Es würde bald Alarm sein, und diesmal würden sie sicher zuerst die Bahnstationen bewachen. Sie wußten ja vom letzten Mal her, daß ich versuchen würde, Eisenbahn zu fahren.
Ich fing an zu laufen . . . doch bald mußte ich aufgeben. Der Zug kam auf mich zu, und ich machte mich seitlich in einen Garten, ehe ich zu hell von den Lichtern der Lokomotive angestrahlt wurde. – Da war ich nur wenige Sekunden zu spät gekommen. Wenn ich nur nicht nach dem Wasser gesehen hätte!
Ich vertraute dem Bahnhofsgelände wenig und wollte nicht auf den Geleisen hereinspazieren. Daher blieb ich in den Gärten rechts von den Schienen. Dort war es stockdunkel, und ich konnte erst einmal sehen, was auf dem Bahnhof vor sich ging.
Von mir aus gesehen stand das Stationshaus auf der linken Seite. Es war nicht besonders groß. Ich glaubte erst, daß es Oshawa war, als ich den Namen auf dem Schild lesen konnte.
Auf der Seite gegenüber lag ein großes Lagerhaus, hinter dem ein Industriegleis, das elektrifiziert war, abzweigte. Eine kleine elektrische Lokomotive schleppte hier Güterwagen, die mit riesigen Kisten beladen waren. Sie trugen alle die Aufschrift »General Motors«. Ich wußte, daß hier in Oshawa die größte Zweigfabrik dieser amerikanischen Firma auf kanadischem Boden gelegen war, und vermutete, daß diese Kisten entweder mehrere Motoren oder gar ganze Personenwagen enthielten. – Ob diese Kisten wohl in die USA gingen?
Wenn ich in so eine Kiste schlüpfen konnte, wäre für einige Zeit meine Reise gesichert!
Außerdem war Oshawa kein komplizierter Eisenbahnknoten. Wenn es gelang, hier auf einen Zug zu kommen, der die Lokomotive Richtung Osten vorgespannt hatte, mußte es schon fast ein Wunder sein, wenn ich nicht irgendwann in Montreal ankommen würde.
Die mit den Kisten beladenen Wagen wurden vor dem Warenschuppen zu einem langen Güterzug mit anderen Wagen zusammengestellt. Vor der Halle war es blendend hell, aber außer der kleinen Lokomotive, die ab und zu blaue Blitze an der Oberleitung versprühte, erschien der Bahnhof völlig verlassen.

Ungeschoren konnte ich bis zu den Kistenwagen vordringen und war dort schon wieder in Deckung. Je genauer ich mir diese Kisten besah, um so klarer wurde mir, daß sie viel zu gut verschraubt und vernagelt waren, als daß man auch nur ein paar Bretter hätte lösen können. Ich mußte schon versuchen, innen oder auf einem anderen Wagen ein Versteck zu finden. – Da brauchte ich nicht lange zu suchen. Ein großer Güterwagen war leer, ich stieg schnell durch die halboffene Schiebetüre ein. Sofort verdrückte ich mich in die hinterste Ecke und setzte mich. Das hatte prima geklappt. – Wenn dieser Zug nicht bald abfahren sollte, konnte ich in Ruhe abwarten und beobachten, bis auf einem der anderen Geleise ein Zug in meiner Richtung einfuhr.
Ich saß noch nicht lange, da hörte ich draußen einen Zug mit hoher Fahrt daherkommen. Ich sprang heraus, aber er kam nicht nur aus der falschen Richtung, er hielt auch nicht. Es schien ein durchgehender D-Zug mit allem Komfort zu sein, denn ich sah fast nur Schlafwagen und Wagen mit einzelnen Abteilen.
Wieder stieg ich in meinen Güterwagen und schaute etwas verdrossen auf die Uhr. Es war schon 22.00 Uhr vorbei!
Es erschien mir nun so, als ob gerade zum Possen droben auf dem nördlichen Geleise die Maschinen anfingen zu heulen. Das paßte ganz zu mir. Das lag ungefähr auf der gleichen Linie, wie über die Grenze zu fahren und dann wieder zurück!! – Aber ich hatte noch Geduld.
Draußen lief ab und zu ein Weichensteller vorbei, der zum guten Glück eine Lampe bei sich trug. Diese Lampen bei der Eisenbahn waren überhaupt eine fabelhafte Einrichtung. Sie meldeten ihre Träger immer so rechtzeitig, daß man noch ausweichen konnte und nicht Gefahr lief, plötzlich jemandem völlig überraschend vis à vis zu stehen.
Auf der anderen Seite des Bahnhofes vernahm ich ganz leises Rollgeräusch. Wurde dort rangiert, oder was war das? – Ich stieg aus und sah, wie ganz dicht am Bahnhofsgebäude eine lange Wagenreihe langsam in die Station rollte. Die Lokomotive kam noch vor den Stationslampen zum Stehen, und ich hatte einige Minuten zu gehen, bis ich zum anderen Ende des Bahnhofes gelangte.
Bis ich dort war, hängte die Maschine ab und fuhr nach vorne weg. Da standen etwa zwölf Güterwagen, und ich fand mich schon wieder an der Nase herumgeführt. Trotzdem ging ich näher und zündete an einem der Wagen mein Feuerzeug an. Auch daran hatte ich diesmal gedacht. Auf dem ersten Zettel war zu lesen: »Quebec«. Dann weiter nach hinten:

»Montreal«. Und nochmals »Montreal«. Das war aber fein! Diesmal konnte ich nicht verkehrt sein. Nicht nur die Zettel stimmten, der Zug stand auch richtig! – Was ein Wunder, daß ich überhaupt aus meinem geschlossenen Güterwagen gestiegen war! Dieser Zug hatte sich ganz still, ohne Brausen und Getöse in die Station geschlichen!
Nun kam es nur darauf an, daß er bald weiterfuhr. Auf jeden Fall mußte ich mir so rasch wie möglich ein gutes Versteck suchen. Die meisten Wagen standen außerhalb der Bahnsteige, oberhalb einer Straßenunterführung. Dort war es sehr hell. Die Leuchten der Straße schienen von unten herauf. Aber etwas weiter stand ein sehr hoher Baum, der guten Lichtschatten bot. Und genau unter ihm stand ein halbhoher Kastenwagen, der fast leer war. Nur in einer Ecke war ein großes Eisenungetüm festgeklemmt.
Als ich oben war, konnte ich feststellen, daß man sich hier geradezu vorzüglich verstecken konnte. – Auf einem Schildchen las ich, daß das hier ein »Electric-Dish-Washer« war. Ansonsten war nur zu vermerken, daß das große Ding mit rohen Balken am Fußboden und Wagenrand festgenagelt war, damit es auf der Fahrt nicht anfing zu wandern.
Das Schönste dabei war, daß zwischen Wagenrand und Maschine so viel Zwischenraum war, daß ich gerade hineinpaßte. Und außerdem hatte das Ding oben eine vertikale Abdeckung, so daß man mich nicht sehen konnte, auch wenn man sich über den Wagenrand beugte. Nach vorne gab es auch ein Deckblech, in dem war ein offener Spalt oberhalb der Wagenseite ausgespart, den ich wie in einem Panzer als Sehschlitz benutzen konnte. Das war fast ideal! Einzig unbequem war die Enge! Nur mit Mühe hatte ich mich hineinquetschen können, und es war nicht möglich, sich umzudrehen. Aber das sollte keine Rolle spielen.
Dafür, daß ich Aussicht hatte bald wegzukommen, wäre ich sogar für einige Zeit auf dem Kopf gestanden.
Der Ausguck war hervorragend. Ich konnte in aller Ruhe beobachten und war dabei ganz sicher, selbst nicht gesehen zu werden.
Anscheinend stimmte das, was mir Manhart erzählt hatte. Oshawa sollte Wasserstation für Güterzüge sein. – Die Lokomotive kam wieder zurück. Ich hatte zwar nicht gesehen, wo sie getankt hatte, aber es war mit großer Sicherheit anzunehmen, daß sie nur aus diesem Grund vorübergehend abgehängt hatte.
Kaum war die Maschine vorgespannt, da fuhr der Zug auch schon ab. Ich fühlte mich glänzend, und es mutete mich ganz seltsam an, daß die

Abfahrt so sang- und klanglos vonstatten ging. – Kein Beamter mit Pfeife oder Täfelchen, nur zwei Heuler der Lokomotive. – Die taten gerade so, als ob ich nicht mitfahren würde! Wobei ich doch so froh sein konnte, daß niemand wußte, daß hier jemand mitfuhr, der sich ganz unbändig freute. Schon sausten wir über den hohen Damm zurück, den ich vor etwa einer Stunde gekommen war. – Wir würden sogar durch die Station Bowmanville durchfahren! Allerdings nicht an dem Häuschen vorbei, wo ich es zweimal vergeblich versucht hatte, sondern nun auf der südlichen Linie. Mein Entschluß war also richtig gewesen! Was bedeuteten nun die paar Stunden Marsch und Warten? – Jetzt saß ich gut versteckt auf einem Güterwagen, und niemand konnte eine Angabe machen, in welche Richtung ich verschwunden war.
Sollte man vom Lager weg Hunde ansetzen, dann würde man sogar verkehrt vermuten, daß ich wieder Richtung Niagara-Falls unterwegs sei. Trotzdem hielt ich es für möglich, daß der Zug in Bowmanville einer genauen Kontrolle unterzogen wurde, und kroch, so weit wie nur irgend möglich unter die Maschine ... So konnte man ruhig in die Schlitze leuchten und würde mich immer noch nicht sehen.
Meine Sorge war umsonst. Wir hielten nicht einmal an! – In der jetzigen Lage konnte ich zwar das Stationsschild nicht sehen, von den Lichtern her war aber zu erkennen, daß wir durch einen Bahnhof rollten.
Hinterher herrschte wieder tiefste Finsternis, und ich fühlte mich während der Fahrt so sicher, daß ich aus meinem Versteck kroch und mich auf dem fast leeren Güterwagen erst einmal dehnte und streckte. – Es war herrlich, so durch die Nacht zu rasen. Diesmal war ich warm angezogen und fühlte den Fahrtwind vorläufig als angenehm kühlend. – Das hatte ich wirklich nicht gedacht, daß Güterzugfahren so angenehm sein könnte. Hier hatte ich einen ganzen Wagen für mich, auf dem ich nach Belieben auf- und abspazieren konnte. Es war auf niemanden Rücksicht zu nehmen!
Wenn bei den kommenden Stationen nicht äußerste Vorsicht geboten wäre, die Reise konnte fast als romantisch eingestuft werden! – Wirklich, dieses Land war groß! Wenn wir in Deutschland gewesen wären, hätte ich mich schon mehrmals wieder verstecken müssen. Und da gibt es Leute, die behaupten, daß wir schon zu viele Menschen auf der Erde seien! Hier war Land, fruchtbares Land, das jeden ernähren würde, wenn er sich nur die Mühe machte, es zu bebauen. – Wir waren lange unterwegs, bis wir uns wieder einer Station näherten.

Nachdem ich mich versteckt hatte, spähte ich durch meinen Visierschlitz. Wir hielten nicht an, sondern fuhren mit fast unverminderter Geschwindigkeit durch. Wenn wir so weitermachten, dann ging es gut vorwärts. Auf meiner Karte konnte ich die nächsten Orte verfolgen: »Port Hope« – »Cobourg«.
Ich fing schon an zu rechnen: Bei dem Tempo waren wir fast schneller als damals auf unserem Transport von Halifax her. Vielleicht erreichte ich Montreal schon in dieser Nacht und fand sogar noch einen Anschlußzug nach New York?

Auf dem Güterzug durch die Nacht

Es war klar: Wenn ich erst am Morgen ankommen würde, mußte ich waren, bis die Nacht hereinbrechen würde. In meiner Situation konnte man nur in der Dunkelheit reisen.
Es wurde langsam Mitternacht und ganz empfindlich kälter. Der Fahrtwind kühlte auf Dauer durch alle Kleidung, und ich spürte, daß ich bis auf die Haut naßgeschwitzt war.
Da kam wieder eine Station, sie meldete sich schon von weitem durch einen hellen Streifen am Horizont an. Wir liefen über viele Weichen ein. Ich hatte es von vornherein im Gefühl, daß wir hier einen Stopp einlegen würden.
Unsere Fahrt wurde immer stockender, und auf den Geleisen rechts und links drängten sich andere Güterzüge.
Ich hatte mich natürlich wieder in mein Versteck verkrochen und konnte beobachten, daß auf dieser Station, etwa in der Mitte, ein Güterwagen stand, auf dem ein Gestell mit Scheinwerfern angebracht war. Zwei Soldaten standen hinter dem drehbaren, hell strahlenden Flak-Suchscheinwerfer und leuchteten damit jeden ein- und ausfahrenden Zug ab.
Wenn nicht mehr Durchsuchung zu befürchten war, brauchte ich keine große Angst zu haben. – Auf jeden Fall schloß ich daraus, daß ein Suchalarm im Gange war. – Ich wollte mich wie seither darauf einstellen.
Wenn wir bloß nicht in diesem Gewirr und Durcheinander von Zügen hängenblieben! – Doch wir wühlten uns langsam aber sicher durch die vielen Weichen und Geleise, verloren am Ende aber doch die Lokomoti-

ve. – Sie fuhr nach vorne weg! – Wenn die nicht zurückkam, sah alles nicht mehr so rosig aus! Es wurde tatsächlich eine lange Geduldsprobe! – Nach einer 3/4 Stunde stieg ich aus meinem Versteck und von dem Wagen ab und wanderte zwischen den verschiedenen Güterzügen umher. Hier gingen so viele Menschen, die sich alle gegenseitig nicht kannten, daß ich ruhig auch etwas Umschau halten konnte.
Zuerst fand ich einen Wasserhahn mitten auf dem Bahngelände, an dem sogar ein Trinkbecher hing. Das kam mir sehr gelegen. Danach hatte ich direkt Appetit auf das Stück Wurst, das als erstes von meinem Proviant verbraucht werden mußte. Es schmeckte mir ausgezeichnet.
Das war ein imponierender Güterbahnhof! Die Zahl der Geleise war nicht abzuzählen. – Wenn mein Zug hier auf ein Abstellgleis geraten sollte, würde eine schwierige Suche losgehen!
Wo wir stehengeblieben waren, herrschte im Augenblick sehr wenig Fahrbetrieb. Nur ab und zu rollte eine Wagenreihe langsam an. Ich hatte aber nicht genügend Überblick, um feststellen zu können, ob sich manchmal ein Zug bis zum Ende des Gleiswirrwarrs durchbiß.
Da tat es hinter mir einen lauten Krach! – An meiner Wagenreihe hing eine unabsehbare Schlange von anderen Wagen. Ich konnte die Maschine nicht sehen, die sie von hinten her dagegengedrückt hatte, hörte aber ein Heulen aus der Richtung.
Und ehe ich mich recht umschauen konnte, hatten wir schon wieder eine Lokomotive vorne! – Es wurde sogar höchste Zeit, daß ich aufstieg. – Zwei heulende Pfiffe von vorne, zwei von hinten, und wir zogen los!
Schon beim Anfahren war zu bemerken, daß es sich mit zwei Lokomotiven nicht so gut fuhr. Die Wagen boxten gegeneinander, einmal von vorne her, dann kam das Gepolter wieder von hinten aufgelaufen. Es dauerte eine ganze Weile, bis die Riesenlast im Gange war.
Aber eines stand für mich vom ersten Augenblick an fest: Wir würden weiterfahren! Das war sicher! Mit zwei Maschinen würden wir unterwegs bestimmt nicht abgestellt werden! Dieser Zug war wichtig, sonst hätte man nicht einen so riesigen Transport zusammengestellt.
Nun rollten wir schon außerhalb der Weichen, noch immer waren aber die Wagen nicht zur Ruhe gekommen und stießen fürchterlich roh mit den Puffern gegeneinander. Aber das sollte meine wieder aufgekommenen Freude und Zuversicht nicht weiter trüben! Über eine Stunde hatten wir festgelegen, nun rollten wir wieder. – Die Reise ging weiter! – Wenn ich erst einmal in Montreal war, würde man schon weitersehen!

Kalt war es! Je länger wir fuhren und je weiter wir nach Osten kamen, um so kälter schien es zu werden.
Hier hatte der Schnee keine dunklen Flecken mehr. Die Nacht war inzwischen sternenklar geworden, und man konnte sehen, daß die vorbeihuschenden Bäume Rauhreif angesetzt hatten. Die Maschine vorne zog lange Dampfschwaden nach sich, die sich in der hellen Winternacht gegen den Himmel abhoben.
Als wir einmal in eine langgezogene Kurve gingen, konnte ich den Zug in seiner ganzen Länge übersehen. Ich hatte schon über 70 Wagen gezählt, da lagen wir leider schon wieder gerade, und ich mußte mich mit einem Teilergebnis zufrieden geben.
Das war eine ganze Menge wertvoller Güter, die hier durch die Nacht brausten. Gedanken an Sabotage lagen nicht allzu fern. Könnte man im »modernen« Krieg als Einzelperson nicht viel mehr Schaden hinter den feindlichen Linien anrichten, als vorne im Antlitz des Gegners, wo man sich mit der Waffe in der Hand gegenübersteht?
Gedanken dieser Art hatten wir im Lager auch schon erwogen. Sie waren aber nicht ausführbar. Wir hatten schon allerhand gebaut, aber zur Eigenanfertigung von Sprengstoffen hatten wir es noch nicht gebracht.
Anscheinend dachten unsere Bewacher auch an diese gefährlichen Möglichkeiten! Wir bekamen sehr selten Chemiebücher in die Lager, und in den Exemplaren, die hereinkamen, waren die Abschnitte über die Erzeugung von Alkohol und die Herstellung von Sprengstoffen gründlich zensiert. Das heißt, sie waren entfernt worden.
Die Fahrt ging jetzt nicht mehr so zügig voran. Wir hielten häufig auf der Strecke und warteten auch auf kleineren Stationen.
Einmal hielten wir genau neben einem Flugplatz unter der Einschweberichtung der kleinen Maschinen, die hier Nachtlandung übten. Mein Wagen kam so zum Stehen, daß die rauschenden Vögel gerade etwa in 10 Meter Höhe über meinen Kopf sausten. Wenn sie etwas schräger schaukelten, konnte ich sogar die grünlich schimmernde Instrumentenbeleuchtung erkennen. – Wenn man so ein Ding hätte – ob man damit hier etwas anfangen könnte? – Aber daran war sowieso nicht zu denken, ich sollte froh sein, hier auf dem Zug einen so guten Platz gefunden zu haben, um ungeschoren in meine Richtung fahren zu können!
Es wurde immer kälter. Als mir an meiner Jacke unten der Haken, der den Reißverschluß zusammenhielt, abriß, konnte ich ihn trotz mitgeführtem Nähzeug nicht mehr annähen. Meine Finger wurden so steif, daß ich

nachher nur mit Mühe eine Sicherheitsnadel anbringen konnte. – Alle paar Minuten strampelte ich mit den Beinen, um sie warm zu kriegen, und klopfte auf die Schenkel, damit ich bewegliche Finger bekam.
Bald fing ich auf dem offenen Wagen an zu schnattern. Nur mit Ingrimm konnte ich feststellen, daß ich auch diesmal nicht warm genug angezogen war. Wenn man nur eine Ecke gefunden hätte, wo der Wind nicht so eisig gezogen hätte!
Ich untersuchte die Spülmaschine näher. Und siehe da! An der Seite war eine Truhe angebracht, die ungefähr zwei Meter lang und oben mit einem eisernen Deckel verschlossen war, der sorgfältig, wohl für die Dauer der Fahrt, mit einem Stück Aluminiumdraht verdrillt worden war.
Ich drehte den Draht auf und klappte den Deckel hoch. Der Kasten war zwar auch gänzlich aus Eisen – das gab nicht nur ein hartes Bett, sondern auch ein kühles – aber gegen den Zugwind würde ich hier geschützt sein!
Als ich drin lag, erschien ein Umstand unangenehm: Auf der einen Seite lag ich gegen eine durchlöcherte Trommel, die rotierend aufgehängt war. – Aber es sollte wohl keinen Grund geben, daß dies Ding plötzlich anfangen würde sich zu drehen.
Ich klappte den Deckel wieder zu und fand die Lage gar nicht so unbequem. Wenn nur kein so fürchterlicher Lärm geherrscht hätte! – Der große eiserne Deckel ratterte und rasselte ganz fürchterlich, nachdem er nicht mehr festgebunden war. All das Eisen um mich herum fing an so mitzuscheppern, daß es in den Ohren weh tat.
Immer wieder, wenn ich den Lärm nicht mehr aushielt, mußte ich hinaus in die Kälte, um anschließend wieder ganz gern den Lärm zu ertragen.
Natürlich mußte ich bei den Aufenthalten im Freien auch nachsehen, wie weit wir schon gefahren waren. – Auf Grund der Stationsnamen mußte ich leider feststellen, daß wir bei weitem nicht mehr so schnell vorwärtskamen wie zu Anfang.
Mit Sicherheit hatte ich Orte wie »Belleville« und »Kingston« gut erkannt. Ringsum lag nun überall hoher Schnee, der die helle Nacht noch mehr erleuchtete. Man konnte sich sogar etwas Eindruck verschaffen von dem Land, das wir durchfuhren. Rechts von mir mußte der St.-Lorenz-Fluß liegen, während links von mir flaches Land sich ausdehnte, so weit das Auge reichte.
Ich spazierte gerade wieder mal auf »meinen« Quadratmetern auf und ab, da passierten wir einen Bahnübergang, an dem genau wie in Deutschland ein Schrankenwärter stand. – Der mich sehen, und schon stürzte er wie

ein geölter Blitz in sein Häuschen! – Um zu telefonieren, dachte ich! – Das hatte ich nun wieder von meinem Leichtsinn! – Natürlich wurden die Streckenwärter alarmiert!
Schleunigst kroch ich in meine Truhe zurück und machte den Deckel zu! – Hier drinnen würde mich niemand vermuten, wenn man auch den ganzen Zug untersuchte, und der Streckenwärter hatte auch nicht lange genug hergesehen, um sich den Wagen genau gemerkt zu haben. – Vielleicht hatte ich auch falsche Schlüsse gezogen? – Auf jeden Fall hatte ich einen gehörigen Schreck bekommen, es brauchte eine gute halbe Stunde, bis ich mich erholt hatte. – Nun war es schon gegen 4 Uhr morgens.
Es wurde aber noch einmal dunkler! Der Himmel bewölkte sich gegen 6 Uhr fast vollständig, es war fast stockfinster. – Am Horizont zeigte sich wieder einmal Lichtschein, Brockville war schon hinter mir, sollte das etwa Montreal sein?
Doch wir waren noch nicht einmal in der Nähe dieses hellen Lichterscheines, als wir seitwärts am Rande eines Waldes zum Stehen kamen. So weit entfernt waren wir von dem kleinen Bahnhof, daß ich noch nicht den Namen auf dem Stationsschild lesen konnte. Wir blieben ziemlich lange stehen, und da es dunkel war, wagte ich es, auszusteigen und nach etwas Trinkbarem zu schauen. Da ich nichts anderes fand, scharrte ich Schnee zusammen, der zwischen den Gleisen lag. Dabei wunderte ich mich nicht, daß auch viel Ruß dabei war. Aber ich hatte solchen Durst, daß es trotzdem schmeckte. Auch Hunger bekam ich und aß einen der mitgenommenen »Kraft«-Käse!
Ich saß wieder hinter den Waggon-Planken, als endlich klar wurde, warum wir hier so lange warten mußten. – Ein D-Zug kam von hinten auf und überholte uns in langsamer Fahrt. Man konnte genau zusehen, wie drüben im Dining-Saloon auf den weißgedeckten Tischen, die sogar mit Blumensträußen geschmückt waren, das Frühstück vorbereitet wurde. Was war ich doch für ein armseliger Geselle, der hier auf dem Nebengeleise mit lebenshungrigen Augen nach solchem Luxus hinüberäugte! – Als der Zug nach vorne in der Dunkelheit verschwunden war, grübelte ich einige Zeit, was ich wohl verbrochen hatte, um derzeit ein so schwieriges Dasein führen zu müssen. – Was gab dem Leben ein Recht, solche Unterschiede zwischen den Menschen zu machen?
Aber ich riß mich zusammen. Zwar war es immer noch weit bis zur Freiheit, aber ich war wenigstens dabei, dem Schicksal eine Chance zu geben, sein Unrecht an mir gutzumachen! – Meinen Teil würde ich schon bei-

tragen! – Allerdings, Glück mußte ich haben, wenn es gut gehen sollte! – Das ließ sich nicht erzwingen, das mußte von einem höheren Wesen, das mir wohlgesinnt war, mitgetragen werden!
Wir rollten an! – Soviel war aber klar: Diesen Morgen kam ich in Montreal nicht mehr weiter. Ich würde zu warten haben, bis es wieder Nacht wurde. Den Tag wollte ich dazu benutzen, um einen Zug zu finden, der in die gewünschte Richtung fuhr. – Vor allem war auch Vorsicht geboten, daß ich in Montreal beim Absteigen nicht geschnappt wurde! Von den Verhältnissen auf dem dortigen Güterbahnhof hatte ich keinerlei Vorstellung, und außerdem, wer sagte mir denn, daß wir auf einem Güterbahnhof ankommen würden!
So gegen 8.00 Uhr wurden die Sichtverhältnisse wieder besser. Neben uns verliefen andere Geleise und vereinigten sich mit uns. Die Stationen sahen ganz nach Vororten aus, und die Namen klangen französisch. – Einmal kamen wir an einem freundlich aussehenden, mittelalterlichen Schloß vorbei, das genauso gut am Rhein hätte stehen können.
Auch Straßen liefen jetzt neben uns. Man konnte deutlich sehen, daß es nicht mehr weit zum Zentrum der Metropole sein konnte.
Als wir zusammen mit einer zweibahnigen Fernstraße über einen großen Flußlauf fuhren, vermutete ich mit ziemlicher Sicherheit, daß wir einen Seitenarm des St. Lorenz überquerten.
Die Brücken wurden von riesigen Bögen aus Eisenkonstruktion getragen. Das Wasser unter uns war gelb und fast reißend. Anscheinend hatten sich die Schneefälle und das Tauwetter bis hier ausgewirkt. Es wurde allmählich Zeit, daß man von der Stadt selbst etwas zu sehen bekam. Doch noch immer nichts! Rechts von mir Bäume und ab und zu der Ausblick auf eine Wasserfläche, die breit wie ein See war. Links war nur Wald zu sehen. Doch nun stieg das Gelände zur Linken an, und ich konnte am Hang schöne Villen, die zweifellos zu Montreal gehörten, bewundern.
Auf halber Höhe am Hügel lief ein weiterer Schienenstrang stadteinwärts. Es war nicht leicht auszumachen, was das bedeuten sollte. Dort oben fuhren sowohl Güter- als auch Personenzüge, – genau wie hier unten, wo wir jetzt alle Augenblicke einem Personenzug begegneten.
Sollte es hier gemischte Personen- und Frachtbahnhöfe geben? – Ich wurde daraus nicht schlau. – Zur Rechten zeigten sich jetzt ab und zu hohe Kräne, die wohl zum Hafen von Montreal gehörten. Man hatte ja gelesen, daß der Lorenzstrom bis hierher für Schiffe bis zu 10 000 Tonnen schiffbar war.

Doch ich mußte Schluß machen mit dem offenen Rundblick, es wurde höchste Zeit, daß ich mich in mein »Sehschlitz«-Versteck zurückbegab. Allmählich gerieten wir in ein Gedränge von Güterzügen, die sich alle Richtung Stadtmitte vorschoben. Wir waren mitten drin, und da es inzwischen hellichter Tag geworden war, konnte ich es mir nicht leisten, von den benachbarten Lokomotivführern gesehen zu werden.
Es ging jetzt wieder grauenhaft langsam vorwärts. Ein paarmal streckte ich den Kopf doch höher heraus und konnte dabei feststellen, daß wir zwar noch nicht auf einem Bahnhof angekommen waren, aber beiderseits an Häuserfronten entlang fuhren. Wir fuhren schon innerhalb einer großen Stadt!
Neue Überlegung: Ich hatte es ja nicht eilig, und außerdem kam ich beim jetzigen Fahrttempo zu Fuß genauso schnell vorwärts. Also absteigen! So kam ich gleich schnell Richtung Stadtmitte weiter, wurde warm und konnte außerdem gleichzeitig die Verhältnisse des Bahnhofes und dessen Umgebung kennenlernen, bevor ich womöglich in eine Falle gefahren wurde.
Kurz entschlossen stieg ich aus dem Versteck und schwang mich ab. Ich stand mitten in einem Gewirr von haltenden und fahrenden Güterwagen, aus dem ich zuerst einmal herausfinden mußte! – Zuerst schien die rechte Seite übersichtlicher, also schlug ich mich nach dort.
Da ich mit meiner zivilen Kleidung nach wie vor völlig zufrieden war, versuchte ich keineswegs, mich vor den anderen Leuten zu verbergen, die hier vielfach herumsuchten. – Sie schienen auf bestimmte Frachten zu warten, und wenn sie den betreffenden Wagen gefunden hatten, schwangen sie sich einfach auf und fuhren Richtung Bahnhof mit. – Ob sie dem Lokomotivführer eine Flasche Schnaps spendierten, damit er sie zuerst an ihren Lagerschuppen fuhr? – So wirkte das auf mich! – Dazu paßte das ständige Glockengebimmel und Heulen der Lokomotiven.

Zwei Sprachen – Zwei Bahnhöfe

In einem Augenblick mit weniger Zugverkehr – inzwischen waren immer mehr Personenzüge beteiligt – konnte ich, schräg nach rechts vorwärts gehend, diese Seite der Gleisanlagen erreichen. Dort lief ein ausgetretener

Fußpfad, an dem an beiden Seiten Arbeiter den Schnee wegschaufelten. Forsch ging ich durch sie durch und sagte »good morning« zu dem Vorarbeiter, bekam aber keine Antwort.
Zuerst gelangte ich auf eine Art Schuttplatz, hinterher ging es durch armselige Gäßchen. Hier mußten Montreals arme Leute wohnen. Die Häuser waren fast alle schief und baufällig und schwarz verrußt. Die Straßen waren eng und die Fensterläden schmutzig und schmierig. Das war ein anderer Eindruck als vorher die Villen am Hang! Dort hatte die Stadt eher feudal gewirkt, das hier war Elend. Dabei würde das im Sommer sicher noch schlimmer aussehen. Jetzt verdeckte der Schnee noch einiges, und die Kälte nahm den Geruch.
Erstaunt war ich auch über die hohe Zahl der Schneeschaufler, die nicht nur hier, sondern in der ganzen Stadt anzutreffen waren. Es mußte die Stadt eine Menge Geld kosten, die Straßen von Schnee freizuhalten.
In den winkligen Gassen war es nicht einfach, Richtung zu halten, und ich war froh, als ich mit Hilfe einer Unterführung auf die andere Seite gelangen konnte. Zur Sicherheit fragte ich gleich einen Straßenkehrer, ob ich auf dem richtigen Weg zur »main station« sei. Er hatte zwar mein Englisch verstanden, antwortete aber auf französisch mit: »Oui monsieur!«
Oha! Dachte ich, das ist nicht schlecht, hier fällst du mit deinem Englisch bestimmt nicht auf! – Du sprichst immer englisch, erwischst du dabei einen »Engländer«, dann kann er dich für einen »Franzosen« halten, sprichst du mit einem Franzosen, so ist dein Englisch sicher so gut, daß er dich für einen Engländer halten darf.
Und es klappte. Manchmal erhielt ich zwar eine französische Antwort, aber verstanden wurde mein Englisch von allen.
Sicher konnten diese französisch sprechenden Menschen doch so viel Englisch, daß sie auch in dieser Sprache hätten antworten können, aber sie wollten einfach nicht, man merkte, daß sie es aus Trotz nicht taten. Sie lebten seit Jahrhunderten in diesem Lande, hatten sich ihre Sprache erhalten, warum sollten sie plötzlich anders sprechen? – Sie waren darin sehr hartnäckig, wenn die Amtssprache auch Englisch war. In den Kirchen wurde meist französisch gepredigt, die Pfarrer wissen, wie es in den Herzen der französischen Kanadier aussieht, und pflegen die alte französische Sprache mit genau der gleichen Liebe wie ihre Beichtkinder. Sie sind auch sehr bedacht auf die Erhaltung alter französischer Familientraditionen.
Der alte Mann, der mir die Antwort gegeben hatte, war jammervoll anzusehen, wie er so an seinem Besen hing. Er deutete in die Richtung, in der

ich unterwegs war. Die Richtung stimmte, und ich beschloß, weiterhin in der Nähe der Schienen zu bleiben, zumal hier auf der linken Seite eine Straße genau parallel zu den Schienen verlief, auf der auch die Straßenbahn stadteinwärts führte.
Hier sah es ein bißchen besser aus: keine erhebenden Bauten, die da an der Straße standen, aber sie waren wenigstens so, daß sie in Deutschland in den Vorort einer Industriestadt gepaßt hätten. Die Namensschilder an den Häusern und Geschäften zeugten davon, daß ich mich in einem vorwiegend französischen Stadtteil bewegte. Auch sonst war zu sehen, daß diese Siedlung schon vor längerer Zeit gebaut worden war.
Auf meiner Uhr war es jetzt 9.35, und ich war seit der Ankunft auf den Geleisen schon beinahe 20 Minuten gegangen, da trat plötzlich ein junger Mann an mich heran und fragte: »Where around here is a liquor shop?« – »I am sorry, but I don't know!« – Zuerst war ich erschrocken – was wollte der von mir? – Aber hinterher mußte ich fast laut lachen. Da konnte man beinahe eine Bauernregel verbessern: Kommt man in eine fremde Stadt und fragt jemand besonders Vertrauenerweckenden nach dem Weg, dann . . . ist es bestimmt ein ausgekniffener Kriegsgefangener von einem anderen Kontinent, der sich aber in diesem Fall besonders freut, daß er so vertrauenerweckend aussieht.
Ich spiegelte mich in einem Schaufenster und konnte feststellen, daß ich tatsächlich geradezu zünftig, wie ein frisch aus den Bergen gekommener Skifahrer aussah. Nur das Gesicht war etwas verrußt, und die Haare hingen ungekämmt unter der Mütze hervor.
Gerade als ich bei dieser Musterung war, stellte sich ein hübsches Mädchen neben mich, die so blickte, daß sie die ausgestellten Waren so gut wie mein Spiegelbild sehen konnte. – Doch als sie schon beinahe zu einem Gespräch ansetzte, machte ich mich schleunigst wieder auf den Weg. Ich sah mich nicht einmal mehr um!
Eine kurze Wegstrecke hinterher befand sich auf der Seite Richtung Bahn eine kleine Anlage, in der einige Tannen Deckung boten. Dort wusch ich mir in aller Eile das Gesicht mit Schnee und kämmte die Haare.
Und als ich gerade dabei bin, mit Sorgfalt die Haare unter die Mütze zu stecken, wer kommt daher, durch die Anlage schlendernd? – Das Mädchen vom Schaufenster! – Sie belächelt mich schon ein wenig, als sie mich hier so bei meiner Toilette ertappt. Es zuckt ihr verdächtig um die Mundwinkel – ob sie wohl annimmt, daß ich mich für sie richte?
Für mich hatte sie sich eher eine Blöße gegeben, mir hier durch den klei-

nen Park zu folgen – ich war aber doch stolz darauf, am frühen Morgen schon so viel Erfolg zu haben.
Natürlich konnte sie nicht wissen, daß ich ganz andere Ziele hatte, aber es machte doch Spaß und verkürzte die Zeit, daß man sich in der Folge noch ein paarmal gegenseitig überholte und sogar noch einmal gemeinsam vor einem Schaufenster stehenblieb. – Für einen der Frauen entwöhnten POW war es außerdem ein interessanter Test, ob man bei dem ersten Anblick einer hübschen jungen Frau »durchdrehen« würde, wie es so manche im Lager prophezeit hatten.
Das Spiel ging eine ganze Weile, bis sie plötzlich auffallend eilig überholte, um kurz vor mir in ein Seitengäßchen abzubiegen. – Es tat mir wirklich leid, aber ich mußte zum Bahnhof. – Als sie sich dann umschaute, ob ich auch abgebogen war, winkte ich wenigstens vom anderen Straßenrand zum Abschied. Es war ein hübsches Mädchen gewesen, aber mein Ziel war die Freiheit, ich konnte mir so etwas nicht leisten.
Die Geleise waren zwar die meiste Zeit von Häuserfronten verdeckt, aber das andauernde Geklingel und Getute der ein- und ausfahrenden Züge machte die Orientierung leicht.
Etwas später führte die Straße bis an die Schienenstränge heran, und der Trubel, der hier herrschte, erinnerte mich sofort an den Film »Shanghai Expreß«. Dort war der Zug auch mitten durch die Stadt gefahren, mitten durch Tiere und Menschen, Wagen und Karren.
Genauso war das hier! Zwischen Straße und Gleiskörper war kein Unterschied. Die Leute liefen über die ungefähr 10 Schienenpaare, daß ich über ihre Selbstverständlichkeit nur staunen konnte. Aber anscheinend geschah das völlig rechtmäßig. Die Züge, die hier verkehrten, fuhren so langsam, daß man ihnen immer rechtzeitig ausweichen konnte. Da gab es keinen Unterschied, ob es sich um einen Güterzug handelte oder ein moderner Aussichtszug war wie der »Delaware-Hudson«, der gerade auslief oder eine Wagenschlange der »New-York-Central«. Sie alle bewegten sich in gemütlichem Tempo durch die Leute hindurch, die hier ihre Kinderwagen schoben oder mit Einkaufstaschen über die Gleise liefen oder aber auch im Auto unterwegs waren. Dieser Betrieb paßte nicht schlecht zu meinen Absichten heute abend – das war der richtige Bahnhof für mich!
Auf dem weiteren Weg stadteinwärts schaute ich mit wachsendem Appetit in die verlockenden Schaufenster der Obstläden. Auch wurde mein Durst immer stärker. – Es war soweit: Ich betrat einen der mickrigeren

Läden und kaufte für die 35 Cents ein, die mir die Mounted Police in Niagara Falls versehentlich nicht abgenommen hatte und die noch immer mein einziger Bargeldbestand waren. Bei der alten Frau, die bediente – danach hatte ich den Laden ausgesucht – bestellte ich »apples for 20 cents and a can of milk for 10 cents«, und wurde prompt bedient. Mit dem Rest von 5 Cents in der Tasche verließ ich ungeschoren den Laden.
Von den Äpfeln biß ich gleich herunter. Sie schmeckten herrlich. Die Büchse mit kondensierter Milch ließ ich erst einmal in der Hosentasche.
Rechts an meiner Straße erschien jetzt ein Gebäude, das nur die Expreßgutabfertigung sein konnte. Also war es nicht mehr weit zum Hauptbahnhof. – Alles gehörte hier der Canadian National Eisenbahn und war rot angestrichen: Die Gepäckkarren, Lastwagen, die Lagerschuppen, alles war grellrot und leuchtend beschriftet mit großen goldenen Buchstaben »Canadian National«.
Es gab also keinen Zweifel, daß diese Gleisanlagen einmal von dieser, der älteren der privaten Eisenbahngesellschaften, gebaut worden waren. Allerdings war sie heute wirtschaftlich nicht mehr die stärkere, die Canadian Pacific hatte sie überholt.
Das sah man auch diesen Anlagen an. Sie wirkten nicht mehr »up to date«, sogar im Vergleich mit Europa, sie wirkten eher orientalisch.
Doch wo war die Station, wo waren die Bahnsteige, ich wollte eine Tafel mit Abfahrtszeiten sehen. So sehr ich die Augen verdrehte, ich fand nichts, das nach Bahnhofsgebäude, der Bedeutung Montreals entsprechend, aussah.
Da fragte ich einen Zeitungsverkäufer, als ich das schlimmste Verkehrsgewühl hinter mich gebracht hatte, wo denn die »main station« sei. Er musterte mich, giftig unter seinen dicken Brillengläsern hervorsehend, und ich fürchtete, daß er in einer Morgenausgabe meinen Steckbrief gelesen hatte. Er sagte keinen Ton, und ich bedauerte, daß ich ihn überhaupt gefragt hatte, schließlich stand keine 100 Meter entfernt auch noch ein Schutzmann!
Da hob er seine Hand, deutete verachtungvoll in die Richtung, aus der ich gekommen war, und hantierte weiter an seinen Stößen von Zeitungen herum. Mit einem Blick konnte ich die großen Überschriften der Tageszeitungen streifen und mit Befriedigung feststellen, daß mein Fall nicht oben drüber stand, sondern fast überall die Meldung, daß Präsident Roosevelt die Oberbefehlshaber der Luftwaffe, Heer und Marine wegen Pearl Harbour vor ein Kriegsgericht stellen lassen würde.

Mich hätte es nicht gewundert, wenn mein Name in der ersten Zeile erschienen wäre. Nach dem Aufsehen vom letzten Mal erwartete ich beinahe etwas ähnliches. – Aber was nicht war, konnte noch werden, auf jeden Fall war ich auf einen öffentlichen Steckbrief gefaßt. – Mit dem Zeitungsverkäufer war es noch einmal gut gegangen, doch wollte ich mich in Zukunft auch diesbezüglich besser vorsehen.
Nun war ich die 100 Meter wieder zurückgegangen und stand an einer sehr verkehrsreichen Ecke. Ein Verkehrsschutzmann überwachte von der Seite den Verkehr und paßte auf, daß niemand die Signale der Ampel mißachtete, die über der Mitte der Straßenkreuzung hing. – Wieder schaute ich mich vergeblich um und suchte ... Kein Bahnhof! Nochmals fragte ich jemand. Es war ein jüngerer Mann, der gerade in Eile die Straße überquerte. »If you look for the Bonaventure Station, just look back!« ... Tatsächlich, da stand in schwarzverrußten Goldbuchstaben »Bonaventure Station« ... Vorhin war ich hier vorbeigegangen und hatte jetzt auch auf dem Rückweg nicht gedacht, daß das hier ein Bahnhofsgebäude sein konnte. – Das Gebäude war so unscheinbar klein und rußig im Vergleich zur »Union Station« in Toronto, daß ich überhaupt nicht auf den Gedanken gekommen wäre, dahinter einen bedeutenden Bahnhof zu vermuten.
Doch überquerte ich die Straße und ging gleich in die Halle hinein. Innen hingen viele bunte Fahnen, das gab diesem Raum ein erheblich freundlicheres Aussehen. – Es war fast gefährlich menschenleer. Nur ein Polizist der Mounted Police und eine Zweimannstreife der Militärpolizei kamen in mein Blickfeld. – Das war mir gar nicht recht! – Aber das durfte ich mir nicht anmerken lassen, gesehen hatten sie mich sowieso schon! – Vor allem mußte ich etwas tun, was zum Bahnhofsmilieu paßte.
Dort hing die Zeittafel an der Wand, auf der alle Züge verzeichnet waren. Davor stellte ich mich auf und brauchte nicht zu heucheln, als ich sie mit großem Interesse studierte.
Die Züge waren nach Fahrtrichtungen geordnet, ich suchte mir die Spalte »New York« aus. – Leider fand sich nichts Passendes! Das a.m. und p.m. hatte ich mir diesmal vorher von den Experten im Lager erklären lassen: a.m. stand für ante meridiem oder vor 12.00 Uhr, p.m. hieß post meridiem und galt von 12.00 Uhr bis 24.00 Uhr.
Bis 16.00 Uhr am Nachmittag fuhren mehrere Züge Richtung New York, dann war Pause bis ca. 22.00 Uhr. Das war für mich nicht geeignet, ich brauchte Dunkelheit und suchte etwas mit Abfahrtszeit 18.00 bis 19.00

Uhr herum. Bis 22.00 Uhr zu warten, würde heißen, Zeit zu verschenken.
Nun galt es zu ergründen, ob nicht auch hier die Canadian Pacific den Hauptanteil des Personenverkehrs in Händen hatte. Es war festzustellen, ob die Canadian Pacific einen eigenen Hauptbahnhof in dieser großen Stadt betrieb.
Da sich inzwischen die Polizisten in der Nähe der Tür aufhielten, durch die ich hereingekommen war, wollte ich die Bahnhofsvorhalle durch eine andere Tür verlassen.
Zuerst sah ich mich aber nach den Verhältnissen auf den Bahnsteigen um. Alles war für mein Vorhaben bestens geeignet, keine Bahnsteigsperre, draußen auf den Geleisen eine bunte Mischung von Personen- und Güterzügen! – Alles bestens! – Niemand konnte hier eine Annäherung an einen Zug präzise überwachen! – Es würde nur darauf ankommen, einen geeigneten Platz am Zug zu finden, auf dem man unterwegs nicht gesehen werden konnte. Aber dazu hatte ich meine Seile, Gürtel und Wollschals mit!
Tatsächlich erreichte ich das Freie durch eine Art Wartesaal hindurch, ohne an den Polizisten vorbeigehen zu müssen.
Beim Einfahren in die Stadt heute morgen hatte ich gesehen, daß oben auf halber Höhe des Hügels zur linken Seite weitere Eisenbahnzüge verkehrten. Auf der unteren Seite mußte der Hafen liegen, dessen Kräne ich teilweise gesehen hatte. Also gab es keinen besseren Entschluß, als von der Bonaventure Station im rechten Winkel abzuzweigen und bei den Geleisen hangaufwärts mein Glück zu versuchen.
Fragen wollte ich nicht, denn ich war mir sicher, daß diese anderen Geleise ziemlich weit oben am dicht bebauten Hügel liegen mußten. Viel sehen konnte ich von hier aus nicht! – Die Gebäude wurden immer höher und sahen allmählich auch nach wohlhabendem Geschäftsviertel aus.
Das Heulen der Lokomotiven dort oben ließ darauf schließen, daß oben am Hang eine weitere Eisenbahnstation liegen mußte. Außerdem war klar, daß diese fast veraltete Station hier unten den Personenzugverkehr einer so großen Stadt wie Montreal nicht alleine bewältigen konnte. Ich hatte gelernt, daß sie schon über eine halbe Million Einwohner beherbergte.
Als ich auf meiner Straße fast den halben Berg hinaufgestiegen war, stand neben mir vor einem Restaurant ein Junge von etwa 16 Jahren, der genau wie ich mit Interesse die ausgehängte Speisekarte studierte. – Den fragte

ich nach der Station der Canadian Pacific. Er deutete den Berg hinauf und meinte: »The building with the flag on top.«
Das war leicht zu finden. Nach wenigen Minuten war ich dort und buchstabierte »Windsor Station«. – Da war es in Deutschland doch leichter, da fragte man einfach nach dem Hauptbahnhof, und man wußte, wohin man geschickt wurde! Hier hatte jeder Bahnhof seinen Namen.
Das war zweifellos ein imponierendes, hohes Bahnhofsgebäude. Nur war mir überhaupt nicht klar, wo die Geleise hineinführten.
Ich stand immer noch am steilen Hang und schaute an dem riesigen, hohen Bau hinauf. Am Eingang an meiner Ecke stand »Entrance to the elevator«. – Aha! – Das gab schon etwas Aufklärung. – Jedoch bevor ich womöglich einen »elevator« benutzte, wollte ich erst einmal um den ganzen Bau herumgehen. Von hier aus konnte man noch immer nicht vermuten, wo die Züge in dieses Gebäude einfuhren.
Vorne am Gebäude entlang ging es weiter steil den Berg hinauf. – Oben angekommen, fand ich mich dann schnell zurecht. Ein elegant uniformierter schwarzhäutiger Portier, dessen Gesicht in dem Flockengeriesel blau angelaufen war, bewachte die großen Eingangstore.
Ja! Die Canadian Pacific stellte sich in jeder Beziehung vornehmer dar! – Mir war das aber gar nicht so recht! – Für mich wäre es auch ohne Portier gegangen! – Sicherheitshalber stellte ich mich erst mal auf die andere Seite der Straße, gegenüber dem Eingang, und beobachtete.
Es würde gehen! – Niemand zeigte irgendwelche Ausweise oder Fahrkarten, der Portier stand eigentlich nur zur Zierde da und öffnete ab und zu einem vorfahrenden Wagen den Schlag, um ein Trinkgeld zu kassieren.
Auch sonst herrschte hier so vielfältiger Verkehr, daß man nicht damit rechnen mußte aufzufallen. Mit meinem Aufzug paßte ich tadellos ins Bild. Man konnte viele Wintersportler, Männlein wie Weiblein, mit den Schiern über den Schultern unter den ein- und ausgehenden Eisenbahngästen erblicken. – Hätte ich meine Bretter dabei gehabt, hätte mir der Portier sicher auch das Tor geöffnet.
Aber man wollte ja nicht zu anspruchsvoll sein, es ging auch so! Drinnen allerdings war es so elegant, daß ich mir beinahe doch deplaziert vorkam. – Schnell zu der Tafel mit den Abfahrtszeiten und dann bloß wieder raus! – Was für ein krasser Gegensatz zur Bonaventura Station! Alles peinlich sauber, übersichtlich, solide Sitzbänke, eine weiträumige Halle, viele Uniformierte, keine Atmosphäre für einen POW auf der Flucht!

Da konnte ich schon meinen Zug ablesen: »New York Central, Abfahrt 6.25 p.m., track 7«. Genau was ich suchte! Keinen Augenblick schaute ich mich zu lange um – dort war Gleis 7 – und schon stand ich wieder draußen in dem stärker gewordenen Schneefall.
Die geräumten Straßen fingen an, sich langsam wieder weiß zu färben. Fast kam Weihnachtsstimmung und damit Heimweh auf. – Wir hatten den 18. Dezember. Überall auf der Welt dachte man jetzt an Weihnachten, und auch die hiesigen Schaufenster ließen keinen Zweifel, auf welches Fest man sich vorbereitete.
Ich fror und suchte nach einem Platz, an dem ich ungestört meine Milchbüchse öffnen konnte, um sie mit Genuß auszutrinken. Das würde den Durst löschen und mir auch etwas Wärme geben. – Zwar hatte ich die Feigen und Schokolade und einen weiteren kleinen Käse, aber diese Dinge wollte ich vorerst einmal in Reserve halten, wußte ich doch, daß mir heute nacht noch einiges bevorstand.
Auf dem Weg hielt ich gleichzeitig Umschau, wie ich heute abend am besten auf den »Bahnsteig 7« kommen würde. Ich hielt mich wieder parallel zu den einlaufenden Gleisanlagen des Sackbahnhofes und marschierte vom Kopf der Station weg.
Bald stellte ich fest, daß man bei Dunkelheit nur weit genug weg sein mußte, um genau wie in Toronto über die Gleise zurück zum Bahnsteig marschieren zu können.
Unterwegs fand ich einen dicken Nagel, mit dem ich zwei Löcher in meine Milchbüchse stieß. – Wie gut das schmeckte, kann man sich unter normalen Verhältnissen nicht vorstellen. Zwar dick, aber herrlich süß und nahrhaft!
Inzwischen war es kurz vor 11.00 Uhr geworden, meine Taschenuhr hatte ich in der Windsor Station genau gerichtet – heute abend wollte ich unbedingt pünktlich sein!
Es standen noch gut sechs Stunden zur Verfügung, bis ich mich zur Abfahrt vorbereiten mußte! Ich war ganz schön müde und suchte nach einem Platz, wo ich mich einigermaßen ausruhen konnte.
Am besten geeignet wäre ein abgestellter Eisenbahnwagen gewesen, also ging ich immer weiter an den Geleisen zurück und hielt Ausschau!
Aber als ich schon weit von der Station entfernt war, fand sich noch immer kein einziges Abstellgleis mit stehenden Personen- oder Güterwagen. – Und da ich die Bahnsteighallen längst verlassen hatte, machte mich der feuchte Schnee allmählich naß von oben bis unten. Wahrscheinlich

würde ich unten bei der Canadian National eher etwas Geeignetes zum Unterschlüpfen und Ausruhen finden.
Die Richtung war klar: Bergabwärts – so lange, bis ich unten auf die anderen Gleisanlagen stoßen würde. Das paßte ganz gut so, dabei ließ ich mir Zeit. Wenn ich dicht an den Häusern blieb, war der Schneefall zu ertragen. Wenn möglich, wollte ich ein wenig von der Stadt sehen.
Soviel war jetzt schon festzustellen: Oben am Berge lebte der wohlhabendere Teil der Bevölkerung, da standen die Villen, große herrschaftliche Häuser. Hier las man fast nur englische Namen. Je weiter man den Berg hinabstieg, um so älter und ärmlicher wurden die Gebäude. Ziemlich weit unten stand man sogar Schlange vor einem Eingang, aus dem Speisung verabreicht wurde. Selbst kam ich nicht einen Augenblick auf die Idee, mich auch anzustellen. – Aber ich wunderte mich. – War das in einem Lande nötig, wo es noch so viel unbebauten Boden gab? Warum zogen die Leute nicht hinaus aufs Land und verdienten sich ein besseres Essen, oder bauten es für sich selbst an?
Man konnte nur darauf schließen, daß es an dem entscheidenden Entschluß fehlte aufzubrechen, um etwas anderes anzupacken, wie es die Vorfahren getan hatten. – Staatlichen Zwang gab es in Kanada nicht!
Nun war ich unten in der Gegend angekommen, wo ich eingekauft hatte. – Da waren die Geleise der »National«, aber auch hier war so viel und dauernder Verkehr, daß einfach kein Platz verblieb, wo Wagen abgestellt werden konnten. Auch hier entfernte ich mich immer weiter von der Bonaventure Station.
Schon war ich über die Anlagen hinaus gegangen, wo ich mich früher »hergerichtet« hatte, da rief mich jemand an. Ich war schon so selbstsicher geworden, daß ich völlig überrascht war, als ich gerade beim Überschreiten einer Straße laut angebrüllt wurde. – Das konnte doch nicht mir gelten? – Doch! – Da stand ein alter Mann auf einem zweirädrigen Karren, vor den ein Esel gespannt war, und winkte mich heran. Es gab keinen Zweifel, das galt mir. Sehr zögernd trat ich näher, denn wenn ich angefangen hätte wegzuspurten, wäre ich dumm aufgefallen. Hier waren eine Menge Leute unterwegs.
Doch diese Sache konnte eigentlich nicht zu schlimm sein. Der Alte sah recht hilflos aus. Er hatte seinen alten Pritschenkarren hoch mit gepreßten Lumpenballen beladen, einige davon lagen auf der Straße. – Anscheinend hatte ich einen kräftigen Eindruck gemacht, deshalb hatte er mich angerufen.

Die Vermutung war richtig, und vermuten mußte ich, denn er sprach für mich völlig unverständlich unter seinem mit Kautabak verklebten Barte hervor und deutete dabei auf die beiden Ballen, die am Boden lagen. – Ich faßte mit an und staunte, wie schwer die Dinger waren! Der Alte hatte nicht viel Kraft, und wir brachten sie zusammen kaum in die Höhe.
Als wir sie oben hatten, brummte er wieder etwas, das ich nicht verstand, zog mich aber dann zu sich auf die Ladung hoch und deutete auf einen anderen Ballen. – Wenn ich bloß verstanden hätte, was er wollte! Zuerst arbeiteten wir uns genau entgegen, er schaute mich sehr entrüstet an. Danach ließ ich ihn ein bißchen allein machen und merkte so, daß er vorne für sich mit diesem Ballen einen Sitz bauen wollte. – Nachdem ich kapiert hatte, wurden wir uns schnell einig.
Nach meiner Meinung war ich nun entlassen. Ich zog höflich meine Mütze und sagte »Good bye«. Hätte ich aus seinem vorherigen Gemurmel schließen können, daß er französisch sprach, hätte es auch zu einem »Au revoir« gereicht, aber ich tappte völlig im dunkeln, was da hinter dem Barte gesprochen wurde. – Plötzlich wurde er deutlich: »Wait a minute, your right!« – Ich erschrak, was hatte das nun wieder zu bedeuten?
Er zog seinen Geldbeutel, nestelte lange daran herum, bis er mir eine kleine Münze gab. – Ich steckte sie ein und hoffte, daß ich damit endlich entlassen sei. Nochmals zog ich meine Mütze, und diesmal ließ er mich gehen. – Im Weitergehen musterte ich die Münze. Es waren 5 Cents.
Ich war sehr stolz auf dieses ehrlich verdiente Geld und überlegte, daß ich damit wieder 10 Cents besaß. Damit konnte ich mir nochmals eine Milch kaufen.
Doch wo blieb ein geeigneter Eisenbahnwagen? – Es regnete sich allmählich ein, der Schnee vermischte sich mit Regen, ich wurde immer nässer.
Nun beschloß ich, alle Schienen zu überqueren und auf der anderen Seite zu suchen. Wenn ich dort kein Obdach finden würde, wollte ich meine Schritte wieder zur Bonaventure Station richten.
Vielleicht konnte ich mich dort für eine Weile im Wartesaal aufhalten, ohne aufzufallen. Vor allem würde es warm sein, ich konnte es mir nicht leisten, naß bis auf die Haut zu werden. Die Seesackweste hielt zwar wunderbar dicht, wurde aber selbst naß, und wenn ich mit nasser Kleidung durch eine eisige Nacht unter einem Eisenbahnwagen fahren wollte, konnte dabei nicht viel Gutes herauskommen.
Genau wie die anderen Leute marschierte ich mitten durch den Zug- und Rangierverkehr über die Geleise hinweg. – Es war erstaunlich, daß nichts

passierte. Da spielten sogar Kinder und hatten die kleinen Geschwister im Kinderwagen dabei. – Mir war bei diesem Anblick nicht sehr wohl. – Die Kinder spielten, und keine zwei Meter daneben fuhren die D-Züge vorbei – zwar langsam, aber an dem dumpfen Ton der rollenden Räder war zu hören, welche Lasten unterwegs waren.

Mein Hauptaugenmerk war jedoch auf leerstehende Wagen gerichtet ... Und es war einfach nichts zu machen. – Hier auf der anderen Seite standen verschiedene Warenschuppen mit Laderampen und zugehörigen Geleisen, aber anscheinend herrschte hier infolge des Krieges ein solcher Hochbetrieb, daß nirgendwo Platz für einen stehenden Wagen war.

Vor den Verladeschuppen befanden sich einige Reihen von Güterwagen, die teilweise hervorragenden Unterschlupf gewährt hätten. Aber überall waren Lokomotiven vorgespannt und nirgendwo war Stillstand. Es war genau umgekehrt wie bei Nacht. Jetzt wurde gearbeitet.

Da lockte doch ein Güterzug. Auf ihm standen eng gereiht, hintereinander auf offenen Pritschenwagen, funkelnagelneue Autos. Sie leuchteten in allen Farben und kamen von Ford in Detroit. Ob die Landstrecke wegen des kürzeren Weges durch Kanada zum Atlantik führte? – Kurz stieg ich auf und probierte an einer der Autotüren – sie war tatsächlich nicht verschlossen –, so hätte sich reisen lassen!

Doch die Lokomotive zeigte Richtung Osten, das war nicht meine Richtung, ich wollte Richtung New York.

Überhaupt hielt ich während der ganzen Zeit meine Augen offen nach einem geeigneten Güterzug. Denn trotz des schon »ausgesuchten D-Zuges« wäre eine Fahrt mit Güterzug in zweierlei Hinsicht vorzuziehen gewesen. Einmal war die Fahrt unter einem D-Zug keine Lebensversicherung, und sicher konnte man dort leichter entdeckt werden als auf einem Güterwagen.

Doch so sehr ich auch die Zettel und Kreideschriften studierte, nirgendwo fand ich das gewünschte »New York«, auch nichts, was in diese Richtung gezeigt hätte.

Allmählich wurde mir das Wetter zu bunt. Ich fror schon vor Nässe, und es wurde höchste Zeit, den Wartesaal aufzusuchen. – Ich blieb gleich auf den Schienen und marschierte solange Richtung Bahnhof, bis ich auf einem Bahnsteig einlief.

Das war hier unten, innerhalb dieser Station, nicht weiter auffällig, ich war nicht der einzige, der sich auf den Geleisen herumtrieb. – Mich zog es in die Wärme und ich begab mich gleich in den Wartesaal. Es war herrlich.

Fast wie im Märchen kam ich mir vor, daß ich nach so langer Zeit des Gehens und Frierens gemütlich hinsitzen und ausruhen konnte, und daß es im Warteraum auch noch warm war.
Inzwischen war es hier ziemlich voll geworden. Man konnte es vielen Leuten ansehen, daß sie nicht hier waren, um mit der Bahn weiterzufahren, aber es fand sich ein Plätzchen für mich sogar im ruhigeren Teil des Warteraumes, und schon nach kurzer Zeit verspürte ich, wie eine wohlige Wärme mich durchrieselte.
Ich sah mich um. Neben mir saß ein alter Mann, der sich auf seinen Stock stützte und anscheinend einen Mittagsschlaf hielt. Die meisten Anwesenden versteckten ihren Kopf hinter einer Zeitung. Rechts von mir saß eine junge Mutter, die genug zu tun hatte, ihr etwa dreijähriges Töchterchen im Zaum zu halten. Sie sprachen französisch, und die Kleine fragte und fragte, wie es Kinder in diesem Alter eben tun.
Am unangenehmsten benahmen sich die 14- bis 16jährigen Jungs, die Zigaretten rauchten und Eindruck machen wollten. Auch sie sprachen oder krakeelten auf französisch. Wenn man nicht gewußt hätte, daß man in Kanada war, hätte man glauben können, man befände sich auf einem Bahnhof in Frankreich. Nur dieses Wetter paßte nicht ganz dazu! – Draußen wirbelte zur Abwechslung mal wieder Schnee.
Ich schloß die Augen, sie brannten vom vielen Wachsein. So wollte ich etwas Ruhe finden, einschlafen mochte ich aber nicht. Ich wollte nicht in die Lage kommen, plötzlich von einem Polizisten geweckt zu werden. Meine Ohren blieben wachsam – so lange die Stimmung hier drinnen so schön gemütlich blieb, konnte ich ruhig sitzenbleiben. Sollte sich aber ein Polizist oder Bahnbeamter ankündigen, hieß es vorsichtig sein.
Es war etwa 14.00 Uhr, als ich mich setzte, wenn möglich, wollte ich bis 16.00 Uhr bleiben. – Im großen und ganzen blieb man ungeschoren. – Die Fahrkartenschalter befanden sich in einem anderen Raum. Dort herrschte am Ausgang zu den Bahnsteigen abwechselnder Betrieb. Dort war seitlich auch ein Wechselschalter, an dem die Reisenden kanadische und amerikanische Dollar umrechnen ließen und umtauschten. Auf der anderen Seite befand sich ein Verkaufsstand, an dem man – trotz Krieg – von der Schokolade bis zu vielseitigen Whiskys und Schnäpsen alles kaufen konnte.
An der Rückseite des Raumes befand sich die Tür zu einem Eßlokal. Dort verkehrten zu dieser Tageszeit nur sehr wenig Gäste. – Nur ab und zu kam ein Beamter durch, der die Abfahrt der Züge ausrief. Dieser Mann

war mir am unangenehmsten, denn ich fürchtete, daß es ihm schließlich auffallen könnte, daß ich keiner seiner Ansage Folge leistete.
Die Uhr zeigte gegen drei Uhr. Mir war schön warm geworden, und ich spürte auch, daß meine Beine sich erholten. Die jungen Burschen waren weniger geworden, dafür erschienen jetzt mehr ältere Herren, die sich aufwärmten und ihre Zeitung lasen. – Viel Lärm machte eine Gruppe von zwei RAF-Sergeanten, die, nach ihren Schwingen zu urteilen, neugebackene Flugzeugführer waren. Sie führten sich entsprechend auf. Genau wie wir früher!
Die beiden waren in Begleitung einer jungen Dame und eines Herrn in Zivil. Zu wem die Dame gehörte, war nicht auszumachen.
Das spielte auch keine Rolle. – Sie zogen vom Wartesaal zum Verkaufsstand und wieder zurück zum Restaurant, so ging das unaufhörlich hin und her, jedesmal nahmen sie einen »drink«, der immer großartig von dem Herrn in Zivil bezahlt wurde.
Nachdem sie das eine halbe Stunde lang getrieben hatten, waren sie schon mehr als fröhlich und zogen johlend umher. Sie fielen über alle möglichen Leute her und fragten dummes Zeug. Ich fing an, unruhig auf meiner Bank hin und herzurutschen, ich hätte es nicht gerne gehabt, wenn sie auch auf mich zugekommen wären.
Auch die Polizei war auf das Quartett schon aufmerksam geworden, alle Augenblicke ließ sich ein Polizist im Wartesaal sehen. – Es war zwar erst 15.45 Uhr, aber mir gefiel mein Ruheplatz trotz der Wärme nicht mehr. Ich brach auf, um mir zuerst die Milch zu kaufen, dann wollte ich bis zum Einbruch der Dunkelheit durch die Stadt bummeln, um mich dann rechtzeitig oben am Berg in die Windsor Station einzuschleichen. Vielleicht war dort »mein Zug« schon zusammengestellt, und ich konnte mich in aller Ruhe vertäuen.

Ein gütiges Schicksal?

Das Schneegestöber war jetzt erheblich stärker geworden und in den Läden brannte überall Licht. Überall war Weihnachtsstimmung, überall war die Dekoration auf das Weihnachtsfest abgestimmt. Und ich mußte mich hier wie ein Verbrecher herumdrücken!

Es war mir recht elend zu Gemüt. – Lange suchte ich, bis mir die Gesichter zusagten. Hier stand eine ältere Dame hinter dem Ladentisch, zu der traute ich mich hinein. – Ich trat ein und verlangte diesmal ein »candle of milk«, genauso wie ich es heute morgen verstanden hatte.
Die Frau beachtete mich gar nicht weiter, stellte die Milchbüchse gleich auf den Ladentisch und sagte nebenher etwas zu dem Ladeninhaber, der von rückwärts das Geschehen überblickte. Sie beachtete auch nicht mein Geld, die zwei Nickelstücke, die ich hinlegte, sie hatte ihm anscheinend etwas sehr Wichtiges mitzuteilen.
Da hatte ich die Bescherung! – Der Mann verschwand nach hinten durch eine offene Tür, dort hing ein Telefonapparat an der Wand, und er fing gleich an zu wählen.
Da gab es keinen Zweifel. Der Frau war an mir etwas aufgefallen! – Vielleicht hatte sie in der Zeitung über mich gelesen, damit mußte ich immer rechnen – nach der großen »publicity«, die mein Fall das letzte Mal erzeugt hatte. Sicher würden auch die Montrealer Zeitungen einen Steckbrief von mir abdrucken. Von den Radiostationen war nicht viel Besseres zu erwarten.
Ohne allzu große Eile, um den Verdacht nicht noch zu verstärken, verließ ich den Laden. Es konnte ja eine falsche Annahme sein.
Kaum war ich draußen, ging ich für die nächsten 15 Minuten derart schnell und im Zickzack um die Ecken, daß der Ladenjunge, der mir beim Verlassen des Ladens gefolgt war, bald abgehängt war. Glücklicherweise war es jetzt schon so dunkel, daß ich in manch dunkler Gasse nicht mehr zu sehen war und unter den vielen Leuten untertauchen konnte.
Die allgemeine Richtung, schräg bergan, hatte ich trotzdem eingehalten, wußte allerdings erst wieder, wo ich mich befand, als ich auf die Gleisanlagen der »CP« stieß. Dort ging ich durch einen Durchlaß unten durch, und konnte dann oben wieder Richtung Station zurückkehren, nachdem ich mich versichert hatte, daß mir in dieser verlassenen Gegend niemand folgte.
Diesmal fand sich eine fast geniale Möglichkeit, meine Büchse zu öffnen. Beim Entlanggehen an einem Staketenzaun schlug ich die Büchse zweimal auf den Zaun und bekam so zwei herrlich große Löcher, aus denen ich in vollen Zügen trinken konnte.
Ich blieb gleich hier oben auf dieser Seite der Gleisanlagen, um ausfindig zu machen, wie ich mich einschmuggeln konnte. Talseitig war nichts zu machen. Die Geleise liefen mitten am Hang entlang, und von der Talseite

her begrenzte eine 10 Meter hohe Stützmauer den Bahndamm, da konnte niemand hinaufklettern.
Auch hier, kurz vor dem eigentlichen Bahnhofsgebäude, mußte ich durch die Expreßgutanlagen durchgehen. – Wenn hier später nicht mehr so viel Kundenbetrieb sein würde, konnte ich schon von hier aus nach drüben zum »Gleis 7« gelangen. Sollte die Geschäftigkeit nicht nachlassen, mußte ich weiter weg vom Bahnhof und dann von außen über die Geleise hereinkommen.
Dieser Bahnhof war, im Gegensatz zu Toronto und der Bonaventure Station, als Sackbahnhof angelegt, der nur dem Personenverkehr diente. Deswegen mußte man hier viel vorsichtiger sein!
Es war jetzt 16.30 Uhr. – Obwohl oder vielleicht gerade weil es schon dunkel war, machte ich mich auf den Bummel.
Zuerst kam ich an einem großen Gebäude vorbei, das mir in antik griechischem Stil erbaut erschien. Es war die »Banque Agriculture«. Ein imponierendes Gebäude, das stark aus seiner Umgebung hervorstach. – Ein anderer Prunkbau war das »Windsor Hotel«, das an einer Ecke gelegen war und zu zwei Straßen hin Teppiche ausgelegt hatte, die je nach Bedarf zu den vorfahrenden Wagen ausgerollt wurden.
Beinahe hätte mich der Portier fortgejagt, als ich im Vorbeigehen einen neugierigen Blick ins Innere werfen wollte. – »Mein Lieber, laß das bleiben!« hatte ich mir vorzuwerfen! – »Wer weiß, ob du nicht doch noch einmal die Chance bekommst, wieder zu der Gesellschaftsklasse zu zählen, die hier verkehrt! Es ist kaum ein Jahr her, da hast du auch so gewohnt!«
Das Leben war schon eine merkwürdige Angelegenheit! – Ein und derselbe Kerl gilt einmal was, dann verliert er nach außen seinen Wert, nur weil er andere Kleider trägt und nicht mehr genug Geld in den Taschen hat. – Aber was wollte ich eigentlich? – Erlebte ich doch eines der interessantesten Abenteuer meines Lebens!
Um mich nicht zu verirren, ging ich fast nur geradeaus, in einer breiten, belebten Straße, mit herrlichen Läden auf beiden Seiten. Nicht nur auf den Gehsteigen, auch auf der Straße wimmelte es von Verkehr. – Es war heute Donnerstag, der 18. Dezember 1941.
Die Lichtreklame prahlte in den buntesten Farben. Die Menschen waren gut angezogen. Sie waren auch guter Laune. Dies schien – wie bei uns zu Hause – die Bummelstunde zu sein . . . Und das alles mitten im Krieg! Sah so ein Land aus, das sich seit über zwei Jahren im Krieg befand?

Hier steckten große Reserven. Hier war noch nicht mobil gemacht worden. – Man brauchte nur in die Schaufenster zu sehen. Da war alles zu haben: Parfüms, Pelze, schöne Kleider, Delikatessen – alles was Auge und Herz begehrten. Aber die größte Versuchung waren die hübschen Mädchen, die hier bummelten.
Sie waren alle »made up«, das gab ihnen bei dem farbigen Reklamelicht ein wundervolles Aussehen. Sie paßten in den Rahmen! Warum konnte ich nicht einer von den glücklichen Jungs sein, die hier mit ihren Freundinnen von einem Fenster zum anderen wanderten, um das beste Geschenk für Weihnachten auszusuchen?
Aber so groß war die Versuchung jetzt auch nicht mehr, ich hatte keinen Cent mehr in der Tasche, wohin hätte ich schon mit so einem Mädchen gehen wollen? – Ob es wohl in ganz Kanada so viele hübsche Mädchen gab, oder war das ein Privileg von Montreal, dem »kleinen Paris«?
So gegen 17.00 Uhr lenkte ich meine Schritte wieder zum Bahnhof. Es war jetzt dunkel genug. Aber es war inzwischen auch wieder recht kalt geworden, und ich wollte mich kurz im Wartesaal der Windsor Station aufwärmen.
Der Weg zurück war leicht zu finden, er führte am Windsor Hotel vorbei. Am Bahnhof verkehrten diesmal noch mehr Skifahrer als am Vormittag. Ich paßte immer besser in das Bild, wenn ich auch keine Skier trug. Dafür sahen meine schon etwas abgetragenen Skistiefel und die weißen Socken um so zünftiger aus.
Der Wartesaal lag gegenüber den Eingängen zu den Bahnsteigen. Bevor ich eintrat, überzeugte ich mich nochmals: »6.25 p.m., Gleis 7«, nach New York, mit der NYC (New York Central).
Dieser Wartesaal war prächtig! In Toronto hatte die Eingangshalle schon beeindruckt, aber das hier übertraf alles, was ich bisher gesehen hatte! – Im Innern waren Bronzebüsten aufgestellt, an den Wänden hingen dunkle Reliefs, die Bänke waren aus dunkel poliertem Holz, alles andere war hell gehalten. Das sah nicht nach Wartesaal in deutschem Sinne aus. Das hätte bei uns ein riesiger Sitzungssaal sein können. Es war deutlich sichtbar, die Eisenbahngesellschaften warben um die Gunst ihrer Reisenden!
Gleich nach dem Eintreten setzte ich mich und ließ die Wärme auf mich wirken. Es war nicht nur körperliche Wärme, auch die Augen empfanden warm. Diesmal fühlte ich mich wohl hier drinnen. Am liebsten hätte ich mich auf eine Bank gelegt und erst einmal für ein Weilchen geschlafen. Die Augen fielen mir nach kurzer Zeit zu, und als ich nach kaum 5 Minu-

ten aufwachte, sah mich von gegenüber ein älteres Ehepaar so teilnahmsvoll an, daß ich beinahe Angst haben mußte, sie würden mir ein Schlafwagen-Ticket kaufen.
Es war jetzt 17.25 Uhr, und ich mußte mich auf den Weg machen, wußte ich ja noch nicht einmal genau, wie ich auf den Bahnsteig gelangen wollte. Andererseits wollte ich auch nicht zu früh dort sein, man wußte ja nicht, wie streng die Kontrollen am Zug sein würden. Vielleicht war meine Suche nach Verstecken nur beiläufig möglich, dann konnte jeder unnötig lange Aufenthalt auf dem Bahnsteig nur Gefahr bringen.
Diesmal ging ich so lange talseitig an der hohen Mauer entlang, bis ein Durchlaß nach oben kam. Ich ging durch und war bald wieder auf dem gleichen Weg, wo ich vorher meine Milchbüchse aufgemacht hatte.
Als ich an einem Stellwärterhaus vorbeikam, schaute der Weichenwärter lässig zum Fenster hinaus, unten war ein kleines eisernes Tor auch halb geöffnet, aber eine Lampe schaukelte so hell im Schneegestöber, daß es leichtsinnig gewesen wäre, die Schienen zu betreten.
Ich ging weiter einwärts, jetzt mußte ich mein Glück bei der Verladerampe für Expreßgut versuchen. – Als ich dort ankam, fuhr gerade ein Lastwagen aus, drinnen stand ein Elektrokarren, und die mit Paketen beschäftigten Leute hatten so viel zu tun, daß sie keine Notiz von mir nahmen. – Da führte sogar ein ausgetretener Pfad von dem Lagerhaus weg. Den betrat ich ohne Hemmungen – wenn mich jemand fragen würde, würde meine Antwort lauten, daß ich bis kurz vorher dort drüben Schnee geschaufelt hätte, leider müßte ich nochmals zurückgehen, um meine Schaufel zu holen. Schließlich gab es hier in Montreal alle paar Meter Leute, die irgendwie damit beschäftigt waren, den Schnee wegzuräumen.
Ich blieb ungeschoren! – Nur daß mir mitten auf den Geleisen tatsächlich ein Trupp Schneeschaufler begegnete. – Um sie kümmerte ich mich so wenig wie um die Bahnsteige, die links von mir lagen, sondern steuerte gerade auf das am weitesten entfernte Gleis zu, das ganz dicht bei der Mauer zum Tal hin lag. Dort stand ein hohes dunkles Gebilde, mit einem kleineren dunklen Ding daneben. Dort wollte ich mich vorübergehend verstecken, um die Lage erst einmal zu überblicken.
Das kleinere »Dunkle« konnte ich bald als einen beladenen Kohlenwagen ausmachen, der auf dem letzten Gleis, einer Art von Abstellgleis, vor einem höheren gegiebelten Gebäude stand, dessen Sinn ich nicht ergründen konnte. – Entweder gehörte es zu einer Waggonwaage, oder war es vielleicht eine moderne Kohlentransporteinrichtung?

Für mich war nur wichtig, daß es hier stockdunkel war. Außerdem war ich mit dem Rücken zur Abschluß- und Stützmauer, so daß ich nur in einer Richtung aufpassen mußte. – Wenn sich hier jemand nähern würde, mußte ich ihn zuerst sehen. – Er würde nur von den Bahnsteigen her kommen können, und damit aus dem Licht. Ich würde rechtzeitig ausweichen können!

Außerdem trugen auch hier auf den Geleisen die meisten Eisenbahner eine Lampe, mit der sie sich rechtzeitig anmeldeten.

Etwas war sehr enttäuschend! – Es war jetzt schon 17.50 Uhr und das »Gleis 7« blieb immer noch leer. – Sollte es sich bei der »NYC« um einen durchgehenden Zug handeln, der nur kurz in den Sackbahnhof einfuhr? – Ich hoffte nicht.

Von hier konnte ich nicht alle Bahnsteige übersehen, denn gleich auf den übernächsten Gleisen standen mehrere lange Züge, die die weitere Sicht in die Bahnsteighalle versperrten.

Eine kleine Inspektionsreise wurde notwendig. – Auf meiner Seite ging ich so weit nach vorne, bis ich auf dem Bahnsteigkopf ankam. Dort ging ich nach links bis etwa »Gleis 3«, machte dann wieder kehrt und führte mich dabei »beschäftigt« auf. – Bei allen Zügen hingen Täfelchen mit den Richtungsorten.

Ich fand zwar einen Zug mit Abfahrtszeit 18.25 Uhr aber der ging laut Täfelchen Richtung Buffalo. – Das wären auch die USA, aber das hätte ich auch anders haben können. – Ich ging wieder zurück zu meiner dunklen Ecke, mein Zug würde schon noch kommen!

Das Warten fiel mir nicht allzu schwer. Einmal hatte ich mich für das Festbinden vorzubereiten, und zum anderen gönnte ich mir noch eine Pakkung Feigen und eine Tafel Schokolade. Das sollte mich auf die bevorstehenden Strapazen vorbereiten!

Aus den Brusttaschen holte ich die beiden Stricke, die früher beim Sport als Sprungseile gedient hatten, und band doppelte Schleifen daraus. Dann wickelte ich mir meinen breiten Schal um den Leib. Er war aus dicker Wolle gestrickt. Er sollte einmal das Hauptgewicht meines Körpers aufnehmen, dabei nicht zu sehr einschneiden und außerdem die Nieren etwas gegen die Kälte schützen. Einen Strick hatte ich als Schlinge für die Beine gedacht, den anderen, um Kopf, Hals oder Brust einzuhängen. Ein zweiter Gürtel war als Aufhangreserve gedacht. Ich stellte mir vor, daß ich schnell einige geeignete Dampf- oder Bremsleitungen unter einem dieser Personenwagen finden würde.

Jetzt war es schon kurz nach 18.00 Uhr, und weitere Züge waren inzwischen eingelaufen. Ich mußte mich nochmals auf den Weg machen! Wieder mußte ich an allen Bahnsteigbeamten vorbei, die hier nicht in Boxen saßen, sondern direkt an den Eingangssperren aufpaßten. Ich fürchtete, daß ich schon ihre Aufmerksamkeit erregt hatte, und ging diesmal besonders schnell. Schließlich wollte ich vor keinem der Täfelchen so lange stehenbleiben, um einem von ihnen die Gelegenheit zu geben, mich anzusprechen. So sehr ich mich auch umschaute, ich konnte weder auf einem Täfelchen noch auf einem Zug den Namen »New York« angeschrieben sehen. Auch fand ich keinen Zug mit den drei Buchstaben »NYC« auf den Wagenflanken. – Und das »Gleis 7« war immer noch leer. Genauso schnell wie auf dem Herweg ging ich auch zurück. Es war jetzt das vierte Mal, daß ich an den Beamten vorbei mußte. Ich wagte es noch nicht einmal, mich nach ihnen umzusehen. Es war fast sicher, daß sie sich allmählich über mich wunderten.

Wieder kehrte ich zu meiner dunklen »Höhle« zurück. Während ich nochmals meine Schleifen überprüfte, überlegte ich schon, was da wohl wieder schiefgehen würde! – Als es schon 18.15 Uhr und auf »7« noch kein Zug eingelaufen war, blieb nichts anderes übrig, als nochmals die Bahnsteige abzulaufen.

Diesmal kam es darauf an! – Ich mußte mir einfach die Zeit nehmen und genauer lesen, wohin die bereitstehenden Züge fuhren. – Bei dieser raschen Durchrennerei erfuhr ich nicht genügend! – Wenn es nicht sofort klappte, mußte ich ins Tal und dort auf einen späteren Zug warten.

Auf »Gleis 6« stand der Zug, der um 18.25 Uhr abfuhr. Diesmal stellte ich mich breit vor das Täfelchen und las auch die kleinen Namen, die zwischen der dicken Abfahrtszeit und dem Endbahnhof standen. Unten stand fett »Buffalo«, darüber Rochester, weiter oben Watertown . . . Das war nun klar – diese Linie führte demnach südlich um den Ontario-See herum! . . . Doch wozu die anderen, kleiner geschriebenen Stationen? Und da sah ich es: – Weiter oben stand »New York« – klein und unscheinbar –, darüber »Albany«, »Utica« und »Watertown«, alles in winzig kleinen Buchstaben, deswegen hatte ich das übersehen!

Mit einem Schlag ging mir ein Licht auf: Das war mein Zug! – Der stand heute einfach auf dem Gleis daneben. – Aber es half mir nichts, daß ich das so spät bemerkt hatte. – Dieser Zug fuhr wahrscheinlich über Albany nach New York und ein Teil würde sich unterwegs Richtung Buffalo abzweigen. – Es war jetzt 18.20 Uhr.

Noch fünf Minuten verblieben zum Suchen nach einem Unterschlupf und zum Anschnallen! – Auf der Seite, die den einsteigenden Reisenden abgewandt war, fing ich an. – Hier wurden nur vorne an dem zweiten Gepäckwagen viele Weihnachtspakete eingeladen, deswegen herrschte reger Verkehr mit Ladekarren. Aber ich hatte keine Zeit mehr, mich lange zu besinnen.

Ich lief an Ladepersonal und Karren vorbei, ganz nach vorne zur Lokomotive. – Doch mußte ich sofort kehrtmachen, ein Mechaniker war gerade dabei, die Räder abzuschmieren. – Etwas gab mir dann doch Sicherheit, daß es sich um den richtigen Zug handelte: – Auf dem Tender konnte ich die großen goldenen Buchstaben »NYC« ablesen. Schon war ich wieder auf der Höhe des ersten Packwagens.

Die Rückwand des Tenders war dunkel. Die mittlere von den drei Rücklichtlampen brannte nicht, und der Packwagen schloß mit einer Zwischenmuffe, die wie der Balg einer Ziehharmonika Verbindung schaffte, fast am Tender an. – Wenn ich mich durch diese Muffe hindurchzwängen konnte, hatte ich das beste Versteck, das man sich vorstellen konnte! – Im Vorbeigehen hatte ich bei dem anderen Paketwagen gesehen, daß quer geladen war, und zwar in so hohen Paketwänden, daß ein Durchgehen in Längsrichtung nicht mehr möglich war. Das war vermutlich im vorderen Wagen genauso.

Zuerst versuchte ich es Beine voraus, doch bei den Hüften war Schluß, die Knochen gaben nicht nach. – Aber wenn der Kopf oben Platz hätte, konnte ich es vielleicht mit Gewalt versuchen.

Also versuchte ich es mit dem Kopf voraus – doch auch da war ein eindeutiges Halt geboten. Ich hatte nach wie vor Größe 57, und das war um einiges zu viel. – Das ging nicht!

Die Uhr zeigte 18.23. – Ich schwitzte vor Aufregung! – Sollte ich, oder sollte ich nicht? – Die Sache wurde allmählich gefährlich! – Wenn meine Uhr nicht ganz genau anzeigte, konnte der Zug jeden Augenblick abfahren, und wenn ich unter die Wagen gekrochen war, konnte ich nicht mehr viel beobachten!

Die beiden Gepäckverlader waren schon im Abzug, und auf dem nächsten Bahnsteig standen nur zwei farbige Speisewagenkellner, für sie würde es nicht allzu auffällig sein, wenn sie zusahen, wie ich unter den Wagen kroch. – Also runter und gleich durch zur anderen Seite. Dort nahm ich den Kopf etwas hoch, um zu sehen, ob noch Passagiere einstiegen oder ob schon ein Beamter zur Abfahrt winkte.

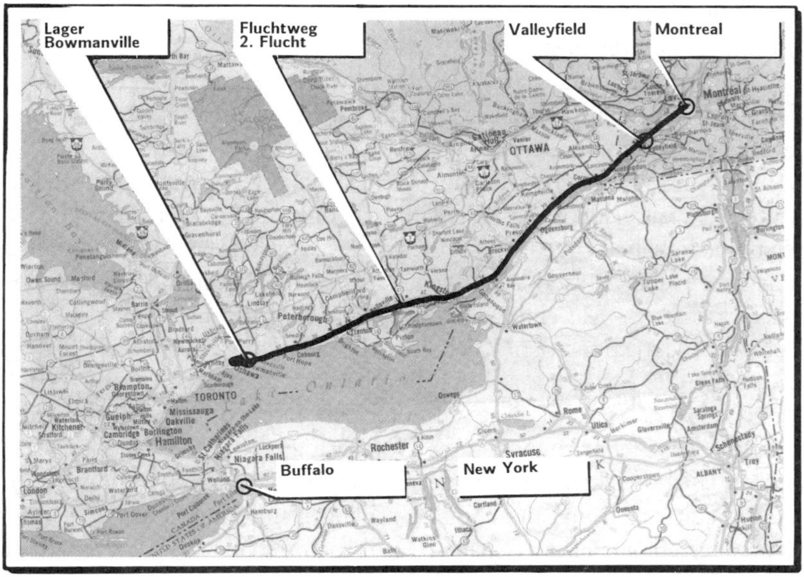

Ich hatte noch ein paar Minuten Zeit, da kamen sogar noch Leute mit Koffern. – Vielleicht ging meine Uhr eine oder zwei Minuten vor, seit ich sie heute morgen gestellt hatte. – Ich war schon wieder vorne unter dem Gepäckwagen, und fühlte zwischen den beiden T-Trägern, die unter der Wagenmitte entlangliefen. Von meiner Suche in Toronto kannte ich sie ja noch! Da mußte doch auch ein starkes Rohr entlangführen!
Ich erfühlte sogar zwei Rohre. Eines war dick isoliert zum Wärmeschutz, das andere war zwar etwas dünn, schien dennoch kräftig genug, um mich zu tragen. Ich hängte mich daran – und lag schon unten. – Das Rohr war zwar nicht abgebrochen, aber die Rohrschelle war ausgerissen. – Schnell eine Wagenlänge zurück!
Nun befand ich mich unter dem ersten Personenwagen. Der war ganz anders gebaut und hatte die T-Träger so eng beisammen, daß man sich nicht dazwischen hineinzwängen konnte. – Aber daneben war ein geeigneter Platz! – Die Wagenwand war fast bis auf den Beton des Bahnsteiges heruntergezogen, während der Wagenboden doch erheblich höher lag. – Und genau hier, zwischen T-Trägern und Seitenwand, verlief die schönste Röhre, die man sich wünschen konnte! – Sie war mindesten 5 cm stark

und hielt meinen kräftigen Rüttelversuchen ohne Murren stand. – Wenn jetzt nur noch die Zeit reichte!
Neben dem Zuge war es inzwischen verdammt ruhig geworden – doch ich mußte eben aufpassen – wenn das Rucken anfing, würde ich schon noch herauskommen.
Außerdem zeigte meine Uhr jetzt genau 18.25. – Wenn ich noch zwei Minuten Zeit hatte, klappte es. – Gefährlich konnte es nur werden, wenn ich erst eine Schlinge angebracht hatte und es losgehen würde. – Ich fühlte nach der halben Rasierklinge, die ich für solche Fälle in die Uhrentasche gesteckt hatte. – Mit einem Schnitt würde ich mich befreien!
Ich vertäute mich mit dem Rücken zu den Schwellen, den Kopf in Fahrtrichtung. Der Schal war schon gebunden. Mit dem Bauch war ich nach oben fest. Die Beine konnte ich unter eine schräge Strebe nach hinten stecken. Jetzt fehlte nur noch die Unterstützung für den Oberkörper.
Es war nicht leicht zu arbeiten. – Mit einer Hand mußte ich mich im Klimmzug halten, mit der anderen schlingen und knüpfen.
Die erste Schlinge lag mir genau im Nacken und schnitt ziemlich ein. Aber ich hatte ja noch das Seil für die Beine frei. Das legte ich um die Brust und den Rücken.
Doch gerade als ich damit fertig war und einmal zur Probe an meinen Seilen riß, sackte mein Schal durch. – Ich lag mit dem Hinterteil fast auf der Schiene, über der ich hing.
Schnell! Schnell! Jetzt war es wirklich gefährlich!
Ich stemmte mich mit den Beinen und dem Nackenseil nach oben und wollte den Knoten nachziehen. Er rutschte mir nochmals weg.
Und diesmal rutschte mir gar ein Fuß auf die Schiene, auch noch in einen beleuchteten Teil. Der weiße Wollsocken war voll im Licht. – Ausgerechnet jetzt ging auch noch jemand vorbei!
Ich beobachtete die Hosenbeine genau. Doch sie blieben in gleichmäßiger Bewegung! – Wenn der etwas gemerkt hätte, würde er stehenbleiben und herunterschauen.
Jetzt war der Knoten am Schal fest! Ich war so weit nach oben vertäut, daß ich auch nicht gesehen werden konnte, wenn sich jemand auf den Bauch gelegt und waagerecht unter den Wagen geschaut hätte.
Doch warum fuhr der Zug nicht an? Meine Uhr zeigte schon die 27. Minute! – Anscheinend ging sie doch vor!
Am Zug war es merkwürdig still. Ich konnte die ebene Fläche des Bahnsteigs so weit übersehen, daß klar war, daß niemand mehr einstieg.

Eine panische Angst packte mich plötzlich! – Zug fahr doch, fahr ab! Niemand weiß doch, daß ich hier drunter bin! – Fahr doch, alles ist in Ordnung! – Du mußt doch deinen Fahrplan einhalten!
Der Zug hatte kein Mitleid!
Wo ich lag, sammelten sich Füße! Lauter Hosenbeine standen da herum. Sollte das Zufall sein? – Das war kaum möglich, der gesamte Bahnsteig war sonst leer.
Da! – »It must be here!« – Einige Köpfe wurden unter dem Wagenrand sichtbar: – »I cannot see him, he must be in the middle, between those two beams!« – Oha! Die suchten mich also schon! Kein Wunder, daß der Zug nicht abfuhr. – Doch sie waren sich ihrer Sache noch nicht sicher! – »It can't be, probably he is gone already!«
Zwei Mann mit schwarzen Pelzmützen kletterten mit einer Taschenlampe unter den Wagen. – Sie krochen genau unter meinem Hinterteil hindurch! Doch ihr Lichtstrahl war bereits auf die beiden T-Träger unter der Wagenmitte gerichtet.
Jetzt hatten sie sich mühsam auf den Schwellen bis unter die Wagenmitte gerobbt und leuchteten zwischen die Träger: – »He is not here!« – Und schon krochen sie wieder zu meiner Seite zurück, die Taschenlampe diesmal Richtung Bahnsteig. – Noch eine Sekunde und sie waren wieder weg! Ich wagte kaum zu atmen – sollte das noch einmal gutgehen? – . . . Der Strahl der Taschenlampe traf meine weißen Socken! – Die fielen neben dem rußigen und öligen Boden sofort auf! – Sie wußten noch nicht, wie ich hing oder lag, da hatte eine grobe Hand schon zugepackt! – »There he is!« – Und schon zerrten etwa fünf Hände an meinem Bein wie die Irrsinnigen!
Bevor mir das Bein fast aus dem Gelenk gerissen wurde, mußte ich nun Laut geben: »Leave me alone, I will come out myself.« – Doch da kam ich schlecht an: »No don't do it, don't trust him!« – Schließlich konnten sie ja nicht wissen, mit was für einem sie es zu tun hatten.
Unglücklicherweise hatte ich meinen rechten Arm gezeigt, mit dem Erfolg, daß an dem nun auch gezerrt wurde. – Sie zogen wie die Tauzieher im Wettbewerb! Man konnte sich nur wundern, was Gliedmaßen so alles aushalten, aber glücklicherweise passierte weder am Arm noch am Bein etwas. Leider hielten auch die Stricke alle Belastung aus.
Ich hatte mich wirklich gut vertäut. Nur nach vielem Ruck und Zuck zerrten sie mich soweit los, daß ich zwischen Wagenbord und Zementkante des Bahnsteigs eingeklemmt war.

Wie ich so dazwischen hing, bekam ich einen neuerlichen Schreck! Wenn jetzt durch irgendein Versehen der Zug anfahren sollte! Dann würde ich in wenigen Sekunden aufgerieben!
Da hatte ich es auch schon! »Get out of there, the train is moving!« Irgendeiner hatte diesen Schreckruf ausgestoßen.
Ich rieß wie wild an meinen Banden, die Rasierklinge konnte ich mit dem linken Arm nicht erreichen, mit Mühe bekam ich auch das linke Bein aus der Strebe. – Diejenigen, die selbst halb unter dem Wagen standen, ließen vor Schreck selbst los! – Doch oben zogen sie weiter an mir und ließen nicht locker!
Ich rief nach einem Messer und schrie, sie sollten doch meine Hand loslassen, damit ich mich losschneiden könnte! – Mit der halb gefesselten Linken kam ich einfach nicht an die Rasierklinge heran. Sie hatten mich so eingeklemmt, daß ich keine Chance hatte, an das Uhrentäschchen zu kommen.
Doch bald war meine Panik vorbei! Die flüsterten da in aller Ruhe und berieten, ob man mir ein Messer geben könnte oder nicht.
Die Zugabfahrt war nur eine Finte. Sie hatten nicht gewußt, daß ich festgebunden war, und wollten mich so rauslocken.
»No don't give him a knife, you can't trust him!«
Jetzt hatte ich es auch nicht mehr eilig!
Noch ein Weilchen mußte ich die Zerrerei, vor allem am Arm, ertragen – inzwischen wußte ich, daß er gut angewachsen war. Dann hörten sie zu, als ich erklärte, daß ich nicht loskommen könnte, solange sie meinen Arm nicht loslassen. Ich würde mich losbinden und von allein herauskommen, wenn sie mir nur die Möglichkeit dazu geben würden.
Da gewann auch bei ihnen die Vernunft vor der Aufregung Vorrang, und sie ließen los.
Nun konnte ich mit einer Hand zuerst in die Hintertasche fassen und meinen selbstgemachten falschen Ausweis unauffällig auf ein Blech unter dem Wagenboden legen. Schließlich wußte ich ja nicht, wie die Polizei in dieser Situation auf solche Papiere reagieren würde. Ich war in einer sehr verdächtigen Lage geschnappt worden, da waren solche selbstgefertigten Ausweise von vornherein nicht gut genug. Zum anderen wollte ich verhindern, daß die Polizei in Zukunft bei der Wiederergreifung von POWs auf falsche Papiere vorbereitet war. Außerdem wollte ich wegen gefälschter Papiere nicht auch noch Gefängnis oder etwa Schlimmeres riskieren! Aber schon jetzt stand fest, daß dies nicht mein letzter Fluchtversuch war!

Mit der anderen Hand hatte ich das Stückchen Rasierklinge gefunden und schnitt langsam die Stricke und den Wollschal durch, bis ich unten auf der Schiene lag.
Hilfsbereite Hände streckten sich unter den Wagen! – Dachte ich: hilfsbereit?
Kaum hatte ich meine beiden Arme auf der Bahnsteigkante, um Halt zu suchen, da stand ich auch schon oben! – Nein, ich stand nicht. Ich schwebte!
Zwei bärenstarke Fäuste von der Mounted Police drehten mir den linken Arm nach oben, und an der Rechten schnappte eine Handfessel ein, die scharf wie ein Messer gegen die Knorpel des Handgelenkes schnitt.
Ich war außer mir! Zuerst erschienen diese Burschen so hilfsbereit, und jetzt so brutal! – Da versuchte auch ich meine Kraft zu zeigen. Ich wollte mich der Armverdrehung entwinden, bevor ich mit diesen Kerlen sprach. Was dachten die eigentlich, ich war doch kein Verbrecher!
Doch ich wurde nur noch fünf Zentimeter größer und an meiner rechten Seite machte es »ratsch«, die Handfessel wurde noch enger und schnitt wie Gift.
Irgendwie mußte ich meiner Wut Luft machen und brüllte los. Die Worte kamen mir in den Mund geflossen, ich brauchte mich auf kein Wort zu besinnen, ich sprach fließend englisch.
Ich fluchte und schrie! »I am no criminal, you can't do that to me, I am a POW. You cannot treat me like that. I am no criminal!« – Doch die zwei marschierten mit mir bolzgerade auf das große Eisentor zu, das sich am Bahnsteigkopf befand. Im Nu entstand dort ein Menschenauflauf, der jedoch sofort eine Gasse bildete, damit wir durchkamen. Langsam kam ich wieder zu Sinnen.
Was sollte denn diese Wut? Woher sollten diese Polizisten wissen, daß ich aus einem Kriegsgefangenenlager entwichen war? Von nun an schimpfte ich mit Verstand weiter.
Waren nicht damals Martin Müller und auch im benachbarten Unteroffizierslager einige »Escaper« bei der Wiederergreifung umgekommen? – »I am no criminal, I am a German POW, a former pilot, a Luftwaffe Officer, you can't do that to me! « – Gerade als wir durch die Gasse gingen, schrie ich das so laut wie nur möglich!
Die Öffentlichkeit sollte es wissen, daß ein German POW wieder aufgegriffen worden war. Sollte man die Absicht haben, mich verschwinden zu lassen, würde das ab jetzt nicht mehr so einfach sein! – Ich rechnete mit

allem, wußte ich doch nicht, was die Kanadier in Wirklichkeit für Menschen waren.
Als wir durch die Bahnhofshalle gingen, standen die Menschen schon mehrere Reihen tief. Wir waren vorausgemeldet. Ein Beamter der Mounted Police stand an der Treppe und teilte meinen Begleitern mit, daß es nicht mit dem Aufzug nach unten ginge. Sie sollten mich über die Treppe nehmen.
Je ruhiger ich wurde, desto mehr ließ der Druck am Arm nach. Aber die Sache hatte verflucht weh getan. Die ganze Zeit war ich mir vorgekommen, als ob ich an meinem verdrehten Arm schwebte.
Treppabwärts spürte ich die erste wirkliche Erleichterung. Unten an der Treppe öffnete sich seitwärts eine Tür: Die Polizeiwache der Windsor Station. Der diensthabende Beamte musterte mich beim Eintreten kritisch und fing an, in seinen Steckbriefen zu suchen. Er hatte eine lange Liste in der Hand. Er fuhr mit dem Finger entlang und warf dabei prüfende Blicke auf mich.
Nun bereute ich schon, daß ich oben so laut meine POW-Herkunft herausgebrüllt hatte.
Es wurde mir klar, daß die Polizei nicht nur mich suchte. Vielleicht wäre es besser gewesen, mich erst einmal in allgemeine Haft sperren zu lassen. Vielleicht hätte es dort eher eine Möglichkeit gegeben, um frei zu kommen, als aus einem POW-Lager heraus.
Es war fast anzunehmen, daß sie hier in Montreal nicht gleich auf den Gedanken gekommen wären, daß ich so schnell von Bowmanville nach hier »gereist« war. Noch wurde nicht einmal andeutungsweise von einem POW-Lager gesprochen.
Jetzt mischte sich einer der mich begleitenden Mounties ein. »He claims to be a POW. He says he came from an internment camp.« Und schon blieb der suchende Finger bei einem Namen stehen. – »What is your name?« – Ich sagte »Steinhilper«.
Er las vor: »Otto Steinhilper, 22 years old, 4 ft 9 inches, blond, escaped German First Lieutenant from Internment Camp Bowmanville.« Es mögen noch einige weitere Angaben gewesen sein. Ich amüsierte mich über den beim »Fotografieren« angegebenen Vornamen »Otto«, den hatte ich nun ein für allemal weg.
»Is that you?« – Ich sagte ja und machte darauf aufmerksam, daß ich laut Genfer Konvention nicht gefesselt werden dürfte und nach meiner Festnahme einer Armeedienststelle auszuliefern sei.

Daraufhin erfolgte erst einmal eine kurze Beratung. Der Hinweis auf die Genfer Konvention hatte Eindruck gemacht.
Sie beschlossen, eine Army-Dienststelle anzurufen. Dort meldete sich nach kurzem Klingeln jemand, und ich entnahm dem Gespräch, daß ein Colonel kommen würde, um die Sache in die Hand zu nehmen. Außerdem erhielten die Polizisten den Hinweis, daß sie mich sofort einer gründlichen Leibesvisitation zu unterziehen hätten. Ich wurde also überall abgetastet und mußte sämtliche Taschen leeren. Von jetzt an war ich so kooperativ wie möglich. Da der Entschluß feststand, wieder auszukneifen, sobald sich die Möglichkeit bot, wollte ich alles vermeiden, was beim nächsten Male Schwierigkeiten machen würde.
Die Untersuchung verlief nicht allzu schlimm. Sie fanden die selbstgezeichnete Karte, aber nicht die eingenähten Adressen im oberen Hosenrand. Doch meine schöne Skijacke wurde mir abgenommen. Sie sah so echt aus, daß man sie mir mit der Begründung wegnahm, daß ich keine Zivilkleidung besitzen dürfte. Alles andere konnte ich behalten, Pullover und Hose waren Original-Luftwaffenuniform.
Nach etwa einer Stunde langweiligen Wartens erschien endlich der Colonel. Dabei saß ich fast stumm in der Ecke einer hölzernen Bank, von den beiden Armverdrehern bewacht. Auf die hatte ich immer noch eine solche Wut, daß ich kein Wort mit ihnen sprach. Als dann aber ein paar Neugierige – offensichtlich von der Canadian Pacific – zum Plauschen erschienen, hörte ich etwas deutlich heraus: – Sie äußerten große Zweifel, ob ich überlebt hätte, wenn ich unter dem Zug mitgereist wäre.
Nach ihrer Meinung hatte ich geradezu großes Glück gehabt, daß ich geschnappt worden war. Der Zug würde auf dieser Strecke oft stundenlang durch gebirgige Abschnitte fahren, wenn ich bei der herrschenden Kälte nicht erfroren wäre, hätten mich sicher auffliegende Eis- oder Steinbrokken erledigt. – War das nun ein Trost?

Bei der Royal Canadian Mounted Police in Montreal

Der Colonel wurde von den Mounties ruppig empfangen und bekam gleich am Angang zu hören, daß die Polizei wieder einmal gut zu machen hätte, was die Army verbockt hätte. Er machte tatsächlich einen etwas

hilflosen Eindruck und fragte die Polizisten um Rat, was er mit mir anfangen sollte.
Sie meinten, er sollte am besten gleich in Bowmanville anrufen, damit die jemand schicken könnten, um mich abzuholen. Bis dahin würde er mich dann am besten von seinen Soldaten bewachen lassen.
Doch das paßte ihm nicht. Ich sei nun schon zum zweiten Male ausgebrochen, und er wisse nicht, wie viele Leute er zu meiner Bewachung brauchen würde. Es sei sicher viel einfacher und sicherer, mich in einer Polizeizelle zu verwahren.
Nach langem Hin und Her, bei dem der Colonel manchen Vorwurf zu schlucken bekam, entschied man sich doch für die Zelle.
Nun protestierte ich meinerseits und verwies abermals auf die Genfer Konvention. Doch davon wollte der Colonel so wenig wissen wie von meiner direkten Übernahme. Als er merkte, daß er mich so erst einmal los wurde, entschied er sich sehr bestimmt für eine Polizeizelle und erklärte, daß er dafür die Verantwortung tragen werde.
Daraufhin wurden die Polizisten forsch und hätten mir beinahe wieder die Handfesseln angelegt, die auf meine Proteste hin entfernt worden waren. Doch da kam mir der Army-Colonel zu Hilfe. Er bat darum, mich nicht mehr zu fesseln.
Als diese Diskussion endlich beendet war, zog mein Oberstleutnant hochbefriedigt von dannen. Er trug ja schon eine Ausgehuniform und hatte sicher Sorgen, daß ich ihn seinen Feierabend kosten könnte.
Der Wachhabende telefonierte nun nach einem Transportauto, das mich vom Bahnhof wegbringen sollte.
Es dauerte nicht lange, und ich wurde nach draußen geführt, wo ein schwarzer Ford V8 wartete, anscheinend der gebräuchlichste Wagen bei der RCMP (Royal Canadian Mounted Police).
Nun hatte ich also erreicht, in einem dieser weich und warm gepolsterten, glitzernden Wagen zu sitzen, die so sanft durch die Straßen der bunten verlockenden Stadt fuhren. Erst vor kurzer Zeit noch hatte ich mich danach gesehnt. – Nun hatte ich es auf diese Art erreicht – etwas anders als gewünscht!
Oft ist es im Leben so, daß Vorzüge mit Nachteilen verbunden sind. – Diesmal mußte aber dieser momentane Luxus teuer bezahlt werden. – Ich war wieder Gefangener! – Aber ich würde nicht weich werden. Schon jetzt würde ich alles noch sorgfältiger beobachten, um das nächste Mal besser vorbereitet zu sein!

Wir fuhren am Windsor Hotel vorbei, aber dessen Pracht gefiel mir jetzt gar nicht, es ging ja wieder zur Polizeizelle! Aber wenigstens fror ich nicht mehr!
Es war ungefähr 21.00 Uhr, als wir auf der zentralen Polizeistation ankamen. Die meisten Büroräume waren dunkel und leer, und nur bei der Nachtschicht waren einige Sekretärinnen im Dienst. Diese stürzten alle neugierig auf den Flur, als ich durchgeführt wurde. Anscheinend hatte sich meine Festnahme herumgesprochen. Ein »German POW« war etwas Neues, und man wollte mich sehen.
Auf dem Weg, im Aufzug und in den Korridoren sah ich mich sorgfältig um und war gespannt, wohin man mich bringen würde.
Nach zahlreichen Treppen und Korridoren traten wir in einen größeren Büroraum ein, der am hinteren Ende mit einer Tür abgeschlossen war. Dahinter sah es wiederum nach einem normalen Zimmer aus, wenn nicht in der einen Ecke ein riesiger Eisenkäfig gestanden hätte.
Sonst befanden sich im Raum ein Schreibtisch, ein Kleiderschrank, zwei Stühle, ein Armlehnsessel, und an einer Wand hing ein weißes Waschbekken mit Wasserhahn und Spiegel darüber.
Ich durfte mir die Hände waschen und wurde dann in den Käfig beordert. – Der neuerliche Hinweis, daß ich laut Genfer Konvention nicht als Strafgefangener zu behandeln sei, nutzte gar nichts, doch ich verlangte für morgen den Schweizer Konsul.
Bis auf meine lange Unterziehkombination, wir nannten sie im Lager »Liebestöter«, mußte ich mich ausziehen und zog ein. – Meine Bekleidung wurde draußen im Vorraum aufbewahrt.
Im Käfig hing an eisernen Ketten von oben eine Stahlmatratze. Sie wurde mit einer dünnen Matratze belegt, und ich erhielt zwei Wolldecken. – Für jemanden, der so müde war, bedeutete das eine willkommene Ruhestätte. Die beiden Beamten in Zivil, die seit dem Bahnhof Begleitung waren, verließen mich nun, ebenso wie der Inspektor, der uns auf der Polizeidirektion der RCMP in Empfang genommen hatte. Nur ein uniformierter Mounty blieb zurück. Er hatte sich ein Buch mitgebracht und setzte sich in den Vorraum. Er hatte richtig beobachtet, daß ich schlafen wollte. Kaum hatte ich nachgedacht, ob die Matratze sauber sei, da war ich auch schon weg!
Mitten in der Nacht wurde ich geweckt! – Der Mounty stand vor dem Käfig, daneben ein RAF-Offizier, der seiner eleganten Uniform nach von einem gesellschaftlichen Ereignis kommen mußte.

Der Mounty fragte in gebrochenem Deutsch, ob ich mich mit dem Gentleman unterhalten wolle. Er sei extra von einer Party gekommen, nachdem er gehört hätte, daß ein entsprungener deutscher Flieger in Montreal aufgegriffen worden sei.
Da der Umweg über diesen Dolmetscher zu mühsam war, wandte ich mich selbst an den Herrn, der mit seinen vielen Streifen am Ärmel einen höheren Dienstgrad darstellen mußte. – Obwohl er durch Alkohol etwas beeinträchtigt war, machte er einen guten Eindruck auf mich.
Nun erklärte er selbst den Zweck seines Besuches. Er sei ebenfalls Pilot und würde sich gerne einmal ein paar Minuten mit einem von der anderen Seite unterhalten. Dazu gäbe es hierzulande nicht oft Gelegenheit. Deswegen sei er mitten in der Nacht gekommen, um mich noch anzutreffen, denn sicher würde ich bald wieder in mein Lager zurücktransportiert werden.
Ich blickte ihn an und dann an mir herunter. Im ersten Schrecken war ich hochgefahren und stand nun in meinen »Liebestötern« da. Dazu in einem Eisenkäfig, wie ein gefangenes Eichhörnchen! – Also fragte ich zuerst, ob er nicht dafür sorgen könne, daß ich aus dieser unwürdigen Behausung herauskäme, ich sei doch kein Verbrecher. Wie er sich wohl vorkommen würde, wenn er sich in meiner Lage befände?
Er antwortete, daß man mit so etwas rechnen müsse, wenn man »escape«! – Doch er fragte den Posten. – Der sagte ihm, daß das außerhalb seiner Kompetenz liege.
»I am sorry, there is nothing I can do for you!« – Obwohl ich mich gerne unterhalten hätte, drehte ich nun ab. Das war unwürdig! Er wußte, daß ich Offizier war. Er konnte nicht erwarten, daß ich mich durch ein Eisengitter hindurch mit ihm unterhielt. Vielleicht war sein Ansinnen doch dem Alkohol zuzuschreiben. – Auf jeden Fall wollte ich mir trotz meiner elenden Lage meinen Stolz bewahren.
Meine Antwort war abrupt: »Then I am sorry just as well!« sagte ich. »It couldn't be much fun to have a conversation out of this cage!« Ohne die Wirkung abzuwarten, legte ich mich wieder hin.
Die Situation war ihm offenbar doch peinlich, denn er ging ohne weiteres weg. Im Hinausgehen bemerkte der Mounty zu ihm, ich sei schon seit gestern abend über den Cage »upset«.
An der Uhr an der Wand konnte ich 1.20 Uhr ablesen, die halbe Nacht war vorbei.
Das Einschlafen fiel mir jetzt schwer, und ich hätte es eigentlich gerne ge-

habt, wenn der Mounty hereingekommen wäre, damit wir uns gegenseitig die Zeit verkürzt hätten. – Vielleicht fürchtete er aber, daß es ihm genauso ergehen könnte, wie vorhin dem RAF-Offizier. Dabei gab es für mich da einen grundsätzlichen Unterschied.
Der Polizist hatte seine dienstlichen Pflichten, während der Offizier eigentlich hätte wissen müssen, wie man sich einem gefangenen Gegner gegenüber verhält. Wäre ich an seiner Stelle gewesen, hätte ich mich nicht so verhalten!
Es wurde Morgen und beinahe aufregend. Gerade dehnte ich mich gemächlich und streckte ein Bein gegen die Zimmerdecke, die leicht vom oberen Käfiggitter verdeckt war, da stellte ich fest, daß sich eine junge Dame im Zimmer befand. Sie drehte mir den Rücken zu, was mich nicht weiter verwunderte, und fing an ihren Mantel auszuziehen.
Daraus wurde ich nicht recht klug, ich kam mir in meiner langen Unterwäsche recht komisch vor.
Sie hängte ihren Mantel in den Kleiderschrank, trat hinüber zu dem Waschbecken, kämmte sich und legte Rot auf die Lippen. Sie vermied es peinlichst, sich nach mir umzusehen.
Jetzt war sie fertig gerichtet und rauschte hinaus durch die Tür, einen Hauch guten Parfüms zurücklassend. Ich war böse, sie hätte mir wenigsten einen Blick des Bedauerns zuwerfen können. Die sollte bloß nicht so gleichgültig tun, als ob sie nicht wüßte, daß hier jemand auf der Matratze lag. Seit über einem Jahr hatte mir kein solcher Duft mehr um die Nase geweht. Und nun schaute mich die junge Dame noch nicht einmal an! Wie wohl hätte mir auch nur ein einziges Wort getan!
Wenn es wenigstens bei einem einzigen Besuch geblieben wäre!
Wieder wanderte ein Mantel in den Kleiderschrank, das Haar wurde recht lang und lockig ausgekämmt und gebürstet. Man wußte ganz genau, daß ich dabei zusah. Da kam die Wendung, und bevor die Blicke sich begegneten, wurden die Augen auf die Seite gerichtet, und schon war auch sie, ohne ein Wort zu sagen, wieder draußen.
Damit hatte ich die Nase voll. – Ich legte mich auf die Seite und tat, als ob ich schliefe. Die sollten doch nicht meinen, daß sie mich an der Nase herumführen könnten!
Es war eine ausgekochte Gemeinheit, mich in den Umkleideraum der Sekretärinnen und Angestellten zu legen.
Am Auftreten hörte ich genau, ob ein Mann oder eine Frau eintrat. Zu gerne hätte ich ab und zu ein Auge riskiert, doch ich blieb eisern. Wäre ich

nicht hier im Käfig gehalten, könnten die froh sein, wenn ich sie ab und zu eines Blickes würdigte! Ich fühlte mich wie jemand, der ein Mädchen angesprochen hat und einen Korb erhält.
Als es ruhiger wurde, drehte ich mich zurück und sah am Schreibtisch einen Mann sitzen, der unbekümmert in seinen Akten schrieb. Es sah fast so aus, als ob man mich hier drinnen vergessen hätte. – Doch ich sollte mich bald wundern!
Der Inspektor von gestern erschien wieder, diesmal in Begleitung eines anderen Zivilisten. Er erklärte ihm, ich sei der neuerlich entsprungene POW. Man sei sehr verwundert, daß ich schon wieder, in so kurzer Zeit, eine so große Entfernung zurückgelegt hätte. Man nehme an, daß ich Hilfe von außerhalb des Lagers bekäme, er solle mich deswegen genau durchsuchen. Dabei deutete er auf meine Sachen.
Der Herr in Zivil machte sich der Reihe nach an meine abgelegte Bekleidung: Zuerst kamen die Socken dran, die mir durch die Tür zugereicht wurden. Das eiserne Käfigtor war kurz zuvor von einem anderen Uniformierten, der mich seit Tagesanbruch bewachte, geöffnet worden. – Zu den Stiefeln brauchte er schon länger. Dann kam das Hemd und nun die Hose. Inzwischen war klar, daß dieser Herr in Zivil ein Spezialist im Abtasten von Kleidungsstücken war. – Ich bekam Herzklopfen – in der oberen Hosennaht war das Zettelchen mit den Adressen im Staate New York! – Es war ein kleines Stückchen Papier, sehr dünn, es war im Futter neben den Knöpfen für die Hosenträger eingenäht.
Er fingerte an den Hosenbeinen jede Naht ab und machte das so rasch, daß ich beinahe beruhigt war. Doch als ich das nächste Mal hinsah, faltete er in aller Ruhe das Zettelchen auseinander. Er war ein Experte. Ich hatte zwar gelesen, daß die Mounties sehr gut waren, aber das hier brachte mich nun doch zum Staunen, vor allem aber auch in Verlegenheit: Er fing an laut zu lesen! Und verdammt nochmal! Er hatte auch schon die Abkürzung erfaßt. Ich hatte z.B. geschrieben: A. Bayer, 33 Mainstr. W., wobei das W. Watertown hieß. Kaum hatte er die Reihe herunter gelesen, da wußte er schon Bescheid. Y. hieß New York. S.L. St. Louis, Mx. Mexico City und so weiter. Wenn es nicht zu großer Aufregung bei den Paketsendern kommen sollte, mußte ich jetzt den Mund aufmachen.
Draußen wurde eifrig getippt. Ob das die Fernschreiber waren? – Ich saß wie auf Kohlen, wer konnte denn wissen, was die da draußen alles einfädelten und anrichteten bezüglich der »outside help«? Ich fürchtete bereits Massenverhaftungen in den USA. Erst vor kurzem hatte ich gelesen, daß

in Nordamerika die Mounted Police und das FBI (Federal Bureau of Investigation) engstens zusammenarbeiteten. Das konnte eine schöne Bescherung geben. Was sollte ich bloß tun?
Ich sagte dem mich bewachenden Polizisten, ich hätte dem Inspektor eine ganz wichtige Mitteilung zu machen. Er sah es meinem Gesicht an, daß mir die Sache todernst war, und holte den Inspektor alsbald herein. Diesem erklärte ich, ich könne mein Ehrenwort dafür geben, daß die Leute auf meiner Liste in keiner Weise von meinen Absichten wußten. Sie hätten nur Pakete in unsere Lager geschickt, zum Teil als Verwandte oder auch als Unbekannte. Ich hätte die Absicht gehabt, mich gegebenenfalls an eine der aufgeschriebenen Adressen zu wenden, rechnete aber natürlich mit dem Risiko, daß diese Adresse mich dann bei der Polizei melden würde.
Der Inspektor hörte mir aufmerksam zu, schien jedoch von meinem Vortrag wenig beeindruckt. Er sagte nur, daß er das sowieso angenommen hätte, dazu bedürfe es keiner weiteren Versicherung von mir. Ich sollte mich beruhigen, diesen Leuten würde vorläufig nichts geschehen, aber genauso wenig könne ich verhindern, daß sie bei dem neuerlichen Versuch eines POW, nach USA zu entkommen, dort überwacht würden. Das war eine gewisse Beruhigung, aber zufrieden war ich damit keineswegs. Ich fügte daher noch hinzu, daß ich nach Rückkehr in unser Lager alle möglichen Schritte über Schutzmacht, Rotes Kreuz und den Y.M.C.A. (Christlicher Verein Junger Männer) unternehmen würde, um diese Adressen vor unnötiger Beeinträchtigung zu schützen.
Der Inspektor meinte, daß ich das tun könne, aber diesmal würde die Liste noch nicht einmal in die Staaten weitergeleitet. – Sollte ich ihm glauben? – Um wieder einigermaßen ins Gleichgewicht zu kommen, versuchte ich es wenigstens.
Die Durchsuchung ging nun erst richtig los. Man wollte sogar meine Skistiefel, vor allem die Sohlen, aufmachen. Doch ich versicherte auf Ehrenwort, daß darin nichts versteckt sei. Dafür wurde nun aber meine Nachtbehausung, der Käfig, auf das genaueste untersucht. Mit Taschenlampen wurde jede Ritze ausgeleuchtet, und erstaunlich: Es wurde eine Menge kleinster zerrissener Papierschnitzel gefunden, die von dem Inspektor und dem Zivilbeamten sorgfältig zu einem Stück Notizpapier zusammengefügt wurden. Auf dem Zettelchen stand irgend etwas mit Bleistift geschrieben. Die beiden hatten es auch dabei sehr wichtig. Doch diesmal hatte ich kein Herzklopfen mehr, wußte ich doch genau, daß die Adres-

senliste die letzte Heimlichkeit gewesen war. Der Ausweis war glücklicherweise schon weg! Und die handgezeichnete Karte war sowieso kein Problem.
Das Papier stammte von meinem Vorgänger in der Untersuchungszelle. Wahrscheinlich hatte es mehr Grund für seine Verhaftung gegeben.
Die Fetzchen waren geradezu winzig, trotzdem hatten die beiden im Nu das »Puzzle« zusammen. Ich erfuhr aber nichts über die Bedeutung der Bleistiftnotiz.
Endlich bekam ich alle meine Kleidungsstücke – bis auf die Jacke – wieder zurück. Ich war ausgeschlafen, gewaschen, nun fehlte nur noch ein Frühstück. Ich hatte gehörigen Hunger.
Etwa um 8.30 Uhr erschien ein weiterer Polizist, der in einer herrlich bunten Uniform steckte. Diese Tracht hatte ich vorher nur auf Farbfotos gesehen und dachte, sie würde nur bei historischen Anlässen getragen, doch der Augenschein belehrte mich eines Besseren.
Der sportliche Bursche sah in den schwarzen Breeches mit den breiten gelben Biesen und dem leuchtend roten Rock mit schwarzen Säumen und goldenen Knöpfen ausgezeichnet aus.
Dazu brachte er die frohe Botschaft, daß der Inspektor nach vielem Überlegen doch entschieden hätte, mich in der »Messhall« der Polizisten frühstücken zu lassen. Er hoffe, daß ich mich nicht auffällig benehmen würde, eigentlich tue er das nur aus Gefälligkeit. Ich sollte möglichst so tun, als ob ich ein Angestellter des Hauses sei. Ich sollte mich nur englisch unterhalten.
Es war nicht schlecht, daß die Mounted Police mein Englisch für so gut hielt. Da brauchte ich das nächste Mal wegen meines fremden Akzentes keine so große Angst mehr zu haben.
Doch vorerst gab es keine Fluchtabsichten. Erst mußte ich wieder in das Lager zurück und mich von neuem vorbereiten. Deshalb konnte ich dem gutmütigen Bären versprechen, daß er mit mir rechnen könne. Ich freute mich darauf, mich mit ihm zu unterhalten.
Er öffnete also meinen Käfig und ging mit mir über den Gang zum Speisesaal. Dort wurden wir von einem Kellner bedient, der uns sofort eine Speisekarte gab: Mir gingen fast die Augen über, als ich die lange Liste durchsah, das hatte es bei uns in keinem Offizierscasino gegeben! – Deshalb fragte ich meinen Begleiter erst einmal, ob es sein Ernst sei, daß ich frei wählen könnte. Das könne er doch unmöglich für mich bezahlen. Er lachte und erklärte, daß »Food« in Kanada nicht teuer sei und man des-

halb hier sehr gut äße. Da die Mounted Police etwas auf sich halte, lege sie Wert auf gutes Essen. Das sei die Voraussetzung für Leistung. Deswegen könne man bei ihnen essen, soviel wie man wolle. Was auf der Karte stünde, sei ein normales Frühstück, das nicht nur die Uniformierten, sondern auch die angestellten Zivilisten bekämen. Ich könne ruhig wählen, auf was ich gerade Lust hätte.
Ich studierte die Karte sorgfältig und möchte nicht versäumen (aus dem Dez. 1941), diese Art Frühstück aufzulisten:

Fruchtsäfte:	Apfelsinensaft, Pampelmusensaft, Traubensaft, Apfelsaft.
2. Gang:	Porridge mit Milch und Zucker, oder Cornflakes mit Milch und Zucker.
3. Gang:	Weißbrot mit Butter und dazu Eier, entweder als Spiegelei, oder Rührei, oder gekocht. Dazu Toast und gebratenen Speck.
Getränke:	Wahlweise Tee, mit oder ohne Zitrone, Kaffee oder Kakao. Zucker und Sahne, soviel man Lust hatte.

Und das als Polizeiverpflegung im Krieg! Für deutsche Verhältnisse unvorstellbar. Kaum traute ich mich das alles zu bestellen. Ich wählte Apfelsinensaft, Cornflakes, Spiegeleier und Kakao. – Als es dann zum Abschluß die Auswahl zwischen Apfel-, Pfirsich- oder Traubenkuchen gab, mußte ich mich zu dem Stück Pfirsichkuchen fast zwingen.
Alles Zureden meines Gastgebers, nachzuverlangen, half nichts mehr. Ich war satt!
Hinterher brachte er mich auch nicht gleich in den Käfig zurück. Er erklärte, daß ich laut Genfer Konvention (man staune!) Anspruch auf zwei Stunden »Exercise« täglich hätte. Deswegen würde er mich nun für einige Zeit im Hause herumführen.
Damit fing ich schon an, mich mit dem Eisenkäfig auszusöhnen. Man schien langsam einzusehen, daß man es nicht mit einem asozialen Verbrecher zu tun hatte.
Diesmal wirkten die Gänge fast verlassen. Wir kamen beinahe unbemerkt in die Turnhalle, wo mir mein Führer die Turngeräte erklärte. Wir versuchten auch eine Partie Tischtennis, aber er war kein Partner für mich, er war zu ungeübt.
Anschließend gingen wir auf eine Terrasse im Obergeschoß, von wo wir die nähere Umgebung der Stadt überblicken konnten. – Fast zwei Stunden blieben wir unterwegs, es war eine schöne Abwechslung, und hinter-

her war ich so müde, daß ich mich, ohne erbost zu sein, wieder auf die Matratze im Käfig legte.
Da die Uhr inzwischen 12.00 Uhr zeigte, wartete ich beinahe schon auf ein Mittagessen. – Vergeblich, mein Posten sagte mir, daß dies nicht vorgesehen sei, man hätte eigentlich schon heute vormittag darauf gewartet, daß ich abgeholt werden würde. Deshalb hätte man dafür keine Vorkehrungen getroffen.
So hatte ich wieder Zeit, mir meine Gedanken zu machen. Fehlte man im Lager, dann war der Teufel los, aber sobald sie einen wieder aufgegriffen hatten, dann war man sofort wieder eine Nummer, oder noch besser, fast eine Null, die eben eingesperrt aufbewahrt wurde.
Gegen 3 Uhr erbarmte sich der Polizist, der auch nicht abgelöst wurde, und brachte Kaffee und zwei belegte Brote.
Der Inspektor erschien noch einmal und erklärte, er wisse nicht, warum noch niemand gekommen sei. Eine Escorte für mich sei schon heute morgen erwartet worden. Der Begleitoffizier aus Bowmanville sei dort gestern nacht abgefahren und habe ihn auch heute morgen von hier in Montreal angerufen.
Erst etwa gegen 16.00 Uhr wurde ich aufgefordert, mich fertigzumachen. Ich würde jedoch zuerst noch dem Chef der RCMP von Montreal vorgeführt. Dieser Chef, den ich als einen Major der Mounted Police registrierte, erwartete mich gemeinsam mit einem Army Captain, den ich dem Gesicht nach aus dem Lager Bowmanville kannte.
Ich salutierte auch ohne Kopfbedeckung, und mein militärischer Gruß wurde erwidert. Höflich wurde mir gleich ein Platz angeboten.
Ein Dolmetscher der Mounted Police betrat nach mir den Raum und stellte seine Dienste zur Verfügung. Ich gab zu verstehen, daß wir uns gut direkt verständigen könnten, aber er blieb. Einmal sicherlich, um zweifelsfrei zu hören, was gesprochen wurde, und zum anderen, um notfalls eingreifen zu können.
Der Major erklärte, daß ich nun offiziell wieder in die Hände der Army übergehen würde. Er hoffe, daß diese mich endgültig so bewachen würde, daß seine Polizisten nicht wieder »Trouble« mit mir bekämen.
Bevor ich auf dieses Thema einging, kam ich nochmals auf die Adressen zu sprechen und versicherte ehrenwörtlich, daß diese Leute in keiner Weise zu irgendwelchen deutschen konspirativen Organisationen Beziehungen hätten. Der Major beruhigte mich und versicherte nochmals, daß die Adressen nicht weitergeleitet würden.

Dann erklärte ich meine diesmalige Flucht. Ich sei deswegen ausgebrochen, weil ich mir bei der »Niagara«-Flucht von den Zeitungen diffamiert vorgekommen sei.
Er lachte und sagte, daß ich mich eben an die freie Presse erst noch gewöhnen müßte. Für ihn sei es auf jeden Fall eine Abwechslung, wieder mal einen Deutschen beherbergt zu haben. Schon einmal hätte er hier einen deutschen Marine-Offizier in Gewahrsam gehabt. Den hätte man beim Übergang über eine der Brücken geschnappt.
Den Fall kannte ich, sagte aber nur allgemein, daß ich sicher nicht der letzte »escaper« sein würde, bis wir den Krieg endgültig gewonnen hätten. Ob er richtig verstanden habe? Ich glaubte also immer noch, daß wir den Krieg gewinnen würden? – Ich bejahte. – Daraufhin sagte er, daß ich offenbar noch immer nicht genug vom Britischen Empire gesehen hätte, um dessen Stärke richtig einzuschätzen, geschweige denn von den United States.
Aber ich hätte ja noch genügend Zeit, um zu lernen. Es könnte sogar sein, daß ich später einmal nach Kanada als Einwanderer zurückkehren wollte, nachdem wir den Krieg endgültig verloren hätten und es keine deutsche Fliegerei mehr gäbe. Für diesen Fall gab er mir den Rat, ihn dann persönlich zu besuchen, den Leiter der Mounted Police von Montreal würde man ohne Schwierigkeit finden. Er würde sich dann bemühen, mich bei seiner Polizei, den Mounties aufzunehmen, Leute wie mich könne man immer einstellen. Ich besäße ja nun schon einiges Wissen über die »andere Seite«.
Darüber lachte ich nur, wir würden schon sehen, wie sich alles entwickeln würde. Vorläufig sei ich noch für mindestens 25 Jahre bei der deutschen Luftwaffe verpflichtet. Die würden mich nach diesem Kriege besonders notwendig brauchen.
Dann sollte ich aber das nächste Mal nicht nochmals so dumm sein und mich unter einem Zug anbinden, meinte er plötzlich ganz ernsthaft.
Ich fragte erstaunt, warum? – Er antwortete: Weil der Zug durchs Gebirge gefahren wäre, dort sei es so kalt, daß ich zweifellos erfroren wäre! Für diesen Fall erwiderte ich, hätte ich meine Rasierklinge dabei gehabt. Ich hätte schon rechtzeitig gemerkt, wenn es zu kalt geworden wäre. Dann hätte ich mich beim erstbesten Halt abgeschnitten. – Er gab zurück, daß die Fahrtintervalle zu lang gewesen wären – ich könne der Mounted Police ruhig dankbar sein, daß sie mich vor einer Art Selbstmord bewahrt hätte.

The Gaze

MONTREAL. FRIDAY, DECEMBER 19, 1941.—TWENTY-SIX

NAZI ESCAPING BOWMANVILLE CAPTURED HERE

Luftwaffe Man Caught Under [illegible]ail Coach in Windsor Station

SECOND ESCAPE ATTEMPT

Train Due to Leave for U.S. at Time — He Protests Arrest as Officer

His second bid for freedom a failure, a haughty young German flier was detained in the Royal Canadian Mounted Police cells last night less than 24 hours after he escaped from a prisoner-of-war camp at Bowmanville, Ont. He was arrested shortly before 7.30 p.m. last night hiding under a New York Central coach alongside a Windsor Station platform.

[illegible]entified as Ulrich Steinhilper, [illegible]ear-old Luftwaffe lieutenant, the prisoner admitted that he had made a previous escape last month and that he had been recaptured near Niagara Falls, Ont., after once crossing the border unknowingly aboard a C.N.R. locomotive taking cars into the United States.

The bid for freedom on November 24 was abortive. Steinhilper jumped aboard the locomotive and remained hidden while he made the round trip south of the border. At that time the United States was not at war with Germany, and he might have repeated the long successful bid made by Franz von Werra. Von Werra crossed the St. Lawrence river, was taken into custody by U.S. Immigration Department officers, posted bail, fled to South America and thence to Germany where he was later reported killed in action with the Luftwaffe. Of 71 attempted escapes, 66 were recaptured alive, four were killed, and one, von Werra, left Canada.

Latest of the prisoners to attempt an escape, Steinhilper is believed to have cut his way through barbed wire at Bowmanville. The camp is under reorganization, it was learned and the new commanding officer has been in charge but a few days.

Steinhilper gave himself away last night when captured under the railroad coach. He immediately complained when handcuffed and before an investigation began that it was "dishonorable for a German officer" to be so treated.

"It may be dishonorable to you, my boy, but it's a pleasure to me" one of the Canadian Pacific Railway officers taking him into custody replied.

Royal Canadian Mounted Police were of the opinion that Steinhilper had spent the day in Windsor Station, its environs, or the railroad yards. He had presumably arrived yesterday morning on a train passing near Bowmanville bound for Montreal, a short time after his escape.

DETAILED MAP IN POCKET

In his pockets the R.C.M.P. found a detailed map of a section of the country and enough evidence to tend to prove that the prisoner was attempting ro make his way to a spot on Long Island Sound near New York city. Although he had no money, he was found in possession of a dozen bars of chocolate, a watch, a "housewife", a scarf, and a length of clothes-line. The last two particles were used to bind him to pipes between the water tank and the battery box of the coach bound for New York via Valleyfield, QUE.

Dressed in grey pants and sweater, ski boots, and cap, Steinhilper was surprised by Rene Audette, a baggageman at Windsor Station, as he drove a truck along another platform. Plainclothesman G. E. Gravel, of the C.P.R. police investigated and assisted by Constable W.E. Smith found the suspect tied under the car. His feet were in view from the track level.

Taken to a station office, the prisoner continued to complain while Lt.Col.G.D.Massue, of M.D. 4 and Inspector J. R. Lemieux of the R.C.M.P. were advised. Later,

NAZI ESCAPING BOWMANVILLE CAPTURED HERE

(Continued from Page One.)

Constable Larry Somers and an R.C.M.P. detail composed of Constables J. Jennings and W. Cameron, R.R.C.M.P., transferred him to Police Headquarters for detention pending arrival of an escort from Bowmanville.

No sooner had he been given a shower than Steinhilper asked for a daily newspaper. Certain portions were censored but the headlines remained.

"I don't believe it," the prisoner snorted when he read a sweepline "Three German Divisions Wiped Out."

He complained that he was being treated "like a criminal and not like an officer" by being placed in a cell. It was explained that the cell was a detention safeguard and not a "punishment" cell. He insisted, however, that he would complain to the Swiss Consul, looking after German interests.

Before being locked in for the night, Steinhilper was taken before Supt. H. A. R. Gagnon, O.C., of the local R.C.M.P. Division. Beyond identifying himself he declared he had nothing to say. He was then led away.

It was later learned that the train to which the prisoner had attempted to bind himself was due to depart only a few minutes after he was discovered. A through express, it would have taken him to the United States border in a short time.

While some railway officials offered the opinion that he would have been killed if he had fallen asleep during the fast trip, others expressed the belief that the prisoner had been assisted in his tying proceedings by another person. This was discounted, however, by Baggageman Audette's statement, the quick discovery of the prisoner.

Wir ließen es dabei bewenden und beendeten unser Gespräch. Anschließend übergab er mich dem schmächtig aussehenden Army Captain. Dieser setzte sich gewaltig in Positur, als er mich aufforderte, ihm mein Ehrenwort zu geben, daß ich unterwegs im D-Zug keine »dummen Sachen« machen würde. Ursprünglich hätte er mich im Auto zurückholen wollen, heute morgen hätte er aber einen Unfall damit gehabt, und wir würden mit der Eisenbahn zurückfahren.

Eigentlich war ich schon dabei, diese Zusage abzugeben. Doch als er merkte, daß ich überlegte, hantierte er zur Unterstützung seiner »Empfehlung« sehr bedrohlich an seinem Colt herum.
Das veränderte die Sachlage. Ein Ehrenwort auf Grund einer Bedrohung gab es nicht. Und obwohl ich mir gerne den Genuß einer friedlichen Bahnfahrt eingehandelt hätte, lautete meine Antwort: »No, I can't do that!« – Der Major verwies darauf, daß der Marine-Offizier das damals zugesagt hätte.
Nochmals sagte ich, es tue mir leid, aber ich könne diese Zusage nicht geben. Jetzt war ich entschlossen. Drohen ließ ich mir nicht. Und das Ehrenwort erpressen erst recht nicht, auch wenn das gefährliche Folgen hatte!
Der Major bat nochmals. Wir hätten uns doch eben noch so vernünftig unterhalten, was ich denn auf einmal hätte? – Ja, sagte ich, mit ihm, aber nicht mit dem Captain. – Er wußte schon, was los war, grinste ein wenig schadenfroh und wünschte dem Captain gute Reise.
Der zog nun aufgeregt seinen Colt und verließ hinter mir, Hand am Drücker, das Zimmer.

Ein zweites Weihnachten im Lager

Unten am Ausgang stand ein Stationwagon, in dem ein Sergeant und Corporal als Begleitung warteten.
Als ich aus dem Portal kam, bemerkte ich das Fotografieren eines Pressemannes. Als wir schon fertig zur Abfahrt im Wagen saßen, machte er noch einen Schnappschuß von mir. Ich wußte, daß das laut Genfer Konvention verboten war, aber das scherte mich diesmal wenig.
Doch mein Captain stürzte hinaus wie die Kugel aus dem Lauf und schrie den Fotografen an, daß dem beinahe die Kamera aus der Hand gefallen wäre.
Allmählich fing ich an, die Persönlichkeit meines Begleiters besser einzuschätzen. Er war nur so aufgeregt, weil die Sache für ihn ungeheuer wichtig war. Er wollte mir gar nichts Böses tun, wußte aber nicht so recht, wie mit mir umzugehen sei. Sicher hatte man ihm gesagt, daß ich ein gefährlicher Nazi sei, nun aber stellte er fest, daß ich eigentlich ein ganz normaler Mensch war. Er war völlig unsicher, was er sich da eingehandelt hatte.

Noch war er sehr ungehalten und erzählte den beiden anderen, daß ich mich geweigert hätte, das Ehrenwort zu geben. Man müsse auf mich unterwegs sehr sorgfältig aufpassen.
Die Unterhaltung wurde auf französisch geführt, doch ich verstand genügend, um den Sinn zu begreifen.
Diesmal fuhren wir einen anderen Weg. Unterwegs wurde viel über den Autounfall diskutiert. Sie hatten anscheinend heute morgen einen Zusammenstoß mit einer Straßenbahn gehabt. Ursprünglich sollte man mich per Automobil zurückbringen. Nun mußte ich per Eisenbahn zurückgebracht werden. Dazu hatte sich der Captain telefonische Erlaubnis eingeholt, und man hatte ihm eingeschärft, ja gut auf mich aufzupassen. Immer besser verstand ich seine Sorgen.
Wir kamen am Bahnhof an und traten durch das Tor ein, das ich gestern zweimal benutzt hatte. Dort drüben war das Gleis, auf dem man mich geschnappt hatte. Auch heute war es fast schon dunkel, wir hatten etwa 17.00 Uhr.
Es war erstaunlich, daß sich kaum jemand nach mir umsah. Doch meine Kleidung war jetzt wieder so passend zivil – man hatte mir für die Fahrt sogar meine Jacke zurückgegeben –, daß wohl niemand auf den Gedanken kam, daß hier ein deutscher Gefangener eskortiert wurde.
Am Bahnsteig wartete die Frau des Captains. Zuerst war unklar, was sie hergeführt hatte. Doch bald erfuhr ich Näheres: Der Captain bat auf englisch, ich möge mich für eine Zeit mit den beiden anderen Soldaten unterhalten, er möchte kurz noch einige Worte mit seiner Frau alleine wechseln. Er wohne hier und wolle sich verabschieden. Darauf entgegnete ich in meinem besten Französisch, daß ich es sehr nett fände, daß er hier seine Frau treffen könnte, ich wünschte ihm bei der Unterhaltung viel Vergnügen.
Als ich französisch sprach, leuchteten seine Augen geradezu vor Freude. Damit war ich so sehr in seiner Achtung gestiegen, daß er mich seiner Frau vorstellte. – Das sei der Mann, der ihm sowohl die Mühe, aber auch das Vergnügen bereitet habe, nach Montreal fahren zu können. – Er sei mir eigentlich ganz dankbar, so hätte er seine Frau wenigstens für ein paar Stunden besuchen können. – Also sei mein Fluchtversuch wenigstens in dieser Beziehung nicht ganz umsonst gewesen, meinte ich und zog mich zurück, um die Abschiedsunterhaltung nicht zu stören.
Jetzt wandte ich mich meinen beiden anderen Eskorten zu, die inzwischen schon verkündet hatten, daß ich der in der Zeitung gesuchte, wie-

der eingefangene Deutsche sei. Eine immer stattlichere Menschenmenge versammelte sich um uns, und es war kaum auszumachen, wer sich wichtiger vorkam, ich oder meine Bewacher.
Der Corporal machte einen etwas angeschlagenen Eindruck, er hielt sich alle Augenblicke das linke Knie, anscheinend hatte er sich das bei dem Unfall geprellt.
Allmählich wurde dem Captain der Volksauflauf doch unangenehm, er wollte seine Frau verlassen, um schon vor der Abfahrt Platz zu nehmen. Für uns war ein ganzes D-Zug-Abteil mit sechs Plätzen reserviert. Zur Gangseite saßen die beiden Soldaten, der Captain und ich waren am Fenster gegenübersitzend vorgesehen. – So sollte eine sichere Bewachung möglich sein.
Etwas zögernd war Frau Captain noch mit ins Abteil gekommen. Trotz der vorherigen Vorstellung warf sie mir doch sehr mißtrauische Blicke zu. Offensichtlich um sie zu beruhigen, legte sich die Hand des Herrn Gemahls hin und wieder auf den Colt. – Neuerlich wurde klar, zu welch gefährlichen Burschen wir hier in Kanada gemacht worden waren. Sicher hatte es auch im Lager für den Captain die nötigen Hinweise gegeben. Er tat mir fast leid. Sobald sich eine Gelegenheit bot, wollte ich mein Ehrenwort nachholen.
Es war wirklich bedauerlich, daß er es noch nicht einmal wagte, bei den Abschiedssätzen seine Frau anzusehen, fast dauernd waren seine Blicke auf mich gerichtet.
Wäre er bloß vorhin nicht so großspurig aufgetreten! Es geschah ihm doch ein bißchen recht, daß er dafür ein wenig zu büßen hatte.
Nun war es soweit. Die Frau verabschiedete sich, ging nach draußen und winkte, bis sie uns aus den Augen verloren hatte. Sie war sehr hübsch und machte einen recht jugendlichen Eindruck. – Der Abschied war beiden nicht leicht gefallen, kein Wunder bei der Weihnachtsstimmung, in der sich diese Bahnfahrt abspielte!
Es war heute Samstag. Da stiegen viele Soldaten ein, die mit leuchtenden Augen in Weihnachtsurlaub fuhren. Dazwischen wirbelte eine Schar junger Mädchen, die aus ihrem Internat zu Weihnachten in die Ferien nach Hause durften. Wie ein lachender Strom ergossen sich diese jungen Menschen über den Bahnsteig, und überall blieben ein paar in den Wagen hängen. Alle waren so übermütig, daß man wirklich nicht verstehen konnte, daß irgendwo, weit weg von hier, in Europa ein schrecklicher Krieg tobte. Hier ging es auf Weihnachten zu, das zählte.

Gleich nach der Abfahrt ging in unserem Wagen das Licht aus, und man hörte bald vom anderen Ende Kichern und Flaschengeklirre. Die Dunkelheit beunruhigte meinen Captain sehr, und er versuchte, mich in eine Unterhaltung zu verstricken.
Dazu hatte ich anfänglich gar keine Lust, viel lieber wäre ich am anderen Ende beteiligt gewesen, wo sich die erste Verständigung zwischen den Soldaten und dem Lyzeum anbahnte. Aber mein Captain war beharrlich. Wo ich mein Französisch gelernt hätte? – Auf der Schule, und dann hätten wir für einige Monate unseren Feldflugplatz in Frankreich gehabt. – Es sei aber sehr gut. – Ich war anderer Meinung, es war aber erstaunlich, wie sehr das Übungssache war. Bald brachte ich zusammenhängende Sätze heraus, und nach einer halben Stunde konnte ich mich sogar aufbauend an unserer Unterhaltung beteiligen.
Wenn nur nicht am anderen Ende das lustige Gekicher gewesen wäre! – Nachdem das Licht wieder angegangen war, kam ein hübsches Mädchen einige Male im Gang vorbei, und warf aufmunternde Blicke herein! – Gerne hätte ich gesagt: »Ich bin doch ein POW, kannst du das nicht sehen?«
Nun hatte der Captain Interessantes zu berichten: Er sei Member of Parliament für einen französischen Stimmbezirk und außerdem sei er glücklicher Vater von sieben Kindern. Damit stieg er gewaltig in meiner Achtung. Ich fragte wirklich dumm, woran seine erste Frau gestorben sei. Nun war es an ihm, erstaunt zu sein. Ich hätte sie doch in Montreal kennengelernt. – Das konnte ich kaum fassen: Diese junge Frau von vorhin sollte die Mutter von sieben Kindern sein?
Mir war das kaum vorstellbar, und ich äußerte, daß nach meiner Erfahrung eine Frau in Deutschland mit sieben Kindern nicht mehr so aussehen konnte. Sie müßte dann so viel arbeiten, daß ihr kaum mehr Zeit für ihre Pflege bleiben würde. In Deutschland müßte überhaupt alles viel härter erarbeitet werden als hier. Es war ehrlich, wenn ich ihm Komplimente zu seiner Frau und ihrer äußeren Erscheinung machte.
Er fühlte sich sehr geschmeichelt. Dabei war es mir aber sehr ernst, als ich auf die Möglichkeiten zu sprechen kam, die es hier im Vergleich zu meinem Heimatland gab. Wir müßten viel mehr arbeiten, allein um gut zu essen, als hierzulande. Er gab mir zwar recht, meinte aber, daß niemand den Deutschen verboten habe, nach Kanada auszuwandern.
Inzwischen machten auch die Soldaten vom anderen Ende mehrmals die Runde an unserem Abteil vorbei. Sie trugen Whiskyflaschen mit sich, und

am Ende des Wagens ging es immer fröhlicher zu. – Es dauerte gar nicht lange, daß meine Bewacher selbst, beim Gang zum WC, verkündeten, ich sei der wieder eingefangene German Pilot. Stolz waren sie darauf, daß sie mich zurück in den sicheren Gewahrsam des Lagers bringen würden.
Bald wurde ich auch von den anderen Reisenden durch die Scheiben des Abteils hindurch betrachtet. Es sprach sich immer mehr im Zug herum. – Kein Wunder, nicht nur der Captain hatte sich vor der Abfahrt eine Zeitung gekauft. Da zogen sie nun im Gang vorbei, in der Hand die »Gazette« oder den »Montreal Daily Star« und verglichen die Stories mit meiner Person. – Beinahe mußte der Verkehr im Gang geregelt werden.
Ab jetzt kam nicht nur »meine Verehrerin« vorbei, sondern nach und nach die ganze Mädchenklasse. Natürlich war ein mehrmaliger Vorbeigang nötig, denn es sollte nicht auffallen, daß das Interesse mir galt. Der Blick durfte nur ganz flüchtig sein, dafür kam man dann drei- oder viermal.
Was für freundliche Augen habe ich dabei gesehen! Die hatten soviel Mitleid mit mir. Und wir waren im Krieg gegeneinander! – So ein Unsinn!
Einmal kam ein Soldat herein, er hatte sich wohl beim Whisky ein Herz gefaßt. Er mußte etwa in meinem Alter sein und lud mich ein, am »anderen Ende« mitzufeiern. Ich sagte ihm, daß er dazu den Captain fragen müsse. – Etwas schwankend wandte er sich an diesen. Der war so in seine Zeitung vertieft gewesen, daß er die Annäherung nicht bemerkt hatte.
Als er den schwankenden Burschen sah, der sich inzwischen an mir festhielt, glaubte er, ich würde bedroht und fuhr den jungen Soldaten an. Ob er nicht wüßte, daß es verboten sei, zu einem Kriegsgefangenen zu sprechen, und daß es ein grober Verstoß gegen die Regulations sei, daß er mich belästige.
Der kräftige Holzfäller, so schätzte ich ihn ein, fragte mich kurz: »Am I molesting you?« – Worauf ich mit gutem Gewissen »No!« sagte. – Da hatte er den Captain schon am Schlips gepackt, und bevor die beiden anderen Eskorten, die in ihr Kartenspiel vertieft waren, es verhindern konnten, schüttelte er den kleinen Mann kräftig durch und fragte ihn, ob er mit den Regulations verheiratet sei.
Inzwischen hatten ihn die beiden anderen gepackt und brachten ihn auf die Toilette, wo sie ihm Vernunft einredeten. Ich konnte das Mißverständnis aufklären, und der entrüstete Captain richtete sich seinen Schlips wieder gerade. – Es sei eine Unverschämtheit, ein zweites Mal solle sich der Bursche das ja nicht einfallen lassen.

Jetzt kamen die drei wieder aus der Toilette zurück. Man war sich einig geworden, und meine zwei mußten zur Versöhnung einen kräftigen Schluck aus der Flasche nehmen. Der Captain wurde keines weiteren Blickes mehr gewürdigt.
Etwas später kam ein anderer Soldat vorbei, der seine Hand hereinreichen durfte und meine schüttelte. Er sagte, wenn er in Deutschland gefangen wäre, würde er genau das gleiche versuchen wie ich hier. Auch er bezog eine Rüge vom Captain, der sich absolut an seine Vorschrift hielt. Trotzdem hielt ich den Zeitpunkt gekommen zu versprechen, daß ich auf dieser Reise keinen Fluchtversuch unternehmen würde.
Im übrigen achtete ich kaum darauf, was draußen vorbeiflog. Es war sowieso dunkel, die Strecke kannte ich schon vom Güterwagen her, und vor allem wollte ich hier drinnen die Menschen erleben, wie sie sich benahmen. Noch hatte ich einige Stunden Gelegenheit dazu. Bald würden sich wieder die Tore des Lagers hinter mir schließen, und ich würde Tag für Tag die gleichen Kameraden, die gleichen Gesichter, den gleichen Tagesablauf erleben.
So kurz vor 19.00 Uhr verließen zuerst die beiden Eskorten das Abteil zum Abendessen im Speisewagen, dann folgten der Captain und ich. Die Reservation für den Speisewagen hatte nicht so recht geklappt, und deswegen saßen wir vier getrennt. Aber mit dem gegebenen Ehrenwort ging das ja! Der Captain und ich setzten uns zu zwei älteren Herren an einen Vierertisch. Nun schaute ich mich erst einmal richtig um: – Das hatte ich also erreicht! Noch gestern nacht war so ein Wagen an mir vorbeigerollt und neidvoll hatte ich zugesehen, wie der Kellner die Blumen auf den Tisch stellte. Nun saß ich drin! Aber es war mir gar nicht wohl dabei! Es ging zurück!
Da half kein Jammern. Doch stand fest, daß es nicht das letzte Mal war, daß ich »draußen« war. Ich wußte nun, daß man auch aus einem scharf bewachten Lager herauskam. Man mußte nur etwas wagen und neue Ideen haben.
Gegenüber saß mein Begleiter und studierte eifrig die bunte Speisekarte. Dabei ließ ich ihn möglichst ungeschoren, war ich mir doch nicht so sicher, ob ich partizipieren würde.
Schräg gegenüber am nächsten Tisch saß wiederum eine reizende junge Dame, die mich trotz meines Rollkragenpullovers strahlend ansah. Nach so langer Zeit der Abgeschiedenheit empfand man offenbar alle Damen besonders hübsch und aufmerksam.

Der Captain störte den Austausch von Blicken. Er reichte mir tatsächlich die Karte über den Tisch und empfahl zu wählen, damit er bestellen könne.
Ich war angenehm überrascht. Für mich waren auf dieser Karte fast nur Delikatessen verzeichnet. Die Preise erschienen sehr hoch für deutsche Leutnantsverhältnisse, und ich fragte vorsichtshalber nochmal, ob ich als POW tatsächlich frei wählen dürfte. – Er bejahte und riet mir, ein volles Menü zu wählen, dafür hätte er »tickets«, auch für mich. Damit war dieses Thema vom Tisch. Zwar bekamen wir von unserem Wehrsold ja nie »echtes« Geld zu sehen, sondern im Camp in dem Laden bezahlten wir mit einer Art Lagergeld, aber womöglich hätten die mir von meinen monatlichen 24 kanadischen Dollars eine Monatsrate abgezogen.
Nun sollte es nicht mehr an meiner Kooperation fehlen. Allerdings der Herr neben mir zu meiner Rechten, am Fenster, benahm sich plötzlich sehr auffällig.
Er schaute rund und behäbig aus. Man konnte kaum annehmen, daß er einmal in diesen Krieg ziehen würde. Aber jetzt war die gute Gelegenheit gekommen, Patriotismus zu zeigen: Kaum hatte er vernommen, daß ich deutscher POW war, stand er auf, schaute den Captain strafend an, sagte »Excuse me«, nahm sich nicht einmal die Zeit, die Rechnung zu verlangen, sondern legte fünf Dollar auf den Tisch. – Im Abziehen brummte er wie ein Lastwagen! – So eine Zumutung! Mit einem Hunnen an einem Tisch zu sitzen!
Doch das traf mich nicht. Einmal hatte ich nun eine Tischseite für mich allein, und außerdem war erkennbar, daß sein recht rüdes Verhalten in dem Speisewagen allgemein mißbilligt wurde. Da hatte sich ein junger POW doch recht bescheiden und korrekt benommen – und nun diese Schroffheit! Selbst im Feindesland gab es zu dieser Zeit noch Vorstellungen über gutes und angemessenes Benehmen.
Der Captain meinte mich beruhigen zu müssen, und auch der dritte Herr am Tisch bestellte sich noch eine Tasse Kaffee, er wollte sich gerne mit mir unterhalten. Doch das verhinderte wiederum mein mit den Gesetzen verheirateter Begleiter. Ich dachte, daß seine Kinder wohl nicht allzu böse sein konnten, wenn er gegenwärtig Militärdienst zu machen hatte.
Da mir zu dieser festlichen Mahlzeit auch alle »Geräte« zur Verfügung standen, erinnerte ich mich der früheren Sitten im Umgang mit Messer und Gabel und versuchte zu zeigen, daß nicht alle Hunnen waren, über die so geschrieben wurde.

Der abschließende Kaffee schmeckte herrlich. Mein Begleiter unterhielt sich mittlerweile selbst mit unserem Tischnachbarn und erzählte alles, was ich auch hätte sagen können. Das gab mir Gelegenheit, diese seltene Atmosphäre aufzunehmen.
Bedauerlich war, daß dieses Vergnügen zu Ende ging und ich meinem Herrn, wie an der Leine, zurück in unser Abteil folgen mußte.
Der gute Kaffee hatte angeregt, ich sprach beinahe fließend französisch. Der Captain hielt einen Vortrag über das kanadische Unterhaus und seinen Wahlbezirk. Da wurden wir wieder gestört, auf angenehme Weise! Wir wurden von einem Mann angesteuert – wegen der Wärme war die Tür zum Gang offen. Er pflanzte sich ruhig, mit der Zeitung in der Hand, genau vor mir auf, und las halblaut einen Artikel über mich vor. Seine Miene nach erschien ihm der Fall sehr interessant, aber auch irgendwie unverständlich. Er betrachtete mich wohlwollend, manchmal jedoch konnte er sich eines Kopfschüttelns nicht erwehren.
Es war ein netter alter Herr, der graue Haare hatte und eine moderne randlose Brille trug. Ohne ein Wort an mich zu richten, schenkte er mir eine Schachtel Zigaretten und entfernte sich. Da er mich nicht ansprach, fühlte sich der Captain diesmal nicht zum Einschreiten veranlaßt.
Später gab man mir auch eine Zeitung, und ich konnte den Artikel selbst durchlesen. Danach war ich ein gefährlicher Ausreißer, der innerhalb von vier Wochen das zweite Mal unterwegs war. Das Lager Bowmanville würde aus diesem Anlaß auf seine Sicherheit und Bewachung überprüft. Ich selbst wurde kaum heruntergemacht, und es stand nichts mehr drin von »all mixed up« und stammelt: »I won't do it again!«
Das war eine kleine Genugtuung, wenn ich auch schon wieder auf dem Rückweg ins Lager war.
Gegen Mitternacht kamen wir in Bowmanville an. Der sonst fast durchgehende Expreßzug legte einen Sonderstopp ein. Am Bahnhof erwartete uns ein Stationwagon, der uns sofort zum Lager brachte. Nicht ins Lager hinein, sondern gleich in eine Zelle der äußeren Arresthütte, die sich außerhalb des Lagers bei der Wache befand.
Man behandelte mich normal, allerdings teilte mir der Captain zum Abschied mit, daß der Kommandant meinetwegen sehr verstimmt sei, weil ich schon wieder ausgerissen sei. – Eigentlich müßte ich ja hier drinnen noch die vier Wochen absitzen, mit denen ich, laut Genfer Konvention, das letzte Mal hätte bestraft werden können. – Morgen früh würde ich gleich vorgeführt.

Natürlich war mir bei der Pressepublizität klar, daß der Kommandant wegen mir in Schwierigkeiten steckte. Ich konnte ihm nicht verdenken, daß er mir böse war. Andererseits wußte ich, daß er als Soldat meine Handlungsweise nicht grundsätzlich verurteilen konnte.
Deswegen wollte ich den Kopf nicht hängenlassen. Hauptsache war, daß die Sache mit der Adressenliste so schnell wie möglich klargestellt wurde.
Der Arrest war in aller Eile hergerichtet worden. Da die Zellen für POWs noch nicht fertig waren, wurde ich kurzerhand in eine Zelle gesperrt, die für die kanadischen Soldaten vorgesehen war.
Das ganze Arresthaus bestand aus zwei Zellen, die durch einen kleinen Wasch- und Duschraum getrennt waren. In einem Raum davor hielten sich ständig drei kanadische Posten auf. Einer davon ging mit umgehängtem Gewehr vor den beiden Zellen auf und ab.
Meine Zelle war provisorisch mit einer Stahlfedermatratze ausgerüstet, besser als die schon im Bau befindliche Holzpritsche. Man lag darauf einigermaßen bequem, und ich schlief bald den Schlaf des Gerechten. – Wieder mal hatte ich Pech gehabt, aber ich hatte gewagt und dem Glück eine Chance geboten. Ohne eine Portion Glück ließ sich eine erfolgreiche Flucht nicht zu Ende führen.
Am anderen Morgen, nach dem Wecken und dem Waschen, stellte ich fest, daß ich nicht allein im Arrest war. Manhart war schon vor mir da. Er hatte sich absichtlich einsperren lassen. Er wußte, daß man bei Bestrafung in den Arrest vor das Tor außerhalb des Lagerzaunes gebracht wurde. Um das zu erreichen, hatte er sich bei der Zählung an meiner Stelle gemeldet, als bekannt geworden war, daß der Zaun ein Loch hatte. Er tat das von sich aus, denn ich hatte diesmal nicht um Personentarnung gebeten. Es war mir klar, daß die Kanadier inzwischen meinen Namen und mein Gesicht kannten.
Diesmal war die Liste nicht nach dem Alphabet abgefragt worden, sondern fing gleich an mit: »Otto Steinhilper«. Darauf trat Manhart vor und meldete sich.
Natürlich wurde er von Colonel Bull, der bei der Zählung persönlich anwesend war, sofort erkannt. Schließlich hatte er Manni ja in seinem Büro gehabt, als er uns unbestraft laufen ließ!
»You are not Steinhilper! I know you too!« – Und schon marschierte Manhart ab in den Arrest, genau dahin, wo er wollte.
Bei dieser Nachzählung, die noch in der Nacht meines abendlichen Ausbrechens stattfand, sei es sehr schnell gegangen. Die Kameraden mußten

diesmal nicht die ganze Nacht aufbleiben, bis die Kanadier wußten, was für ein Steckbrief herausgehen mußte. Es stand bald fest, daß nur einer fehlte, und das war »Steinhilper«.
Manhart erzählte mir auch, daß meine Flucht nicht schon bei der ersten Postenablösung um 20.00 Uhr entdeckt worden war, sondern erst als Sirenenalarm gegeben wurde. Auf diese Weise seien sie gewarnt worden und konnten noch in letzter Minute eine geplante Täuschung bei der Zählung abblasen.
Er schilderte mir nun meine Arbeit am Zaun aus seiner Sicht. Er hatte ja als Ablenkungsmann mitgeholfen. Meine Schneidversuche und das Zwicken seien furchtbar laut gewesen, man hätte das Rasseln und Geklirre rund um den Zaun herum gehört.
Es sei ihm wie ein Wunder vorgekommen, daß das niemand aufgefallen war. Das gab ich selbst zu. Ich sei nur deswegen durchgekommen, weil ich stur an dem Grundsatz festgehalten hätte: »Entweder raus oder in den Arrest!«
Die Beißzange, die ich aus unerklärlichem Grund nicht blindlings weggeworfen hatte, sondern in den Busch außerhalb des Lagers bei den Handschuhen und den Fetzen hinlegte, hatten die Kanadier gefunden. Nun kamen sie an und erklärten, wir hätten unser Ehrenwort gebrochen.
In diesem Lager war nämlich erstmalig eingeführt worden, daß wir Werkzeuge bekamen, die wir dringend zur Anfertigung von primitiven Regalen und Möbeln gebrauchten. Sie wurden ausgegeben unter der Bedingung, daß wir sie unter Ehrenwort nicht zu Fluchtzwecken verwenden würden.
Natürlich hatte ich dieses Ehrenwort nicht gebrochen, das wußten auch die Stubenkameraden. Die Beißzange, die ich benutzt hatte, war kanadischen Innenposten im »Camp W« gestohlen und in der schweren Ausbrecherkiste hierher geschmuggelt worden. Die Kiste mit doppeltem Boden und komplettem Inhalt war wohlbehalten hier angekommen.
Doch es war nicht einfach, das den Kanadiern zu erklären. Sie glaubten erst einmal überhaupt keine Erklärung und sperrten alles Werkzeug.
Darüber sei die deutsche Lagerführung auch gar nicht böse, sondern über die Tatsache, wie und daß die Zange gefunden worden war, sagte Manni.
Ich selbst machte mir jetzt erst klar, wie dumm es von mir gewesen war, die Zange und die Handschuhe nicht einfach in die Gegend zu feuern.
Das mußte mit der schwäbischen Erziehung zusammenhängen. Einfach etwas wegzuwerfen, was noch zu gebrauchen war – unmöglich!

Dumm, aber diese Sache lag mir nicht so sehr am Herzen wie die Adressen.
Es dauerte nicht lange, bis ich zum Colonel Bull gerufen wurde. – Diesmal wurde ich allein und sofort vorgeführt. Bevor ich ins gleiche Büro wie das letzte Mal kam, wurde ich auf Veranlassung des Dolmetschers noch einmal durchsucht. – Doch ich hatte ihm gleich gesagt, besser als die Mounted Police würden sie das nicht machen. Aber sie waren stolz darauf, meine Taschenuhr zu finden, die mir die Mountys vor der Rückfahrt ausgehändigt hatten. Sie wurde mir für die Arrestzeit abgenommen.
Der Kommandant machte keinen ausgesprochen erbosten Eindruck. Er sagte mir gleich, daß ich ihm »lots of trouble« bereitet hätte und daß er mir diesmal nicht helfen könne. Das hatte ich auch nicht anders erwartet. Kurz und bündig bestrafte er mich mit 28 Tagen Arrest, der Norm für diese Fälle. Die Genfer Konvention ließ im Höchstfalle für eine Flucht 30 Tage zu, aber die kanadische Army kannte für diesen Fall nur vier Wochen. Nun fing ich mit der Adressengeschichte an. Er hörte zu, sagte aber das gleiche wie der Inspektor und der Major von der Mounted Police in Montreal. Ihnen sei bewußt, daß ich diese Leute nur auf gut Glück aufsuchen wollte, deswegen würden sie auch nicht überwacht, und ich brauchte mir keine weiteren Sorgen zu machen.
Mir genügte das nicht, und ich bat darum, darüber mit unserem deutschen Lagerführer sprechen zu dürfen. Dieser habe entweder über das Rote Kreuz oder die Schutzmacht Möglichkeiten, Vorsorge zu treffen. Er lehnte jedoch rundweg ab. Mein Lagerführer sei über die Berichte der Tageszeitungen und von ihm selbst schon unterrichtet. Die notwendigen Schritte seien besprochen.
Ich sagte darauf, daß ich diese Geschichte nach meinen vier Wochen Arrest noch einmal selbst betreiben wolle.
Der Kommandant zeigte sich keineswegs bösartig. Meine Erklärung, daß ich wegen der beinahe beleidigenden Zeitungsartikel über den »Fall Niagara« fast schon gezwungen war, nochmals auszubüchsen, war für ihn uninteressant. Er ließ sich nicht aus der Ruhe bringen. Man merkte, daß es ihm schwerfiel, mich für einen Fluchtversuch bestrafen zu müssen.
Er warnte mich aber vor seinen eigenen Soldaten und sagte, wenn ich ihnen innerhalb des Lagerbereiches in die Hände gefallen wäre, hätte ich nicht mehr viel zu hoffen gehabt. Sie seien »mad«, weil ich sie nun schon zum zweiten Mal um die Nachtruhe gebracht hätte. Er warnte mich davor, noch einmal etwas zu unternehmen.

Darauf meinte ich, daß ich mir da nicht so sicher sei. Das war beinahe schon zu ehrlich. Aber er war ein anständiger Gegner, der nicht nur Befehle ausführte.
Manhart wollte viel von mir wissen. Er fragte vor allem nach den Erfahrungen im Güterzugfahren. Außerdem erkundigte er sich nach den Bahnstationen in Montreal.
Ich riet ihm vor allem, nie auf einer großen Bahnstation einen Güterzug zu versuchen. Ich hätte gelesen, das würden auch die amerikanischen »Hobos« (Eisenbahn-Vagabunden) nicht machen. Nun wisse ich aus eigener Erfahrung, warum. Die richtige Taktik sei, auf Strecke zu gehen, bis zur ersten Station in gewünschter Fahrtrichtung, und dann dort auf einen Zugstopp zu warten. Oshawa mit dem Wassertanken sei eine hervorragend geeignete Station.
Im Lager gäbe es immer noch viele Kritiker, auch jetzt schon wieder gegen diese Flucht. Aber ich hätte denen wenigstens gezeigt, daß es geht, wenn man wagt und den Willen zur Ausführung hat.
Ich sagte ihm, daß ich mich von den »Klugschwätzern« nicht von einem neuerlichen Versuch abbringen lassen würde. Da sei doch so mancher darunter, der schon seit über einem Jahr bei den offiziell »Prädestinierten« sei, auffällige Vorbereitungen treffe, nur um zu imponieren, aber der entscheidende Ruck fehle, wenn es darum ginge, an den Zaun ranzugehen. Natürlich war dieses Risiko einer der Gründe, warum man gerne durch einen Tunnel rausgekommen wäre. Es war gut verständlich, warum man dieses Gefahrenmoment mit sorgfältiger, langwieriger Grabarbeit umgehen wollte.
Bei mir setzte sich immer mehr die Überzeugung fest, daß man seine Fluchtidee erst einmal selbst sorgfältig durchdenken mußte und sie wegen der Geheimhaltung erst sehr spät mit anderen besprechen sollte. Die Lagerkameraden diskutierten ja so gerne einmal über etwas anderes – leider auch vor den kanadischen Innenposten. Da es aber meist kaum ohne freiwillige Helfer ging, mußten sie zwar vorher informiert werden, aber so spät wie möglich.
Dahinter steckte noch ein weiterer Gedanke. Bei den Abläufen zur Überwachung des Zaunes liefen manchmal so vielerlei kombinierte Vorgänge gleichzeitig ab, daß es dem beobachtenden Wachtposten kaum gelang, in kurzer Zeit die Zusammenhänge zu erkennen und dagegen zu reagieren. Das Risiko war größer als beim Tunnel, aber die lange Bauzeit, die viele Erde beinhalteten Gefahren des Entdeckens, die fast nicht kalkulierbar

waren. Bald wurden die Kanadier in ihren Abwehrmethoden geistreicher als die buddelnden POWs.
Für meinen nächsten Versuch hatte ich schon eine Idee. Sie war ganz auf Frechheit und Bluff aufgebaut, aber vorläufig wollte ich noch nicht einmal mit Manni darüber sprechen. Es war einfach zu erstaunlich, wie lässig die Posten unsere Unterhaltung zuließen. Viele dieser Kanadier, die meist aus dem Westen kamen, sprachen deutsch. Meist handelte es sich um eine Art schwäbischen und rheinländischen Dialekt, aber wenn sie sich schon so gut ausdrücken konnten, um wie viel besser mußten sie die deutsche Sprache verstehen, wenn sie wollten. Und das war inzwischen klar, sie wollten über Fluchtpläne, alte und neue, hören.
Normalerweise waren sie verschmitzt genug und taten so, als ob sie kein Wort deutsch verstanden, aber sie genossen ihre Bierflaschen nur dann sparsam, wenn der Offizier vom Dienst um den Weg war. Waren sie dann ein bißchen angeheitert, machte es ihnen Spaß zu zeigen, was sie alles sprechen konnten. – Wir waren überrascht, wie viel das war!
Wir wußten jetzt, daß wir uns nur mit Vorsicht unterhalten durften, denn Manhart hatte vor, aus dem Arrest auszubrechen. Aber es gab eine sichere Gelegenheit zum Sprechen. Vormittags und nachmittags wurden wir je eine Stunde ins Freie geführt und durften im Stacheldrahtauslauf, der zum Arrest gehörte, unsere Runde drehen. Da liefen wir hintereinander drein und erzählten.
Er hatte sich einsperren lassen, um außerhalb des Lagerzaunes zu sein und um dann weiter zu beobachten. In der Zelle hatte er reichlich dazu Gelegenheit, und auf dem Weg zum Auslauf gingen wir einmal links und einmal rechts an der Arrestbaracke vorbei. Dabei stellten wir fest, daß sich der Boden dort, wo die Heizungsrohre unter der Erde aus der Baracke führten, so weit gesetzt hatte, daß man aus der Baracke kriechen konnte, wenn man an der Außenwand nur das unterste Brett wegriß.
Manni plante nun: Vom Eßbesteck wollte er unbemerkt ein Messer verschwinden lassen, damit die Fußbodenbretter durchschneiden – Kraft hatte er ja wie der Teufel – und dann sehen, wie es unter dem Zellenboden weiterging. Die Schnitte sollten so glatt sein, daß man die Bretter raus- und wieder reinlegen konnte.
Eines schönen Abends wollte er dann durch den Fußboden unter die Baracke gelangen, und wenn die Wasser- und Dampfheizungsrohre nicht zu eng und heiß waren, von dort aus die Seitenwand erreichen, an der abgesunkenen Stelle das Brett entfernen und so das Freie finden.

Mir leuchtete die Sache ein, das war machbar.
Für diesen Zweck hatte er sich schon in der entsprechenden Kleidung einsperren lassen. Er mußte ja die Möglichkeit haben, sich ganz schnell in einen Zivilisten zu verwandeln. Er trug eine halblange Joppe, auf die er lose Schulterstücke aufgenäht hatte, die aber schnell abgerissen werden konnten. Die Schwierigkeit war das geeignete Messer. – Wir erhielten zu jeder Mahlzeit eiserne Löffel, Messer und Gabel. Aber diese Instrumente wurden jeweils genau auf Vollständigkeit gezählt, wenn die leeren Tabletts aus den Zellen zurückgegeben wurden.
Es blieb einfach abzuwarten, ob sich die Verhältnisse besserten, oder sich sonst eine Gelegenheit bot. Vielleicht an Weihnachten. – Vorläufig kam es erst einmal darauf an, einen möglichst vertrauenswürdigen Eindruck auf unsere Wachmannschaft zu machen.
Wir verstanden uns recht gut mit ihnen. Wie alle Veteran Guards waren sie schon in gesetzterem Alter und hatten eigentlich vom letzten Krieg her, dem 1. Weltkrieg, wo sie in Europa eingesetzt waren, genug Kriegsgeschehen erlebt.
Nur wegen des jetzigen Samstag/Sonntag-Dienstes waren sie ein bißchen unmutig. Würden wir hier nicht im Arrest einsitzen, könnten sie, wie alle ihre Kameraden, jetzt in der Stadt ausgehen. Wir versuchten sie damit zu trösten, daß wir schon seit über einem Jahr nicht mehr ausgehen konnten. Zur gegenseitigen Unterhaltung erzählten sie, wie sie nach mir gefahndet hatten. Vom Lager weg verfolgten sie mit Spürhunden meinen Weg richtig bis zum Bach. Dort waren die ersten Verfolger ins Wasser eingebrochen. Sie hatten gedacht, wenn das Eis mich getragen hätte, dann könnten auch sie es wagen. Wofür so ein Bauchrutscher gut sein kann!
Auf der anderen Seite hätten sie meine Spur gleich wieder gehabt und seien bis zu den Geleisen gefolgt. Dort hatte ich allerdings absichtlich erst einmal 100 Meter nach links eingeschlagen und war dann auf den Schienen 200 m zurückgegangen. Das hatte sie getäuscht. Sie waren auch jetzt noch der Meinung, daß ich gleich Richtung Montreal losmarschiert sei. Sie sagten mir, daß ich zwar ein »good boy« sei, wenn man sich so mit mir unterhalte, aber hätten sie mich damals erwischt, wäre es um mich geschehen gewesen.
Mir blieb nichts anderes übrig, als zu sagen, daß es im Krieg nun mal so sei. Und immer wieder hielt ich ihnen vor Augen, daß ihre Leute, die seit Dünkirchen in Deutschland gefangen seien, sicher das gleiche wie ich täten und auch mit den gleichen Folgen rechnen würden.

Es wäre leichtsinnig gewesen, zu erzählen, wie ich tatsächlich nach Montreal gekommen war. Aus der Unterhaltung ging jedoch immer wieder hervor, daß man fest annahm, daß ich Hilfe von außerhalb bekommen hatte. Zu gerne hätte man gewußt, von wem. – Wie war ich nur so schnell vorangekommen?
Das verstärkte neuerlich meine Sorgen wegen der Adressen. Und ich sprach den kanadischen Dolmetscher jedesmal daraufhin an, wenn er zu uns kam, um uns von Fall zu Fall Post zu bringen. Ich wolle zu diesem Punkt von der deutschen Lagerführung besucht oder zu einem Gespräch ins Lager geführt werden. Aber das blieb aussichtslos.
Der Arrest war eine eintönige Geschichte, völlig unerträglich, wenn nicht wenigstens die Ausläufe gewesen wären. Es dauerte auch geraume Zeit, bis wir Bücher in die Zellen bekamen. Die ersten Tage konnten wir nur stumpfsinnig gegen die kahlen Holzwände starren, wenn die Posten nicht gerade zu einem Schwätzchen aufgelegt waren. Auch Schreiben war erlaubt.
Wie gerne hätte ich jetzt etwas mehr an Verwandte und Freunde geschrieben. Aber das monatliche Kontingent hatte ich trotz der Fluchtvorbereitung fast schon erschöpft. Drei genormte Briefe und vier POW-Postkarten pro Monat waren im Nu weg.
Schlimm war auch, daß man von den politischen und militärischen Ereignissen hier im Arrest völlig abgeschnitten war. Dabei war soeben erst der Krieg zwischen Japan und den USA und damit auch Deutschland ausgebrochen.
Der Heilige Abend, ein Mittwoch, nahte und wir saßen richtig in der Patsche. Wir hatten geringe Hoffnungen, daß wir vielleicht zur Feier der Festtage vorübergehend ins Lager hineingebracht würden. Als der Kommandant Manhart bestrafte, hatte er so etwas ähnliches angedeutet. – Manni sagte mir zu, daß er nur unter der Bedingung ins Lager gehen würde, wenn ich auch mitkommen konnte. Er würde mich nicht allein zurücklassen.
Auch die Posten, die schon vorher über die ganzen Feiertage eingeteilt worden waren, hofften auf eine solche Lösung. Sie hätten dann frei bekommen und könnten in die Stadt ausgehen. Blieben wir sitzen, dann waren auch sie angebunden.
Der Dienstag kam, und nichts regte sich. Der Dienstbetrieb lief wie immer, noch nicht einmal der Dolmetscher erschien, es hieß, er finge bereits an, sich langsam zum Fest vollaufen zu lassen. Nach unserer Be-

obachtung war das Weihnachtsfest in diesem Lande mit ziemlich viel Whisky verbunden.
Der Mittwoch kam und nichts regte sich. Wir wagten es sogar, den Wachoffizier zu fragen, ob er etwas davon gehört hätte, daß wir heute abend ins Lager kämen. – Er schüttelte nur den Kopf, und außerdem roch er auch schon.
Die Posten warteten genau wie wir – umsonst. Es wurde dunkel, es wurde Nacht. Die Uhr schlich – 7 Uhr, 8 Uhr. Nichts regte sich. – Die Posten telefonierten mit dem Offizierskasino. Der kanadische Kommandant war nicht da, er sei zur Feier ins Camp eingeladen worden und schon innerhalb des Zaunes.
So langsam bekamen wir eine Wut. Sollte es womöglich an der deutschen Lagerführung liegen, sollten die sich nicht um uns kümmern? – Ein Posten wurde ans Lagertor geschickt, nicht von uns! Die Kanadier entwikkelten heute eine erstaunliche Initiative!
Und tatsächlich, der Kommandant ließ ausrichten, daß Manhart ins Lager kommen könne. Der wollte zuerst ablehnen, um bei seinem Versprechen zu bleiben. Ich bat ihn jedoch zu gehen. Er könne ja sehen, ob ich nicht nachkommen könne. Hier seien ihm genau wie mir die Hände gebunden.
Schließlich willigte er ein und versprach, daß er noch heute nacht zurückkommen würde, wenn es nicht gelänge, mich auch ins Lager zu holen.
Damit war ich zufrieden und versuchte das ganze Weihnachten zu vergessen. – Doch es ging nicht. Zwischen meiner Zelle und dem Speisesaal, in dem die gemeinsame Feier für die erste Lagerhälfte stattfand, lagen nur die Straße und der Zaun. Ich hörte, wie sie Weihnachtslieder sangen, und kam mir nun doch recht verlassen vor.
Die Fragerei an mich selbst wegen des blöden Schicksals wollte nicht aufhören. – Wer gab einem Menschen das Recht über den anderen, ihn wie ein Tier einzusperren? – Obwohl beiden Seiten bewußt war, daß sie das gleiche zu tun hatten und auch tun würden, wenn sie selbst betroffen wären. – Wie absurd! Wie schwierig war es, das Wesen des Krieges zu verstehen! – Ob die Welt es einmal lernen würde, wie man sich besser auseinandersetzen konnte?
Und wie stellte sich diese Frage erst den zu Hause gebliebenen Frauen! – An der »Heimatfront« hatten sie die Hauptlast zu tragen, und immer unter der Ungewißheit: »Wie geht es ihm? – Lebt er noch? – Hoffe ich

und arbeite, und er lebt gar nicht mehr?« – Sie hatten zu warten, abzuwarten, nicht nur vier Wochen, wie ich jetzt gerade. Nein, Tag um Tag, Jahr um Jahr, und sie konnten sich nicht auflehnen gegen ihr Schicksal. Sie waren Frauen, sie konnten nicht dort sein, wo aktiv gekämpft wurde, wo es die Toten unter den Soldaten gab, wo aber auch entschieden wurde. – Sie hatten abzuwarten, wie wir Gefangene, ohne die Möglichkeit einzugreifen. Sie konnten auch nur vertrauen und auf die Zukunft hoffen.
Es wurde 10 Uhr, das Singen wurde lauter. Als Besonderheit gab es zum Fest einen halben Liter Wein. Er war über das Rote Kreuz gekauft worden. Außerdem waren Bierrationen angespart worden.
Mir war gar nicht »nach laut« zumute. Wenn ich nur kurz nach Hause hätte sehen können! – Aber denen da drinnen war auch nicht anders ums Herz, sie wollten es sich nur nicht zeigen. Man wollte sich betäuben, um einmal aus dem nagenden Grübeln herauszukommen. Deswegen wurde bei solchen Festen manchmal ganz schön hart gesoffen. – Oft ein vergeblicher Versuch, von den Sorgen um die Heimat loszukommen. Und nun auch noch Krieg mit den USA!
Erst als ich am Flaschengeklimper vor meiner Zellentür aufwachte, merkte ich, daß ich eingedöst war. – Manni war zurück und spielte Weihnachtsmann. Er hatte nicht nur seine Weihnachtsbescherung, sondern auch die meinige mitgebracht. Die im Lager hatten uns nicht vergessen. In der Stube hatten sie sogar einen Gabentisch für mich vorbereitet.
Er hatte versucht, mich nachzuholen, aber der kanadische Kommandant war bereits wieder fortgegangen, als er nach drinnen kam. Er hätte dann allerdings überall erzählen müssen, wie es mir ergangen sei, und deswegen käme er erst so spät zurück. Er hatte sogar einige Flaschen Bier mitgebracht, aber der Wachoffizier war schon erbost, daß er die Weihnachtsgeschenke mitgebracht hatte und beschlagnahmte das Bier sofort.
Nicht nur Manhart schnaubte vor Wut, auch die Posten knirschten mit den Zähnen.
Manhart überreichte einen Sack mit meiner »Bescherung«. Die Post hatte mir außerdem drinnen zwei Briefe abgeliefert. Zwei junge Damen waren die Absender.
Die Briefe wollte ich zuerst lesen. Manni zog sich in seine Zelle zurück, er wollte sich seine Sachen jetzt auch in Ruhe ansehen, bisher hatte er dazu keine Zeit gehabt.
Der erste Brief war von meiner besten Freundin. Und der war ein Überfall! Sie konnte ja nicht ahnen, daß mich dieser wichtige Brief an Weih-

nachten in der Zelle erreichte. An Weihnachten würde sie sich mit einem Mann verloben, der eine wichtige Aufgabe in der Rüstungsindustrie habe. Sicher wäre dieser Schritt für mich nicht allzu schmerzlich, denn ich hätte ja die Gewißheit, das Ende des Krieges in Sicherheit und gesund zu erleben ... Es stand noch ein bißchen mehr darin und es war sehr schwierig zu ertragen ...
Ich faltete diesen ersten Brief zusammen und wünschte nochmals: »Fröhliche Weihnachten!« – Die im Lager hatten es leichter, die hatten Bier! Noch immer sah ich nicht nach den Geschenken, sondern machte mich an den anderen Brief. – Diese junge Dame war Freundin zu der ersten Schreiberin, ihr Bruder war auch Fliegerleutnant, der mit mir befreundet und noch im Einsatz war. – Ich war natürlich gespannt, ob zur Verlobung vielleicht noch Näheres zu lesen wäre. – Aber nichts dergleichen. Sie hatte sich vor Kriegsausbruch mit einem Auslandsdeutschen aus Brasilien in Stuttgart verlobt. Er hatte dort gedient und war Reserveoffizier geworden. Ich hatte gedacht, daß er schon längst in Deutschland sei, um dort als Leutnant bei der Artillerie seinen Dienst zu tun. Doch: »Nachdem ich nun die ganzen Jahre fest auf ihn gehofft habe, teilt er mir mit, daß er diese Weihnachten in Brasilien heiratet! – Wenn das bloß nicht so unverhofft gekommen wäre!«
Schöne Welt! – Frohe Weihnachten!
Damit wußte ich wenigstens, an wen ich die ersten beiden Briefe aus dem Januarkontingent schreiben würde.
Jetzt wurde es aber Zeit, an den Sack zu gehen, es war schon lange nach Mitternacht. Dem sah ich schon an der Fülle an, daß er keine solche Enttäuschung bringen konnte. – Gutzumachen war jedoch in beiden Fällen nichts mehr.
Manni und ich berichteten uns, was wir fanden: Weihnachtsgebäck, Schokolade, Socken, eine Aktentasche, und als Krönung eine gute Armbanduhr, die für uns aus deutschen Guthaben in USA, vom Roten Kreuz gekauft worden waren. – Das waren schöne Geschenke für einen POW, aber ich hätte es lieber umgekehrt gehabt. – Hier weniger, dafür bessere Briefe. Aber damit wollte ich Manni das Fest nicht verderben, hatte er doch alles gebracht.
Die Posten staunten über unsere Bescherung und freuten sich mit. Für mich war der wichtigste neue Besitz eine gute, genau gehende Armbanduhr. Hoffentlich würde sie mir nicht weggenommen, denn ich hatte doch diese Idee!

Die Posten hatten dem Wachhabenden wenigstens eine Flasche Bier abgehandelt. Die tranken wir nun zusammen aus, es reichte gerade für jeden einen Schluck. Frohe Weihnachten!
Am ersten Feiertag gab es auch im Arrest ein Festessen. Nachmittags auf unserem Spaziergang sagte mir Manni, daß er fest entschlossen sei, zwischen Weihnachten und Neujahr auszubrechen. Er hätte zwar noch immer kein Messer, aber das sollte in den nächsten Tagen in einer Suppenschüssel versenkt herausgebracht werden. Unser Essen bezogen wir aus der deutschen Küche.
Am gleichen Nachmittag wurde es in der Baracke kälter und kälter. Die Posten stellten fest, daß an der Stelle, wo die Heizungsrohre durch die Erdsenkung bloß lagen, Kondenswasser eingefroren war. Nun froren wir auch noch.
So gegen 21.00 Uhr kam der Kommandant ganz unvermutet ins Arrestlokal. Er wünschte »Merry Christmas« und fragte, ob uns die Geschenke nicht gefallen hätten, weil wir so grimmige Gesichter machten. – Wir konnten nur antworten, daß Weihnachten im Arrest nicht gerade zu den freudigsten Erlebnissen zähle, vor allem, wenn die Heizung eingefroren sei.
Man merkte, er war etwas angeheitert. Aber da er schon ohne Alkohol eine Seele von Mensch war, übertraf er sich nun selbst. Er war rasch entschlossen. Wir hätten ihm ziemliche Probleme bereitet. Besonders meinetwegen hätten die Zeitungen viel Stoff gehabt und sich über die schlechte Bewachung aufgeregt. Sogar das Ministerium in Ottawa habe bei seiner vorgesetzten Dienststelle angefragt, warum ich vom letzten Mal her nicht noch im Arrest gesessen sei. Etwas Ähnliches könne er sich nicht mehr leisten. Trotzdem wolle er uns beide bis zum Morgen nach dem zweiten Feiertag ins Lager lassen. Mich aber nur, wenn ich ehrenwörtlich versprechen würde, in dieser Zeit nicht wieder abzuhauen.
Da überlegte ich nicht lange und sagte zu. – Wir sollten sofort unsere Sachen packen, er würde uns persönlich ans »Gate« bringen.
Kein Zweifel, er war ein feiner Kerl. Es tat mir jetzt schon leid, daß wir ihm in allernächster Zukunft schon wieder Kummer machen mußten.
Andererseits, als aufrechter Soldat würde er verstehen, warum wir unsere Pflicht erfüllten und Fluchtversuche machten. Es ging nicht nur darum, für uns wieder die Freiheit anzustreben, sondern wenn wir schon selbst nicht mehr aktiv sein konnten, wollten wir doch so viele Bewacher wie möglich binden.

Nun wurde es doch noch Weihnachten. Wie freute ich mich darauf, Jürgen und die anderen Kameraden zu sehen. Auch die Geschichte mit den Adressen konnte ich nun selbst in die Hand nehmen.
Um unterwegs nicht angehalten zu werden, schlichen wir fast heimlich vom Tor zum Haus in die Stube 7. Dort gab es großes Hallo. Manni hatte andere Verpflichtungen: »Komm her, setz dich und erzähl! Nein, zuerst trinkst du eine Flasche Bier! – Dort steht noch ein ganzer Kasten!«
Das fing gut an, aber wenn ich je einen guten Schluck brauchte, dann diesmal; auch ich wollte vergessen. – Hatte sich doch auch der Gedanke eingeschlichen, ob nicht in diesen Briefen zwischen den Zeilen zu lesen war, daß die Stimmung nicht mehr so ganz auf einen erfolgreichen Krieg und Krieger ausgerichtet war?
Die Stube war weihnachtlich geschmückt. Wir hatten einen schönen Weihnachtsbaum. Für mich wurden sogar noch einmal die Kerzen angesteckt.
Mit dem Hinauskriechen mußte ich anfangen, und die Kameraden bestätigten nochmals, daß es geradezu ein Wunder gewesen sei, daß die Posten nichts gehört hätten. Jeder abgeschnittene Draht sei wie ein Telefonanruf um das ganze Lager gelaufen. Sie hätten es kaum glauben können, daß ich nicht schon am Zaun geschnappt wurde.
Dann kam auch hier die Beißzange zur Sprache. Warum ich sie nicht weit fortgeworfen hätte! Ja warum . . .? Auch hier wieder die Geschichte vom verletzten Ehrenwort, aber sie wußten Bescheid. Inzwischen hätte unsere eigene Lagerführung glaubhaft versichern können, daß die Zange aus »W« hierher geschmuggelt worden war. Es würde schon bald wieder Werkzeug geben.
Erst nach mehr als einer Stunde war die Wißbegierde der zu »Hause« Gebliebenen einigermaßen gestillt. Sie erlebten mit. Am spannendsten wurde für sie die Sache bei der Begegnung mit dem Mädchen in Montreal. Als dabei gar nichts Besonderes herausgekommen war, gab es fast eine Enttäuschung.
Gegen 5 Uhr morgens legte ich mich angezogen aufs Bett.
Doch nicht zu lange sollte der Frieden dauern. Durch einen Boten wurde ich zu Oberstltn. Fanelsa bestellt. – Es war 9.00 Uhr, und das schlechte Gewissen fing an sich zu melden. – Nun war ich schon fast 12 Stunden im Lager und hatte mich bei ihm, dem Chef aller Fluchtangelegenheiten, der auch diese letzte Flucht vorher genehmigt hatte, noch nicht gemeldet. Auch hatte ich noch nichts wegen der Adressen unternommen.

Er erwartete mich mit grimmigem Gesicht auf seinem Zimmer. Gleich nach den obligatorischen Weihnachtswünschen stellte er fest, daß ich: 1. einen saumäßigen Haarschnitt trug; 2. unrasiert sei und 3. unter dem Einfluß von Alkohol stünde. – Unter diesen Umständen sei es besser, wenn wir gemeinsam einen Spaziergang an der frischen Luft machten. Ich war zwar sehr müde, hatte aber keine andere Wahl.
Erwartungsgemäß kamen die Vorwürfe wegen der Beißzange und der Adressenliste. Als ich jedoch schilderte, wie das gekommen war, konnte er auch nur sagen, daß er alles tun werde, um die Sache klarzubiegen. – Ein Punkt war neu: die Kanadier färbten mit Kaliumpermangangat alle Bettwäsche, und zwar in allen kanadischen POW-Lagern rot. – Einige Proben hätte er schon gesehen, es würde scheußlich aussehen, aber dagegen könne man nichts machen. Das Argument, man müsse weitere »Tarnanzüge« verhindern, sei kaum auszuräumen.
In meinem Zustand ging mir diese Besprechung nicht weiter unter die Haut, aber ich war doch froh, daß ich mit dem Bescheid entlassen wurde, daß die Flucht insgesamt gut durchgeführt worden sei und daß ich auch bei einer eventuellen neuen Aktion auf die Unterstützung des Lagers rechnen konnte. Damit war ich nun so wach, daß ich keine Lust mehr zum Schlafen hatte, das konnte ich später im Arrest nachholen. Nachdem ich mich rasiert hatte, machte ich mich selbst auf einen Spaziergang und eine Besuchsrunde durchs Lager.
Von Vorwürfen merkte ich nichts, alle waren nett zu mir und bedauerten, daß ich nicht länger bleiben konnte. Doch die Zeit drängte, morgen früh um 7.00 Uhr war mein »Urlaub« ins Lager abgelaufen. Am Nachmittag war ein Weihnachtskaffee, und abends kam ich dann in den richtigen »Törn«, wie das die »Mariniers« nannten.
Unsere Theatergruppe hatte zu Weihnachten ein Stück verfaßt: »Der POW im Wandel der Zeiten«, das heute für die zweite Lagerhälfte aufgeführt wurde. Das Stück war so gut, daß es zumindest mir nichts ausmachte, daß der zweite Törn ohne den halben Liter Portwein auskommen mußte. »Aus Versehen« hatte der erste Törn unseren halben Liter gleich mitgetrunken.
»Der POW im Wandel der Zeiten« fing bei der Steinzeit an. Dort war die Genfer Konvention noch in Steinplatten gemeißelt. Der einzige Gefangenentyp war die Infanterie in Gestalt von Keulenwerfern. Besser sah es schon bei den alten Griechen aus, da gab es nicht nur die Kriegsmarine mit ihren Galeeren, sondern die Luftwaffe war mit Ikarus vertreten.

Gute Sitten herrschten zu Zeiten Wallensteins, die nur noch übertroffen wurden von der Darstellung der kanadischen Gefangenschaft im Jahre 1960. (Wir schrieben Weihnachten 1941.)
In dieser Gefangenschaft »der Zukunft« gab es: Damenbedienung, Einzelzimmer mit Plattenspieler, und damit es den Herren POW nicht allzu langweilig wurde, wurden ab und zu Omnibusausflüge auf den Tagesplan gesetzt.
Der kanadische Kommandant, der sich das Stück schon zum zweiten Mal ansah, lachte sich auch diesmal beinahe kaputt. Über unseren deutschen Dolmetscher versuchte er jeden Witz zu verstehen, besonders diejenigen, die auf die Kanadier selbst gemünzt waren. Natürlich wurden diese besonders gut übersetzt.
Nach dem Theater besuchte ich den Speisesaal, um die Weihnachtsstimmung dort zu erleben. Aber die war dort schon unter Null gesunken. Nachdem Wein und Bier ausgegangen waren, herrschte dort bereits Katzenjammer.
Schnell machte ich mich zurück auf den Weg in unser Haus »2«. Dort gab es einen Kellerraum, in dem eine kleine Gruppe, ohne jemand zu stören, bis in den Morgen plauderte. Ich hatte vorher nicht gewußt, wie langweilig Einzelarrest ist. Hier im Lager wollte ich deshalb nicht schlafen, das konnte im Arrest nachgeholt werden.
Jürgen hielt eisern mit durch bis zum Morgen und brachte mich rechtzeitig um 7.00 Uhr zurück ans Tor. Manhart war natürlich auch pünktlich.

Ein Loch im Arrestboden

Als wir uns am Tor zurückmeldeten, war zumindest ich noch etwas angeheitert und machte einen glücklichen Eindruck.
Manni spielte diese Rolle nur. Er war aufs höchste angespannt, hatte er doch mit einer langen Elastikbinde ein scharf geschliffenes Messer an den rechten Oberschenkel gewickelt.
Würde man ihn nur abtasten, ging die Sache in Ordnung, mußten wir uns aber beim Wiedereinzug in den Arrest ausziehen, stand es schlecht um ihn. Ich konnte dabei nicht behilflich sein, denn unter dem gegebenen Ehrenwort, nicht während »dieser Zeit« auszubrechen, verstand es sich

für mich von selbst, daß ich auch keinerlei Vorbereitungen treffen würde. Anscheinend hielt man uns beide für so bettreif, daß es zu keinerlei Untersuchungen kam. Nach 10 Minuten lagen wir schon auf den Matratzen in unseren Zellen. Ich schlief tatsächlich gleich. Manhart wollte mit dem Durchschneiden des Bodens erst am frühen Nachmittag beginnen, wenn er vom Mittagessen einige Kartoffeln zur Verfügung hatte. Damit wollte er die ersten Schnitte verschmieren und tarnen.
Ich aß und schlief und schlief und aß bis zum 28. Dezember, dem Sonntagmorgen. Beim Nachmittagspaziergang konnte Manni erzählen, daß er bereits einige Bodenbretter durchgeschnitten hatte, aber auf unerwartete Schwierigkeiten gestoßen sei. Die zwei auf vier Zoll starken Träger unter dem Boden lagen so eng beieinander, daß er auch einen von diesen Balken durchschneiden müßte, um das Loch groß genug zu gestalten.
Er war sich noch nicht sicher, ob er das schaffen würde. Dabei mußte er sehr sorgfältig arbeiten, denn die Zellentüren hatten oben in Augenhöhe ein Guckloch, das für die Unterhaltung ganz angenehm gewesen war, jetzt aber für Manni eine unerwünschte Möglichkeit der Beobachtung war. Aber er hatte sein Loch in einem fast toten Winkel angelegt, und trotz aller Schwierigkeiten und allem Nervenkitzel war das Loch am 29. morgens fertig. Manni mit seinen Bärenkräften hatte auch den Balken geschafft.
An diesem Tag machten wir unseren Spaziergang am Vormittag und waren verwundert, daß zwei Beamte der Mounted Police ins Lager kamen und dann auch noch, während wir im Freien waren, das Arrestlokal besichtigten. Das war kein schönes Erlebnis! – Manni kombinierte: Irgend jemand hatte das Loch entdeckt, nun würde man bloß darauf warten, daß der Fuchs aus dem Loch kam. Der Posten würde so postiert werden, daß er gut treffen konnte. An diese Auslegung glaubte ich nicht so recht. Soviel eiskalte Berechnung und zuwartende Haltung traute ich der Mounted Police nicht zu, vor allem nicht soviel Hinterhältigkeit.
Als wir in die Zellen zurückkamen, waren die Ritzen des Loches nach wie vor mit schmutzig gemachtem Kartoffelbrei verschmiert. Manni zweifelte selbst an seiner Kombination und war doppelt im Zweifel . . . soll ich . . . oder soll ich nicht.
Dieses Gefühl war mir genau bekannt. Wenn man so ganz freiwillig, ohne jeden Zwang, ein Risiko angeht, sträubt sich manches im eigenen Inneren vor dem Augenblick, wo es Ernst wird, wenn die Minuten der Gefahr immer näherrücken. Da erfindet man plötzlich zwingende Ausreden.

Aus diesem Grund redete ich Manni gut zu, soweit ich es verantworten konnte. Wir aßen unser Mittagessen, und langsam neigte sich der Tag, ohne daß es zu einem festen Entschluß kam.
Was war der wahre Grund für den Besuch der »Mountys«? Eine vernünftige Erklärung fand keiner von uns, die Posten blieben verschwiegen wie ein Grab, das stimmte einfach bedenklich. Wir kamen dann überein, daß es besser wäre, noch einen Tag zuzuwarten. Die Gefahr, daß das Loch entdeckt würde, war nicht allzu hoch einzuschätzen.
Da! – Was war das? – Im Lager ging die Alarmsirene! – Sollte da wieder jemand fehlen?
Unser Wachoffizier, immer noch der gleiche wie Weihnachten, kam gleich in den Arrest gestürzt und schaute nach, ob wir noch da waren. – Es konnte sich also weder um ein Versehen noch um einen Probealarm handeln.
Allmählich wurde das zu bunt. Abwarten war hier die beste Lösung. Wer weiß, was da alles im Gange war.
Da kam des Rätsels Lösung: Fritz Oeser, Obltn., Österreicher und auch Jagdflieger, sonst immer lustig, wurde mit grimmigem Gesicht in den Arrest gebracht.
Da es nur zwei Zellen gab, entschied der Kommandant persönlich – auch diesmal war er sofort erschienen –, daß »Fritze« mit dem weniger gefährlichen Manni zusammengelegt wurde. Ich rief, noch bevor Oeser etwas sagen konnte: »Manni, jetzt ist einer zuviel da, jetzt muß einer unbedingt abhauen!« – Er lachte mit seinem heiseren Lachen laut zurück. – Nun war beste Stimmung im Lokal.
Oeser mußte rasch erzählen. Er war als Bündel schmutzige Wäsche zusammengebunden worden und verließ das Lager im Lieferwagen der Firma, die für unser Lager die bessere Wäsche auf Rechnung wusch. Er konnte sich aus der Umhüllung befreien, kam aber unterwegs nicht aus dem Kastenwagen hinaus und wurde beim Anhalten vom Fahrer festgehalten.
Die Sache war intelligent gedacht und gemacht. Aber sie war kurz und schmerzlos schiefgegangen. Er hatte halt Pech gehabt, wie viele vor und nach ihm. Ohne Glück ging es einfach nicht – nur eine einzige Stoppstraße unterwegs hätte genügt.
Da unsere Betten sowieso »Doppeldecker« waren, brachte man für ihn nur zusätzliches Bettzeug, und bald ging alles wieder seinen gewohnten Gang.

Gerade wollte ich mich zum Schlafen legen, denn drüben war es schon ruhig geworden, da rief Manni, laut genug, daß man es hören konnte: »Gute Nacht, du Zigeuner!« Das war das ausgemachte Stichwort zum Aussteigen. Es traf mich völlig unvorbereitet. Hatte ich etwas überhört? Schnell eilte ich an mein Guckloch und sah zu meinem Schrecken, wie die Wasserleitungs- und Dampfrohre samt den Heizkörpern im Vorzimmer bei den Posten sich bewegten. Manni war also schon unter dem Fußboden und stieß gegen die Rohre, die unten verlegt waren. Auch konnte man es rumpeln hören.
»I need a shower bath« – es wurde höchste Zeit, daß ich den verabredeten Lärm in dem Blechkasten der Arrestbrause vom Stapel ließ. Damit konnte ich wenigstens das Scheppern der Rohre übertönen, aber mir war nicht klar, wie sich die Posten, die alle drei wach waren, die Bewegungen der lebendig gewordenen Eisenteile erklären würden.
Ich fing unter der Brause an zu singen, in das Lied einflechtend: »Manni sei vorsichtig, die Röhren wackeln zu sehr! Nicht zu stark anstoßen!« – Diese Arie wurde ganz echt und schmetternd gesungen.
Es wurde tatsächlich besser! Kurze Zeit danach hörten die Schwingungen sogar ganz auf. – Doch dann gab es ein mehrmaliges Krachen, das auch mein Getrampel in dem Duschkasten übertönte. Man hörte deutlich: Das war Holz und kein Blech!
Aber ich konnte es mir jetzt nicht leisten, zu den Posten hinauszusehen. Mit großem Lärm mußte ich weiter brausen. Das war das Holz der Seitenverschalung. Sicherlich kam Manhart nicht unten durch, ohne einige Bretter durchzudrücken oder wegzureißen. Ohne seine riesigen Kräfte war das nicht zu schaffen. – Doch nun war es still!
Nach dem Brausen trocknete ich mich in Ruhe ab und sagte zum anderen Guckloch hinein kurz »Gute Nacht«. – Da kam keine Antwort, nichts regte sich, und obwohl die Posten mich nun zu meiner Zelle drängten, hatte ich gesehen, daß da beide Betten belegt waren.
Zufrieden ging ich in meine Zelle und ließ mich einschließen. Jedoch kaum lag ich auf meiner Koje, da ging schon wieder die Alarmsirene. Die kanadischen Soldaten mochten schön fluchen.
Armer Manni, dachte ich! Haben sie dich schon wieder, oder haben sie dich nur gesehen? Oder ist schon wieder was im Lager? – Das Durcheinander war groß.
Draußen hörte man Rufe. An unserer Baracke rannten Leute vorbei, Lastwagen heulten davon. Nur bei uns im Arrest blieb es ruhig.

Anscheinend waren unsere Posten froh, daß sie heute hier Dienst machten. Die Aufregung da draußen konnte sie kalt lassen. Sie warfen jeweils einen kurzen Blick durch die Gucklöcher und blieben weiterhin beruhigt. Oeser hatte aus Decken und Schlafzeug eine echt wirkende »Puppe« in Manharts Bett gebaut.
Die Aufregung draußen dauerte an und wurde stärker. Immer neue Wagen rasten los!
Auch der Wachoffizier erschien, ließ sich sogar die Zellentüren aufschließen. Ich wurde »wach« gerüttelt, in der anderen Zelle schien alles in Ordnung zu sein. Eilig verließ er wieder das Arrestgebäude.
Nach meiner Rechnung hatten sie Manni noch nicht. – Sollte tatsächlich zufällig jemand im Lager abgehauen sein? Von nun an verfolgte ich alles mit Hilfe meiner Uhr.
Manni war keine fünf Minuten weg gewesen, da ging schon der Alarm los. Jetzt war schon fast eine Stunde verstrichen, und sie hatten immer noch nicht gemerkt, daß hier im Arrest einer fehlte. – Für mich stand fest: Manni war unterwegs!
Gegen 22.00 Uhr erschien der Wachoffizier nochmals und riß mir selbst die Decke weg. Dann ging er in die andere Zelle! Gerne hätte ich sein Gesicht gesehen. – Nach kurzer Zeit hörte ich die gekonnt verschlafene Stimme von Fritz. Er wußte von nichts und war erstaunt, daß Manhart nicht mehr da war.
Der Wachoffizier bekam Zustände und war zuerst sprachlos. – Dann befahl er, daß unsere Zellen vollständig ausgeräumt wurden. Man nahm uns die Bekleidung, Schuhe, sogar die Hausschuhe weg, und Fritz kam zu mir in die Zelle. Die seine hatte ja ein Loch im Boden, wie inzwischen festgestellt worden war. Und die Posten bekamen den Auftrag, alle 10 Minuten das Zellenlicht einzuschalten, um zu kontrollieren, ob wir noch da seien. Wir nahmen die Sache mit Humor, auf jeden Fall stand jetzt fest, daß sie Manni noch nicht hatten. Ich wünschte ihm von Herzen alles Glück dieser Erde und versuchte einzuschlafen.
Aber weit gefehlt: Nach weiteren 30 Minuten erschien der wachhabende Offizier schon wieder und konfiszierte auch noch unsere Schlafanzüge: Es gäbe Anzeichen, daß wir uns für heute nacht mit einer Untergrundbewegung verabredet hätten. Man würde uns auch zutrauen, barfuß im Schlafanzug zu türmen. Die Erwiderung, daß es vielleicht noch erfolgversprechender sei, im Adamskostüm zu entweichen, uns so auf die Straße zu stellen, schließlich gäbe es hierzulande nicht wenige Frauen am Steuer,

stieß auf kein Verständnis. Er hatte keine Lust mehr zu scherzen. Er sah mich nur wütend an. Fast sah es so aus, als ob er überlegen mußte, ob wir ernst zu nehmen waren.
Unsere Zelle bot ein trauriges Bild: Das doppelte Bettgestell, nur noch zwei Matratzen, keine Decken mehr, und in jedem Stock ein splitternackter Geselle. Aber wir waren guter Stimmung!
Trotz dieser Maßnahmen ging das elektrische Licht alle 10 Minuten an, aber das störte nicht, denn bei voll aufgedrehtem Heizkörper mußten wir wenigstens nicht frieren.
Den Posten mußte bei dem Einschalten ein »Licht« aufleuchten, denn um an der Helligkeit nicht jedesmal aufzuwachen, zeigten wir nur unsere »beste Seite«. Aber auch das hielt sie nicht ab – erstaunlich, daß bis zum nächsten Morgen nicht der Schalter ruiniert war.
Schon am nächsten Tag war bemerkbar, daß am POW-Arrestgebäude eifrig gearbeitet wurde. Es lag keine 10 Meter hinter der jetzigen Baracke. Um zum »Exercie-Auslauf« zu gelangen, waren wir durch den Flur dieses Gebäudes geführt worden. Es war wesentlich größer als das unsere und enthielt etwa 10 Zellen.
Bei Fritz Oeser war inzwischen das Loch mit Blech abgedeckt, und er konnte zurück. Bevor wir neue Matratzen und neue Decken bekamen, wurde noch einmal alles sorgfältig untersucht. – Nicht nur der Boden, auch die Wände wurden abgeklopft. Auch unser Essen wurde kontrolliert. Bücher erhielten wir immer noch nicht, die Stunden wurden zur Qual, denn jede Unterhaltung hatte zu unterbleiben.
Am 31. Dezember, Silvester, wieder Mittwoch, wurden wir in die neue Baracke verlegt und konnten sehen, daß die Kanadier ganze Arbeit geleistet hatten. Der gesamte Fußboden und die Seiten bis zu 40 cm Höhe waren mit starkem Zinkblech ausgeschlagen. Das war von dieser Zeit an Standard in allen kanadischen POW-Arresthäusern. Das interessierte mich jedoch weniger, dafür beobachtete ich um so sorgfältiger die kanadischen Zivilarbeiter, die gleich wieder nach Neujahr ihre Arbeiten fortsetzten.
Tagsüber erhielten wir nun wenigstens unsere Kleidung zurück, nachts auch wieder unseren Schlafanzug. – Silvester und Neujahr verliefen für uns diesmal ohne jegliches besondere Ereignis. – Man merkte es nur an dem besseren Essen.
Wenn nur zu erfahren gewesen wäre, was aus Manni geworden war! Jetzt war er schon drei Tage weg.

Nach der Rückkehr ins Lager wollte ich versuchen, in Zukunft eine Art Nachrichtenübermittlung in den außerhalb gelegenen Arrest zu organisieren. Trotz sehr genauer Essensuntersuchungen ließ sich sicher irgendwo ein kleines Zettelchen aus Pergamentpapier mitschmuggeln.
Die Atmosphäre besserte sich langsam, Fritz bildete sich in Englisch weiter, indem er sich durchs Guckloch mit den Posten unterhielt. Ich fing an, mein Spanisch zu verbessern, nachdem ich mein Sprachlehrbuch dazu in die Zelle bekommen hatte.
Noch lange vor dem Wecken am Morgen des 4. Januar, wieder einem Sonntag, gab es plötzlich in der Baracke ein Riesengetrampel. Das konnte nicht die Postenablösung sein. Ich rief: »Manni, bist du das?« – »Ja, habe auch Pech gehabt!«
Damit war die Unterhaltung auch schon vorbei. Die Posten hatten strikte Anweisung, jede Verständigung zwischen uns zu verhindern. Doch das würden wir schon sehen. Vorerst sollte Manni erst einmal ausschlafen, sicher war er müde.
Am Nachmittag sangen wir uns dann zu – nach der Melodie: »Gib acht auf dein Herz, Margarete«! Es schallten die Worte durch den Flur: »Mach einen Reisebericht und steck ihn in die Lokusrolle!«
Obwohl wir alle drei in den Zellen sorgfältig auseinander gelegt waren, benutzten wir doch das gleiche WC. Und bald befand sich an der »besungenen« Stelle eine Beschreibung in Stichworten: Innerhalb des Lagers noch gesichtet, sofort verfolgt. Eine Nacht in Scheuer versteckt. Fußmarsch bis Bahnstation. (Aha, er nannte sie richtigerweise nicht.) Güterzug bis Brockville. Mit Boot über Strom. Auf amerikanischer Seite bei Familie übernachtet. Versucht, mit Fernlaster nach New York zu kommen. Vorher von Grenzpolizei wegen Steckbrief aufgegriffen. Auslieferung über Ogdensburg. Dort eine Nacht im gleichen Raum wie Franz v. Werra.
Ja, bei Franz damals war das noch leichter gewesen, jetzt hatten wir Krieg mit den USA. – Aber das sollte mich nicht schrecken. Warum sollte man unter den Amerikanern nicht einen Freund finden, der weiterhelfen würde? Mexiko, Südamerika, man brauchte seiner Phantasie keine Zügel anzulegen.

Ein frecher Plan

Ich hatte schon ganz genaue Vorstellungen, wie ich diesmal rauskommen würde. Das mußte klappen bis aufs i-Tüpfelchen. Von meinen Überlegungen wußte niemand außer ich selbst. Diese Sache wollte in aller Sorgfalt durchdacht werden, bevor ich mit meinen engsten Freunden darüber sprach. Ich war mir selbst noch nicht sicher, ob die Sache nicht zu frech ausgedacht war. Alles kam darauf an, ob die Posten einen grundsätzlichen Befehl hatten, darauf zu sehen, daß jemand das Lager anders als durch das Tor verließ.

Etwa nach drei Tagen war das Mißtrauen so weit abgeflaut, daß wir wieder zusammen ins Freie durften. Dabei erzählte ich Manni, daß ich im Kopf schon wieder eine Sache fertig hätte. – Und mit ihm sprach ich darüber.

Der Gedanke dazu war mir bei der Rückkehr von Niagara Falls gekommen. Wie ich da so verrußt ins Lager zurückgekommen war, hatten mich noch nicht einmal die eigenen Kameraden wiedererkannt. Sie hatten mich für einen kanadischen Arbeiter gehalten.

In letzter Zeit arbeiteten vermehrt kanadische Zivilarbeiter am Zaun und verstärkten den Stacheldraht. – Warum sollte ich nicht auch als kanadischer Arbeiter am Zaun arbeiten und dabei ganz zufällig die beiden Zäune im Rahmen einer sehr wichtigen Arbeit übersteigen, um frech die Freiheit zu gewinnen?

So sehr ich diesmal auch überlegte: allein würde das nicht gehen. Zum Übersteigen der Zäune brauchte ich zwei lange Leitern, die konnte ich noch nicht einmal allein zum Zaun tragen, geschweige denn damit darüber steigen.

Ich mußte mich also nach einem Partner umsehen, der mitmachte. Ich dachte dabei an Jürgen.

Welche Berufssparte bot sich am besten an? Die Leute, die den Stacheldraht verspannten, hatten bisher noch nie Leitern bei sich gehabt. Ich dachte an Anstreicher. Zu Pinsel und Farbtopf paßten Leitern. – Es mußte also nur noch eine Stelle gefunden werden, so es notwendig war, die Pfosten am Zaun anzustreichen.

Um die Sache dann auch ganz echt aussehen zu lassen, mußte sich ein Kamerad als kanadischer Sergeant verkleiden, der uns an Ort und Stelle die Arbeit anwies. Dabei dachte ich an Reini Pfundtner, der sprach unverfälscht amerikanisch, und außerdem hatte er etwa die gleiche gedrungene Gestalt wie unser Staffsergeant, der den Innenbetrieb des Lagers unter sich hatte. Von dem weihnachtlichen POW-Spiel war sicher noch die Sergeants-Uniform da. Wenn die Theaterabteilung ein bißchen mithalf, konnte auch im Aussehen eine gewisse Ähnlichkeit hergestellt werden. Das war die »Sache« in groben Zügen. Wenn es klappte, bestand sogar die Möglichkeit, daß gar niemand bemerkte, wie da jemand ausgestiegen war, denn diesmal würde es kein Loch im Zaun geben. Wir brauchten »bewegliche Puppen«, die bei den Rollcalls am Arm mitmarschieren würden. – Inzwischen war die Idee mit stehenden Puppen in einem anderen Lager schon geplatzt. Seither erfolgte der Vorbeimarsch in Fünferreihen, und dabei wurde dann gezählt.

Manni hielt nicht viel von der Sache, sie sei zu »konstruiert«, und er könne sich nicht vorstellen, daß die Posten in Ruhe zuschauen würden, wie wir am hellen Tag über den Zaun stiegen. Aber für mich brachte er keine wirklich triftigen Gründe dagegen. Ich blieb bei dem Entschluß, sorgfältig die nötigen Vorbereitungen zu treffen. Die Sache würde nicht allzu lange aufgeschoben werden.

Nach dem, was Manni von dem Überqueren der Grenze bei Brockville erzählte, konnte das kein allzu großes Problem darstellen – vollends wenn der Lorenzstrom zugefroren war. Aus den Zeitungen wußte man, daß jetzt gerade die Zeit war, wo er ganz zufror. Auch in einem milden Winter konnte man damit rechnen, daß er bis Mitte März zugefroren blieb. Näheres würde man sicher aus den Zeitungen erfahren.

Also bis spätestens Mitte März mußte die Sache gelaufen sein. Jetzt hatten wir Anfang Januar.

Ich bat Manni, mit mir aufzupassen, was für Plaketten die Arbeiter an ihren Mützen trugen, die immer noch dabei waren, die restlichen Zellen mit Blech auszuschlagen und Gucklöcher einzusetzen. Solche Nummernzeichen mußten wir auch an unseren Mützen tragen, wenn wir den Zaun anstrichen.

Mitte Januar wurde ich entlassen und kam ins Lager zurück. Oeser hatte noch einige Tage vor sich, während Manhart noch fast zwei Wochen zu brummen hatte.

Inzwischen hatte Ottawa den gutmütigen, von uns allen geschätzten Colonel Bull abgelöst und durch einen strengen Regenten ersetzt. Ottawa hatte auch die rote Bettwäsche bei uns und in allen anderen Lagern eingeführt. Es sah wirklich scheußlich aus. Ein Rot wie Ochsenblut.

Die Stube hatte besondere Empfangsfeierlichkeiten vorbereitet, doch mir war nicht nach Feiern zumute, die Briefe taten immer noch ihre Wirkung. Zuerst sprach ich nochmals mit Fanelsa über die Adressen. Er hatte inzwischen Zusicherungen vom Roten Kreuz, daß nichts geschehen sei. Allerdings müsse damit gerechnet werden, daß bei neuerlichen Fluchtversuchen bei diesen Leuten zuerst nachgeforscht würde.
Da ich nun schon einmal bei ihm war, trug ich gleich meinen neuen Plan vor. Der stimmte ihn sehr bedenklich. »Aber schließlich haben Sie es nun schon zweimal geschafft und Ihre Sache mit Schneid durchgeführt, warum soll diese Frechheit nicht auch diesmal gelingen, wenn ich auch nicht daran glauben kann.«
Ich versprach sorgfältige Vorbereitung, er sagte mir von Fall zu Fall die Unterstützung des Lagers zu. Diese Schwierigkeit war soweit gemeistert. Es war doch etwas leichter geworden, seit ich auch zu den »Prädestinierten« gehörte.
Als nächstes kam die Frage des Partners. Zuerst unterhielt ich mich natürlich mit Jürgen. Der hörte mich an und meinte: »Jetzt ist erst einmal Winter, da eilt das nicht so sehr.« – Aber es klang so, daß ich es als Zusage wertete. Nun ging ich auf Pfundtner zu.
Der benahm sich fabelhaft. Obwohl ich es nicht versäumte, auf alle Gefahren aufmerksam zu machen – man wußte ja nicht, welche Strafen die Genfer Konvention für das Tragen der feindlichen Uniform vorsah – sagte er sofort zu. Auch wenn er dabei erwischt würde – er würde das Risiko eingehen.
Ja selbst wenn er deswegen vor ein Kriegsgericht gestellt werden könnte, bliebe es bei der Zusage. Aber man würde ihn schon nicht schnappen. Er war der erste, der von dem Plan sofort begeistert war. Er fragte nur an, ob er die Sache selbst nachmachen dürfe, wenn die Ausführung, wie vorgesehen, unbemerkt vonstatten ginge. Er wolle sich dann gleich dafür bei der Lagerführung vormerken lassen. Wegen seiner Sprachkenntnisse (Reini war vor dem Krieg als Austauschschüler in den USA gewesen) gehörte er sowieso zu den »Prädestinierten«.
Aber die schwierigste Überzeugungsarbeit kam erst noch auf mich zu. Als ich nach dieser Zusage wieder Jürgen fragte, wer bei der Vorbereitung jeweils welchen Part übernehmen sollte, merkte ich, daß er die ganze Sache für Unsinn hielt. Er meinte, im Winter seien die Aussichten fürs Weiterkommen einfach nicht gut, es sei besser zuzuwarten. Überhaupt halte er mehr von einem Tunnel.

Ich begründete meine Eile mit dem zugefrorenen Fluß und versuchte, auch andere Einwände zu entkräften. Aber schließlich mußte ich einsehen, daß seine Gründe zu respektieren waren und daß mir nichts anderes übrig blieb, als sie zu akzeptieren. Ob ich überhaupt einen Partner finden würde?

Eine weitere Schwierigkeit zeigte sich. Seit ich wieder zurück im Lager war, heftete sich ein »ständiger Begleiter« an meine Fersen. Von den kanadischen Innenposten lösten sich zwei Mann zu meiner Bewachung ständig ab, sie beobachteten mich den ganzen Tag. Ihr Dienst begann morgens mit dem Wecken und hörte abends beim letzten Rollcall, der letzten Zählung um 22.00 Uhr, auf.

Vorläufig gab es nur eine Chance für meinen Plan – mittags zwischen 12 und 1 Uhr war ich ohne Aufsicht. Da waren die beiden draußen, außerhalb des Zaunes in ihrer eigenen Speisebaracke, zum Mittagessen. Auch war das die Zeit, während der sie sich meistens ablösten.

Jürgen, der sich sehr um mich und meinen Plan sorgte, gab mir einen anderen Rat. Die vier Wochen Arrest hätten an meiner körperlichen Kondition genagt, es sei wichtig, daß ich Sport trieb, damit ich wieder zu Kräften käme.

Er empfahl erst einmal für einige Zeit beim Eishockey mitzumachen, er selbst zählte da zu den Experten.

Das machte ich auf meine Art »gründlich« und spielte gleichzeitig in zwei Mannschaften mit, was hieß, daß ich zweimal am Tag zu spielen hatte. Einen Platz einschließlich meterhoher Bande hatten die Kameraden inzwischen sehr professionell angelegt.

Nach zwei Tagen konnte ich vor Muskelkater kaum mehr die Beine bewegen, aber ich gab nicht nach, wollte ich doch bald wieder fit sein.

Nebenher kam es immer mal wieder zu einer Unterhaltung mit Jürgen über den Plan. Aber seine Bedenken und Einsprüche verstärkten sich fast täglich. Er denke immer mehr an einen Tunnel oder einen Durchschlupf innerhalb der Wasserkanäle. Doch das hatte ich mit mir schon abgemacht. Solche Ideen hatten hundert andere Kameraden auch, so kam es, daß ich mich nach einer schlaflosen Nacht endgültig auf meinen Plan festlegte.

Ich mußte für klare Verhältnisse sorgen, immer mehr Kameraden, die von meinem Plan »zufällig« gehört hatten, fingen an, mir gut zuzureden, mein Plan sei unsinnig. Und da ich wußte: je näher der Tag der Ausführung kommen würde, um so mehr würden sich auch meine eigenen Be-

denken vermehren, durfte ich die Zahl der Abratenden nicht zu groß werden lassen.
Mit Jürgen stellte ich also klar, daß ich die Sache machen würde, er möge mir nicht übelnehmen, wenn ich mich nach einem anderen Partner umsah. Dafür hatte er volles Verständnis, wollte mich als Freund trotzdem vor den möglichen Folgen schützen. Wenn man am Zaun angeschossen würde, sei es möglich, daß man ein Leben lang Krüppel blieb. Auch das sollte ich bedenken.
Natürlich gab es bei mir ebenfalls solche Besorgnisse. Ich beschreibe das heute so ausführlich, weil vielleicht viele damals, manche auch heute noch denken, »Escapen« sei nichts anderes als Abenteuerlust gewesen.
Am nächsten Tag ging ich zu Hinnerk Waller, meinem ehemaligen Staffelkameraden. Weil er in einem anderen Gebäude untergebracht war, hatten wir uns fast aus den Augen verloren. Aber auf dem Bahntransport hatte er es ja gewagt und geschafft »auszusteigen«, eigentlich keine schlechte Voraussetzung.
Trotzdem betrat ich seine Unterkunft verunsichert. – Er war nicht allein auf der Stube, und ich fragte ihn, ob er nicht ein paar Runden mit mir drehen würde. Unterwegs schilderte ich meinen Plan. Er war sofort begeistert und sagte spontan zu. Das ging mir fast zu schnell. Ich machte daher auf mögliche gefährliche Risiken aufmerksam; wie Schießen ohne Anruf, weil wir uns innerhalb der »Warnzone« lange als Maler betätigen würden . . . auf den Zäunen . . . innerhalb der Zäune . . . etc. Er blieb bei seinem Entschluß und ließ sich nicht entmutigen.
Schon am nächsten Tag setzten wir uns zusammen und machten die Arbeitsverteilung. Hinnerk würde sich um die echt aussehende Arbeitskleidung kümmern. Er wollte die Verantwortung tragen, daß gute, bewegliche Puppen gebaut wurden. Meine Aufgabe würde es sein, die Leitern zu beschaffen, die Plaketten für die Mützen zu besorgen, die Uniform für den Sergeant und das Schminken von Reini sicherzustellen. Außerdem wollte ich mich bemühen, echtes Geld zu bekommen und sehen, was für falsche Papiere man uns anfertigen könnte.
Nach dieser Absprache spielte ich nur noch wenige Male Eishockey. Im Kampf um den Puck verbeulte ich mir (wir spielten natürlich ohne Gesichtsschutz) einmal derartig das Nasenbein, daß ich für einen ganzen Tag ausfiel. Wenn ich jetzt noch spielte, war es auch ein wenig als Tarnung meinen Bewachern gegenüber. Die sollten deutlich sehen, daß ich im Eishockeysport aktiv war.

Jürgen hatte während dieser Zeit einen solchen Unfall, daß er im Gesicht genäht wurde und in unser Lagerrevier innerhalb des Zaunes einziehen mußte. Dort hatten wir gute deutsche Ärzte, auch POWs, die von den Kanadiern eingesetzt und entsprechend ausgerüstet worden waren. Allzu engagiert durfte ich dieses Spiel nicht mehr betreiben, die Gefahr, für die Flucht auszufallen, war beträchtlich. Die Zahl der Verletzten war groß, und das Krankenrevier hatte lebhaften »Flick«-Betrieb.
Laut Zeitungsmeldung war der Lorenzstrom seit einiger Zeit schon zugefroren. Daher wollten wir unsere Vorbereitungen zeitlich abgestimmt vorantreiben. Schon durch diese Aktivitäten war ich dauernd in Bewegung und blieb in Form.
Es war an der Zeit, wieder einmal mit Herrn Fanelsa zu sprechen. Er gab mir die Erlaubnis, mit seiner Empfehlung mit den zuständigen Werkstattleitern zu sprechen. Inzwischen gab es eine Schreinerei, eine Schneiderwerkstatt und die Theater- und Bühnenabteilung.
Deren Hilfe war für meinen Fall sehr wichtig. Daher wandte ich mich jeweils an den zuständigen »Chef«. Es wurde sehr schwierig, obwohl die Ehrenworteinschränkungen inzwischen modifiziert waren. Denn laut Genfer Konvention waren solche Lagerwerkstätten einzurichten und auszustatten.
Sie hörten mich an. Es kamen die Einwände zuhauf. Bei dieser leichtsinnigen Sache würde ich bestimmt geschnappt, wenn nicht gar abgeschossen werden. Die Folgen für sie: An den Leitern würde man erkennen, womit gehobelt wurde, an den Overalls, daß sie auf einer Nähmaschine genäht worden waren etc. . . . die Theater- und Bühnenleute sahen das Gott sei Dank etwas positiver. Vielleicht fiel das Ganze auch mehr in ihr Fach. Man hörte mich an, machte ein brummiges Gesicht und wandte sich hinterher an die hohe Generalität, die nun ihrerseits Fanelsa überstimmte. Die Folge war: Hinnerk und ich mußten mehr oder weniger alles selbst machen und organisieren. Doch wir ließen uns nicht abbringen und arbeiteten wie die Narren. Es ging oft von morgens früh bis spät zur Zählung. Aus älteren POW-Drillichen trennten wir die roten Punkte und Streifen heraus und nähten uns Arbeitskombinationen, die so weit waren, daß man sich darunter warme Sachen anziehen konnte. Bei den Leitern half mir der Kamerad Jochen Fehske ganz wesentlich. Wir kletterten unter die Baracken, die einen höheren Unterbau hatten und suchten dort nach Balken und Latten. Der Unterbau war solide, daß man durchaus Holz ausbauen konnte, ohne die Konstruktion zum Einstürzen zu bringen. Fehs-

ke baute eine Probeleiter. Er zeigte sie mir unterhalb der verschalten Baracke. Sie sah fürchterlich aus, denn die zur Verfügung stehenden 2 mal 4 inch-Balken waren nicht lang genug, sie mußten überlappend zusammengenagelt werden, und darauf wurden dann abgesägte Dachlatten genagelt. Das Ding sah alles andere als professionell aus, war so schwer und plump, daß man es kaum tragen konnte. – Schade, daß die Werkstatt nicht half.
Aber auch mit diesen Dingern würden Hinnerk und ich es versuchen. Jochen Fehske nahm die Probekonstruktion wieder auseinander und legte das Holz für die zweite Leiter in der Eishockeybaracke bereit. Dort lagen auch noch Holzreste von der Bande.
Hinnerk vollbrachte eine Meisterleistung mit den Köpfen. Aus Zeitungspapier fertigte er Papierschnitzel. Diese verkochte er mit Mehl und Wasser zu einer Art Modelliermasse, aus der er geradezu klassische Köpfe formte. Bei einem nahm er als »Modell« einen Stubenkameraden. Hinterher konnte man eine gewisse Ähnlichkeit nicht bestreiten.
Das Anmalen und die Haare für diese Köpfe übernahm Hans Berthel, Kamerad aus unserer früheren 2. Staffel. Sein Malertalent setzte er vielseitig ein und hatte im Rahmen der Theaterbühne fast schon eine Art Atelier ausgebaut.
Die »Künstler« unterstützten mich großartig. Die Theatergruppe sagte ihre volle Unterstützung zu. Die Sergeantenuniform war von Weihnachten her noch vollständig erhalten. Genau wie Farbe, Töpfe, Pinsel sollten wir sie bekommen. Der Theaterfriseur sollte sowohl Reini als auch uns am Tage des Geschehens schminken. Ich wollte geschminkt werden, denn ich wußte ja nie, wann ich einem meiner »bodyguards« in die Hände lief. (So wurden meine Leibgardisten inzwischen von uns im Lager bezeichnet.)
Zwar verstanden sie es allmählich, daß ich ihnen manchmal »Spaßes halber« auskam und unvermutet in einem anderen Haus auftauchte, aber manchmal kamen sie mir auch recht unvermutet in die Quere. So z.B. als ich mit Fehske gerade dabei war, zwei schöne lange Balken abzuschleppen. Da ging es um Sekunden.
Sie waren wie Kletten, manchmal allein, manchmal nahmen sie einen zweiten Innenposten zur Begleitung mit, denn eigentlich hatten sie eine langweilige Aufgabe.
Hielt ich mich auf der Stube auf, dann saß mein »bodyguard«, wie sie sich selbst schon lächelnd bezeichneten, vor der Tür auf dem Gang. Sah ich,

um frische Luft zu schnappen, einem Eishockeyspiel zu, dann war auch er an diesem Spiel interessiert. Trank ich in einem anderen Gebäude bei einem Kameraden Kaffee, dann mußte der arme Kerl oft stundenlang draußen warten, bis ich wieder herauskam. Sie konnten einem leid tun. Aber ich mir selber auch! – Sorgten sie doch dafür, daß ich meine Aktivitäten immer wieder in andere Gebäude verlegen mußte, damit eine Tarnung einigermaßen gewährleistet war. – Sie kosteten mich einige Nerven. Ihre Bewachung ließ nicht nach, und es stand fest, daß unser »Ausstieg« nur zwischen 12 und 1 Uhr gestartet werden konnte. Als Arbeitszeit am Zaun war diese Zeit nicht gerade ideal, aber andererseits arbeiteten die »echten« kanadischen Arbeiter, die den Draht verspannten, zum Teil auch während der Mittagszeit durch.

Daß der Beginn unserer »Arbeit« genau in die Mittagspause fiel, hatte auch einen Vorteil. Da wir in zwei Schichten aßen, strömten kurz nach 12 Uhr die ersten Rückkehrer aus der Eßbaracke in unser Haus. Das konnte dann genau der Zeitpunkt sein, zu dem wir drei verhältnismäßig unauffällig, sozusagen im Gegenstrom, aus unserem großen Haus »2« treten konnten, natürlich an dem Tor, das der Zaunseite abgewandt war.

Hinnerk und ich arbeiteten wie die Verrückten, wir wollten fertig sein, bevor das Eis auf dem Lorenzstrom schmolz. Dieses Jahr war der Winter ungewöhnlich mild.

Am meisten Zeit kosteten die Schneiderarbeiten. Sowohl das Auseinandertrennen, aber noch mehr das Nähen der riesigen Kombinationen war sehr aufwendig. Und immer noch alles von Hand, es gab keine Hilfe durch eine Nähmaschine aus der Schneiderei. Doch so gegen den 10. Februar näherten sich unsere Vorbereitungen dem Ende. Es fehlten nur noch die gefälschten Papiere.

Natürlich hatten wir die Sache auch fürs weitere Fortkommen durchdacht. – In den Zeitungen war zu dieser Zeit zu lesen, daß ehemalige Mitglieder der internationalen Brigade aus dem spanischen Bürgerkrieg nach England »sickerten«. – Diese Notiz war Anlaß, um uns beiden eine andere Identität und neuen Werdegang zu geben.

Ich wurde zum Schweizer aus Basel, der nach Rotspanien gegangen war, um dort in der Internationalen Brigade zu kämpfen. Nach meiner Flucht nach England hatte ich dort endlich Anstellung auf einem Schiff gefunden. Dieses Schiff war die »S.S. Fileybird« der Cunard Red Star Line. Auf ihm hatte ich meinen jetzigen Freund (Hinnerk) getroffen, der aus Holland stammte und dort vor den Nazis geflohen war.

Mein Name lautete auf Paul Sumser, Hinnerk hieß Henk Obert. Die Namen sollten zu unserem Aussehen und unseren Sprachkenntnissen passen. Aus meinem schwäbischen Dialekt konnte man zur Not Schwyzerdütsch machen, Hinnerk sprach original friesisches Platt. – Nur mußte ich wegen der in Spanien verbrachten Jahre noch gewaltig in der spanischen Sprache zulegen, nicht zuletzt auch deswegen, weil wir ja in einem amerikanischen Hafen auf einem argentinischen oder vielleicht sogar auf einem neutralen spanischen Schiff anheuern wollten.
So sprach ich nebenher beim Nähen mit Hinnerk oft spanisch, der mitlernte, und kam so weit, daß ich meinen neuen Lebenslauf auf spanisch erzählen konnte.
Ansonsten befragten wir uns bei unseren Reserveoffizieren von der Kriegsmarine, einer war 1. Offizier der »Bremen« gewesen, über mögliche Rollen. Wir entschieden uns dafür, daß Hinnerk Steward war, ich dagegen Assistant Engineer.
Unsere Personalpapiere und Zeugnisse hatten wir verloren, als unser Schiff nicht weit vor Boston torpediert wurde. Wir wurden von einem Zerstörer gerettet und nach Boston gebracht, wo man uns vorläufige Papiere ausstellte. Unser erster Offizier, der mit uns gerettet worden war, hatte uns auch noch Zeugnisse für gute Führung ausgestellt.
Würden wir nun entweder noch in Kanada oder erst in den USA überprüft, dann wollten wir sagen, daß wir Arbeit auf dem Lande suchen wollten. Nach dieser Versenkung hätten wir von der Seefahrt die Nase voll.
Die Papiere waren von Hans Kauter, der sich inzwischen aufs technische Zeichnen verlegt hatte, ganz hervorragend gemacht, sie wirkten sehr echt.
Soweit wir Zeit hatten, drehten Hinnerk und ich Runden, um frische Luft zu schnappen und das Hirn zu lüften. Unsere Nerven waren bis zum Reißen beansprucht. Beim forcierten Marsch sprachen wir englisch miteinander, um die Sprache zu üben. Außerdem fragten wir uns dabei gegenseitig die »neugewonnene« Vergangenheit ab. Auf diese Weise wollten wir uns in die neue Rolle einleben.
Am anstrengendsten waren die Ratschläge der lieben Kameraden. Durch die umfangreichen Vorbereitungen gab es leider eine große Zahl von Mitwissern. Und diese hielten uns samt und sonders für verrückt.
Das wäre doch zu plump, am hellen Tage mit zwei Leitern am Zaun zu erscheinen, um einfach überzusteigen. Wir sollten die Kanadier doch nicht für so dumm halten.

Ich überlegte in vielen schlaflosen Nächten, ob die Sache wirklich so unmöglich und so undurchführbar war. Immer wieder stellte ich mir jede Phase des Ablaufes vor, und wenn mir etwas Neues einfiel – dabei konnte es nachts 2 oder 4 Uhr sein –, stand ich auf und machte mir eine Notiz, damit ich ja keinen guten Einfall vergaß.
So notierte ich nachts einen Gedanken: In einer Tonne beim Abfall hatte Hauptmann Schierning, der mir aus Konservenblech die Erkennungsmarken für die Mützen gestanzt hatte, zufällig einen alten Dienstplan der Kanadier gefunden, der mit Stempel und Unterschrift des neuen Kommandanten versehen war.
Und schon zwei Tage später hatte ich eine schriftliche Anweisung in meinen Händen, sauber mit Stempel und Unterschrift des neuen Kommandanten. Der Stempel war von Kauter in bewährter Weise übertragen worden, die Unterschrift waschecht nachgemacht. Es war deutlich zu lesen: Mr. John B. Smith und Mr. Richard Anderson, beide Maler aus Bowmanville, haben den Auftrag, einige besonders scharf zu beobachtende Stellen des Drahtzaunes mit einer gelben Farbe (Spezialfarbe) hervorzuheben, damit sie den Turmposten besonders auffallen. Nach Ausführung dieser Arbeit haben sie sich bei Captain McCuaig (dem kanadischen Zahlmeister) in der Offiziersmesse zu melden.
Die Offiziersmesse lag querfeldein in der Richtung, die meiner Ansicht nach für den Abmarsch am günstigsten lag. Auf allen anderen Straßen standen überall Postenhäuschen, die jede Person, die sich der Lagerumgebung näherte oder sich entfernte, kontrollierten. In der Richtung zum Gebäudekomplex der kanadischen Offiziere gab es keine Kontrolle. Wie wir allerdings von dort weiterkommen würden, war nicht zu sehen. Die Messe lag auf einem Hügel am Horizont.
Jetzt konnte mich sogar ein Posten innen oder außen ansprechen. Wenn wir erst einmal beim Malen waren, war die Sache auch dann noch nicht verloren.
So fielen uns immer wieder Verbesserungen ein, womit vor allem ich meine Zuversicht neu nährte. Hinnerk war eigentlich viel vertrauensseliger als ich, von Begeisterung konnte aber bei keinem von uns die Rede sein. Doch darüber waren wir uns einig: wir würden es zumindest bis zum Arrest bringen wollen. Wir wollten nicht zu denen zählen, die zum Teil schon seit zwei Jahren geradezu »fieberhaft« mit allen möglichen Hilfen des gesamten Lagers Vorbereitungen trafen und den Absprung nicht finden konnten. Wir würden es wagen!

Am einfachsten war es mit Pfundtners Sergeantuniform. Die hing griffbereit bei den Theaterrequisiten, er selbst sagte zu, Tag und Nacht bereit zu sein.
Drei Tage bevor es losgehen sollte, verfaßte ich drei Anweisungen, die jedem Beteiligten den Ablauf der Dinge schilderten. Eine für Reini, eine für Hinnerk und eine für mich. Dabei waren auch vorherzusehende Zwischenfälle und notwendige Ausweichmanöver beschrieben und die Notizen meines »Nachtbuches« kamen zum Tragen.
Jede Rolle und der Ablauf waren bis ins Detail geschildert, auch eine Skizze gab es. Jeder sollte seinen Part und die Aufgabe der anderen durchlesen und durchdenken. Hinterher wollten wir besprechen, was noch zu verbessern war.
Bei dieser Besprechung legten wir den Ausstieg auf den 16. Februar fest, Zeit wie vorgesehen ca. 12.10 Uhr, je nach Rückkehr der Menge vom Essen.
Wir hatten nun doch eine gewisse Befriedigung. Die Vorbereitungen waren gediehen. Auch die Puppen waren hervorragend ausgeführt. Fehske hatte die Köpfe mit klappbaren Körpergestellen versehen. Sie konnten mit angezogener Uniform unter dem Arm zur Zählung mitgenommen werden.
Nach unserer Meinung hatten wir das Mögliche getan. Jetzt konnte es nur noch schiefgehen. Geld hatten wir keines. Ich hatte erfahren, daß ein anderer Offizier »geheim« aus der Heimat, per Post in einen Buchrücken geklebt, 50 US-$ erhalten hatte. Den fragte ich nach einem kleinen Teilbetrag, doch ohne Erfolg. Er leugnete, er habe nie etwas erhalten. So mußte es eben ohne gehen. Später erfuhr ich dann, daß dieses Geld den gesamten Krieg ungenutzt überstanden hat, und auf dem Rücktransport 1946 in England abgeliefert werden mußte.
Wir konnten in unseren »Werkzeugtaschen« und Kombinationen diesmal Proviant für 10 Tage mitnehmen. In erster Linie waren es Feigen und Schokolade, auch Büchsenmilch. Wir würden schon überleben.
Am 15. Februar war ein »freier Tag« vorgesehen, wir wollten uns noch einmal richtig ausschlafen. Doch da schwirrten viel zu viel Gedanken durch den Kopf. Der Tag ohne Arbeit bewirkte genau das Gegenteil, und wenn man schon selbst nicht immer wieder anfing zu zweifeln, dann sagte einer: »Im Lager wetten sie schon Kästen Bier, daß ihr noch nicht einmal über den ersten Zaun kommt, und spätestens wenn sie euch zwischen die Zäune lassen, werdet ihr abgeschossen.« Da fragte man am besten nicht

ABKÜRZUNGEN: PFUNDTNER: P
HINNERK: H
ULI: U
LEITER VON HINNERK: LH
LEITER VON ULI: LU

ZAUN DRAUFSICHT:

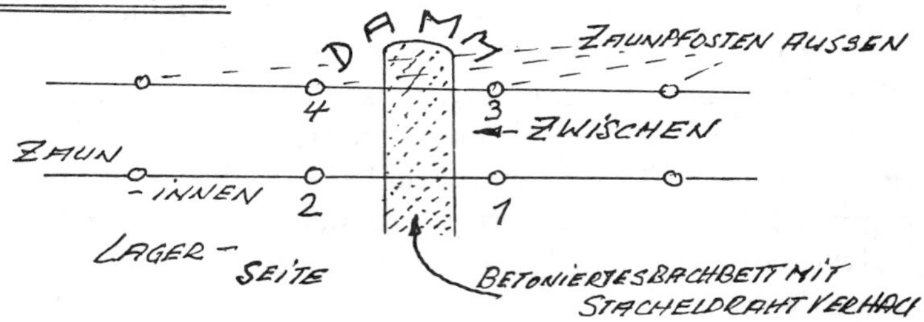

ABLAUF: Es wird etwa um 12.10 herausgetreten. Anmarsch entlang linker Seite Bachbett. P zeigt zu bemalende Pfosten. H und U legen dabei Leitern, Farbtöpfe und Taschen ab. Begonnen wird mit mittelhohem Ring von Innen an Pfosten 1. Danach mittelhoher Ring Innen an 2. Dann stellt U, LU an Pfosten 2 und streicht obere schräge Latte und Pfostenkopf Innen. Danach wechselt er mit LU zu 1. Nach streichen von Innen, gibt U Farbtopf an H und H reicht dafür LH. U bleibt auf LU stehen.......U steigt nun über ersten Zaun. Danach werden beide Leitern wieder langgelegt. U streicht halbhoch von Zwischen, H hält von Innen Begrenzungsband als Schablone........

......Nach Fertigstellung diese Anstriches tritt U nach unten und hält LH fest. Nun kommt H über ersten Zaun nach.

P, der inzwischen die beiden Taschen durch die Drähte zwischen die Zäune gestellt hat, nimmt nun LU weg und reicht sie H zwischen Stacheldrähten durch, ebenso dessen Farbtopf.

(Muss P vorher abhauen, tritt H nach dem Streichen der oberen Pfosten nochmal zurück, reicht selbst die beiden Taschen und den Farbtopf durch und steigt erst danach über. In diesem Fall muss H, während U die LH festhält LU nachziehen).

TEIL 2:
H und U streichen zusammen mit Begrenzungsband die halbhohen Ringe von Zwischen ganz herum. Zuerst Pfosten 3, dann 4. Danach nimmt U, LU und stellt sie an 4.........

..........Dann hält U, LU fest, H steigt über Zaun und zieht seine Leiter oben nach. Danach werden alle Sachen aufgenommen und auf Pfundtner's Anruf "Now go up to the officers mess!" wird abmarschiert.

(P hat während Teil 2 nur dazubleiben, wenn er kein Aufsehen erregt. Am besten geht er am Bachbett auf und ab. Sollte er verschwinden ändert sich am Ablauf nichts wesentliches, nur der Abruf kommt dann von U).

mehr um Rat. Dazu fing es auch noch an zu regnen. Kein besonders schöner Sonntag, dieser Faschingssonntag 1942.
Bekleidungsmäßig waren wir gut vorbereitet. Ich hatte bei Eatons sogar ein paar halbhohe Elchschuhe mit dicken Kreppsohlen kaufen können, in denen ließ es sich sicher gut marschieren.
Mit Jürgen konnte ich nicht mehr sprechen, er lag von seinem Eishokkeyunfall her im Krankenrevier. Der Regen wurde wärmer, der Schnee schmolz, die Pfähle wurden naß. Und morgen sollte es losgehen.
Rosenmontag, den 16., herrschte trüber Nebel, der aber nach Ansicht des mitgefangenen Wetterdoktors gegen Mittag aufreißen sollte.
Auf diese Aussage hin wurde der ganze Apparat ins Rollen gebracht. Laut Plan wurden die Leitern gezimmert, in der Küche spezielles Essen bestellt, Pfundtner benachrichtigt, der Theaterfriseur Uffz. Landmann war bestellt, und unser Requisitenoffizier wollte Reini als Staff-Sergeant Rule umfärben.
Gegen 11.00 Uhr strafte das Wetter die günstige Vorhersage Lügen. Es regnete sich ein. Wegen des »bodyguards« konnte die Uhrzeit des Starttermins nicht verschoben werden – also was tun?
Es war klar, daß in einer Stunde keine Besserung erwartet werden konnte. Die Sache mußte abgesagt werden, denn bei Regenwetter strich man selbst in Kanada keine Pfähle im Freien.
Als ich dem Requisitenchef absagte, sprach er aus, was die anderen Eingeweihten sicher auch dachten: »Das habe ich mir genauso vorgestellt. Erst trifft man aufsehenerregende Vorbereitungen und dann, wenn es darauf ankommt, wird der Fluchtversuch hinausgeschoben und hinausgeschoben, bis er dann stillschweigend einschläft.«
Diese Äußerung traf mich tief. Sie mußte jedoch hingenommen werden. Später hat dieser Kritiker dann selbst erlebt, wie sehr man sich zu so einer Sache zusammenreißen muß. Er traf noch weit umfangreichere Vorbereitungen, schob seine Ausführung wirklich so lange hinaus, bis die einbrechende kältere Jahreszeit seinen Fluchtversuch schließlich unmöglich machte.
Darüber empfand ich aber später keine Schadenfreude, sondern es bestätigte sich mir wieder einmal, wie oft auf dieser Welt unnötiger Ärger durch unnütze Äußerungen entsteht. – Aber damals war klar, daß er von uns weiterhin nicht mehr in Anspruch genommen wurde, Pfundtner konnte auch von Uffz. Landmann geschminkt werden.
Über den Aufschub waren wir sehr unglücklich, die Farbe war zwar »wa-

ter resistant«, aber bei dem Wetter war der Versuch unmöglich. – Mit Hilfe einiger Mannschaftskameraden versteckten wir die beiden fertig gezimmerten Leitern, die sehr verdächtige Objekte waren, hinter dem Vorhang der Theaterbühne, die sich ja in unserem Haus befand. Dabei wären wir um ein Haar von meinem »bodyguard« ertappt worden. Wir mußten handeln, wie vom Blitz getroffen.

Der Regen entwickelte sich zu einem dauerhaften Landregen. Doch irgendwie hatte ich die Ruhe wiedergefunden, vielleicht aus Wut über die unbedachte Äußerung des Requisitenchefs. Tagelang vorher hatte ich mich, von allen Zweifeln geplagt, die ganze Nacht mit Zählen, Geschichten oder Erinnerungen zu durchdenken beschäftigt. Vor lauter Leitern, Farben und Töpfen konnte ich nicht einschlafen. In der Nacht zum 17. schlief ich tadellos.

An diesem Faschingsdienstag schrieb ich den schriftlichen Ablauf unserer »Malerei« noch einmal ins »Reine«. Wir drei gingen sie noch einmal gründlich durch. Damit hatten wir wirklich die Gewähr, daß jeder seine Rolle allmählich auswendig beherrschte. (Siehe beiliegende Skizze und Beschreibung.)

So ausführlich und umständlich dies auch scheint, es hat sich sehr gelohnt, die spätere praktische Durchführung »vor Ort« lähmte fast unser Denken und Handeln. Aber wir liefen ab wie aufgezogene Automaten.

Wenn es beim Durchlesen der Anweisungen vielleicht nicht auffällt – aber schon beim Schreiben erging es mir so wie nachher in der Praxis. Teil »2« wickelte sich wesentlich schneller und sicherer ab als Teil »1«, wo alles auf Zeitgewinn zielte und möglichst jede Handlung helfen sollte, den eigentlichen Zweck der Arbeit – das Übersteigen – zu verschleiern.

Wird geschossen oder nicht?

In der Nacht regnete es weiter, ich wachte jedoch am 18. in guter Verfassung auf. Und am frühen Morgen war hohe Bewölkung am Himmel aufgezogen. Das Wetter wurde gut, heute konnte es endgültig losgehen. Wieder benachrichtigte ich alle Mitwirkenden. Um 11.30 Uhr sollte auf unserer Stube Besprechung sein.

Als neue Maßnahme wurde eine Art Alarmsystem angelegt, das uns

unauffällig warnen sollte, falls sich draußen an der kanadischen Hauptwache etwas Verdächtiges zeigte. Andere Leute wurden eingeteilt, die mit cleverness zu verhindern hatten, daß uns zufällig Innenposten beim Anmarsch zum Zaun in den Weg kamen. Außerdem wurden auf Wunsch anderer »Escaper« zwei Mann abgestellt, die im Falle unserer Festnahme unsere Tragetaschen vor allem wegen der falschen Papiere retten sollten. Dazu sollten wir sie im »Unglücksfalle« zurückwerfen. Für diese Aufgabe waren schnelle Läufer eingeteilt.
Die Papiere galten allgemein als sehr gut und sollten den Kanadiern auf keinen Fall in die Hände fallen.
Der englische Text stammte von Dr. Wagner, der vor dem Krieg Rechtsanwalt in New York und Montreal gewesen war. Gedruckt wurden sie auf einem selbstgebastelten Hektographen, die Stempel stammten vom guten Hannes Kauter. Die Ideen kamen von uns.
Einigermaßen beruhigend war unsere »Arbeitsanweisung«, die ich im Overall trug. Vor einem panischen Weglaufen stand für mich erst einmal dieses Papier, das ich jedem Posten, der mich ansprach, ohne viel zu reden vor die Nase halten wollte. Schließlich standen da Stempel und Unterschrift des Kommandanten.
Hinnerk und ich zogen uns auf meiner Stube an. Wir mußten eine ungeheure Menge von Kleidungsstücken über den Kopf ziehen, bis wir schön warm angezogen waren. – Wer weiß, wie kalt es werden würde. Diesmal ging es oben drüber, da konnte man sich ein Zuviel schon leisten.
Als Hinnerk schließlich seine Trägerhose über dem dunkelblauen Arbeitshemd zugeknöpft hatte, war er rund wie ein Faß. Auch mir stand der Schweiß im Antlitz. Die Schminke wollte kaum halten. Der Schweiß kam nicht nur von der vielfachen Bekleidung. Unsere Herzen schlugen »höher«. Sogar der sonst so gelassene Pfundtner, der beim Eishockey selbst im heißesten Kampf eiskalt überlegen konnte, zeigte Nerven.
Meine innere Stimmung war uner aller Moral. Der aufgezogene Apparat war so umfangreich, daß ich ihn nicht mehr zu überblicken glaubte. Ich konnte mir nicht mehr vorstelen, daß diese vielen Einzelheiten gut zusammenlaufen sollten. Wir drei waren doch nur die Räder eines aufgezogenen Uhrwerks, das seit heute morgen angelaufen war. Das lief nun unerbittlich. Aufhalten konnten es nur noch die Kanadier.
Als Hinnerk und ich am Vormittag bei Obstltn. Gruber, der zweiten »Escape-Autorität«, gemeldet hatten, daß wir heute mittag starten würden, meinte auch er, viel Chancen hätten wir ja nicht, aber wir sollten es mal

probieren. Bei ihm hatte ich auch zugegeben, daß mir klar sei, zum Gelingen gehöre ein fast übergroßes Stück Schwein. – Das war wirklich so.
Wir waren soweit! Pfundtner gab mit den Papierdienstgraden und der Blechmarke aus einer Konservendose auf dem khaki-umgefärbten Fliegerkäppi einen sehr feschen Sergeanten ab. Die Bügelfalte war fast zu gut. Auch Hinnerk sah in seiner Jockeymütze in dem vorab verspritzten Arbeitsanzug recht echt aus. Nur sein Gesicht war für einen Maler zu sauber. Ich spritzte ihm des besseren Anblicks wegen mit dem gelben Pinsel einmal quer über den rosigen Teint. Er revanchierte sich daraufhin prompt. Er wollte nicht, daß ich ohne letzten Schliff losgelassen wurde. Wir rückten unsere Erkennungsmarken, die uns »schußfest« machen sollten, so auffällig wie möglich zurecht. Dann traten wir hinaus.
Es war 12.30 Uhr, wir erreichten im Strom der Essensgänger des zweiten Turnus das Freie. – Schon als wir auf den Flur traten, zeigte sich, daß unsere Maskerade sehr echt war. Dem uns anführenden »Kannacker Sergeant« gingen die uneingeweihten Kameraden wie üblich aus dem Weg. Unsere mit Segeltuch umnähten, ebenfalls dick gelb bekleckerten Provianttaschen waren mit einem Band über die Schulter gehängt. In einer Hand hielten wir den Farbtopf, mit der anderen trugen wir die leider viel zu plump und lang geratene Leiter an die frische Luft.
Am Haus ging es eine kleine Böschung hinunter an den Bachgraben, und schon waren wir ins Blickfeld der beiden flankierenden Türme getreten. Mir verschwamm vor Aufregung alles vor den Augen, und ich stolperte erst einmal über die eigenen Beine. Pfundtner ging mit erhobener, deutender Hand voraus. Er brachte erstaunlicherweise verständliche, anweisende Worte heraus, sie klangen aber doch recht guttural.
Hinnerk schmiß in der ersten Aufregung seine Leiter sehr unordentlich und unplanmäßig hin. Das war falsch! Ich erinnerte an die Vorsätze – machte im Befehlston darauf aufmerksam – und damit hatten wir uns gefangen.
Oben am Wachtturm, direkt uns gegenüber, wurde das Fenster aufgeschoben. Wir mußten uns sofort auf englisch unterhalten.
Dieser Turmposten schaute vorläufig nur sehr interessiert zu, fand aber anscheinend keinen Anlaß einzuschreiten. Unsere »eigene Bewachung« bewährte sich.
Aber Pfundtner war noch nicht mit seinen lauten Erklärungen fertig, da stand keine 15 Meter von uns entfernt am Fuße unseres Hauses ein Innenposten, den keiner von uns hatte kommen sehen.

Da Reinis Gesicht dem Sergeanten Rule nur wenig ähnlich geworden war, mußte er unbedingt vermeiden, daß er aus solcher Entfernung betrachtet wurde. Er haute sofort ab ins Haus.

Hinnerk und ich blieben allein auf dem Schlachtfeld. Unter den neugierigen Blicken der Kanadier, einer von innen, einer von oben, fingen wir an zu streichen.

Die »schnellen Sprinter« kamen spazierengehenderweise bereits zum ersten Male vorbei. Aber zum Abbrechen war immer noch Zeit, wenn man meinem schriftlichen Auftrag keinen Glauben schenken sollte. Wir sahen nicht vor- und nicht rückwärts, wir strichen drauf los, daß die Farbe nur so spritzte. Die Farbe rann in kleinen Strömen an den Pfosten herunter.

Trotzdem überzeugte unser Tun den Innenposten sofort. Er ging ins Haus zurück und schaute aus dem Treppenhaus durch ein Fenster.

Pfundtner erschien wieder, diesmal ein Täfelchen in der Hand haltend, von dem er deutlich sichtbar ablesen mußte, wie wir die Pfosten oben zu streichen hätten. Es klang jetzt auch bei ihm viel sicherer und ruhiger. Vor allem das Täfelchen sah sehr amtlich aus.

Wir stellten eine Leiter an, und ich stieg hoch. Die Dinger waren gut um 1,50 m zu lang, und ich hatte aus der Höhe einen wirklich weitreichenden Ausblick. Ich kam mir als ziemlich auffälliges »Denkmal der Arbeit« vor. Der Zaun brach auch beinahe durch. Die Querlatte, die oben schräg an die Pfosten genagelt war, hielt nicht viel aus.

Angesichts des Turmpostens machte ich meinen Bedenken erstmal dadurch Luft, daß ich laut den »damned barbed wire« und das »dam crazy work« verfluchte. Sollte der Bursche da oben ruhig merken, wie sauer ich mein Brot verdiente.

Inzwischen war der Posten aus unserem Haus wieder herausgetreten. Ob ihm die Sache doch nicht ganz geheuer schien? – Da Pfundtner gerade sehr beschäftigt war und ihm den Rücken zudrehte, merkte er seine Annäherung gar nicht.

Wie konnte ich dem Sergeant bloß beibringen, er müsse sofort verschwinden? Ich fand keinen anderen Weg als nochmals laut zu fluchen und mitten in den schönsten Wortschwall einflechtend, auf deutsch »Reini abhauen« zu schreien. Er verstand! – Ohne den Posten anzusehen, drehte er sich auf dem Absatz und verschwand endgültig.

Als aber der militärische Vorgesetzte weg war, hielt der Innenposten seine Anwesenheit auch nicht mehr für nötig und ging, ohne ein Wort zu fragen, wieder ins Haus zurück. Pfundtner benützte die abgelegene Tür, der Posten jeweils die dem Zaun zugewandte.

Ich gab mir einen inneren Ruck, der laut wurde: »Hinnerk, jetzt oder nie!« – Der sah mich wütend an: »English!« – Aber diesmal hatte ich absichtlich deutsch gesprochen, jetzt mußte gewagt werden, und ich mußte mich mit diesem Kommando aufpulvern.

»Give me your ladder!« Hinnerk wartete schon darauf und reichte mir seine Leiter. Da ich da oben einen recht unsicheren Stand hatte, war es nicht einfach, das unhandliche Ding über den Kopf zu stemmen. Hoffentlich hielten Zaun und Draht diese Belastung aus. – Eine Sprosse meiner Leiter brach durch, aber ich behielt das Gleichgewicht, schwang Hinnerks Leiter hoch über den ersten Zaun und ließ sie auf der Zwischenseite zu Boden gleiten.

Sie lehnte kaum gegen den Pfosten, an dem auch meine Leiter stand, da trat ich schon hinüber. »Flupp!« Die Leiter fing zu rutschen an, der Boden war vereist. Doch ich war schneller, schon stand ich auf dem Boden und sah Hinnerk durch die Drähte hindurch ins Gesicht. – Los! – Runter mit den Leitern! Pinsel in die Hand und weitergestrichen. Es sah wirklich unmöglich aus, wenn die langen Dinger in den Himmel ragten. Am Boden fielen sie nicht so auf.

Der erste Kasten Bier war bereits verwettet. Immer noch regte sich nichts Besonderes. Wir wendeten auch nicht viele Blicke von unserer Arbeit ab. Ich kam mir wie im Käfig vor, jetzt konnten sie schießen, wann sie wollten. – Aber Hinnerk schob ganz beiläufig die Taschen unter dem unteren Draht durch, während ich malend zum anderen Pfosten wechselte. Wieder beide Leitern angestellt! Doch sie fanden zu wenig Halt, hier war am Boden alles vereist. Wir mußten sie zum ersten Pfosten zurückstellen. Dort kam auch Hinnerk gut oben drüber. Er mußte dabei aber sehr aufpassen, daß ihm seine innere Leiter nicht wegfiel. – Er mußte fest zupakken, um sie über den Zaun herüberzuschwenken. Damit hatten wir bisher ohne »Unglück« alles zwischen den beiden Stacheldrahtwänden.

Dem Innenposten war es jetzt anscheinend endgültig zu viel. Er kam entschlossen auf uns zu. Bis auf zwei Meter. Nur der innere Zaun trennte uns noch.

Wir drehten ihm den Rücken zu und pinselten, daß Farbe und Schweiß strömten. Der Schweiß allerdings kam dabei bestimmt nicht von der schweren Arbeit. Schminkfarbe, Farbspritzer und Schweiß ergaben eine einmalige Gesichtsfärbung. Und unsere »Sprinter« kamen jetzt immer

häufiger vorbei, sie forderten uns fast schon auf: zum Taschenwerfen. – Hoffentlich war das nicht zu auffällig. Zusätzlich drehten immer mehr Sehleute hier ihre Runde.
Der Posten konnte keinerlei Versuch anbringen, um uns einmal anzusprechen. Wir schimpften und fluchten so viel herum, daß für ihn gar keine Pause kam, wo er hineinpaßte.
Als ich ihn einmal mit einem schnellen Blick streifte, erschrak ich zutiefst. Meine Herrn! Das war ein Mann, ein Schotte, mit dem ich mich im Arrest lange unterhalten hatte. Ich kannte sein ganzes Leben. Ich war ihm sogar eine Mundharmonika für einen anderen Schotten schuldig. Das war eine schöne Schweinerei!
Aber der Rothaarige sah weder durch die Maskerade durch, noch wagte er es, uns anzusprechen. Aber weiß der Teufel, ob da nicht eine Falle dahinter steckte. Was war dann dagegen zu tun?
Trotz Hinnerks sofortiger Vorwürfe (natürlich englisch), spähte ich ab und zu mit schiefem Blick auf den über uns stehenden Turmposten. Gegen eine Gewehrmündung hätte ich versucht, Beschwerde einzulegen. Doch der lehnte breit aus seinem Fenster und schaute uns behäbig zu. Er vertraute wohl völlig auf seinen Kameraden, den Innenposten, der jetzt anfing, dicht neben uns auf- und abzupatrouillieren. Dabei entfernte er sich allerdings nie weiter als etwa 10 Meter. Solange er nichts sagte, ging das ja noch. Aber es blieb uns nichts anderes übrig, als in seiner Anwesenheit den äußeren Zaun anzugehen.
Leiter angestellt, und diesmal gleich die andere nach außen übergeschwenkt. Mit aller Kraft drückte ich sie in den äußeren Stacheldrahtverhau in den Boden. – Sie stand fest!
Ich trat über, ganz nach außen und machte gleich weiter mit dem Pinseln. Jetzt konnte es flottgehen. Es war eine verdammte Geduldsprobe, außerhalb des Zaunes zu sein und trotzdem noch im Bannkreis der Posten bleiben zu müssen, wo doch jeden Augenblick ein Feuerstrahl zucken konnte. Die Malerei ging uns jetzt »damned schlampig« von der Hand. Schon wechselten wir zum anderen Pfosten. Es wurde aber auch höchste Zeit. Der Rothaarige trat jetzt wieder ganz dicht heran, holte mehrmals Luft, öffnete den Mund und wollte schon Worte formen. Aber er kam nicht dazu, sie zu sprechen. Wir hatten viel zu viel zu tun, zu reden und zu schimpfen. Wir übertrafen uns bei jedem seiner Anläufe an Geschäftigkeit und Mundfertigkeit.
Notdürftig hatten wir innen fertig gemalt. Jetzt kam etwas sehr Auffälli-

ges. Infolge des Drahtverhaues konnte Hinnerk die Taschen und Farbtöpfe nicht durchreichen, sondern brachte sie ganz frank und frei oben herüber. Wir warteten jeden Augenblick auf einen Blitz. Aber Hinnerk kam nachgestiegen und zog seine Leiter gleich mit. Jetzt hatten wir alles draußen. Im übrigen betrieben wir weiterhin unsere Vogel-Strauß-Politik. Nur ja keinen der zusehenden Posten ansehen. Der hätte die Gelegenheit sofort benutzt, um uns zu fragen.

Es war aber auch wie verhext. Genau als wir über den äußeren Zaun stiegen, wanderte an uns vorbei zur Offiziersmesse – der Dolmetscher Captain Johnson. Er blieb auch noch stehen und bewunderte unsere akrobatischen Balancierkünste mit Leitern und Taschen . . .

Eine Nervenprobe löste die andere ab. Gleich hinter ihm kamen die beiden jungen kanadischen Burschen zurück, die keine 10 m von uns entfernt ihre Arbeit wieder aufnahmen. Seit heute morgen gruben sie dort ein tiefes Loch. Sie suchten nach dem Ende eines Tunnels, der schon bis außerhalb des Zaunes vorangetrieben war. Er war erst kürzlich entdeckt worden. Die beiden Zivilarbeiter kamen von der Mittagspause und fingen an, neben uns, ebenfalls außerhalb des Zaunes, weiterzugraben.

Sie brauchten uns bloß anzureden – wie es doch sonst unter Kollegen üblich ist – dann waren wir schon gefährdet.

Unsere Anstreicherei war eine Schande. Wir klecksten fast nur noch dikke Ströme an die Balken. Die Spannung war gestiegen bis zum Platzen. Schluß damit!

Ich schaute auf meine Armbanduhr und sagte ohne »Vorwarnung« zu Hinnerk und so laut, daß der Turmposten es auch hörte: »It's half past one. It's high time to go up to the officers mess. Captain McCuaig is waiting!« – Sprach's, hängte meine Tasche um, nahm die Leiter über die Schulter, den Farbtopf in die rechte Hand und schleppte mich auf die am Zaun entlang führende Straße. Am 22. November war ich etwas weiter vorne hinüber und in die Nacht gerannt.

Erst auf der Straße drehte ich mich um und stand eine Heidenangst aus, ob der immer noch nach Worten ringende Schotte Hinnerk nicht doch noch ansprechen würde. Wegzurennen wäre immer noch nicht möglich, noch standen wir am Fuß des Wachtturms.

Hinnerk, der von mir kräftig mit »come on« und »hurry up« angefeuert wurde, erholte sich schnell von dem Schreck, den ihm mein plötzlicher Abschluß eingejagt hatte, stieg von seiner Leiter und kletterte ebenfalls durch die Schneewehe hindurch, den Anrain hinauf auf die Straße.

Das Glück blieb uns treu. Genau unterhalb des Fensters des herauslehnenden Postens verließen wir den Zaun, trotteten durch das offene kleine Tal Richtung Brücke und stiegen bereits den Gegenhang zum kanadischen Offizierskasino hoch. Eigentlich war das beinahe spielerisch glatt gegangen. Sollte das tatsächlich so spielerisch gelingen? Mir erschien alles auf einmal seltsam, fremd und unwirklich. Träumte ich nicht? Nein! Es war heller Tag, wir gingen zwar höchst erregt und am ganzen Leib naß, aber wir gingen mit unseren rohgezimmerten, ungefügen Leitern auf den Gebäudekomplex zu, der ehemals eine größere Farm war, und nun als Offiziersunterkunft und auch als Kraftfahrzeughalle für die Wachkompanie diente. Es war schwer zu begreifen, daß wir jetzt keine Gefangenen mehr sein sollten.

Aber ruhig bleiben und die hochsteigende Freude bändigen. Noch waren wir nicht weg. Die nächste große Frage war: Steht hier oben im Hof, wie auf allen anderen Zufahrtsstraßen auch, ein Postenhaus?

Bald mußten wir uns entscheiden. Entweder weiter auf dem Weg, oder aber herunter von dem Sträßchen, so Richtung Gehöft gehen, bis wir uns seitlich am Haupthaus entlang vorbeidrücken konnten, um so hinter das Hauptgebäude zu gelangen. Dort würden wir dann eine Straße erreichen, die von der Farm weg Richtung Bowmanville führen mußte.

Hinter der Brücke verließen wir das Sträßchen, das sich in einer Serpentine den Hang hochschwang, und gingen querfeldein über den schmierigen, vergilbten Grasboden des angrenzenden Obstgutes. Im Farmhof oben traf gerade das »Milch-Produkte«-Auto ein. Dort herrschte jetzt lebhafter Betrieb. Weißgekleidetes Küchenpersonal und Soldaten tätigten ihre Besorgungen. »Hinnerk, hier können wir nicht durch, wir müssen weiter außen herum!«

Kurz vor Erreichen des Gebäudes schwenkten wir links ab, immer noch die schweren Leitern geschultert, und schauten gleich anschließend um die Ecke der Offiziersmesse. »Sieh mal, die haben da hinten einen prächtigen Erker, das sieht aber gemütlich aus.« – Hinnerk kam nicht zur Antwort. Die Tür der ebenerdigen Eckveranda öffnete sich und heraus trat: Unser hochzuverehrender kanadischer Zahlmeister, den wir kannten: Captain McCuaig. Sollte er tatsächlich hier oben auf uns warten? Gab es da einen Zusammenhang? Sollte die Tücke des Schicksals uns so früh erwischen?

Wieder wandte ich die »Kopf in den Sand«-Politik an, machte einen Schwenk im rechten Winkel, rief zu Hinnerk »come on, hurry up« und

zog mit der allmählich immer beschwerlicher werdenden Leiter, den Rücken dem Captain zugewandt, vom Hause weg.
Eigentlich erwartete ich jeden Augenblick einen Anruf. Ich wagte noch nicht einmal nach Hinnerk zu sehen, womöglich wurde der schon angehalten. Schon war meine Entfernung so, daß ich beinahe wieder hangaufwärts gehen konnte, da sah ich, daß das Gartenhaus, das am Weg zum Gehöft stand, ein Postenhaus war. Davor stand ein Soldat mit umgehängtem Gewehr.
Ob ich wollte oder nicht, ich mußte aus dem Obstgarten in einen Acker wechseln, auf der Straße würden wir bestimmt kontrolliert. Von hier aus konnte man jetzt aufs gesamte Lager zurückblicken.
Was die Kameraden da drüben jetzt wohl dachten? Wie sehnsüchtig würde Pfundtner hinter den wandelnden Leitern herblicken! Als ich rückwärts blickte, konnte ich sehen, wie Hinnerk schräg hinter mir daherkeuchte. Ziemlich außer Atem rief er: »Was läufst du bloß so? Mach doch langsamer!«
Er war sonst weitaus zäher als ich, aber die Erregung hatte mir wohl besondere Kräfte gegeben. Er hatte den Captain McCuaig gar nicht gesehen, sondern war nur meinem Zuruf folgend nachgestolpert.
Nachdem wir so mit viel Glück sicheren Abstand zum Gehöft gewonnen hatten, stiegen wir im Lehm des Ackers bis zur Straße hinauf. Jetzt merkte ich, dieses Feld kannte ich bereits von der ersten Flucht her.
Inzwischen schwitzte ich wie ein Bär und wollte die schweren Leitern in den Straßengraben werfen, um schneller vorwärts zu kommen. Aber da war Hinnerk eisern. Er ließ mich nur auf die andere Schulter wechseln. Es wurde unerbittlich weitergetragen. Er sagte: die Ausrüstung darf nicht gefunden werden, die vergraben wir irgendwo in einer Schneewächte.
So stapften wir also immer noch schwer beladen den ersten Häusern des Städtchens entgegen. Noch immer konnten wir zurückblickend das ganze Lager samt Wachttürmen überschauen. Hinnerk dachte sicher genau wie ich: »Wie die uns beneiden werden!« – Aber keiner wagte es auszusprechen.
Nun schon ruhiger geworden, schwenkten wir bei den Häusern um 90 Grad und waren damit außer Sicht des Lagers. Kurz danach befanden wir uns auf der Verbindungsstraße, die vom Lager nach Bowmanville führte. Rechts und links standen einzelne hölzerne Landhäuser, die teilweise bewohnt waren. Doch nachdem wir bei den Wachen nicht aufgefallen waren, sollte hier kaum noch etwas passieren.

Immer noch schleppten wir Leitern und Farbtöpfe. Hinnerk befahl zur Erleichterung nur ab und zu einen Schulterwechsel. Noch immer hatte ich den Malerschurz aus einem Zuckersack um den Bauch. Wir waren und blieben echt. War gut so, denn ab und zu kam ein Militärfahrzeug vorbei.

Erst nach einer halben Stunde Marsch gab Hinnerk nach. Wir bogen in einen Seitenweg in südlicher Richtung, der durch Obstanlagen hindurch um die Stadt herum führte. In diesem Seitenweg fand sich bald eine geeignete tiefe Schneewehe, in die wir Farbtöpfe und Pinsel vergraben konnten. Die Leitern legten wir sogar rechts und links auf verschiedene Seiten, einzeln, in großem Abstand hinter die umsäumenden Hecken. So war alles weit weg von der Straße zum POW-Lager. Sollte unsere Ausrüstung später gefunden werden – würde da ein Zusammenhang zu finden sein? Daß wir unsere Last so weit geschleppt hatten, sollte sich für spätere Zeiten lohnen.

Die schöne, englisch bedruckte Sackschürze blieb noch um den Bauch, auch die Blechmarken an den Mützen. Wir waren ja noch nicht allzuweit vom Lager weg und würden jedem, der uns anhalten sollte, unseren vom »Kommandanten« unterschriebenen Arbeitsauftrag samt Stempel vorweisen. Unsere Kleidung paßte dazu.

Unsere Aktentaschen, die vor Fülle fast platzten, waren schwerer, als wir gedacht hatten, und wir mußten erstmal eine Aufhängung erfinden, die den Schulterdruck erträglich machte.

Dann wurde die Schminke mit den Schweißrinnen auf dem Antlitz ausgeglichen, und wir konnten uns endgültig auf den Marsch machen. Der Weg blieb menschenleer und schnurgerade, in dieser Richtung mußten wir die Hauptstraße erreichen.

Jetzt erst fand ich Zeit, Hinnerk zu erzählen, daß der Soldat, der beim Anstreichen neben uns stand, ein alter Bekannter aus dem Arrest gewesen war. Ich erinnerte mich noch, daß er mir erzählt hatte, er sei im letzten Weltkrieg als Freiwilliger mit 16 Jahren als Spielmannsjunge in die englische Armee eingetreten.

Hinnerk fuhr das noch nachträglich in die Knochen. Bei gemeinsamem Überlegen kamen wir zu dem Schluß, daß unser Übersteigen und der anschließende Abmarsch so auffällig gewesen waren, daß eine schlüssige Kombination eintreten mußte, sobald die »Zuschauer« auf kanadischer Seite ihre Zweifel gemeinsam diskutierten. Als Folge würde sich dann noch herausstellen, daß zwei »missing« waren.

Wir rechneten demzufolge nicht mit mehr als vier Stunden Vorsprung. Unsere Malerei und Kletterei hatte ungefähr eine Stunde gedauert, der Abmarsch eine halbe, also mußten wir etwa bei Einbruch der Dämmerung mit der Hetzjagd rechnen. Vorsicht war besser, als geschnappt zu werden.

Zwei Mann auf dem Weg

Ein großes Plakat am Weg kündigte zur rechten Seite eine Tierfarm an. Schon vorher hatten wir Gebell und einen scharfen Geruch ausgemacht. Die Anlage näher zu betrachten, war unmöglich. Kaum kamen wir auf gleiche Höhe, ging ein Höllenspektakel in den Zwingern los. Nur ganz flüchtig, im raschen Vorbeigehen sahen wir, daß es da Elche, Füchse, Esel und Hunde verschiedenster Rassen gab, dann hatten wir den widerlichen Lärm und Gestank schon hinter uns.

Diese Tierkäfige hatten so sehr unsere Aufmerksamkeit beansprucht, daß wir höchst überrascht waren, gleich anschließend auf die Hauptstraße zu treten. Es war wieder der »King's Highway No. 2«, diesmal bei Tage leichter zu erkennen.

Nur ja keine Unentschlossenheit! Aus der Tierfarm schauten bereits einige Leute hinter uns her.

Wir schlugen die Richtung nach Bowmanville ein. Wie schon gehabt, auf der Straße bewegten sich viele Fahrzeuge.

Auch auf dem Gehweg, der auf unserer Seite an netten Häusern vorbeiführte, trafen wir verschiedentlich auf andere Fußgänger. Jetzt mußten die Blechmarken weg, und zwar schnell! Dabei durfte man uns nicht beobachten.

In der Hast schnitt ich mich ordentlich in den Finger. Im Weitergehen waren wir damit beschäftigt, aus unserer gelb verschmierten Bandschablone einen blutstillenden Verband abzureißen und um den Finger zu wickeln. Mit Hilfe der verklebenden Wirkung der Farbe glückte das schließlich auch ganz gut.

Wir beschlossen, die Stadt südlich zu umgehen. Ob das so möglich war, mußte sich erst noch herausstellen. Wir hatten gehört, die Stadt besäße einen kleinen Hafen – demnach müßte sie bis an den Ontario-See heranrei-

chen. Wir wollten das auf alle Fälle mal versuchen, denn erstens konnten wir nur im Süden durchkommen (das Lager lag nördlich), und zweitens wollte ich so früh wie möglich auf die näher am See führende Bahn stoßen. Dieser entlang wollten wir dann, wie schon einmal von mir und einmal von Manni praktiziert, zurück nach Oshawa gehen.
Nachdem uns die Straße einen kleinen Hügel hinaufgeführt hatte, konnten wir die Bahnlinie links von uns schon liegen sehen. Der nächste Querweg, der hinter einer Baumschule abbog, ermöglichte die Richtung darauf zu. Auf diesem Seitenweg begegnete uns nun niemand mehr.
Kurz vor Erreichen der Bahnstation, diesmal der noch unbekannten südlichen, bogen wir nach rechts und sahen, daß Bowmanville nur mit einem losen Straßenzug an diese Bahnlinie angelehnt war – also kein Hafen. Auf einem Feldweg, der schnurgerade über mehrere Hügelwellen hinweg bis zum Horizont führte, durchquerten wir diesen Siedlungsteil. Dabei erregten wir doch einiges Erstaunen bei einer Gruppe von Klatschbasen, die an einer Straßenecke zusammenstanden und sich wichtige Neuigkeiten zu erzählen hatten.
Danach ging es endlich mit Riesenschritten voran. Jetzt hatten wir freie Bahn. Mit jedem Schritt blieb die Gefahr weiter hinter uns.
Links von unserem Weg wand sich als beruhigende Orientierungshilfe das zweigleisige Schienenband der Canadian Pacific.
In den nun aufeinanderfolgenden flachen Geländewellen trafen wir immer wieder auf unterschiedlich tiefe Schneereste. Es wurde uns vielleicht zum ersten Mal seit Verlassen des Lagers klar, daß nun ein neuer Kampf begann. Schon das Durchwaten dieser kleineren Schneeverwehungen war manchmal sehr mühevoll.
Ungeheuere Entfernungen lagen vor uns. Keine Ruhestätte, keine Unterkunft winkte uns. Nur der innere Befehl galt: »Kilometer schlucken!« – Kälte und Nässe würden zu ertragen sein. Aber, viel Feind viel Ehr!, hatten wir schon auf der Schule gelernt. Wir waren guter Zuversicht.
Das angeschlagene Marschtempo war so forsch, daß wir beinahe ein vor uns fahrendes Bauernfuhrwerk eingeholt hätten. Wir blieben aber dahinter, denn zwei so seltsame Gestalten wie wir wären dem Bauern in dieser einsamen Gegend doch recht merkwürdig vorgekommen.
Nachdem er unser Tempo lange genug gebremst hatte, schwenkte er endlich nach rechts in ein Gehöft, und wir konnten wieder aufdrehen. Leider lief der Feldweg schräg von den Schienenbändern weg. Wir mußten wieder einen kreuzenden Feldweg nehmen, der uns senkrecht auf die

Bahn zuführte. Wir wollten möglichst dicht dabei bleiben, um sie nicht aus den Augen zu verlieren. An diesen schematisch rechteckig angelehnten, schnurgeraden Feldwegen konnte man wieder einmal erkennen, wie jung Kanada noch war und wie einfach hier wohl die Besitzverhältnisse geregelt waren.

Über eine hölzerne Überführung schritten wir über den Bahnkörper und kamen gleich hinterher an einer Art Forsthaus vorbei. Es war sorgfältig gepflegt und machte einen sympathischen Eindruck. Dieser verlor sich aber sofort, als ein großer Hund anfing, wie wahnsinnig loszutoben, und daraufhin ein etwa 16jähriger Junge angerannt kam, der sich aber Gott sei Dank darauf beschränkte, uns mit großen runden Augen nachzublikken.

Es war immer noch hell. Ein Marsch auf den Schwellen erschien uns unmöglich. Vielleicht kamen wir besser und sicherer am Seeufer vorwärts?

Also weiter südlich, Richtung See. Vielleicht bestand am Ufer noch ein gefrorener Rand, auf dem wir nach Oshawa gelangen konnten.

Wieder führte der Weg schnurgerade in den Horizont, aber der lag diesmal dicht vor uns und bestand aus dampfenden Nebelschwaden. Auch war er mit kleinen farbigen Häuschen bestellt. Sollten das schon Strand- und Bootshäuschen sein?

Ein Tor, aus langen Stangen zusammengenagelt, stand quer vor uns im Weg und verhinderte weiteres Vordringen. Ein Schild besagte, hier beginne privates Eigentum, die herumstehenden Häuschen seien eine Ferienkolonie und die besitzende Gesellschaft untersage jegliches Betreten des Geländes.

Da dieses Grundstück anscheinend einen sehr großen Uferstreifen umfaßte und ringsum eingezäunt war, mußten wir trotz des Verbotes übersteigen.

Plötzlich erschraken wir ganz gewaltig. Da knallte ein Schuß. Hatten wir doch tatsächlich eine Jagdgesellschaft übersehen, die vor uns am Ufer entlangspürte. Glücklicherweise waren sie so von ihrer Jagdleidenschaft beansprucht, daß sie, ohne von uns Notiz zu nehmen, in Gegenrichtung nach Bowmanville zurückmachten. Deutlich war zu beobachten, daß sie auf große Vögel schossen, die am Ufer entlang aufgescheucht wurden. Sie machten es wie wir und kümmerten sich nicht um Zäune und Verbotstafeln.

Das war tatsächlich schon das Ufer des Ontario-Sees! Dieser ist aber kei-

neswegs mit dem normalen Begriff See zu fassen. Da er etwa die Ausmaße der nordeuropäischen Ostsee hat, gewinnt man, am Ufer stehend, völlig den Eindruck, am Rande eines Meeres zu stehen. Hinnerk, von der Nordseeküste stammend, wurde beim Anblick dieser undurchdringlichen Masse von seichtem Nebel und weißen Schaumköpfen ganz glücklich.
Er wollte mich allen Ernstes dazu überreden, den am Ufer liegenden Kahn zu Wasser zu lassen, um damit die etwa 200 km entfernte amerikanische Küste zu erreichen. Aber mir fehlte glücklicherweise das grenzenlose Vertrauen, das er zu dem schäumenden, mehrere Meter hohe Wellen werfenden Element hatte. Ich brauchte nur zu fragen, ob er es für möglich halte, bei solchem Wellengang und Nebel mit einem dreisitzigen Ruderboot auch nur einigermaßen Kurs zu halten, und er sah bald ein, daß dieses Unternehmen nicht durchführbar war.
Am Ufer gab es eine Art gefrorenen Schollenrand, der aber durchaus keine ebene Fläche bildete, sondern eher die Form gefrorener Wellen hatte. Auf dieser begannen wir eine Art Berg-und-Tal-Kletterei, Richtung Westen.
Manchmal genossen wir schönen flachen Sandstrand, manchmal gingen wir über ebenen, körnigen Kies, aber manchmal stieg das Ufer fast 20 Meter senkrecht in die Höhe, und wir mußten auf dem schmalen Eisrand sehr aufpassen, daß wir nicht ins Wasser glitten.
Ein Flüßchen, das der See verschluckte, war nicht zugefroren und versperrte den Weitermarsch. In der Ferne war ein Gehöft zu sehen, das am Ufer lag und uns damit ebenfalls aufforderte, in großem Bogen landeinwärts auszuholen.
Leider war der Bach auch weiter oben nicht zugefroren. Schon konnten wir eine kleine Brücke aus massiven Steinen erkennen, auf der die Bahn über den kleinen Taleinschnitt führte, da faßten wir einen neuen Entschluß.
Es war jetzt etwa 16.00 Uhr, wir waren am Seeufer entlang nur sehr langsam vorwärts gekommen und verbrauchten im Verhältnis zur zurückgelegten Strecke viel zu viele Kräfte. Wir würden genauso schnell in Oshawa sein, wenn wir uns hier irgendwo bis 18.00 Uhr versteckten, um dann nach Einbruch der Dunkelheit schnurstracks entlang der Bahn zu marschieren.
Wir untersuchten einige Hütten auf Zugänglichkeit, aber danach zog uns ein Gehölz, das uns Entsprungenen geradezu als ideales Versteck

erschien, mehr an. Es lag neben dem Bach kurz vor der Brücke und bot recht gemütlichen Unterschlupf.
Wir fanden eine tote Feuerstätte darin, die wohl von hiesigen Holzarbeitern angelegt worden war, und setzten uns dort auf einige schon zurechtliegende Bretter. Zuerst brachten wir unsere Kleidung in Ordnung. Vor allem war diese Gelegenheit günstig, um die Nässe, die der Schweiß in den unteren Kleidungsschichten hinterlassen hatte, etwas ausdünsten zu lassen.
Zwar fing damit die Friererei an, aber wie sollte man diesem Übelstand wohl anders abhelfen?
Ich war einmal im Eis eingebrochen. Nachdem ich genau nachgesehen hatte, konnte ich mit Befriedigung trockene Strümpfe feststellen. Die neuen Elch-Schuhe mit Gummikreppsohle, die ein völlig geräuschloses Schleichen ermöglichten, waren bisher wasserdicht geblieben.
Jetzt erst drückten wir unsere Freude über den bisher guten Verlauf aus. Hinnerk meinte: »Wenn man sich überlegt, daß wir noch vor fünf Stunden hinter Stacheldraht verbannt waren, und jetzt können wir tun und lassen, was wir für richtig halten, dann kann man diese Änderung noch gar nicht verstehen.« Ich sagte darauf: »Das wird wohl daher kommen, daß noch keine Nacht dazwischen liegt.« Mir ging es genauso. Zweimal, als ich bei Nacht gestartet war, wurden diese Empfindungen nicht so wach wie heute, als wir immer noch das Wecken im Lager und die morgendliche Zählung vor Augen hatten.
Aber wir wurden nicht übermütig, die Kanadier sollten uns nicht so leicht wieder haschen. Und auch wenn wir wieder eingefangen werden sollten, blieb dieser Fluchtversuch doch ein Beweis, daß wir unseren sonst so stolzen Bewachern auch als Gefangene noch ein Schnippchen schlagen konnten.
Wir aßen etwas Schokolade, tranken auf dem Bauch liegend Wasser aus dem Bach und erwarteten recht ungeduldig den Einbruch der Dunkelheit.
Als es um 18.15 Uhr noch immer nicht richtig Nacht war, gelang es mir mit vielen Worten den vorsichtigeren Hinnerk zu überreden, schon jetzt den Marsch wieder aufzunehmen. Ich wollte unbedingt vor 22.00 Uhr in Oshawa sein. Vom letzten Mal her wußte ich, daß vor dieser Zeit der größte Zugverkehr herrschte.
Wir marschierten los. Der Anzug war ordentlicher, die Farbe abgebürstet, und wir waren auch wieder wärmer geworden.

Mit Hilfe der als Unterschnallvorrichtung für Personenzüge mitgeführten Gürtel hatten wir für die Aktentaschen ein ganz ordentliches Trägergerüst hergestellt. Die Stimmung war ausgezeichnet.
Allerdings nur so lange, bis auf der Strecke der erste Zug an uns vorbeifuhr. Ich blieb stehen und grüßte mit der Hand an der Mütze, während Hinnerk in ein Feld rannte, wo er doch keine Deckung fand.
Zu dieser Frage konnten wir uns nicht einigen. Ich drängte auf Marschtempo, Hinnerk auf Sicherheit. Es sah also in der Folge so aus, daß bei jedem vorbeifahrenden Zug Hinnerk infanteristische Ausbildung übte, indem er in »volle Deckung« ging, während ich der Grußpflicht nachkam.
Solange es noch hell genug war, grüßten die Lokomotivführer oder Heizer häufig wieder, ich gab nicht auf, Waller überzeugen zu wollen, aber er war seinem Typ treu und blieb stur. Trotzdem kamen wir gut vorwärts.
Gegen 19.00 Uhr setzte starkes Schneetreiben ein. Dabei wurde es schnell Nacht. Man konnte nach kurzer Zeit keine fünf Meter weit vor sich sehen.
Verschiedentlich rannte der Vorausgehende auf einen Pfahl und fiel hin. Nach jedem Aufprall lösten wir uns getreulich ab. Sonst war uns dieser Schnee aber sehr willkommen, er machte undurchsichtig und verwischte jede Spur. Es schneite so stark, daß wir bald knöchelhohen Schnee zu treten hatten.
Damit verbunden starb der Zugverkehr völlig ab. Wir fürchteten schon, daß dieser außergewöhnlich starke Schneefall wegen zu schlechter Sicht die Züge zum Halten zwang, da hörten wir um 20.30 Uhr mit Erleichterung hinter uns wieder einen Zug aufkommen.
Der Marsch war länger, als ich vom letzten Mal her in Erinnerung hatte. Unter der außerordentlich dicken Kleidung und mit den schweren Rucksäcken waren wir schon recht schlapp geworden. Ich durfte Hinnerk nicht mehr erzählen, daß es jetzt nur noch 20 Minuten dauern würde, denn darin hatte ich mich schon mindestens dreimal getäuscht.
Nun wußte ich es aber ganz bestimmt, daß wir kurz vor Oshawa waren. Es stank nach Petroleum. Wir gingen wieder auf feinem hohen Damm. Da ich diese Stelle verständlicherweise genau in Erinnerung hatte, verschaffte ich mir mit Brachialgewalt Gehör und wollte Hinnerk auf den bevorstehenden Bahnhofsbetrieb vorbereiten. Aber plötzlich wurde ich unterbrochen. Aus dem undurchsichtigen schalldämpfenden Schneetreiben tauchte hinter uns ein Lichtkegel auf.

Wir waren schon erfaßt, da sprang Hinnerk zur Seite und war weg. Der Zug kam so langsam daher, daß ich Angst hatte, er würde stehenbleiben, und man könnte mich fragen, warum der »andere« eben verschwunden sei. Ich sprang Hinnerk nach. Die Schlittenfahrt auf der Böschung ging mit Schnee noch viel besser als ohne. Unten landete ich neben Hinnerk, der mir nun glaubte, daß diese Böschung hoch und steil sei. Er staunte noch immer über diese blendende Rutschbahn. Ganz oben fuhr der Zug langsam weiter.
Zuerst fluchte ich, dann mußte ich grinsen. Komisch! Wieder lag ich hier unten, bloß diesmal auf der anderen Seite des Rinnsals. Wie das Leben doch so spielt.
Nachdem wir mit Mühe wieder hochgeklettert waren, versuchte ich Hinnerk mit eindringlichen Bitten dazu zu bestimmen, meinen »Anordnungen« wenigstens innerhalb des Bahnhofgeländes Folge zu leisten und wortlos mitzuhandeln. Bei dem jetzt praktizierten eigensinnigen Verhalten würden wir bestimmt auffallen. Aber alles Bitten und Ermahnen half nicht. Kurz vor der Station, wir hatten schon die ersten Weichen überschritten, kam uns ein Güterzug langsam entgegen. Ich wollte Hinnerk gerade sagen, wir könnten mal sehen, ob er bei uns noch so langsam fahre, daß wir gleich aufspringen konnten, war er auch schon wieder weg. Genau im Licht der Lokomotivscheinwerfer nahm er volle Deckung.
Das reichte mir nun endgültig und ich wurde wütend. »Dann mach', was du willst! Ich gehe allein weiter, wenn du liegenbleiben willst!« Das fiel mir schwer, war aber mein voller Ernst. So konnte das nicht weitergehen, und es war neu, daß man sich zu zweit gar nicht so leicht einigen konnte. Der entgegenkommende Güterzug hielt fast neben mir, fuhr dann aber wieder rückwärts in den Bahnhof ein. Er wurde von Lampenträgern begleitet, woraus ich schloß, daß er rangierte.
Hinnerk hatte sich – vielleicht zum Glück – beim Hinwerfen irgendwie in den Rucksackgurten verfangen. Er rief hinter mir her, ich möchte ihm helfen.
Seine Tasche baumelte ihm lose auf dem Rücken. Notdürftig knüpfte ich die Riemen zusammen, wir mußten schnell sein und auf den Güterzug aufpassen. Meine Wut verrauchte in der Spannung, die uns jetzt umgab. Das Schneegestöber war noch immer so stark, daß es möglich war, gleich auf den Schwellen weiter in den Bahnhof einzudringen.
Auf unserer Seite am äußersten Rand stand eine Güterwagenreihe, die uns gute Deckung gewährte. Noch befanden wir uns vor der Überfüh-

rung, die sich kurz vor dem Bahnhof über die ganz leicht abgesenkten Geleise schwang, da dampfte der vorhin zurückgefahrene Zug mehr in der Mitte wieder auf uns zu.
Ich konnte es erkennen und Hinnerk noch zurufen: »Der hat Schlußlichter gesetzt! Ist abfahrtbereit!« Da hielt der Zug nochmals genau neben uns, und wir mußten schnell zwischen den stehenden Güterwagen an der Böschung Deckung nehmen. Ganz dicht kamen die Leute mit den Laternen an uns vorbei.
Wir waren sprungbereit. Der Zug hatte unsere Richtung. So klappte der Anschluß ja tadellos. Nur ja keinen unnötigen Aufenthalt.
Er fuhr an. Leider konnten wir nicht direkt darauf zugehen. Im letzten Augenblick mußte noch so ein Laternenmann vor unserem Versteck stehen bleiben. Kaum war er vorbei: »Los! Drauf!« – Der Zug war noch im Schrittempo.
Ich startete, Hinnerk hatte etwas Spätzündung. Im Laufen rief ich zurück. »Zwischen die Wagen! – Auf die Kupplung steigen!« Gut kam ich hinauf. Als ich zur Seite hinauslehnte, sah ich, daß auch Hinnerk eine Leiter erwischte, die an jedem hohen Güterwagen hinaufführte. Er sprang eine Wagenlänge hinter mir auf. Er konnte mich noch hören: »Gleich rauf aufs Dach! Wir müssen sofort anfangen!«
Aus besonderen Gründen hatte ich mir einen Wagen ausgesucht, auf dem »Refrigerator« stand. Mit diesen Wagen hatten damals bei dem Massenausbruch am »oberen See« ein Oberfeldwebel und in jüngster Zeit Manhart gute Erfahrungen gemacht.
Diese Wagen enthielten nämlich am Anfang und am Ende jeweils einen Kühleisbehälter, der vom Dach her durch verschraubte Luken aufgefüllt wurde. – Jetzt im Winter waren diese Eisbehälter natürlich leer, und unser Ziel war es, so eine Luke zu öffnen und einzusteigen.
Von Manhart hatte ich mir den Verschluß genau erklären lassen. Wir konnten also, einmal auf dem Dach angelangt, sofort anfangen zu werken.
Das alles ging so blitzschnell, daß ich schon die erste Plombe abgerissen hatte, als wir noch innerhalb der Bogenlampen des Bahnhofes fuhren. Der Schneefall erlaubte diese Hast. Wir konnten weder Anfang noch Ende der Wagenschlange sehen. Selbst die roten Schlußlichter schimmerten nicht mehr durch.
Noch war der Luftzug nicht stark, der Zug brauchte lange Zeit, um auf Fahrt zu kommen, noch hielten wir dem Winddruck auf dem hohen

Dach stand. Den Stift herausgezogen, der Bügel war lose. Hoch das Ding. Auch das klappte ganz nach Anweisung. Aber leider kam es anders. Wir hatten es mit einer ganz anderen Konstruktion als der von Manni beschriebenen zu tun. Der zweite darunterliegende Verschluß samt Klappe war kein Lederpolster, sondern wieder ein Eisendeckel. Er war völlig verrußt und zugeeist.

Aber jeder dieser Wagen hatte ja vier Luken. Doch überall das gleiche: der untere, zweite Verschluß war nicht aufzukriegen.

Ich bat Hinnerk, er solle sich mal ganz sorgfältig damit beschäftigen, einen Deckel mit dem Taschenmesser abzukratzen, während ich am Zug weitersuchen wollte. Vielleicht würde er es mit Geduld schaffen.

Ich bewegte mich also nach vorne auf den Wagendächern. Vielleicht fand sich an einem anderen Wagen eine »bessere« Konstruktion.

Der vierte Wagen war wieder mit Luken versehen. Plombe ab! Stift raus! Auf! Immer das gleiche! Ruß und Eis. Wieder nach hinten zu Hinnerk. Vielleicht hatte er Erfolg. Außerdem zog die Maschine nun doch ganz schön los. Wenn das noch viel schneller ging, kam ich hier oben womöglich gar nicht mehr zurück.

Hinnerk hatte gute Arbeit geleistet, der zweite Deckel lag frei und sauber da. Aber so sehr wir auch an dem freigelegten eisernen Ring zogen, das Ding regte sich nicht. Wir gaben es auf.

Der Zug war inzwischen bei seiner Marschgeschwindigkeit angelangt. Es herrschte gewaltiger Fahrtwind hier oben. Trotzdem fanden wir mit den Fußsohlen noch genügend Halt, um uns zu bewegen.

Hinnerk wollte nach hinten, ich noch weiter nach vorne, um nach einem geeigneten Wagen zu suchen. Jeder sollte erst kehrtmachen, wenn ein geeigneter Unterschlupf gefunden war.

Die Luken am vierten Wagen beachtete ich schon gar nicht mehr. Allmählich hatte man im Klettern schon so viel Übung, daß es ohne Schwierigkeiten gelang, aufrecht gegen den kalten Fahrtwind zu gehen und die Lücken zwischen den Wagendächern zu überspringen. Man mußte nur aufpassen, daß man nicht gerade dann sprang, wenn ein Wagen schlingerte.

Mit Hindernissen hatte ich noch bei der Ausfahrt aus dem Bahnhof gerechnet. Von zu Hause her kannte man ja diese Gerüste, die den Wagenaufbau und die Beladung z.B. bei Heuwaggons begrenzten. Hier auf freier Strecke vergnügte ich mich ganz ungeniert mit meiner Balancierkunst auf freien Füßen und dachte an nichts Böses. Die Wagen acht bis zehn hatten wieder Luken. Hier flogen wieder die Plomben, aber wieder das alte Übel.

Gerade wollte ich enttäuscht aufstehen, da jagte etwas über mich hinweg. Eine Wegüberführung. Aus Balken. Kein halber Meter fehlte. Ich schreckte zusammen und legte mich als kleines Häufchen lang. Gleich kam noch ein Steg. Das war wirklich verflucht knapp, da mußte man von sofort an sehr vorsichtig sein. Kriechen war gerade noch erlaubt.

Ein Schreck durchfuhr mich. Hinnerk! – Er lief ja auf meinen Rat hin auch aufrecht und dazu noch nach hinten. – Der war bestimmt weggefegt worden!

Zwar wagte ich nicht mehr aufzustehen, aber auf allen Vieren kroch ich zurück, so schnell es ging. Ich war schuld. Wie konnte ich das auch vergessen? Noch vor zwei Stunden waren wir doch unter diesen Stegen durchgekommen. Es mußten noch weitere vor uns liegen. Noch waren wir nicht durch Bowmanville durchgefahren.

Ich malte mir schon die Empfindungen der Kanadier aus, wenn sie den zerschmetterten Hinnerk finden würden. Da hörte ich rufen. Wer war das? Noch einen Wagen zurück! Nun verstand ich: »Uliii! Uliii!«

Das war Hinnerk, der auf dem Bauch daherkroch. Er lebte noch! Aber warum schrie er so? Aufrecht rannte ich zu ihm über den letzten uns noch trennenden Wagen. »Hinlegen!« schrie er mich an. »Was fehlt dir – hat dich die Brücke erwischt?« rief ich zurück. Er schluckte erstmal. »Mensch Uli! Steh bloß nicht wieder auf! Was bin ich froh! Ich sah dich aufrecht davongehen!« Er klammerte mich fest, damit ich mich ja nicht mehr aufrichtete.

»Schwein gehabt!« keuchte er. »Zufällig hatte ich erfolglos kehrtgemacht, da sah ich gerade noch rechtzeitig, wie aus dem Schnee ein graues Etwas heranraste. Instinktiv nahm ich Deckung und legte mich flach.« – Man merkte auch ihm an, wie es an die Nerven ging.

Wir waren beide sehr froh, daß wir uns heil wiedergefunden hatten. Hinnerk kam geradezu in eine feierliche Stimmung und verlangte ganz formell von mir das Versprechen, nie wieder auf dieser Flucht auf einem dieser Wagen aufrecht zu stehen oder gar zu gehen.

Soviel Besorgnis war eigentlich erfreulich. So versprachen wir uns einträchtig, auf einem schneeumwehten Güterwagen liegend, mit feierlichem Händedruck, keinen solchen Leichtsinn mehr zu begehen.

Innerlich entschuldigte ich mich nun sehr für meine frühere Wut über Hinnerks Vorsicht, die ja nur eine andere Auswirkung dieser seelenguten

Fürsorge war, die mich jetzte rührte. Die Wut und die Absicht zum Alleingang waren fast gänzlich verflogen.

Dies alles geschah noch auf der Strecke zwischen Oshawa und Bowmanville, also der Strecke, die wir vorhin zu Fuß gekommen waren.

Aber immer noch gab es die Platzfrage. Und durch das An- und Ausziehen der Handschuhe beim Öffnen der eisernen Verschlüsse waren die Finger steif und die Fäustlinge naß geworden. Wir konnten sie nicht mehr gebrauchen und steckten sie zum Trocknen unter die Kleidung.

Jetzt erst merkten wir auch, daß es seit dem Verlassen des Lagers erheblich kälter geworden war. Der Schnee fiel nicht mehr in Flocken, sondern wurde ziemlich körnig. Man konnte den ins Gesicht peitschenden Graupelschnee im Fahrtwind nicht mehr aushalten.

Wir kletterten also erstmal vom Dach und stellten uns auf die Kupplung. So fuhren wir durch den Bahnhof Bowmanville. Aber so ging es auf die Dauer nicht. Alles war schlüpfrig, glatt und vereist. Nirgends fanden die Füße genügend festen Halt, um ruhig stehen zu können. Dauernd mußte man auf ein nächstes Abgleiten vorbereitet sein, das führte zu Krämpfen in Armen und Beinen.

Wir probierten verschiedene Sicherungsgriffe und Stellungen aus, bis wir eine Lösung fanden, die die Fahrt einigermaßen erträglich machte.

Hinnerk saß unten auf den rechten Puffern, ich etwa zwei Meter über ihm auf einem kleinen Brettchen, das neben der Leiter angebracht und als Aufstieg zum Dach gedacht war.

Bei Hinnerk war unangenehm, daß er sehr aufpassen mußte, daß sein Sitzfleisch nicht verrutschte, denn sonst hätte er böse Klemmungen erfahren. So ein Pufferpaar arbeitet doch dauernd.

Bei mir war schlecht, daß ich fortwährend vornübergeneigt sitzen mußte, sonst hätte mir der Fahrtwind den Schnee ohne Unterlaß in den Nacken geblasen.

Uns beiden zog es nicht gerade angenehm um die Ohren, und wir mußten in den Knien recht locker bleiben, denn jeder stemmte zur Absicherung die Füße gegen die andere Wagenwand, die einmal heranschwebte, dann wieder auswanderte. Zum Teil nicht gerade sanft und zügig. Zur Sicherung hing jeder auch noch mit dem Ellbogen in der Leiter. Hinnerk fuhr im Erdgeschoß vorwärts, ich darüber rückwärts.

Unsere Stellungen waren verzweifelt denen von Baumaffen ähnlich. Dazu war jeder auch noch dauernd damit beschäftigt, irgendeinen Körperteil warmzuklopfen oder zu reiben. Jeder schaute ab und zu nach dem

anderen, entweder Augen in die Höhe oder in die Tiefe. So ging das lange Zeit.
Ab und zu sah man, daß der andere den Mund aufriß. Dann vermutete man, er wolle etwas sagen und kletterte hinauf oder hinunter. Manchmal hatte er auch nur gegähnt. Dann dauerte es aber um so länger, bis man anfing sich zu verstehen. Der Lärm war so stark, daß wir uns ins Ohr schreien mußten.
Aber vielleicht gerade wegen dieser Mißstände war es eine aufreizende, herrliche, stimmungsvolle Fahrt. An unserer inneren Freude glitt alles ab, daran schmolz sogar der Schnee.
Mit viel Stimmaufwand machte ich Hinnerk klar, daß wir beim langsamen Durchfahren der Stationen aufstehen müßten, um uns senkrecht an die Wagenseiten zu pressen, damit unsere Silhouetten nicht oberhalb der Puffer den sonst freien Zwischenraum, wie bei den anderen Wagen ausfüllten. Bei Halt war abzusteigen und allen ungebetenen Menschen wortlos oder englisch sprechend aus dem Weg zu gehen.
So hatten wir schon zweimal unsere Dauerstellung verlassen müssen, als sich unser Zug in ein Wettrennen einließ. Links von uns war nämlich noch ein drittes Gleis aufgetaucht, die »Canadian Pacific« führte hier genau neben der »Canadian National« entlang.
Auf dieser dritten Spur kam nun ein Güterzug der Konkurrenz langsam auf. Von meinem Hochsitz konnte ich unserem Gegner beim langsamen Überholen in aller Ruhe in den Führerstand blicken. Man sah dem Lokomotivführer deutlich an, daß er sich diebisch freute, es ging ihm wohl genau so wie mir früher, wenn ich zu Hause mit meinem DKW einen Mercedes überholte.
Sollte unser Lokomotivführer nicht ganz unsportlich veranlagt sein, dann gab es einen Kampf. Der Geschwindigkeitsunterschied war ja so gering, daß sich die beiden Bewerber zum besseren Ansporn sogar zurufen konnten, wenn die Lokomotiven gleichauf waren.
Es kam wie vermutet. Unser Lokomotivführer ließ sich nicht lumpen und gewann damit alle unsere Sympathien. Wir wurden gleichschnell, und nebenan kam gleich darauf das vorhin so höhnisch blinzelnde Schlußlicht wieder zurück.
Wir waren auch sportlich veranlagt, und die Sache machte Spaß. Nur durften wir dabei die Vorsicht nicht vergessen. Ich mußte jeweils meinen Hochsitz verlassen und damit auch Hinnerk zwingen, aufrecht zu stehen, denn da oben wäre ich jedesmal im hellsten Licht gesessen, wenn die Kon-

kurrenzlok vorbeirutschte. Wenn es erlaubt gewesen wäre, hätten auch wir unserem drüben aus dem Fenster spähenden, abgeschlagenen Gegner Spottrufe zukommen lassen. Aber wir blieben besser still und warteten unten im Dunkel den Ausgang des Rennens ab.

Beide Züge waren gleich schnell. Keiner siegte. Obwohl sich beide reichlich ihrer Sirenen, fauchenden Ventile und ihrer schaufelnden Heizer bedienten, gelang immer nur ein kurzer Vorstoß, der gleich wieder abgeschlagen wurde. Aber eine höhere Macht hatte ein Einsehen.

Plötzlich tat es etwas weiter hinten einen Schlag, und unser Zug bremste scharf. Das Tempo war sehr hochgekitzelt worden, und als die Bremsen hier auf freier Strecke so plötzlich anschlugen, mußte man vermuten, daß wir uns einen mechanischen Schaden zugezogen hatten.

Bis zum Halten wurden wir rücksichtslos durchgebremst, mit einem zurückfedernden Ruck kamen die Wagen zum Stehen. Ringsum kein Licht, keine Spur einer Station.

Äußerst angespannt blieben wir beobachtend auf den Leitern stehen. Hinnerk beobachtete in Fahrtrichtung die linke Seite, ich die rechte. Was war los? »Aufpassen! Von hinten kommt eine Laterne vor«, flüsterte Hinnerk. Auf meiner Seite am Bahndamm war alles ruhig. Schon wieder Hinnerk: »Von vorne kommen noch mehr, die leuchten unter jeden Wagen. Die suchen uns! Wir müssen abhauen!« – »Ja, los, runter!«

Absteigen mußten wir auf alle Fälle. Aber warum sollte man ausgerechnet jetzt nach uns suchen? Es war doch kaum anzunehmen, daß man uns vom anderen Zug aus gesehen hatte und noch während der Fahrt eine Verständigung zustandegekommen war. Doch sicher ist sicher!

Wir sprangen neben dem Zug die Böschung hinab und legten uns in den Schnee, der hier so tief war, daß wir uns richtig einwühlen konnten. Zur vollständigen Tarnung warfen wir uns gegenseitig das frische Weiß auf den Rücken.

Der Bahndamm war zugleich Uferböschung. Unter uns rauschten deutlich hörbar die Eisschollen gegen den Wasserrand. So war unsere Bewegungsfreiheit für den Fall einer Flucht begrenzt. Aber außer der am Zug befestigten Beleuchtung war die Nacht so finster, daß wir uns trotzdem davonmachen konnten, wenn es notwendig würde.

Vorläufig blieben wir aber so dicht am Zug, daß wir beobachten konnten, was der wirkliche Grund für diesen Aufenthalt war. Wir wollten nicht Gefahr laufen, plötzlich zurückgelassen zu werden und dann wer weiß wie lange durch den Schnee zu stapfen, bis wir wieder Anschluß an den

Verkehr bekommen würden. Ich rechnete immer noch fest mit einem durch die hohe Geschwindigkeit verursachten Versagen.
Aus unserer Lage konnten wir unter die Fahrgestelle blicken. Die Gestalten, die nach wie vor unter die Wagen leuchteten, bewegten sich aufeinander zu. Wegen der von vorne kommenden Leute hatte ich doch Herzklopfen. Wenn sie aufmerksam waren, mußten sie bemerken, daß da zwischen zwei Wagen aller Schnee weggewischt oder stark zertrampelt war, während sonst alles schön verzuckert aussah. Aber sie gingen weiter nach hinten!
Auf einen Ruf eilten alle Lampen an einem Waggon zusammen, der etwa 4 oder 5 Längen hinter uns stand. Es entstand einiges Hin und Her und weitere Rufe. Etwas später war deutlich zu erkennen, daß unter diesem Wagen geschweißt oder gelötet, vielleicht auch nur aufgetaut wurde, auf jeden Fall ging es »heiß« her, die Funken sprühten nur so, und dieser feurige Sprühregen stand in einem merkwürdigen Gegensatz zu dem unaufhörlich herabrieselnden Schnee.
Nachdem wir uns nun wieder sicherer fühlten, spürten wir auch schon die zunehmende Kälte. Am Bauch drang langsam und unaufhörlich die Nässe durch!
Aber aufsitzen oder auch nur aufstehen war unmöglich. Jeden Augenblick lief jemand am Zug entlang. Die einzige Abwechslung war ab und zu der Griff in die Tragtasche. Die Schokolade, die wir rausholten, schmeckte mit Schnee vermischt ganz gut und half über die Wartezeit hinweg.
Nachdem die Reparatur etwa eine halbe Stunde gedauert hatte, verliefen sich die Lampen. Aha! Jetzt sollte es wohl weitergehen? Noch bevor die Lokomotive durch die üblichen zwei Heuler kundtat, daß sie sich mit dieser Absicht trage, saßen wir auf unseren Plätzen. Es konnte losgehen!
Es ging los. Aber bald mußten wir uns wieder auf die Puffer stellen, wir fuhren im Schrittempo in eine Station. Da unser Gesichtswinkel sehr beschränkt war, konnte ich mit Mühe »Port Hope« auf einer Tafel fast nur erahnen. – Hier hatte Manni damals zur Neujahrszeit Anschluß gefunden. Nach seiner Schilderung führte hier ein Viadukt über eine Talsenke. Das stimmte genau! – Langsam, stetig beschleunigend, brachte uns der Zug über die Brücke. Es war imposant, viele Lampen strahlten im Talgrund, durch den eine Straße führte. Nur ein einziges Personenauto war unterwegs. Das klappte ja prächtig! Richtung stimmte, Stimmung war großartig: »Hinnerk, wenn das so weitergeht, erreichen wir noch heute nacht das amerikanische Ufer!« – Es war jetzt ungefähr 23.00 Uhr.

Das Fahren wurde eintönig. Wir versuchten zu dösen, immer darauf achtend, den Ellbogen sichernd in die Leiter zu hängen. Wenn nur die Füße, die im Neuschnee doch naß geworden waren, nicht so kalt wären! Aber nur nicht weich werden, das war noch lange zum Aushalten.
Wieder verringerte sich die Reisegeschwindigkeit. Unangenehm langsam fuhren wir durch den hellerleuchteten Bahnsteig von »Belleville«. Das letzte Mal hatte die Lok hier Wasser genommen. »Hinnerk aufpassen, wir halten gleich!« Es stimmte.
Es war der gleiche Güterbahnhof, auf dem im geschäftigen Betrieb Wagenreihen ineinander und durcheinander verschoben wurden. Immer brüllte irgendwo eine Lokomotive, Züge liefen ein und fuhren anscheinend ohne jegliches System wirr durcheinander, während vorne an der Spitze der Anlage langsam, tropfenweise die fertigen Wagengemeinschaften auf die Strecke geschickt wurden.
Nach dem Halten stiegen wir sofort ab und vertraten uns die Beine. Es entstand bald ein ziemliches Gerenne von Eisenbahnern um unseren Zug herum. Wir mußten sehr aufmerksam sein, denn leider gab es diesmal kein Versteck wie beim letzten Güterzug.
»Hinnerk, wir wollen sehen, ob wir irgendwo gutes Trinkwasser finden. Diese Nacht müssen wir unbedingt im Vollbesitz aller körperlichen und geistigen Kräfte bleiben! Auch am Proviant dürfen wir jetzt nicht sparen!« – Er schlug ein Stück Hartwurst vor. Aber merkwürdig, davon konnten wir nur ganz kleine Bissen nehmen. Sofort stellte sich Brechreiz ein. Woher das bloß kam? Es ging uns beiden so.
Beide verspürten wir starken Durst und streiften durch die Zugschluchten, um irgendwo Trinkwasser zu finden.
Wir wollten uns aber nicht allzu weit von unserem Zug entfernen, auch war das Durchkriechen unter den Güterwagen, die alle paar Augenblicke anfuhren oder auch nur plötzlich ruckten, nicht gerade angenehm. – Wir fanden kein Wasser.
Mir war besonders unangenehm, daß es sich dabei gar nicht vermeiden ließ, immer wieder mal in die Scheinwerfer einer stehenden oder vorbeischnaubenden Lokomotive zu geraten. Es stellte sich die Frage: »Ist das bißchen Durst es wert, so viel aufs Spiel zu setzen?« –»Nein!«
Für alle Fälle hielten wir die zu unseren »Papieren« passende Geschichte immer auf dem laufenden. Sollten wir zufällig jemandem in die Hände geraten, wollten wir immer gewappnet sein, das Gleiche auszusagen.
Endlich hatten wir auch die Zeit, unsere eiserne Riesenschlange abzu-

schreiten, und stellten dabei fest, daß unser Platz seither etwa im ersten Drittel gelegen war. Zur weiteren Beruhigung fanden wir auf einigen angeklebten Bestimmungszetteln das Ziel »Montreal« eingetragen. Danach stimmte auch die Weiterfahrt!
Etwas hinter der Mitte fanden wir einen Benzin-Tankwagen. Wir beschlossen, bis zur Abfahrt in seiner Nähe zu bleiben. Darauf würde man wenigstens sitzen können, oder vielleicht konnte man sich auf die Laufbretter legen. Der Luftzug würde nicht angenehm sein, aber dafür mußte man nicht dauernd ans Festhalten denken. Seit mich beim ersten Mal die Erschöpfung einen großen Teil meiner Überlegungskraft gekostet hatte, wollte ich in bezug auf Kraftleistungen so sparsam wie nur möglich sein.
Aus Langeweile fing ich an, den Güterzug auf dem daneben liegenden Gleis zu betrachten. Er bestand nur aus Pritschenwagen, die mit riesigen Autokisten beladen, und aus halbhohen Waggons, auf denen Reifen verschiedenster Größen gestapelt waren.
Einige Aufschriften verkündeten, daß es sich dabei um »Military Goods« amerikanische Kriegsgüter handelte, die in Boston zur Verschiffung gelangen sollten. Eine auffallende Druckschrift warnte vor Sabotage: »Menschenskind Uli! Wenn wir Mittel zur Verfügung hätten, was könnte man da für Schaden anrichten!« meinte Hinnerk zu mir.
Aber war uns dieser Zug nicht geradezu vom Himmel geschickt worden? Lauteten unsere Papiere nicht auf Boston? Die Wagen machten zwar einen ziemlich verlassenen Eindruck, weder Lokomotive noch die Schlußlichter waren zu sehen. – Trotzdem wollte ich Hinnerk überzeugen, daß dies die beste Gelegenheit sei, möglichst schnell und weit in die USA zu kommen. Wer konnte sicher sein, daß der Lorenzstrom vollständig zugefroren war, ob wir überhaupt rüberkamen? Und wenn wir die andere Seite erreichten, wo würden wir wieder den Anschluß an den Güterzugverkehr finden? Wir hatten doch kein Geld!
Hinnerk war dagegen. Wir sollten nicht so leichtsinnig sein und unsere ganzen wohlerwogenen Pläne über den Haufen werfen. War es nicht möglich, daß diese Wagen hier tagelang stehenblieben? Außerdem hätte doch meine seitherige Erfahrung gezeigt, daß man seine Fluchtpläne nur dann umstellen sollte, wenn eine Notlage dazu zwang. Und wie würde die Grenzkontrolle bei der Eisenbahn aussehen?
Er schlug mich mit meinen eigenen Argumenten, und wir entschieden uns für den schwierigeren, aber sicherer scheinenden Weg. Wir blieben bei unserem Zug, an dem wir doch noch ein gutes Versteck fanden.

Denn hinten, fast am Ende, war ein einzelner halbhoher Wagen dazwischengekuppelt. Wir stiegen auf und stellten fest, daß er mit zwei am Ende gekrümmten, riesigen Eisenröhren beladen war. Hinnerk, als Angehöriger seefahrender Marschbewohner, bezeichnete die Dinger als »Ankerklüsen«.
Der Durchmesser dieser Ungetüme erlaubte sogar, daß man in sie hineinkroch. Sie bildeten damit nicht nur ein Versteck, sondern auch eine ausgezeichnete Ruhestätte. Wir guckten dabei buchstäblich durch die Röhre, konnten aber diesem Gemütszustand nur das Gegenteil abgewinnen. Wir freuten uns königlich!
Bis zur Abfahrt – unsere Lok war wieder dran – legten wir die Beine in Richtung vorwärts, auch fühlten wir durch unsere dicke Kleidung hindurch noch nicht die Kälte des Eisens.
Nachdem der Zug wieder angefahren war und auf Fahrt kam, wirkten die Dinger aber wie Düsen, und die kalte Luft zog eisig an uns vorbei. Wir schoben unsere Aktentaschen vor uns in die Röhre und bekamen damit etwas Windschatten. Der Erfolg war, daß wir wenigstens eine weitere halbe Stunde liegenbleiben konnten. Dann aber waren wir so unterkühlt, daß wir uns Bewegung verschaffen mußten.
Der Schneefall hatte mittlerweile völlig aufgehört, und einige wenige durch die aufgerissene Bewölkung blinkende, helle Sterne erklärten die aufkommende Kälte. Nun hatten wir wohl noch etwa 1½ Stunden zu fahren, dann mußte uns das Glück hold sein und den Zug im rechten Augenblick zum Halten zwingen.
Vorläufig nützten wir die Zeit, um dem wirklich unerträglichen Durst mit einer Büchse Kondensmilch zu Leibe zu gehen. Mit dem Taschenmesser wurde sie aufgestoßen, von Mund zu Mund gereicht und gierig ausgesogen. Dabei waren wir höflich wie noch nie, jeder wollte dem anderen den letzten Schluck gönnen. Nur dieser Mantel der Höflichkeit zwang die Gier, beim Schlucken aufzuhören, um nicht in einem Zug alles leer zu machen.
Da bei Hinnerks Taschenüberzug die Bandbefestigung angerissen war, mußten wir die Riemenaufhängung nochmals neu befestigen. Danach setzten wir uns unsere behelfsmäßigen Rucksäcke gegenseitig auf und waren damit sowohl in Kleidung als auch im Vorsatz sprungbereit. Hoffentlich würde uns die überdicke Kleidung nicht allzu sehr behindern. Aber sie blieb komplett drauf, sollte sie doch notfalls auch den Aufprall bremsen.

In hoher Fahrt ging es durch »Kingston«, das durch das Lager »Fort Henry« bekannt war. Die Uhren zeigten ungefähr 1.30 Uhr. Von nun an mußten wir Kleinorientierung betreiben. Dazu führten wir ein von uns selbst vergrößertes, spezielles Kartenblatt mit. Im Licht der Bahnhöfe konnten wir gut ablesen, auf freier Strecke nur mit Mühe.
Von hier bis Gananoque schätzte ich etwa 18 Kilometer. Laut Karte berührte die Bahn den Ort selbst nicht. Dort lag die Bahnlinie noch ein gutes Stück querab vom Lorenzstrom. Erst hinterher war sie näher am Strom eingezeichnet. Um also den richtigen Zeitpunkt zum Abspringen zu erwischen, mußten wir von jetzt an genau nach der Uhr fahren. Sobald 25 Minuten stetiger Fahrt verronnen waren, wollten wir jeden Halt oder Stockung benutzen, um abzuspringen.
Franz von Werra war ostwärts von Prescott über den Strom gerudert, Manhart griff sich zwischen Brockville und Prescott ein Boot. Wir wollten diesmal so weit wie möglich oberhalb Brockville überwechseln. Am Ausgang des Ontario-Sees lagen in der Strommündung die »1000 Inseln«, dort war der Fluß viel zu breit, erst später nahm er normale Breite ein, die wir aber auch nicht genau kannten.
Von unserem Lagerdolmetscher hatten wir so ganz nebenbei in einer Unterhaltung erfahren, daß auch dieses Jahr, trotz des milden Winters auf dem Eis, das bei Kingston das kanadische und das amerikanische Ufer verband, Personen- und Lastautos fuhren. Dort sei der Strom ca. 15 km breit. – Bei ihrer Flucht aus Fort Henry brauchten damals Obltn. Rottmann und Ltn. Gohlke etwa drei Stunden, um diese Eisfläche zu Fuß zu überqueren. – Sie waren zurückgeschickt worden, obwohl die USA damals noch nicht im Kriege waren.
Wir wollten auch übers Eis, das mußte aber weit schneller gehen, daher bedeutend weiter flußabwärts, wo der Strom schmaler sein sollte. Dabei mußten wir jedoch aufpassen, daß wir nicht bis Brockville gelangten, denn Manhart hatte erzählt, daß der Fluß von dort an, entweder von der stärkeren Strömung oder von einem Eisbrecher, für kleinere Schiffe offengehalten würde.
Vor einem langen Aufenthalt auf dem Eis schreckten wir deswegen zurück, weil Manni uns die Grenzüberwachung als scharf und wirksam geschildert hatte. Noch übler würde es jedoch sein, wenn wir nur auf einen gefrorenen Flußrand stoßen würden. Dann würde es einen längeren Aufenthalt in der Grenzzone geben. Wir mußten alles versuchen, durch eine genaue Ortsbestimmung die richtige Stelle, möglichst gleich anschließend

an die »1000 Islands« zu finden. Dort sollte der Strom noch ruhig fließen, daher zugefroren und nicht mehr allzu breit sein. – Jede Minute an oder zwischen den Grenzen konnte uns einer Streife der »Border Patrol« in die Hände fallen lassen.

Immerhin war ein weiterer Bahnhof »Gananoque« auszumachen, das half schon viel.

Danach trat, wie von mir schon einmal erlebt und auch von Manhart bestätigt, eine erhebliche Herabsetzung der Reisegeschwindigkeit ein. Der Zug bremste häufig und fuhr auf freier Strecke manchmal fast Schritt. Das war gut zum Abspringen, schlecht für die Zeitnahme!

Wir hatten aber das unerwartete Glück, die kleine Station »Lansdowne« zu berühren und zu erkennen. Damit war nun höchste Bereitschaft angebrochen: »Bei der ersten besten Gelegenheit geht's runter, hinaus ins frische Weiß!«

Allen Berechnungen nach mußten hier die 1000 Inseln drüben im Strom, hinter dem dunklen Gehölz aufhören und damit die für uns günstigste Stelle liegen.

Es klappte wie am Schnürchen! Der Zug wurde langsam, nur noch Schrittempo! Doch wo war der Highway, der hier dicht neben der Bahn herführen sollte? Nichts zu sehen! Neben der Bahn erstreckte sich nur eine weite Fläche tiefen Schnees, die am Ende von einem Waldstreifen begrenzt war, der sich im dunklen Himmel verlor.

Hinnerk war genau so unschlüssig wie ich: »Wir können ja noch Mallorytown oder Lyn abwarten, bevor wir aufs Geratewohl in die Gegend marschieren!« rief er mir ins Ohr, denn der Zug zog bereits mit großem Kupplungsgerassel wieder an. Da sah ich, daß genau unter uns, aus dem Bahndamm heraus, ein Weg in das freie Feld führte. Er war nur an der steinernen Ummauerung der Unterführung zu erkennen, sonst war alles in gleichmäßiges Weiß gehüllt.

»Höchste Zeit!« Ich sprang ab, fiel aufs Gesicht in den weichen Schnee. Vorher rief ich Hinnerk noch zu: »Los! Runter!«

Da stand ich nun plötzlich ganz verlassen, von Hinnerk war keine Spur zu sehen. Schon war unser Wagen fast aus Sichtweite entschwunden, da löste sich aus der dahinratternden Masse ein graues Bündel und fiel seitlich in den Schnee.

Hinnerk kam durch den Schnee zurückgestapft und war zurecht entrüstet: »Was ist plötzlich in dich gefahren? Warum bist du so überraschend über Bord gejumpt?«

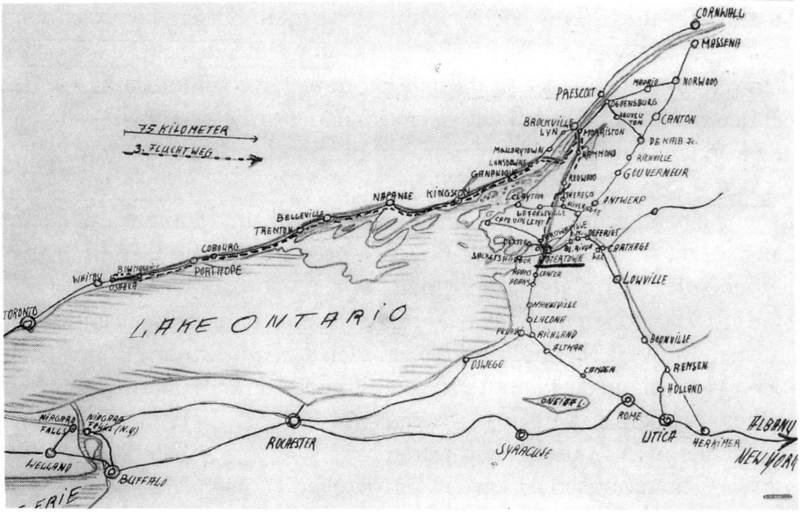

So sah eine der selbstgezeichneten Karten aus, die Hinnerk Waller und Steinhilper beim 3. Fluchtversuch benützten. (Gezeichnet 1943 im Lager Gravenhurst im Original).

Als ich ihn wortlos durch den hüfthohen Schnee auf die Straße hinunterführte, war er sehr froh und nahm alle Vorwürfe zurück.
Wir standen auf einer gebahnten Straße, deren Reifenspuren anzeigten, daß wir nicht gerade im Urwald ausgestiegen waren. Die Straße führte rechts der Bahnlinie in senkrechtem Winkel ab und mußte damit ungefähr Richtung Strom führen. Bisher hatten unsere Überlegungen ja gestimmt. – Also losmarschiert! Es tat gut, die steifen Knochen wieder in kräftige Bewegung zu bringen.

Der St. Lorenz und die Grenze

Äußerste Vorsicht war geboten! Das hier war Grenzbezirk! Vor allem Hinnerk reagierte darauf sehr empfindlich! Als rechts und links einige Häuser am Wege standen, sahen wir bald in jedem Busch einen bedrohlichen Menschen und sicherten wie austretendes Wild jede hundert Schritte nach allen Seiten.

Stockfinster und 3 Uhr nachts war es geworden. Unsere panische Vorsicht legte sich langsam. Wer sollte da noch um den Weg sein? Die Border Patrol konnte nur auf der Straße daherkommen. Rechts und links war der Schnee viel zu tief, als daß wir an eine andere Fortbewegung hätten denken können. Wir paßten nur noch auf die Straße vor uns auf und sahen weniger Gespenster auf diese Weise.
Es ging einen leichten Hügel hinauf in den dunklen Tannenwald hinein, dann fiel die Straße in leichtem Bogen wieder ab, und am Geräusch vorbeiziehender Huptöne konnte man erkennen, daß wir bald auf die Hauptstraße stoßen mußten. – Wir sahen schon, daß unsere Seitenstraße an einer Art Verkehrsinsel, auf die ein Haus gebaut war, im Bogen nach rechts und links in die Hauptstraße einmündete, da kam überraschend ein Wagen aus dem linken Bogen heraus auf uns zu! Zwei Hechtsprünge nach links ins Gebüsch! Wir waren weggetaucht! – Der Wagen verschwand hinter uns in einem der vereinzelten Häuser. Man konnte sich also doch nicht auf die späte Nachtzeit und den Schlaf der Menschheit verlassen. Außer uns waren noch andere Leute wach.
Wir pirschten vorsichtig weiter an die Hauptstraße heran. Jeder uns überraschende Wagen konnte unser Verderben sein! – Fußgänger waren mit Sicherheit im Grenzgebiet und um diese Uhrzeit äußerst verdächtige Personen!
Wir waren bis an die Hauptstraße heran. Gegenwärtig bestand Verkehrsstille! Sprung auf! Wir rannten gerade über die Straße, da kam schon wieder ein schneller Scheinwerfer. Wieder mußten wir hechten! Hinterher noch ein paar Sätze, und wir befanden uns im Lichtschatten, dem Verkehr abgewandt, hinter einem Gebäude, das auf der anderen Straßenseite stand.
Nun wollten wir aber erst einmal erkunden, ob diese Straße tatsächlich Highway 2 war, was sie von unserer Karte her sein sollte und was wir fast selbstverständlich annahmen. Die Karten, von denen wir abgezeichnet hatten, waren Maßstab 1:1 Million. Damit war bei Fußmärschen eigentlich nicht viel anzufangen. Zwar hatten wir uns aus einer Rasierklinge einen behelfsmäßigen Kompaß gebaut und besaßen vom Fliegen her einen gesunden Orientierungssinn, aber gerade zu dessen Anwendung war es erst mal nötig, daß wir unseren Standpunkt wenigstens in einer Koordinate genauer bestimmten.
Also ging einer von uns die Hauptstraße Richtung Osten, der andere Richtung Westen ab, auf der Suche nach einem Schild oder Wegzeiger –

immer bereit, in Deckung zu gehen. Hinnerk hatte noch keine 50 Meter zurückgelegt, da fand er das Gewünschte: Wir waren auf der von Manni beschriebenen Uferstraße, ein Schild zeigte deutlich die Aufschrift »Highway Nr. 2«.
Leider führte diese geräumte Straße durch einen tief verschneiten Wald, beiderseits mit hohen Schneewällen. Es war kein leichter Entschluß, in die Stockfinsternis dieses Fichtenwaldes einzudringen.
Sobald wir die Straße aus der Sicht verloren hatten, herrschte absolute Finsternis. Dazu kam, daß der Schnee zwischen den engstehenden Jungfichten bis an die Knie reichte und das Trampeln eine gewaltige Anstrengung kostete. – Wenn unser Weg weiter als 5 km sein würde, wären unsere Kräfte erschöpft! – Aber dieser Versuch schlug gänzlich fehl! Da man dauernd in leichten Bögen um Baumstämme watete, zeigte sich bald, daß wir nicht in der Lage waren, eine bestimmte Richtung zu halten. Dazu war auch der Kompaß zu kümmerlich. Also! Nochmals zurück in den Spuren bis zum Gebäude an der Straße! Vielleicht fanden wir doch einen Seitenweg auf dieser Seite.
Erst jetzt entdeckten wir – unsere Augen waren in der Dunkelheit schärfer geworden –, daß vom Gebäude weg eine schmale Schneise in den Wald führte, und zwar in die von uns angepeilte Richtung. Hier führten sogar zwei ziemlich frische Fußstapfenpaare vor uns her in den Wald hinein. Zwar sahen sie verdächtig nach einer Streife der »Border Patrol« aus – für uns war sie überall –, aber auch wenn diese den Pfad vor uns benutzt hätte, wir mußten es wagen, es ging nicht anders.
Wir verließen uns darauf, daß wir wachere Sinne haben würden als die Beamten, die vielleicht schon müde von der Routine am Ende eines Patrouillenganges waren.
Bald zeigte sich, daß die Fußspuren nur etwa 200 Meter anhielten, dann drehten sie um. Jetzt erst merkten wir, daß ein Paar vorwärts, und ein Paar rückwärts deutete.
Ab jetzt mußte also wieder selbst gespurt werden! Wir lösten uns häufig ab, so alle 150 Schritte wurde eine Schnaufpause eingelegt, gewechselt, und es ging weiter. Bei jedem Halt sicherten wir gleichzeitig in die Stille der Nacht. Aber außer dem Rauschen des Windes in den Bäumen war nichts zu hören, das verdächtig war.
Hinnerk war gerade an der Spitze. Er gab ein »Psst!« zurück. Ich blieb stehen. Dann rückte ich auf sein Zeichen auf. Wir hatten den Pfad verloren und standen wieder mitten im Wald, der hier leicht abfiel. Aber Hinnerk

zeigte mir etwas: Unten am Hang schimmerte ein Haus durch. Ein Licht brannte darin.
Ganz vorsichtig und in getrennten Spuren schlichen wir an. Schon war der Vorbau einer langen Veranda zu erkennen, da stolperte ich mit Gerassel über ein kieloben liegendes Boot. Hinterher eisiges Schweigen! »Hinnerk! – Komm her!« Fast flüsternd unterbrach ich die Stille.
Als er bei mir war und das Boot gesehen hatte, merkte ich, daß ihn die gleiche Erleichterung und Freude überkam: »Dann kann der Strom auch nicht mehr weit sein!«
Fast unmerklich in der Dunkelheit wurde der Hang flacher, die Bäume hörten auf, und wir gingen nun auf einer noch höher mit Schnee bedeckten Ebene vorwärts. Sollte das schon Eis sein? Aber noch sahen wir am Himmel, daß wir ringsum von Bäumen umstanden waren. War das eine Art Altlauf? Dann wären wir ja böse angegangen!
Aufs äußerste angespannt, gingen wir am Bogen um das Haus, dessen Bootssteg nur noch mit dem Geländer aus dem Schnee ragte. Da merkten wir ganz plötzlich, daß wir vorhin auf die andere bewaldete Seite einer kleinen Bucht geblickt hatten und dadurch getäuscht worden waren. Das hier war kein Teich oder Teil eines Altlaufes, sondern eine runde Bucht am Strom, die ringsum mit hohen Bäumen bestanden war.
Schlagartig sahen wir durch die jetzt freigewordene Baumlücke, daß sich vor uns eine riesige Ebene ausdehnte. Man brauchte nur noch den dünn gewordenen Schnee abkratzen und fand einen endgültigen Beweis! Unter uns war Wasser, wir standen auf dem Eis des Lorenzstromes! »Hinnerk, was haben wir heute für ein Schwein, das läuft ja besser, als wir uns jemals hätten vorstellen können!«
Zuerst sehr zaghaft, dann fest auf die Eisdicke vertrauend, schritten wir aus. Bald merkten wir auch, warum hier so wenig Schnee lag. Ein schneidender Wind pfiff uns um die Ohren. Hier gab es keinen Windschatten mehr. Der Schnee war vom Winde weggefegt.
Nach wenigen Minuten konnten wir entlang der gesamten linken Seite eine nicht abreißende Lichterkette sehen. So hob sich das Ufer deutlich vom Eis des Flusses ab. Schätzungsweise etwa 6 km flußabwärts befand sich eine Art Lichterversammlung. Gegen uns zu wurden die elektrischen Leuchten immer spärlicher. Das uns am nächsten gelegene Licht befand sich in einem Haus mit hoher Stange auf dem Dach, das auf eine herausragende Landzunge gebaut war. Es war nicht mehr als ca. 500 m entfernt. – Sollte das eine von Manni geschilderte, mit Funk bestückte Grenzstation

sein? Daß an dieser Stelle zu dieser Zeit noch ein Fenster beleuchtet war, erschien uns auf jeden Fall ungewöhnlich.
Der vor uns liegende Schnee war völlig unberührt. Klein und einsam marschierten wir in das weiße Feld. Von einem anderen Ufer war nichts zu sehen. Wir konnten nicht glauben, daß der Strom hier so schmal sein sollte. Gegenüber dem verdächtigen Licht ragte das »andere Ufer« etwas abwärts von uns, bis auf keine 200 m an die Landzunge heran, auf der das Haus mit der Stange stand.
Das konnte nur eine bewaldete Insel sein, die aber so weit nach hinten zurückgeschwungen war, daß wir erst sehen konnten, was vor uns lag, wenn der flußabwärtsliegende Vorsprung die Anhäufung von Lichtern am Horizont freigab. Bis dahin hatten wir gute 300 m hinter uns gebracht, und ebenso viel mochte noch vor uns liegen. Wir konnten jetzt ein ebenfalls bewaldetes, quer vor uns liegendes Ufer sehen. Sollte das doch schon das amerikanische Ufer sein?
Gerade wollte ich Hinnerk leise um seine Meinung fragen, da hatte er mir zuerst energisch selbst etwas zu sagen. Mein eigener Overall mit seinen zu weit geratenen Hosenbeinen war inzwischen gefroren und wetzte zwischen den Beinen so pfeifend hin und her, daß es einem in dieser Stille wirklich sehr auffallen mußte.
Hinnerk meinte, ich sollte breitbeinig gehen, dann würde das aufhören. Ich versuchte! Mit dem Erfolg, daß die Beine auf dem Eis seitlich wegrutschten. Das Wetzen war unvermeidlich! – Hinnerk veranstaltete deswegen einen Krach mit mir, der meine Hose um ein Vielfaches übertönte. Bei dieser »netten« Unterhaltung kamen wir dem ungewissen Ufer näher, ohne über das Ungewisse näher nachzudenken.
Mir kam immer noch keine Idee, wie man diese unerfreuliche Debatte über »das Wetzen einer gefrorenen Hose und ihre Entdeckung durch die Border Patrol« beenden könnte, da gab es unter unseren Füßen einen gewaltigen Knall! Wir spritzten auseinander und gingen danach wieder wie zwei vernünftige Menschen nebeneinander her, allerdings etwa 10 Meter voneinander entfernt, aber immer in Sichtweite. Wir nahmen Vernunft an und bedachten, daß es sich für zwei 80 Kilogewichte geziemt, solchen Abstand zu halten, wenn man nicht weiß, wie dick das Eis unter einem ist. Wir wurden »schlagartig« darauf aufmerksam, daß wir nicht nur auf Grenzpatrouillen aufzupassen hatten, sondern auch einen Einbruch ins kalte Wasser vermeiden mußten.
Es war jetzt deutlich zu erkennen, daß vor uns zwei Inseln lagen, bei de-

nen wir wieder Glück hatten. Gerade in unserer Richtung lag eine sie trennende Eisfläche.
Aber was war das für ein schwarzer Fleck im Eis zwischen den Inseln? Die Befürchtung bestätigte sich! Eine offene Stelle! Da wir schon getrennt gingen, konnten wir nicht viel zusätzliche Vorsicht walten lassen. Nur vorsichtig auftreten und von dem Wasserloch genügend Abstand halten konnten wir.
Wir umrundeten das etwa 50 m lange Loch in weitem Bogen. Nur einmal wurden wir dabei vom Krachen des springenden Eises erschreckt. Sonst ging alles glatt.
Nachdem wir die beiden Inseln hinter uns gelassen hatten, breitete sich vor uns eine viel größere Fläche als vorher aus. Obwohl sie jetzt von den Lichtern stromabwärts schwach angestrahlt erschien, war kein Ende zu erkennen. Erst als wir nach weiteren 5 Minuten strammem Marsch angestrengt das vor uns liegende Dunkel genau absuchten, konnten wir in der Ferne einen fast schwarzen Streifen quer verlaufen sehen.
Was war das für ein merkwürdiges Ufer? Es schien so, als ob es stromabwärts schmaler würde und zuletzt aufhörte, während stromaufwärts kein Ende des schwarzen Streifens abzusehen war. Sollte das etwa die offene Fahrrinne sein? – Ich tauschte meine Befürchtungen mit Hinnerk. Jetzt wurde es spannend! Wenn das stimmen sollte, dann war der bisherige Marsch auf dem Eis umsonst.
Wir schlugen gleich den Kurs auf das schwach erkennbare untere Ende des Streifens ein. Wir rannten beinahe vor Spannung. Was war dieses Ende? Ufer oder Wasser?
Bald hatten wir Klarheit! Der schwarze Streifen war tatsächlich offenes, fließendes Wasser. Aber ebenso tatsächlich existierten in diesem dunklen Wasser einige helle, gefrorene Eisbrücken. Als wir ganz nahe heran waren, sahen wir, daß weiter stromab – entgegen den Erwartungen – die gesamte Strombreite gefroren war. Weiter aufwärts war die Rinne offenes Wasser. Wir scheuten den weiten Umweg stromabwärts und wollten einfach versuchen, über eine dieser etwa 10 m breiten, länglich gefrorenen Eisflächen, die die schmale Wasserrinne an mehreren Stellen überbrückten, hinüberzuwechseln.
Diese längs verlaufenden Eisverwerfungen sahen nicht sehr sicher aus. Sie bestanden aus gefrorenen Holzteilchen, Eisschollen, gewelltem Eis und aufgezuckertem Schaum. Aber das Eis hielt uns aus! Es krachte nicht ein einziges Mal!

Nachdem wir auch noch dieses Hindernis überwunden hatten, war unser Tatendrang wieder ungehemmt. Wer würde uns jetzt noch daran hindern, auf diesem Wege das andere Ufer zu erreichen? – Hinnerk schimpfte zwar wieder über das Quietschen, aber bei dem Tempo, das wir nun vorlegten, überhörte ich einfach das Schimpfen und das Wetzgeräusch. Schon konnten wir am amerikanischen Ufer einen Bootssteg, einen umgedrehten Kahn und das dazugehörige Häuschen vermuten, da traten erschwerende Bedingungen ein. – Hier wechselte der dünne Schnee in Harsch, in den wir bis an die Knie einbrachen. Manchmal brach man nur mit einem Bein ein, manchmal überhaupt nicht, ab und zu war man voll drin, der Schnee hatte eine ganz uneinheitliche Kruste. Es trennten uns jetzt nur noch etwa 200 m vom Ufer, aber auf dieser Strecke fielen wir fast vor Entkräftung um. Alle 15 Schritt lösten wir uns im Spuren ab. Vor dieser Erfahrung hätte ich niemals geglaubt, daß eine ebene Schneefläche solch ein Hindernis sein kann!
Als wir es endlich geschafft hatten und das ansteigende Ufer betraten, kam es noch schlimmer! Der Schnee reichte nach wenigen sprunghaften Bewegungen, die wir machten, bis an die Hüften!
Bei dieser Situation war ich der Ansicht, daß wir unbedingt in eines der am Ufer liegenden, zum Teil sehr gut aussehenden Steinhäuser einbrechen sollten. Diese ganze Siedlung hier schien jetzt im Winter total verlassen. Nirgendwo ein Weg, nirgends Fußspuren. Meiner Meinung nach wurde es überhaupt nicht riskant, hier Unterschlupf zu suchen. Nach meiner Ansicht mußten wir sogar so handeln, denn war es nicht zu unserer Sicherheit erforderlich, daß wir uns vor weiterer Erschöpfung hüteten? Es sollte doch nicht wieder passieren, daß wir uns bis zur Unvorsichtigkeit auslaugten.
Hinnerk machte mir aber klar, daß eines dieser größeren Häuser sicher bewohnt sein müsse, oder daß zumindest eine Grenzstreife unsere Spuren finden würde. Da wir nun nicht auch noch Kraft vergeuden wollten, diese umliegenden Bauten auf Leben zu untersuchen – jeder Schritt kostete unerhörte Anstrengung –, gab ich schließlich nach. Wir mußten unbedingt noch vom Ufer und der Grenze wegkommen!
An einem hübschen Sommerhaus kamen wir in dessen Wind- und Schneeschatten ganz dicht an der Hauswand aus rohen Steinen noch ganz gut weiter, dann aber begann ein wahrer Kampf. Jeder Meter wurde zur Kraftleistung!
Mühsam arbeiteten wir uns jedes Mal aus hüfthohen Schneelöchern, in

die wir eingebrochen waren – machten zwei oder drei Sätze, und sackten wieder zusammen. Zu allem Übel ging es auch noch bergan.
Als wir so etwa 50 m vom Ufer weggekommen waren, legten wir uns erst mal der Länge nach hin und tranken eine weitere Büchse Kondensmilch,-nahmen jeder zwei Tabletten Dextro-Energen (die wir von zu Hause im Päckchen erhalten hatten), aßen eine Packung Feigen und wurden tatsächlich wieder kräftiger. Wir schafften nochmals gute 50 m, dann war es wieder aus.
Wie lange sollte das so weitergehen? Es war ungefähr 4 Uhr morgens. Womöglich wälzten wir uns hier noch herum, wenn es anfing Tag zu werden.
Wir fanden eine neue Methode: Wir erweiterten unsere Einbruchslöcher zu querliegenden »Trichtern« und wälzten uns so lange hangaufwärts, bis irgendein Körperteil wieder festsaß. So ging das ganz gut aufwärts. Von Nässe und Kälte spürten wir nichts! Im Gegenteil, wir dampften am ganzen Leib.
Nur waren wir dabei schon so kraftlos geworden, daß die Richtung mehr vom Schicksal als von unserem Willen bestimmt wurde. Hinnerk lag etwa 100 Schritte schräg rechts hinter mir. – Er versuchte den Angriff auf den steileren Teil des Hanges, während ich mir eine flachere Richtung ausgewählt hatte.
Vorher, als wir noch zusammen waren, hatte mich beinahe der Schlaf gelockt. Ich war so müde, und der Schnee eine so angenehm weiche Unterlage, von Kälte keine Spur. – Hinnerk machte mich darauf aufmerksam, dies sei die häufigste Art des Schneetodes. Auch ich erinnerte mich, so etwas gelesen zu haben, und kämpfte schwer gegen die Verlockung an.
Immer noch war kein Ende abzusehen, da wälzte ich mich gegen einen Drahtzaun. Als ich richtig zu mir kam und genauer schaute, erblickte ich dahinter einen gebahnten Weg.
Die Freude war groß, und alle Vorsicht vergessend rief ich das Hinnerk zu! Ihm gab diese frohe Botschaft neue Kraft, und es gelang ihm, die Richtung zu ändern. Langsam wälzte er sich her. Ich machte mich an die Übersteigung des Zaunes. Danach mußte ich mich nur noch drei Meter durch den verschütteten Straßengraben kämpfen, bis ich auf die Straße gelangen würde.
Diese letzten Anstrengungen entsprachen wirklich dem »hehren« Ziel! Hinnerk war schon heran, da war ich noch nicht über das Drahtgitter hinweg, obwohl es nur etwa 20 Zentimeter aus dem Schnee ragte. Die

Drähte fingen jedesmal im Augenblick des Besteigens an zu federn, und immer und immer wieder fiel ich kraftlos rückwärts. Auch die aufkommende Wut machte mich nicht stärker. Erst als durch die vielen »Umfaller« ein genügend großer Kessel entstanden war, gelang ein Überschlag vorwärts, der damit endete, daß ich drüben mit dem Kopf in den Schnee tauchte. Als ich mich zurechtgedreht hatte, stak ich bis zur Brust im weißen Element. Aha! Der Straßengraben! Auch hier mußte ich mich noch herausstemmen, bis ich endlich auf dem Sträßchen stand.
Plötzlich kam ich mir federleicht und leicht beweglich vor. Meine Freude über diesen geräumten Weg war so groß, daß ich mich erst einmal im Schneidersitz in seine Mitte hockte und sogar laut darüber lachen mußte, wie Hinnerk, ebenfalls völlig schlapp, am Zaun seine Fallversuche und Balancierkünste anstellte. – Als er es geschafft hatte, nahm er neben mir Platz, und wir berieten erst einmal, was nun zu tun sei.
Laut Plan und Karte wollten wir hier in der Gegend die Kleinbahn erreichen, die auf der amerikanischen Seite nach Watertown führen sollte. Gegenüber dem kanadischen Brockville lag Morristown! Bei diesem amerikanischen Städtchen sollte laut unserer handgezeichneten Karte eine Bahnlinie vom Ufer wegführen und weiter im Innern des Landes zu dem nächsten Ziel, Watertown, führen.
Wenn wir hier am Ufer stromabwärts gingen, würden wir auf alle Fälle nach Morristown kommen. Wenn unsere Annahme stimmte und das vorhin gesehene Lichtermeer auf dem linken Ufer Brockville war, hatten wir bis dahin gut 6 km zu gehen. – Andererseits war es genauso gut möglich, daß dieses Sträßchen in entgegengesetzter Richtung, flußaufwärts, vom Ufer abbog, oder eine Abzweigung kam, die uns gleich ins Landesinnere, nach Hammond brachte, der ersten Station an der Bahnlinie von Morristown nach Watertown.
Wenn dem so war, würden wir uns gerne einen Umweg von 6 km hin und 6 km im spitzen Winkel zurück ersparen. Also wohin auf dem Sträßchen? Flußabwärts oder aufwärts, nach rechts oder nach links?
Da aber nirgendwo ein Wegzeiger oder sonst ein Zeichen eine unserer Annahmen bestätigen konnte, wollten wir unser Glück heute nicht weiter versuchen, sondern gingen erst einmal flußabwärts Richtung Morristown. Auf diesem Weg würden wir vielleicht diesen Umweg machen, aber wir konnten auch nicht fehlgehen, und vielleicht kam die Abzweigung nach Hammond von hier aus auf der Strecke nach Morristown. – Jetzt erst merkte man, wie man ohne gute Karten raten mußte.

Aber wenn das Bähnchen auch nur ein bißchen mit Verkehr belebt war, hätten wir vielleicht doch schon in Morristown die Chance, einen Güterzug zu schnappen, um damit bis Watertown zu fahren.
Wieder fror nach kurzer Zeit meine Hose, und wir hatten wieder Gesprächsstoff. Obwohl weit und breit keine Spur eines Lebewesens zu sehen war, machte mir Hinnerk dauernd Vorwürfe wegen der piepsenden Geräusche. Er schien einen sechsten Gegensinn dafür zu haben!
Inzwischen war es 5.00 Uhr geworden. Wir rechneten vorläufig noch nicht mit Verkehr auf dem Sträßchen, aber allzu lange konnten wir nicht mehr marschieren. Die frischen Reifenabdrücke zeigten, daß dieser Weg sonst durchaus befahren wurde. Außerdem war unser Tempo schon so vertrottelt langsam, daß wir kaum mehr vorwärts kamen.
Wenn wir in einer Stunde nicht auf einem Güterzug saßen, mußten wir sehen, daß wir für den langsam beginnenden Tag ein Versteck fanden. So trotteten wir noch ein Weilchen fast stumpfsinnig dahin. Ab und zu einige Fragen. Wir besannen uns wieder auf den Vorsatz, uns englisch zu unterhalten. Leider mußten wir aber auch feststellen, daß unser Weg weiter am Ufer, also der Grenze entlang, führte.
Dagegen war nun nichts zu machen. Keine zehn Pferde hätten uns noch einmal in einen Querfeldein-Marsch, durch den tiefen Schnee, hineingezogen.
Wir waren gerade durch ein Tannenwäldchen geschlichen, als die Straße in einer Senke an einem dunklen Fleck vorbeiführte. Da wir einen gewaltigen Durst hatten, kam mir dieses Wasser gerade recht! Sogar ein kleiner Steg führte zu dem schwarzen offenen Loch!
Ich legte mich lang auf den Steg und wollte gerade schlucken! Da, verdammte Schweinerei! Es kostete mich Mühe, das Gurgelzäpfchen noch anzuhalten! Beinahe hätte ich meine Lippen in die Jauche getaucht. Hinnerk hatte plötzlich keine Vorsicht mehr nötig, er brach in schallendes Gelächter aus, als er den wahren Grund für mein Zurückschrecken sah. Nun war aber die Reihe an mir zu warnen! Wo sich ein offenes Loch für Jauche befand, konnte auch der Mensch nicht weit sein!
Von hier aus sah man auch schon das dazugehörige Farmhaus – im Vorbeigehen konnte man sogar einen kleineren geparkten Lastwagen bemerken. Es war also bewohnt! Glücklicherweise rührte sich noch nicht einmal ein Hund!
Jetzt stellte ich meine Forderung nach einer Ruhepause mit großer Bestimmtheit. Eines der umstehenden Wochenendhäuschen oder Heu-

schuppen würde mit Sicherheit zu öffnen sein, so daß wir darin Unterschlupf finden konnten.
Hinnerk hatte vorher in dem Tannenwäldchen Zuflucht suchen wollen, damit war ich aber nicht einverstanden gewesen.
In der Zeit seit Verlassen des Stromes war der Wind so aufgefrischt, daß er anfing, scharf ins Gesicht zu schneiden. Wir froren immer mehr in unserem nassen Zeug. Er trieb auch körnigen Schnee mit sich, der noch unangenehmer in die Augen prasselte. Da wurde selbst der eisenharte Hinnerk weich! Es war heute nichts mehr zu machen! Wir mußten unsere Hoffnung auf einen Zuganschluß auf die nächste Nacht verschieben.
Es fing schon an zu dämmern. Kritisch abwägend betrachteten wir jedes Häuschen oder Hütte, die sich meist links am Uferhang zeigten. Alles war tief verschneit, der Himmel immer noch dunkel.
Endlich brachten wir die Kraft auf, vom Wege abzuweichen, um in weitem Bogen – man sollte unseren Aufenthaltsort nicht gleich durch Spuren gekennzeichnet finden – auf eine Art Feldscheune vorzustoßen.
Schon nach ganz oberflächlicher Untersuchung stellten wir fest, daß diese Hütte völlig verfallen war und im Inneren ebenso viel Schnee lag wie hier außen.
Dicht daneben eine weitere kleine Hütte, etwa 4 × 6 Meter groß. Sie sollte das nächste Versuchsobjekt sein!
Nirgendwo menschliche Spuren! Der Schnee war hier stark verweht! Ich untersuchte die Außenwände, die aus Cardboard gefertigt waren.
Die dem Wind zugekehrte Wand war teilweise zerfetzt, und man konnte sehen, daß die gesamte Wandkonstruktion nur aus zwei Schichten dikkem Pappdeckel bestand, die mit ca. 5 cm Hohlraum an die hölzernen Stützen genagelt waren.
Ich hielt es für das einfachste, mit dem Taschenmesser eine Öffnung zu schneiden. Hinnerk gab mir dazu sein stärkeres Messer, das er sich einmal als Souvenir in Kitzbühel gekauft hatte (auch das war im Päckchen gekommen). Damit stach ich durch die erste Schicht und wollte das Messer durch die Pappe ziehen. – »Knack!« – Die Klinge war abgebrochen, das Messer war zu schwach gewesen! Schon wieder Ärger mit Hinnerk.
Mein eigenes Messerchen war nur eine Art Zigarrenabschneider, aber es gab keine andere Wahl!
Da rief Hinnerk! – Als er sein zerstörtes Messer wieder hatte, war er erbost um die Ecke gezogen. Das hatte uns Glück gebracht. Dabei war er

gegen eine Tür getapst und hatte gleich festgestellt, daß sie nur mit einem Haken zugehängt war.
Soviel glücklicher Zufall stellte unsere Harmonie wieder her! Schnell entfernten wir die hohe Schneewehe an der Tür, und schon öffnete sich ein Spalt. – Hinein! – Wir sind drin! – Und Tür zu! – Warm war es hier drinnen auch nicht. Der Wind pfiff durch einige Löcher, die gegen den langsam heller werdenden Himmel sichtbar waren. Eine Innentür führte in einen Nebenraum. Die schlossen wir aber gleich wieder. In dem Nebenraum gab es doch zu viel Ausblick ins Freie!
Vorsichtig tasteten wir in dem engen dunklen Raum herum: An der Rückwand ging es eine Stufe höher! – Auf dem Sockel etwas Weiches, Verfilztes! Wir tapsten gespannt weiter!
Daß wir uns in einer schon lange verlassenen Hütte befanden, war zu erahnen, aber wir brauchten geraume Zeit, um zu begreifen, daß wir jetzt auf einem alten Plüschsofa herumtasteten.
Damit war nun auch mein Einverständnis gewonnen! Hier blieben wir! Rechts neben dem Sofa befand sich ein kleines Fenster, dessen sämtliche Scheiben seltsamerweise heil waren. Bevor wir irgend ein Licht anzündeten, galt es erst einmal zu »verdunkeln«!
Hinnerk half mir beim Ausziehen meiner festgefrorenen Kombination. Sie hängten wir vor das Fenster. – Sie hielt nicht recht, und wir tasteten mit

Eine »Gaudi-Karte«, für Uli Steinhilper, gezeichnet von einem Kameraden zu Weihnachten 1943.

den Händen die Wände nach losen Nägeln ab. – Vier Stück fanden sich bald und ein Stück Holz als Hammer.
Bald war das Fenster dicht, und Hinnerk, der Goldknabe, zog eine blaue V.D.A.-Kerze (Verein der Auslandsdeutschen) aus der Tasche, die wir zu Weihnachten aus Deutschland bekommen hatten. Das ergab eine wahre Festbeleuchtung, denn natürlich hatten wir diesmal auch Streichhölzer in unseren Provianttaschen.
Beim Schein der Kerze fühlte man sich innerhalb der vier Wände ganz gemütlich, sogar etwas Wärme glaubte man zu verspüren.
Hinnerk zog auch seine Arbeiteraufmachung aus. Dann konnten wir endlich Mantel und den Rock darunter aufknüpfen. – Aus den untergezogenen Trainings- und Schlafanzügen dampfte es wie aus einer undichten Rohrleitung! – Alles feucht!
Vorläufig störte das wenig, wir setzten uns behäbig auf das verschlissene Sofa, das den einzigen Einrichtungsgegenstand der ganzen Hütte darstellte, und überlegten.

Wie geht es nun weiter?

Zuerst mußte etwas gegen den Durst getan werden, die dritte Büchse Milch mußte daran glauben. Jeder nahm einen Schluck, und sie war halbleer! Das ging nicht so weiter!
Mit dem Messer schnitten wir den oberen Deckel völlig auf und füllten Schnee nach. Als das Auftauen in der Hand zu langsam ging, wurde mit der Kerze nachgeholfen. So wurde die Büchse nochmals voll, und wir spürten wenigstens etwas Feuchtigkeit auf der Zunge.
Aus den Aktentaschen holten wir uns frische Strümpfe. Das war ein Hochgenuß! Zum Trocknen steckten wir die alten Socken in die Hosentaschen! Ja und dann?
Das Problem, zu zweit auf dem Sofa zu schlafen, war schwierig zu lösen. – Nur wenn wir beide mit der Schmalseite auflagen, konnten wir nebeneinander liegen. Dabei rutschte der »Vordermann« aber sofort ab, wenn der Mann, der an der Lehne lag, auch nur einen kleinen Muckser tat! – Deshalb sollte alle Stunde gewechselt werden, wer vorne verpennte, würde das natürlich zu ertragen wissen.

Gut gedacht! Beide schliefen wir sofort ein. Ich hatte freiwillig vorne angefangen. – Meine Uhr zeigte erst 7.00 Uhr, als ich wegen Hinnerk aufwachte. Der arme Kerl neben mir schnatterte ganz fürchterlich. Das war zum Steinerbarmen! – Da verzichtete ich lieber auf Schichtwechsel! Ich wollte dem armen Kerl, der weit weniger Fett auf den Rippen hatte als ich, dadurch helfen, daß ich ihn mit meinem Körper zudeckte.

Es half nicht viel! Er schauderte am ganzen Körper weiter! – Und das war dann auch noch ansteckend! – Auch bei mir führte die kalte Nässe der Kleidung bald zur Selbsthilfe der Muskeln. Der Körper wurde zu kalt, er brauchte Bewegung!

Mit den Kiefernmuskeln begann es. Da ich Hinnerk vorher doch angemistet hatte, versuchte ich erst mit Gewalt das Schnattern zu unterdrücken! Aber nichts zu machen! Bald setzten die Beine auch ein! – Es war wirklich »schauderhaft«!

Doch wir waren so abgekämpft, daß wir uns nicht aufraffen wollten, uns durch Bewegung aufzuwärmen.

Eine halbe Stunde lang hofften wir geduldig darauf, daß die höhere Gewalt in uns, die den Befehl zu diesem »Dauerfeuer« gegeben hatte, endlich das »Einstellen« nachservieren würde. Aber dann wurde es doch zu unerträglich! – Draußen war der Wind inzwischen zum Blizzard angewachsen, der Schnee stiebte nur so durch die Hütte. Man spürte ihn als zarte Berührung im Gesicht.

Es mußte etwas geschehen! Ich sprang auf und erklärte: »Wir müssen Feuer machen! Mitten auf dem Fußboden! Lieber geschnappt werden als erfrieren!« – An das Geschnapptwerden war bei diesem Schneetreiben sowieso nicht ernsthaft zu denken. Inzwischen war es zwar heller geworden, aber wer würde bei so einem Wetter überhaupt unterwegs sein? Außerdem waren unsere Spuren sicher verblasen. Und wer würde so genau Schnee- von Rauchwolken unterscheiden können?

Hinnerk war sofort einverstanden, auch er hatte sich schon mit diesen Gedanken befaßt.

Der Fußboden war aus Zement! Bei Verdunkelung suchten wir mit Hinnerks Kerze nach Holz. Notfalls wollte ich »entbehrliche« Dachlatten abmontieren. Aber im kleinen Nebenraum fanden wir lose Bretter, die sich mit Hilfe meines kleinen Messerchens in feine Späne schneiden ließen.

Im Nu brannte ein kleines Feuerchen! Der Rauch, den wir gefürchtet hatten, zog spielend mit dem durchblasenden Wind ab. Für unsere Begriffe

überhaupt keine Belästigung. Bald spürten wir von dem Feuerchen soviel Wärme, daß unsere steif an den Wänden hängenden Overalls auftauten. Das war schon was!
Mir kam eine Idee. Wir füllten unsere Kondensmilchdose mit Schnee und Schokolade. – Jeder von uns führte 20 Tafeln bei sich; eine Tagesration von drei Stück! – Die hielt ich übers Feuer, und bald gab es einen wundervoll heißen Kakao! Dazu wurde eine Packung Feigen serviert, von denen wir pro Mann 24 Packungen mitführten. Das schmeckte ausgezeichnet, und wir wurden wieder zu Menschen.
Nochmals wurde das Feuerchen mit etwas gröberen Holzstücken geschürt. Dann konnte wieder geschlafen werden.
Jeder setzte sich diesmal in eine Sofaecke, so ging das besser! – Noch ein Weilchen hörte ich das Winseln des wütenden Schneesturms – es sollte lange in meinen Ohren bleiben! – dann fand auch mein Körper die verdiente Ruhe.
Lange gelang mir dieses Ruhen im Sitzen sowieso nicht. Hinnerk ließ ich allein weiterschlafen, da wir jetzt herausgefunden hatten, daß das Sofa sogar Klapplehnen besaß.
Draußen war inzwischen Tag geworden, und nachdem unser Fenstervorhang abgenommen war, konnte man trotz des tobenden Blizzards durch die kleinen Scheiben hindurch genau auf die weiße Ebene des Eises hinaussehen. Der Sturm tobte hier mit großer Gewalt am Ufer entlang. Der große freie Raum des Flusses stellte ihm wenig Hindernisse in den Weg.
Schräg gegenüber, auf der anderen Seite, etwa 4 km stromabwärts, lag ein Städtchen, das immer kurz zu sehen war, wenn der pfeilschnelle Wind in einer Bö verhielt und den mitgeführten Schnee elegant fallen ließ. Bei dieser Art Blizzard fällt nämlich häufig kein Schnee aus den Wolken, sondern der Wind trägt, oft bei strahlender Sonne oberhalb der manchmal bis zu 10 m hohen Wirbelschicht, nur aufgewehte Eis- und Schneesplitterchen, auch mit etwas Sand vermischt, in rasender Fahrt dahin.
Wenn das dort drüben wirklich Brockville war, konnte es heute am Abend gar nicht mehr so weit bis Morristown sein.
Unsere Spuren im Schnee waren nicht mehr erkennbar. So fürchteten wir uns kaum davor, entdeckt zu werden. Fuhr ab und zu auf dem Sträßchen ein Auto vorbei, dann waren die Insassen sicher froh, wenn sie nicht in den Schneewehen steckenblieben und ihren eigenen Weg verfolgen konnten.

Der Fluß und das ganze Ufergelände machten sonst einen völlig verlassenen Eindruck. Nur die zahlreichen uns umgebenden, zum Teil grellfarbig angestrichenen Boots- oder Wochenendhäuschen ließen darauf schließen, daß hier im Sommer ein ganz anderes Leben herrschen mußte. Man konnte sich gut vorstellen, daß in dieser prächtigen Landschaft mit den vielen Inselchen und dem ruhigen, fast stehenden Wasser ein herrlicher Badebetrieb vonstatten ging.
Zuerst wollte ich mich ärgern, daß wir uns ausgerechnet so eine Bruchbude ausgesucht hatten. Aber dann tröstete ich mich mit dem Zementboden und dem lustig darauf brennenden Feuerchen. Vorläufig lösten wir uns alle zwei Stunden ab. Der eine schlief oder versuchte zu schlafen. Der andere schnipselte Brennholz und kochte, das füllte die Zeit völlig aus. Zwar mußten wir uns mit dem Messerchen an immer größere Holzblöcke machen, aber das Holz im Nebenraum ging nicht zur Neige.
Hinnerk fand während seines Heizdienstes sogar eine alte Kaffeekanne aus Aluminium in dem herumliegenden Gerümpel. Der frühere Inhalt war allerdings kaum mehr zu definieren. – Doch da sie viermal mehr Volumen als unsere Milchdose hatte, war sie ein willkommenes Gefäß!
Während wir tranken, war der frühere Inhalt schon besser zu vermuten: Öl oder Petroleum. Aber es schmeckte und bekam uns trotzdem.
An eine Wand war ein großes vergilbtes tierärztliches Zeugnis geheftet. Hieraus ersahen wird, daß der County-Tierarzt dem Bauern soundso, wohnhaft in Hammond St. Lawrence, Staat New York, hiermit bescheinigte, daß sein Milchvieh gesund und sauber sei und er daher berechtigt sei, Milchprodukte zu verkaufen.
Außerdem fanden wir noch ein zerfetztes Papier, aus dem wir entnehmen konnten, daß diese Hütte im Jahr 1935 einmal eine Milchsammelstelle gewesen sein mußte. Im Nebenraum befand sich im Zementboden ein senkrecht nach unten führendes Eisenrohr von ca. 10 cm Durchmesser. Wir ließen Steinchen hinabfallen und konnten hören, daß sich in der Tiefe Wasser befinden mußte – ca 50 m tief. Wahrscheinlich war das die Höhe des Grundwassers neben dem Fluß. Einige in den Boden zementierte Eisenbolzen und Haken ließen den Schluß zu, daß hier Maschinen gestanden waren.
Aus der Ortsangabe ergaben sich allerhand Spekulationen. – War diese Ferienkolonie etwa Hammond selbst, oder gehörte diese Hütte nur in den Bezirk des Bauern? Führte etwa doch ein abkürzender Weg ins Landesinnere, senkrecht von der Grenze weg?

Alles Überlegen half nichts! Schließlich konnten wir froh sein, daß wir mit diesen Zetteln unseren Standort wenigstens auf einen Kreis mit etwa 6 km Durchmesser festlegen konnten.
Nach 16.00 Uhr ließ der Sturm nach, und der Schnee wirbelte nur noch in Heckenhöhe. Darüber strahlte eine prächtige Sonne, die wir dazu benutzten, um in ihrem Schein im Nebenraum all das zu trocknen, was zu naß war und am Abend wieder angezogen werden mußte.
Gegen 18.00 Uhr wurde der letzte Kakao gekocht, bei dem diesmal das aufgeweichte Öl so stark durchschmeckte, daß Hinnerk erbrechen mußte. Mir kam dafür eine fast doppelte Ration zu.
Trotzdem war ich sehr in Sorge um Hinnerk, er war früher schon einmal magenkrank. Noch während des Krieges zu Hause in Deutschland war er deswegen einmal sechs Wochen im Erholungsheim der Luftwaffe gewesen. Aber nachdem sich sein Magen entleert hatte, behauptete er, alles sei wieder in Ordnung. Da ich das nicht schlüssig beurteilen konnte, machten wir uns eben reisefertig.
Schon bei Hinnerks Übelkeit und nun bei den Marschvorbereitungen erfüllte die Wasserspülung der tiefen Röhre alle Anforderungen.
Viele Sachen waren noch feucht, und wir brauchten uns nur kurze Zeit im Nebenraum aufzuhalten, da waren die Overalls wieder schön hart gefroren. Doch der Unternehmungsgeist und die Spannung auf kommende Erlebnisse ließen uns kaum mehr das Einbrechen der Dunkelheit abwarten.
Gleich nachdem wir die Hütte verlassen hatten, stellten wir fest, daß es im Verhältnis zum gestrigen Abend geradezu »saukalt« war. Auch die vom Wind mitgeführten Schneesplitter prasselten sehr unangenehm auf die Haut.
Wir waren froh, daß ich daran gedacht hatte, eine Fettcreme mitzunehmen, sonst wäre sicher die Gesichtshaut aufgesprungen.
Nachdem wir wieder auf dem Weg angelangt waren, verfolgten wir die gleiche Richtung, die gestern unterbrochen worden war.
Dabei waren wir glücklich darüber, daß uns heute der scharfe Wind in den Rücken blies. Dort schadete er weniger.
Die schmale Straße wies ganz erhebliche Schneeverwehungen auf. Anscheinend hatten sie ihren Teil beigetragen, um den Verkehr zum Erliegen zu bringen, sie waren völlig unberührt, und manchmal mußte man ganz schön stapfen, um vorwärts zu kommen.
Während der ersten halben Stunde waren wir damit beschäftigt, unsere

Köpfe so einzuhüllen, daß nichts erfror. Durch Erfahrung gewitzt, hatte ich drei Schals mitgenommen und konnte Hinnerk noch einen abgeben. Jeder von uns konnte also einen um die Ohren und den anderen um den Hals und vor den Mund binden. Ich setzte darüber eine wollene Zipfelmütze, die ich mir in den weißblauen Farben der »Toronto Maple-Leafs« zum Eishockey gekauft hatte. Und darauf kam dann noch die Schiebermütze. Hinnerk trug als Reisemütze eine Schirmkappe mit Ohrenschützern. Nach einigen Versuchen und »Umbauten« ließ sich die Kälte dann einigermaßen ertragen.

Langsam wurden wir ungeduldig, schon marschierten wir eine ¾ Stunde, es war kurz vor 20.00 Uhr, und noch immer keine Spur von Morristown. Immer noch waren wir in Ufernähe, obwohl wir den Fluß selbst nicht mehr sehen konnten. Aber da hatte sich nur ein schmales Tannenwäldchen dazwischengeschoben.

Nach einer Stunde scharfem Marsch sahen wir die ersten Lampen vor uns. Hinnerk meinte, am Ortseingang wäre bestimmt eine Zollstation, wir sollten unbedingt versuchen, die jetzt vor uns liegenden Häuser in einem südlichen Bogen zu umgehen, bis wir auf diese Weise auf die Bahnlinie stoßen würden. – Aber kein einziger Feldweg zweigte nach rechts ab. Es gab keine Umgehungsmöglichkeit. Bei einem kurzen Versuch querfeldein konnten wir uns nur unsere gestrigen Erfahrungen bestätigen. Der Schnee reichte bis zu den Hüften.

Vorsichtig tasteten wir uns gegen die Lichter vor! Wir hielten uns immer hart auf der dunkleren Straßenseite, um jede Bewegung vor uns schon dann zu sehen, wenn wir noch vom dunkleren Hintergrund gedeckt wurden.

Doch bald konnten wir feststellen, daß es sich bei den Lampen nur um eine normale Straßenbeleuchtung handelte. Wir gelangten ohne Schwierigkeiten an die ersten Häuser. Und als erst einmal auch andere Personen in der Straße auftauchten, fühlten wir uns bald sicherer. Wie sollten wir hier als harmlose Fußgänger auffallen? Hatten wir doch jetzt wieder unsere Taschen so umgehängt wie beim Übersteigen des Zaunes. Wir sahen sicher »ganz echt« nach Arbeitern aus, die von der späten Arbeit heimkehrten.

Da! Mitten im Ort – rechts und links der Straße gab es bereits viel Lichtreklame und Schaufenster – ragte eine rot-weiß gestrichene Schranke gen Himmel! Sehr mißtrauisch gingen wir weiter. Unterhaltung wurde betont in Englisch geführt. Aber auch diesmal waren unsere Befürchtungen

grundlos. – Dies war keine »Zollschranke«, sondern war zur Sperrung einer Bahnüberquerung da. Damit hatten wir gleichzeitig auch schon die Bahngeleise gefunden. Sie führten in ziemlicher Steigung mitten durch den Ort. Der Bahnhof lag anscheinend rechts von uns, etwas höher, denn dort säumten rote und grüne Lichter das Schienenpaar.
Bei der nächsten Straßenkreuzung: Rechts um! – Wie erwünscht führte dieser Weg senkrecht auf eine vielbefahrene breitere Hauptstraße zu. An der Kreuzung stand sogar ein Wegzeiger. Alles stimmte! Dort rechts ging es nach »Watertown via Hammond«!
Wir marschierten neben dieser Hauptstraße auf dem sauber freigeschaufelten Gehweg. Links trennten uns hohe Bäume von dem Wagentrubel, während rechts am Gehsteig lauter nette Häuschen standen, hinter denen die Bahnlinie verlaufen mußte.
Diese Häuser hatten für uns etwas gänzlich Ungewohntes: Riesengroße Fenster, die, obwohl sie schon fast in Bodenhöhe anfingen, kaum mit Vorhängen zugehängt waren. Deshalb konnte man das sich in heller Beleuchtung abspielende Familienleben gut miterleben. Da sah man alte Herren im Schaukelstuhl – der zur Standardausrüstung eines amerikanisches Zimmers zu gehören schien – beim Zeitungslesen. Familien saßen beim Abendbrot, beim Kartenspiel oder anderen märchenhaft gemütlich erscheinenden Feierabendbeschäftigungen. – »Herrgott Uli!« meinte Hinnerk, »da kann man erst mal sehen, wie wir reingefallen sind. Was für ein jammerwürdiges Leben führen wir doch im Lager!«
Ich holte ihn gleich wieder ins Englische zurück. Wie würden wir uns fühlen, wenn wir das selbst wiederhaben würden?
Vorerst gab es jedoch Naheliegenderes. Kamen wir mit dieser Bahn weg? Diese Frage war bald zu verneinen. Am Bahnhof angekommen, stellten wir fest, daß alles verlassen und öde aussah. Im ganzen Gebäude brannte kein Licht. Auch nirgends eine Möglichkeit, sich zu verstecken. Keine abgestellten Güterwagen. Womöglich wurde der Verkehr hier im Winter völlig eingestellt, weil der Fluß keinen Fährbetrieb zum kanadischen Ufer erlaubte? Diese Möglichkeit hatte schon Manhart angedeutet. Die Städtchen am Lorenzstrom würden erst im Sommer aufleben, weil sie fast alle auf Auto- und Eisenbahnfähren zur anderen Seite angewiesen seien.
Wir wollten erst einmal zusehen und weiter der Steigung aufwärts folgen. Vielleicht stieß eine andere Bahn von Ogdensburg kommend außerhalb des Orts auf unsere Linie. Vielleicht konnte man dann auf Bahnverkehr hoffen.

Die Straße stieg steiler als die Bahn. Hier innerhalb des Ortes merkte man keine Entfernung, denn die hungrigen Gefangenenaugen fanden immer Neues und Sehenswertes hinter den Fensterscheiben. Für uns deutlich sichtbar: Hier herrschte ein erstaunlicher Wohlstand, alle diese Wohnbereiche erschienen uns komfortabel ausgestattet.
Als eine Straßenüberführung die Gleise überquerte, konnten wir die gesamte Bahnanlage von Morristown überblicken. Leider wurde uns dabei endgültig klar, daß die Bahn, der wir seitlich gefolgt waren, die einzige und damit die von Ogdensburg kommende war.
Die Bahntrasse war so dicht verschneit, daß man die beiden Schienenbänder nur noch in zwei schwarzen Einschnitten vermuten konnte. Weder Schmutz noch Ruß noch Fußspuren von Bahnwärtern ließen Hoffnung aufkommen. Hier schien es keinen Bahnverkehr zu geben, wir mußten die Aussicht auf ein Weiterkommen per Güterzug fallen lassen.
Weitermarschieren war die neue Parole. Immer noch mußten wir uns auf Manharts Angaben stützen. Danach sollten es von hier bis nach Watertown zwischen 70 und 100 Kilometer sein. Damals von Toronto bis Hamilton hatte ich eine fast gleichlange Strecke in 12 Stunden bewältigt. Sollten wir das heute nicht schaffen, dann spätestens morgen nacht. Bei dem Wetter zwar nicht gerade die allerschönste Aussicht! – Doch unsere Stimmung war zuversichtlich – auf jeden Fall wußten wir was zu tun war, und befanden uns auf dem richtigen Weg.
Kurz hinter dem Ortsende trafen wir auf eine weitere markierte Kreuzung: Nach Gouverneur 24 Meilen, nach Watertown 52 Meilen. Das eine waren ca. 38, das andere ca. 83 km.
Sollten wir nicht besser nach Gouverneur abzweigen? Dort sollte auch eine Bahn verlaufen. Nein, dort würden wir das gleiche Risiko eingehen. Dort konnte es auch so sein, daß der Betrieb genauso lahmliegen würde wie hier. – Auf geht's! Wir mußten die weitere Strecke wählen! Auf nach Watertown! Dort gab es auf jeden Fall Eisenbahnen!
Die Autos fuhren auf dieser Straße so häufig, daß selbst Hinnerk von dem Vorsatz abließ, bei jedem Fahrzeug »volle Deckung« zu nehmen. Wir beschlossen, diese Maßnahme erst ab 24.00 Uhr einzuführen.
Inzwischen hatten wir uns warm gelaufen und waren in bäriger Stimmung: »Vorkommando der I/JG 52, 3. Staffel [wir beide kamen aus der gleichen Staffel] auf dem Marsch in den Vereinigten Staaten von Amerika!« riefen wir laut vor uns her.
Dabei – was waren wir doch für armselige Würstchen! Keinen Pfennig in

der Tasche – keine Laus zu verknallen! Aber uns gehörte die Welt!
Im Gleichmaß der Schritte erstarb diese Stimmung. Man fühlte langsam wieder die Kälte! Man spürte auch die Blasen an den Füßen, und Hammond, wohin es nur 9 Meilen [14 km] sein sollten, kam und kam nicht in Sicht.
Anscheinend lag uns doch der Vortag in den Knochen. Gegen 22.00 Uhr kamen wir durch ein Städtchen, das auf unserer Karte gar nicht verzeichnet war. Zahlreiche Wagen standen halb auf dem Bürgersteig geparkt, auch staunten wir über die Lichtreklame in einem so kleinen Ort. Hier erblickten wir auch die ersten, wirklich hübsch aussehenden Mädchen dieser Reise, besonders für Hinnerk ein großes Erlebnis.
Das hinderte ihn aber nicht, mir vorzuschlagen, als eben so eine junge Dame ihren Wagen mit laufendem Motor stehen ließ, einfach einzusteigen und damit abzuhauen. – »Nein!« bestimmte ich, »Hinnerk, wir sind jetzt in einem neuen, anderen Land, wir sind hier vorläufig unbescholten und unbeschattet. Wir besitzen Papiere und wollen daher nichts tun, was eine Polizeiverfolgung auf uns ziehen könnte! Nein! Daraus wird nichts!«
Er hatte es auch nicht ganz ernst gemeint. Nach wenigen Minuten lag die Lichtreklame und damit der ganze Spuk hinter uns. Wir waren wieder auf Strecke.
Um 23.00 Uhr schlug Hinnerk vor, wir sollten eine kurze Rast machen und etwas Nahrung zu uns nehmen.

Eisiger Wind ... warme Ställe ... kaltes Heu

Nun zeigte der Neuschnee auch seine Vorteile! Schon mehrmals waren wir auf der Straße an unbeleuchteten Gebäuden vorbeigekommen, die eindeutig als unbewohnt betrachtet werden konnten, weil keine Pfade oder auch nur Fußspuren zu ihnen führten.
So fanden wir auch jetzt, etwas zurück von der geräumten Straße, ein richtiges Landhaus. Hinnerk führte. – Es stellte sich heraus, daß er als Bauernsohn im Öffnen von Toren, Gattern und Hintertüren geradezu einen Instinkt besaß. Ich war nicht wenig erstaunt, wie er sofort herausfand, daß der Hintereingang nur mit einer Schnur von innen zugebunden war. Ein Schnitt mit dem Messerchen und das Haus stand uns offen.

Hinnerk ging mit brennendem Feuerzeug voran. Im Innern sah es schaurig aus! Bei mir kribbelte es in den Haaren, wie sonst nur im Kriminalfilm. Eine stickige Luft empfing uns.
Zuerst gerieten wir in eine kleine Kammer. Dort ging das Feuerzeug erst mal aus, und es wurde so dunkel, daß wir uns gegenseitig mit den Händen im Gesicht herumtappten. Am Boden lagen Scherben, es klirrte, wo immer man auch hintrat.
Da das Feuerzeug kein langes Suchen erlaubte, setzten wir uns gleich im nächsten Raum auf einen Haufen Heu oder trockenen Seetang, in dem die Mäuse hörbar raschelten.
Um uns herum lag alles wild durcheinander, ein altes Spinnrad, Korbmöbel, ein Tisch mit abgebrochenem Bein und Scherben, überall Scherben. – Trotzdem streckten wir uns lang und ließen uns eine Packung Feigen und die vorletzte Packung Dextro-Energen-Tabletten gut schmecken.
Nach 20 Minuten ging es weiter. Ich war froh, daß wir aus dieser muffigen Umgebung heraus kamen. Hinnerk war hier weniger empfindlich.
Endlich um 24.00 Uhr erreichten wir Hammond. Nur wenige Lichter brannten noch, und nur an einer Straßenecke, in einer Stehbar, herrschte noch Betrieb. Gast- oder Wirtshäuser wie bei uns sind in diesem Land unbekannt. Auch im Dorf geht man in die Bar oder ins Hotel, wenn das auch noch so sehr nach »Bude« aussieht.
Nach etwa einer Viertelstunde waren wir wieder außerhalb des Ortes und holten immer noch gut aus.
Die Hoffnung, heute noch Watertown zu schaffen, hatten wir längst begraben, wollten immerhin aber noch soviel Strecke hinter uns bringen, daß wir unser Ziel in der nächsten Nacht erreichten.
Hinter Hammond wieder ein Wegzeiger! – Ein Arm zeigte nach Gouverneur: 14 Meilen, der andere gab nach Theresa 20 Meilen an. Und der dritte Zeiger lautete: Zu den »1 000 Inseln«, 30 Meilen!
Wir brauchten die Karte gar nicht herausziehen, denn vom Zeichnen her wußten wir noch, daß Theresa auf unserer Strecke liegen mußte. Wieder wurde rechts abgebogen. Die Tippelei mit Gepäck, eingehüllt in die dicke Kleidung, war doch etwas anderes als damals nach Hamilton. Unsere Knochen wurden langsam aber sicher schwerer.
Es mochte etwa 2 Uhr sein, als Hinnerk neben einer bewohnten Hütte eine merkwürdig verschalte Feldscheune als Rastplatz aussuchte. Auf der Strecke, im Freien, war es unmöglich auszuruhen, ohne Bewegung fror man sofort.

Diesmal war sogar das Scheunentor zu öffnen, mit viel Gekrächze machte Hinnerk auf. – Die Bude war aber auch im Inneren so windig, daß es fast gleichgültig war, ob man hier im Zug oder draußen im Schnee saß. Ein alter Bulldog diente Hinnerk als Sessel, ich setzte mich auf einige gestapelte Autoreifen . . . Aber weiter! Weiter! Wir mußten die Kilometer packen!

Wieder nahm uns die Straße auf und führte in leichtem Bogen um einen abgesprengten Felsvorsprung. – Hinten blinkte ein Auto mit seinen Scheinwerfern. Es war das erste nach Mitternacht.

Wir wollten gerade diskutieren, ob der Wagen noch weit entfernt sei oder ob wir uns schon hinwerfen sollten, da schoß die große dunkle Limousine schon mit hoher Fahrt um die Felsecke, und wir standen im Scheinwerferlicht. – Der Wagen raste an uns vorbei. Vor uns führte die Straße in leichtem Bogen sanft hangaufwärts in einen dunklen Wald. – Wurde der Wagen wegen der Steigung so langsam, oder bremste er? Ja! Er hielt schon! Und nun fuhr er auch noch rückwärts!

Die Border Patrol fuhr dunkelblaue Fords V8 mit Stabantenne obenauf, so hatte uns Manni gewarnt. Im Grenzgebiet, 50 km landeinwärts reichend, würden sie alle Fremden und »hitchhiker« [Anhalter] auflesen. Zum Teufel! Jetzt machte der Wagen beim Rückwärtsfahren auch noch solche Schlangenlinien, daß seine Scheinwerfer einmal rechts und einmal links die Gegend neben der Straße absuchten.

Jetzt aber weg! Wie ein paar Stücke aufgescheuchten Wildes sprangen wir über den Schneewall, den Drahtzaun, und machten trotz des hohen Schnees große Sätze querfeldein! Plötzlich waren die Kräfte wieder da, wir rissen uns selbst aus den tiefsten Löchern wieder hoch.

»Hinlegen!« brüllte Hinnerk. – Als Deckung standen nur ein paar armselige armdicke Bäumchen im Gelände. Wir mußten uns wohl oder übel so tief wie möglich in den tiefen Schnee hineinwühlen.

Langsam streifte der Scheinwerfer zu uns her . . . Jetzt waren wir drin. Meine Herrn! Wir lagen schön da! Deutlich war der Schatten zu sehen, den Hinnerks Rückensack über die Schneefläche warf! Und erst unsere Spuren . . .!

Die Insassen des dunklen Wagens waren entweder unaufmerksam oder gehörten nicht zur Border Patrol! Der Scheinwerfer drehte weiter – wieder auf die andere Seite! Nochmal wurden wir erfaßt, aber nun war der Strahl schon schwächer, wir gerieten gerade noch in den Rand des hellen Scheins! Jetzt hielt der Wagen! Ob die Suche nun zu Fuß weiterging?

Nein! Die Limousine fuhr an, beschleunigte rasch, rein in die Steigung, Kurve, Wäldchen . . . weg! Wir sammelten unsere müden Knochen und gelangten wesentlich langsamer auf die Straße zurück.
Hinnerk triumphierte: »Siehst du! Das haben wir davon! Wir müssen bei jedem Fahrzeug in Deckung gehen!« Ja! Er hatte leider recht! Zwar fiel man weich in den Schnee, aber zur Kälte kam nun auch wieder die Nässe. Wir waren kaum in den Wald eingetreten, da brummte schon wieder ein Motor. Noch bevor wir ein Wort gewechselt hatten, steckten unsere Nasen im Schnee! »Paß auf! Der Patrol Car kommt zurück!« rief Hinnerk. Die Vermutung lag nahe, denn das Motorgeräusch näherte sich diesmal von vorne. Man wollte uns wohl überraschen? Aber glücklicherweise war es diesmal – deutlich zu erkennen – ein offener kleiner Lieferwagen. Als er vorbei war, atmeten wir auf. Es schien also doch kein Kesseltreiben zu geben! Die Idee, daß der Wagen nun mit Verstärkung wiederkehre, hatte Hinnerk sehr überzeugend vorgetragen. – Der Wind kam seit Morristown von vorn und wurde immer stärker. Wir trugen den Mundschal bereits auch vor den Augen und mußten uns richtig gegen den Sturm stemmen, um vorwärts zu kommen.
Immer noch erörterten wir, warum der suchende Wagen wohl davongefahren war, da traten wir aus dem Wäldchen aus. Und was sahen wir da! Keine 100 m hinter dem Wald, auf der rechten Seite, in einem Seitenweg geparkt, wartete eine Limousine! Der Wagen stand ohne Licht senkrecht zur Straße. Schlagartig wurde uns unheimlich!
Aber wir hatten den Wagen erst so spät erkannt, daß uns nichts anderes blieb, als weiterzugehen und uns auf unsere Papiere zu verlassen: »Hinnerk! äääh! Henk! remember exactly our story! We are sailors!« und lauter: »It's too bad, that we didn't find any jobs at Ogdensburg! Maybe we get to Watertown this night, to look there for work!«
Wir waren schon auf Hörweite herangekommen! Als der Wagen auf gleicher Höhe war, wagte ich, da ich rechts ging, einen schnellen Blick. Der konnte noch nicht lange hier stehen, er glänzte überall schwarz und war nirgendwo mit Schnee bedeckt, obwohl es wieder stark wehte.
»Zum Teufel, da kommt doch schon wieder einer!« – Gerade wollten wir uns davon erholen, daß wir den stehenden Wagen passiert hatten, da kam wieder ein Fahrzeug daher. Dieser Wagen strahlte von vorne!
»Verdammt nochmal! Es ist doch bald 3.00 Uhr nachts!« Allmählich hatte ich die Nase voll. »Was soll denn das?« fluchte Hinnerk. »Hinlegen!«

Wieder rein ins frische Weiß! Diesmal hatten wir die Scheinwerfer auf der langen Geraden rechtzeitig gesehen! In Ermangelung von Deckung warfen wir uns rasch gegenseitig Schnee auf die verdächtig aufragenden Bukkelsäcke. Dieser plötzlich so dichte Verkehr mahnte zu äußerster Vorsicht!
»Oh Schreck«! durchfuhr es mich. Keine 100 m vor uns hielt der Wagen! »Jetzt haben sie uns!« Das war also die Falle! Deswegen hatte uns der stehende Wagen in aller Ruhe vorbeigehen lassen. Das alles war nur möglich, weil sich die Wagen mit Funksprech gegenseitig Anweisungen geben konnten. Damit hatte ja auch Manni so schlechte Erfahrungen gemacht. Wieder war alles nur ein Hirngespinst! – Es war aber auch zu zwingend, solche Schlüsse aus den Tatsachen zu ziehen. Tat man dies nicht, konnte man genauso dem Leichtsinn zum Opfer fallen.
Der entgegenkommende Wagen drehte um 90 Grad und fuhr rückwärts an ein Haus, das auf der linken Seite neben der Straße stand! Ein Mann stieg aus, verschwand in der Tür und machte Licht in einem Zimmer. – So was Dummes!
Wieder weiter! Wir bemerkten die ersten Anzeichen eines Dorfes. Es roch nach Mist. Hinnerk behauptete, es »dufte« nach Kühen! Gleichzeitig fing er an, meine Zuneigung zu einem Kuhstall zu wecken. Wir sollten uns dort aufwärmen und womöglich kuhwarme Milch trinken. Vorläufig lehnte ich ab, die Sache schien mir zu gewagt. Ein Kuhstall stand sicher nicht weit von einem bewohnten Farmhaus entfernt.
Schon wieder ein Wagen! Einfach unglaublich! Das war ja bald wie in einer Stadt nach Geschäftsschluß. Wieder beugten sich unsere müden Knochen.
Was war bloß los? Irgend etwas konnte hier nicht stimmen. Diesmal war es ein leichter Lastwagen.
Schon ziemlich durchnäßt, frierend und mit zerschlagenen Gliedern schleppten wir uns weiter gegen den starken Sturm. Hier auf der ebenen und geraden Strecke blies es ganz erbärmlich. Trotz Schals, Ohrenschützern und Mützen mußten wir dauernd das rechte Ohr reiben, weil der Wind mehr von der Seite kam.
Er wurde immer stärker, und man mußte richtig dagegen andrücken. Ich ging rechts vorne, während Hinnerk, der doch anfing, über Magenschmerzen zu klagen, etwas in meinem Windschatten bleiben konnte. Beim letzten Hinlegen hatten sich meine Handschuhe mit Schnee gefüllt. Nachdem ich sie ausgezogen hatte, wollte ich schnell wieder mein Ohr

reiben. Aber – das war verdächtig – trotz der Saukälte schmerzte es nicht mehr! Vorsichtig tastete ich daran herum. »Hinnerk, ich habe mir's Ohr angefroren! Es ist oben und unten ganz hart! Halt mal einen Moment an, ich muß es mit Schnee abreiben!« – Jetzt war die Gelegenheit gekommen. »Uli! Hier riecht es wieder ganz stark nach Kühen! Komm! Dort in der Scheune ist bestimmt ein warmer Stall, dort kriegen wir alles wieder in Ordnung!« – »Gut!« meinte ich, »aber wenn wir dabei vom Farmer geschnappt werden, bin diesmal nicht ich der Leichtsinnige!«

Ich folgte. Hinnerk war ja Bauernsohn, er mußte das Risiko besser kennen. Mit fünf Schritten Abstand folgte ich querfeldein. Es ging auf eine Scheune mit rundem Turm zu. Daneben, nur über den Hof, stand das Wohnhaus des Farmers. Kein Licht brannte!

Hinnerk behauptete, 4 Uhr nachts sei für unser Vorhaben die beste Zeit, da schliefen Bauersleute am besten.

Wir stiegen über einen Zaun und kamen zur Scheune. Hinter uns führte eine deutliche Spur. Das würde aber der Sturm in kurzer Zeit erledigen. Viel wichtiger war, daß Hinnerk mit den Kühen recht hatte. Da drinnen hörte man Stampfen und Schnauben der Tiere.

Wir schlichen einmal rund um die gesamte Scheune, Hinnerk schnallte an allen Toren und meinte dann: »Wir gehen gleich in den Stall, bleib ganz dicht hinter mir.«

Ich warnte nochmals, war aber ansonsten schicksalsergeben! Hinnerk tat so, als ob hier alles so wäre wie bei ihm zu Hause. – Irgendwie war er mir da gründlich überlegen.

Tatsächlich, der Riegel ließ sich gut schieben, die Tür ging auf, Hinnerk zog mich nach. Es wurde »kuhnacht«, aber herrlich warm. Gleichzeitig brach für meine Begriffe die Hölle los!

Ich wollte Hinnerk noch am Anzug erwischen, um nicht fehl zu gehen, aber der war schon weg. Vorsichtig wollte ich weitertasten, ich gab sofort auf!

Mein Entsetzen wuchs beinahe zu rasender Angst! War Hinnerk verrückt geworden? Die Kühe rissen sich hoch, an ihren Ketten knallte es, sie brüllten aus vollem Halse, ein Gepolter entstand, das meilenweit zu hören sein mußte. – Auch Pferde waren da. Ihre beschlagenen Hufe trommelten besonders laut gegen die Boxen und den Steinboden.

»Hinnerk! Komm sofort her, wir müssen unbedingt abhauen!« – »Nein«, sagte der seelenruhig: »Überlaß mir das!« Er war irgendwo in dem Durcheinander verschwunden.

Wenn ich gewußt hätte, wie hinauszufinden, wäre ich allein abgehauen. Aber so: Ringsum öffneten die Kühe alle »Schleusen«, Kuhfladen und Wasserfälle platzten rings um mich zu Boden! – Gern wäre ich in die Richtung von Hinnerks Stimme gegangen, aber bei jeder Bewegung lief ich Gefahr, von der Brause in die Traufe zu geraten. Ich wagte keinen Schritt mehr und ließ des Schicksals Mächte über mich ergehen ...
Doch der Lärm wurde weniger. Ich sah ein Bild, das so zum Lachen reizte, daß man alle Sorgen vergessen konnte.
Hinnerk wollte melken! Er scheuchte die Kühe hoch und fühlte die Euter! Daher der Lärm! Jetzt war es beinahe friedlich still: Hinnerk hatte eine ruhige Kuh gefunden! Ein Feuerzeug flammte auf! In seinem Lichtschein sah man, wie Hinnerk mit einer Hand das Euter hielt – mit der anderen mußte er leuchten – und versuchte, sich Milch in den Mund zu spritzen. Die geduldige Kuh drehte erstaunt den Kopf und schaute dieser akrobatischen Leistung genauso fröhlich zu wie ich!
Hinnerk hörte nach dem ersten Strahl, der traf, ruckartig auf: »Pfui, Teufel!« schimpfte er los: »Die muß schon lange nicht mehr gemolken worden sein, das schmeckt ja fürchterlich!«
Im Schein des Feuerzeugs hatte ich ihn listig gefaßt und machte ihm Vorhaltungen wegen des Krachs. Er entgegnete, darum würde ein Bauer sich nicht scheren, außerdem würde das bald besser. Es sei sowieso nicht viel zu machen, die Kühe würden kaum etwas hergeben. – Ich mußte einverstanden sein, auch den Vorschlag, daß wir nun Trinkwasser suchen wollten, fand ich nicht schlecht.
Kaum hatte ich zugestimmt, stand ich schon wieder allein im Dunkeln zwischen den immer noch nicht versiegenden Dungquellen.
Da rief Hinnerk aus ganz neuer Richtung: »Los Uli! Komm her, hier ist eine Selbsttränkanlage, da können wir trinken!« – »Wo bist du denn?« »Hier auf der Futterseite! Du mußt über das Gatter klettern oder bei einer Kuh am Kopfstück vorbei!« Das Wasser lockte! Mutig trat ich zu einer allein stehenden Kuh und fand Hinnerk Gott sei Dank auf der anderen Seite des Gatters stehend. Er leuchtete mit dem Feuerzeug. – »Sieh doch her! Die Kuh ist mit dem Kopf fest in dieses bewegliche Gatterstück gebunden. Wenn du ihren Kopf an den Hörnern herumdrehst, entsteht an der Seite ein Spalt, da schlupf durch!«
Ich packte das arme Tier bei den Hörnern und drehte ihm beinahe das Genick ab. Hinnerk bremste mich, aber es reichte halt nicht. Jedesmal, wenn ich seitlich an der Kuh vorbeiwollte und ihr dabei in die melancholi-

schen Augen sah, fühlte sie solche Liebe zu mir, daß sie mir mit der Zunge das Gesicht leckte, um das Gatter bei meinen abwehrenden Bewegungen wieder gerade zu stellen. Damit verblieb ich bei ihr in der Box.
Darüber lachte sich nun Hinnerk beinahe schief: »Dann steig eben oben drüber!« – Das war auch so eine Sache, aber ich kletterte nun der Kuh rücksichtslos auf den Rücken, ein Tritt auf den Hals, ein Sprung . . . ich hatte es geschafft!
Was mir dieser Bauer von Hinnerk noch weiter zumutete? – Bei Feuerzeugbeleuchtung zeigte er mir die Funktion der Selbsttränkanlage, und da wir auf der Futterseite waren, warf er den aufgeschreckten Tieren schnell Heu vor. Bald kehrte wieder Frieden ein.
Wenn es der Farmer bis jetzt nicht für nötig gehalten hatte, im Stall nachzusehen, dann würde er jetzt erst recht nicht mehr zu erwarten sein.
Der Selbsttränker war eine muschelförmige Schale, neben jeder Box an einem Pfosten angebracht. In dieser Muschel befand sich unten ein eiserner Rost, der dem Wasser Zutritt gab, sobald er abwärts gedrückt wurde. Die Kühe machten das mit der Zunge, wir mit der Hand.
Nachdem eine Muschel von Stroh gesäubert war, tranken wir nach langer Zeit wieder einmal in vollen Zügen. Nur die danebenstehenden Kühe fühlten sich dabei in ihrem Besitzstand gestört und wollten uns mit ihren Mäulern wegdrängen.
Hinnerk holte irgendwoher Strohballen. Darauf setzten wir uns und aßen in Ruhe erst einmal unsere Feigen.
4.30 Uhr. Hinnerk wollte nochmals weiter, aber jetzt war ich nicht mehr dafür zu haben. Wer konnte sagen, ob und wann wir für den kommenden Tag wieder einen so geeigneten Unterschlupf finden würden? Hinnerk warnte mich zwar vor der jetzt im Heu herrschenden Kälte, aber schließlich kamen wir überein, den folgenden Tag über dem Stall, auf dem Scheunenboden, zu verbringen.
Er ging natürlich wieder voraus. Wenn wir irgendwo anstießen, mußte das Feuerzeug herhalten. Selbst nachher auf dem Heuboden! Es war nicht zu ändern! Erstens hatten wir keine Taschenlampen, und zweitens waren wir auf der Flucht – aber wir wollten vorsichtig sein!
Unser Weg führte über die Tenne, wo ein Ackerwagen stand, zu einer Leiter, die nach oben führte. Nachdem wir aufgestiegen waren, fing Hinnerk sofort an, im Heu zu wühlen!
»Wir müssen uns tief eingraben! Der Bauer holt jeden Morgen Heu, da darf er uns nicht mit Gabelstichen treffen!« Bei dem Gedanken wurde mir

Dann raschelte er mit seiner Gabel in der Gegend unserer Füße. Das war dort, wo wir das Freie erreicht hatten! Aber wir hatten ja wieder gut abgedichtet und machten uns, wenn der Mann nicht allzu viel Heu holen sollte, keine große Sorgen. Wir konnten sogar die Beine noch etwas anziehen. Die ganze Sache regte uns wenig auf, vielleicht waren wir auch noch nicht ganz wach.
Die Schritte verzogen sich! Später wurden unten Pferde vor den Wagen gespannt, und der Mann mit der bereits bekannten Stimme fuhr los. Danach herrschte wieder völlige Stille in der Scheune.
Wir wagten uns heraus aus dem Loch. Alle Glieder waren steif geworden, man mußte sich wieder mal bewegen.
Prustend und mit Heu bedeckt erblickten wir das Tageslicht! – 10 Uhr vormittags!
Hinnerks Uhr hatte so viel Staub gefressen, daß sie stehengeblieben war. – Nun waren wir beide auf meine kleine Armbanduhr angewiesen, deren Gehäuse leider auch nicht sehr dicht war.
Durch ein kleines Giebelfenster drangen Sonnenstrahlen. Obwohl es draußen immer noch stark stürmte, war ein im Stroh bestrahlter Fleck angenehm erwärmt. Wir setzten uns dort hin und begannen zu »frühstücken«.
Die Bedürfnisse mußten in einer Ecke verrichtet werden. Dabei klopften wir auch die Kleider aus und zogen die inzwischen getrockneten Strümpfe von gestern an.
Meine Füße sahen bös aus! Unter dem rechten großen Zehennagel hatte sich eine einzige große Blase gebildet, von den vielen anderen gar nicht zu sprechen. Die Gummisohlen bewährten sich beim Marschieren nicht, der Fuß wurde dabei zu sehr durchgebogen. – Dann krochen wir wieder ins Heu, denn Hinnerk sagte, abends würde nochmals gefüttert.
Der Wagen kehrte zurück. Nochmals wurde gemolken, auf dem Scheunenboden erschien aber niemand mehr.
So gegen 17.00 Uhr wurde in der Scheune und im Stall alles still. Wir konnten wieder aus dem Staubloch kriechen und legten alle Kleider ab, um sie auszuschütteln. Hinterher kehrte die Wärme nur langsam zurück.
Dann wurde über der Karte großer Kriegsrat gehalten. Da wir keine Straßen, sondern nur Bahnlinien auf unserem Blatt hatten, waren schwere Zweifel aufgetaucht. Die Wegzeiger: Zu den »1 000 Islands« und nach Theresa hatten in die gleiche Richtung gezeigt.
Dazu kam, daß Hinnerk meinte sich zu erinnern, daß er unter dem

Schild: Gouverneur 14 Meilen, noch eine weitere Tafel mit »Gouverneur 44 Meilen« gesehen hätte.
Die Möglichkeit, daß damit unsere Straße zuerst zu der Brücke über die 1 000 Inseln führte und von dort erst eine Abzweigung nach Watertown kam, war nicht auszuschließen. Da wir wußten, daß diese Straßenbrücke erst in der Nähe von Gananoque über den Strom gespannt war, hatten wir vielleicht einen riesigen Umweg vor uns. Vielleicht waren wir an diesem letzten Wegzeiger letzte Nacht, als wir die Karte nicht gezogen hatten, doch verkehrt gegangen?
Schweren Herzens entschloß ich mich, Hinnerk vorzuschlagen, bis zu dem Wegzeiger zurückzugehen, um von dort Richtung Gouverneur zu marschieren! Das wären etwa 8–10 km Rückmarsch! Aber Hinnerk setzte seine Ansicht durch! Weitermarschieren und fragen! Sollten wir tatsächlich auf verkehrter Strecke sein, dann würde sich uns bestimmt noch eine Möglichkeit eröffnen, in südlicher Richtung abzubiegen.
Dieser Entschluß fiel auch mir leichter, und wir konnten es nun kaum mehr erwarten, bis wir wußten, ob wir uns auf dem richtigen Weg befanden.

Weit ist der Weg ...

Hinnerk trank nochmals Wasser, während meine Sehnsucht nach Kühen noch von der vergangenen Nacht her gestillt war. Ich wartete lieber auf der Tenne.
Durch das große Scheunentor, das dem Wohnhaus abgekehrt war, verließen wir unseren Unterschlupf. Da im Haus in einigen Räumen Licht brannte, machten wir einen großen Bogen, um auf die Straße zurückzugelangen.
Die Tippelei fing wieder an. Ich brauchte einige Zeit, bis ich wieder in Gang kam. Auch Hinnerk hatte Fußbeschwerden. Noch bevor wir vollends ins Dorf gelangt waren, mußte er seine Gummiüberschuhe ausziehen.
Eine Ortsbezeichnung war nirgendwo zu finden. Auch zeigte sich niemand auf der Straße. Das gesamte Dorf bestand nur aus ein paar Häusern, die hier wie zufällig an der Straße versammelt waren.

Wir trotteten durch. Dahinter fiel die Straße etwas ab und bog immer noch weiter nach rechts, also nach Nordwesten zu. Es sah verdammt danach aus, als ob wir falsch gingen.
Doch da schob ein Junge ein Fahrrad aus einem Seitenweg, saß trotz Schnee auf, und radelte auf uns zu! Wir riefen ihn an! – Ganz erschrocken stieg er bei uns ab: – »Is this the highway to Watertown?« – »Yes . . .! It is!« – Wir gingen weiter, nur keine langen Sätze! Der Junge blieb wie regungslos stehen und starrte uns nach. War der bloß erschrocken, weil er ohne Licht ertappt worden war, oder dachte er sich sonst etwas?
Wir aber waren froh, daß die Straße stimmte, und tippelten weiter. Bald durchdrang ein widerlicher Geruch immer stärker die Luft. Ringsum nur Natur und eine Fichtenschonung. Doch bald entdeckten wir die Ursache für den Gestank: Eine Pelztierfarm lag rechts der Straße am Hang. Man mußte im Vorbeigehen fast die Nase zuhalten und laufen. Es nahm einem den Atem.
Zur Linken war plötzlich Gebimmel zu hören! Jetzt erst merkten wir, daß im Wäldchen neben uns das Bähnchen fuhr, an dem wir laut Karte entlangmarschieren wollten.
Nun waren wir endgültig beruhigt, obwohl es uns doch ein bißchen ärgerte, daß es tatsächlich Zugverkehr gab. Allerdings, die Möglichkeit, hier als blinder Passagier mitzufahren, war bei diesen beiden einsamen Personenwagen so gut wie auszuschließen.
Weiter und weiter führte der Weg. Ohne Rast marschierten wir bis Redwood, das wir etwa gegen 24.00 Uhr erreichten. Unterwegs stillten wir unseren Wasserbedarf mit Schnee und Eisstückchen und wurden dafür mit einem rasenden Durst belohnt.
Redwood war ein größeres Städtchen. Wir meinten schon die Nähe der Großstadt Watertown zu spüren. Wir hofften, daß diesmal die Projektion der gezeichneten Karten zu unseren Gunsten ausfallen würde und wir schon näher an die Stadt herangekommen seien. Schon lange hatten wir keinen Wegzeiger mehr gesehen.
Trotz Müdigkeit und kaputter Füße genossen wir die nächtliche Atmosphäre des Städtchens so gut es ging. Mit traurigen Schritten gingen wir an dem einladenden Bahnhof vorbei. Wenn wir jetzt die Dollars hätten, um die ich im Lager gebettelt hatte! – Aber der Kamerad hatte sie eben zu eigener Verwendung vorgesehen – und deswegen mußten wir hier weiter um jeden Kilometer kämpfen, weil unsere Zeit vom Proviant her einfach einmal ablaufen würde.

Am Ortsausgang kreuzte unsere Straße eine andere. Auf dieser herrschte trotz dieser späten Nachtzeit viel Verkehr, vor allem schwere Lastwagen waren unterwegs. Aber wir wollten keinen anhalten. Manni hatte uns gesagt, daß die Grenzzone bis Watertown ginge. Jeder »hitchhiker« würde in dieser Gegend ausnahmslos bei der Polizei abgeliefert. Wir mußten zu Fuß weiter!
An der Kreuzung fanden wir einen Wegzeiger: Bis Watertown 28 Meilen, bis Theresa 8 Meilen. Das war unsere Richtung. Aber das würden wir diese Nacht nicht mehr schaffen. Woran das bloß lag? Entweder stimmten die Entfernungen nicht, oder wir rutschten auf der vereisten Straße und dem starken Gegenwind bei drei Schritten vorwärts zwei wieder zurück! Unsere heutige Marschzeit betrug nun schon wieder fünf Stunden.
Am Ortsausgang setzten wir uns im Windschatten einer Scheune in den Schnee neben der Straße. Nachdem wir vorher einige neben dem Straßenrand stehende große Milchkannen, leider leer, gefunden hatten, machten wir uns an die letzte Büchse Kondensmilch.
Sie war im Rucksack zu feinem Sahneeis gefroren. Wir genossen sie wie Speiseeis. Einer löffelte aus der Büchse mit dem Messer, der andere konnte seine Portion vom herausgeschnittenen Deckel der Büchse essen.
Weitermarsch durch eine allmählich windstillere Nacht! Endlich hatte der Himmel ein Einsehen, und der schneidende Wind hörte auf. Über uns wölbte sich eine glasklare Winternacht, mit all ihren Sternenpunkten. Unter unseren Füßen knirschte Schritt für Schritt der Schnee, und unser Hauch stand als weiße Dampffahne vor uns. Das Gelände war jetzt völlig eben und einförmig. Meist säumten weiße Wiesenflächen unser dunkleres Straßenband, und nur manchmal gelangten wir durch Obstgüter.
Als wir glaubten, Theresa müßte endlich erscheinen, enttäuschte uns ein Schild: Theresa 4 Meilen. Wir gingen ungefähr 20 Minuten weiter, da stand wieder ein Schild: Theresa 4 Meilen. Nochmals trabten wir eine Viertelstunde, da stand's nochmal: Theresa 4 Meilen! – Diese Autostraßen konnten einem das Leben geradezu vergrämen!
»Zum Donnerwetter! Der Teufel soll die amerikanischen Straßenschilder holen, wenn das so weitergeht, sind es morgen früh auch noch 4 Meilen bis Theresa!« – Im linken Fuß hatte ich es gerade mit einem Krampf zu tun und war alles andere als gut gelaunt.
Der »Krampf« wurde nicht besser, und wir mußten nochmals rasten. Ein Geräteschuppen bei einer Farm diente als Rastplatz. Es war schon 2.00 Uhr.

Als wir wieder aufbrechen wollten, schlug Hinnerk diesen gut aussehenden Hof als Unterschlupf vor. Gut! – Auch ich roch schon die Kühe! Mal sehen! Aber kaum näherten wir uns der Scheune, da machte der Hofhund einen rasenden Lärm. Hier hatten wir nichts zu suchen!
Es war gut, daß wir uns sofort wieder auf den Weg gemacht hatten, denn kaum waren wir weg, kam ein Wagen zu diesem Gehöft zurück, der in die Scheune gestellt wurde.
Seit Mitternacht machten wir bei jedem Wagen zwar keinen Hechtsprung, aber immerhin einen »Bäuchling« in den angrenzenden Schnee. Als wir ungefähr 5 Minuten von dieser Farm entfernt waren, kam von hinten neuerdings ein Wagen daher. Die Straße war auf langer Sicht gerade, und der Scheinwerfer erfaßte uns aus großer Entfernung, bevor wir uns entschieden hatten, ob wir uns schon wieder hinlegen sollten. Außerdem konnte der Fahrer ja denken, daß wir zu dem vorherigen Gehöft gehörten.
Der Wagen schoß an uns vorbei! Eine schwarze Limousine! – Sie wurde scharf abgebremst, und mit knirschenden Reifen kam der Wagen kaum 100 m vor uns zum Halten: – Da hatten wir es wieder . . . Die Border Patrol! – Es reichte uns gerade noch zu einem Sprung über den hoch neben der Straße aufgeworfenen Schneewall, und mühsam wühlten wir uns ein. – Wie gestern nacht kam der Wagen zurückgeschlängelt. Ganz dicht bei uns kam er zum Stehen.
Doch was war das! Die Wagentüre klappte auf, heraus trat eine Dame, die sich laut lachend mit der anderen Insassin im Wagen unterhielt. Das war unsere Border Patrol! Jetzt war es aber nicht mehr zu ändern! – Obwohl die junge Dame ihre Stimme erhob: »Is there anybody?« – wollten wir uns nicht mehr erheben. Wir wären unter zu merkwürdigen Umständen auf der Bildfläche erschienen.
Fast mit Tränen in den Augen sahen wir den Wagen weiterfahren. Nachts 2.30 Uhr! Man hatte uns mitnehmen wollen, wir waren selbst schuld daran, daß wir wieder weiter tippeln mußten!
Ungefähr eine Stunde lang ging die Straße schnurgerade weiter. Rechts und links hin und wieder eine Farm, oder ein Haus, aber von Theresa keine Spur!
Nun beschlossen wir endgültig, daß wir wieder eine Unterkunft suchen wollten. Es war klirrend kalt, unsere Füße schmerzten, so daß wir uns nur noch hinkend durch die Gegend schleppten.
Bei der ersten Farm, der wir uns näherten, kamen wir nicht weit, schon

schallte uns wieder wütendes Hundegebell entgegen. Etwas später erreichten wir eine Fabrikanlage mit Gleisanschluß.
Wir überschritten die Geleise. Auf der anderen Seite nahmen wir ein großes dunkles Gebäude aufs Korn.
Vorher untersuchten wir noch ein Haus, in dem ein Raum mit einer Art Stallaterne beleuchtet war. Ansonsten schien es vor kurzem gebrannt zu haben. Es roch brenzlig, und das Gebälk war überall angekohlt. Ein dahinter liegender Schuppen war völlig ausgebrannt.
Das hohe, dunkle Gebäude war eine Riesenscheune mit vielfachen Stallungen, die aber völlig leer waren. Nur einen alten Chevrolet und einen Lieferwagen fanden wir darin eingeparkt. Beide waren leider gut abgeschlossen. Ihre Kühlerhauben waren noch nicht einmal mit Decken gegen den Frost geschützt. Wir hätten die Decken so notwendig gebraucht!
Nochmals weiter! Ein Gebäude dicht daneben sah genauso verfallen aus und war voller Schnee. Dieses ganze uns umgebende Anwesen machte einen geisterhaften Eindruck. Wieder die Frage: War das wirklich so, oder zauberten uns unsere Nerven einen solchen Eindruck vor? Den trostlosen Eindruck dieser Gebäude konnte ich lange nicht vergessen.
Die Straße führte schnurgerade weiter. Eine gute halbe Stunde trotteten wir dahin, bis wir endlich wieder eine Farm erreichten. Sie bestand aus drei Gebäuden: Wohnhaus, Stallungen und Scheune. Sie standen dicht beieinander. Wir waren kurz vor dem Umfallen und kannten kaum mehr Vorsicht!
Zwischen dem Stallgebäude und der Scheune traten wir auf den Hofraum. Hier stand ein Personenwagen, und am Wohnhaus brannte über der Türe eine elektrische Birne.
In dem großen Scheunentor war unten eine Tür eingebaut, die Hinnerk mit viel Krach über den vereisten Untergrund aufreißen konnte. Also nichts wie rein! Hinter uns, draußen, regte sich Gott sei dank nichts!
Dafür wurden wir, besonders Hinnerk, freudig überrascht. Hier drinnen standen Tiere, die wir polternd hoch schreckten. Trotz des Stalles nebenan waren auch noch Stallboxen eingebaut. Ich hatte die Nase noch voll von gestern, und kaum sah ich im Scheine von Hinnerks Feuerzeug die rettende Leiter nach oben auf den Heuboden, da ließ ich mir auch Hinnerks Tasche geben und stieg gleich hoch. Er selbst wollte sich erst mal umsehen, was hier unten zu machen sei.
Ich setzte mich, um meine Gedanken einigermaßen zu ordnen. Deswegen legte ich oben die beiden Taschen mit Sorgfalt auf den heufreien Teil

des Bretterbodens und streckte mich auf den ansteigenden Heuberg. Das tat wohl!
Aber was klangen da für Töne an mein Ohr! Die hörten sich an wie Harfentöne! Noch viel schöner ...! »Kling! Klang! ... Klingklang, Klingklang!« – Schöne lange Streifen! – »Hinnerk! haste Milch?« – »Ja! Komm runter!« rief der stolz durch die Decke herauf.
Nur noch ein wenig gab ich mich diesem schaumig zischenden »Kling! Klang!« hin! – Je länger das ging, um so schneller und besser klang es. Hinnerk kam in sein altes Fach zurück! Man konnte schon hören, daß jetzt der Boden des Eimers voll war. Dieser Ton regte die Trinknerven mehr an als das Ohr!
Schnell war ich lebendig und stieg behende die Leiter hinunter. Drunten bestimmte ich die Richtung, aus der die Melktöne klangen, öffnete eine Tür und wollte Richtung Eimer.
Ich mußte falsch gegangen sein. Aber das Tor war schon hinter mir ins Schloß gefallen, denn ich wurde von einem fürchterlichen Getrappel begrüßt. Zu sehen war nichts, die Schwärze war undurchdringlich. Neben mir prasselten die Hufe eines erschreckten Pferdes gegen die Bretterwände, daß es nur so eine Art hatte. An dem aufgeregten Schnauben und Geplustere konnte ich ungefähr die Gegend des Kopfes vermuten und drückte mich in eine Ecke, um geschützt zu sein.
Ich war mindestens ebenso verblüfft wie das Tier. Als ich bemerkte, daß eine Seitenwand nur schulterhoch war, schwang ich mich schnell darüber! Damit war ich im Schweinekoben angekommen! Jetzt ging da der Krach los! Da mußten junge Ferkel dabei sein! Es wuselte nur so um meine Beine! Ich rief laut nach Hinnerk, aber der kam schon von selbst, vom Lärm angezogen!
Bei brennendem Feuerzeug ergötzte er sich erst einmal an dem Anblick, führte mich dann aber bald auf die richtige Bahn, befahl mir, mich auf ein zurechtgelegtes Strohbündel zu setzen, und ich lauschte genießerisch, bis er fertig gemolken hatte.
Ich konnte mich auch noch ein klein wenig brüsten: Die letzte Büchse hatte ich nicht wie üblich weggeworfen, sondern in eine Tasche meines Overalls gesteckt. Damit hatten wir einen brauchbaren Trinkbecher.
Die Milch schmeckte unbeschreiblich gut! Ich fand sie nicht nur »kuhwarm«, sondern beinahe heiß. Für Hinnerk hatte ich nur höchstes Lob! Bereits nach dem zweiten Becher kehrten all unsere Lebensgeister zurück. Dazu Feigen und Schokolade! Konnte es uns besser gehen?

Aber mehr als vier volle Becher schafften wir nicht, ungefähr zwei Liter pro Mann! Trotzdem blieb noch Milch übrig.
Hinnerk fand einen sehr guten Verwendungszweck dafür. Er band ein kleines Kälbchen los, das gierig den Eimer leerschleckte. – Nach gelungener Speisung und Tränkung wurde es wieder festgebunden, wir stiegen nun beide die Leiter hoch und bauten wieder ein Loch in das Heu.
Diesmal gruben wir von der Dachseite her einen Gang und dann erst den Hohlraum so dicht wie möglich über dem Bretterboden. Wir wollten nur wenige Zentimeter Heu unter uns haben, damit die Stallwärme besser von unten durchkäme. Das Heu war aber sehr stark gepreßt, und es kostete viel Mühe, bis wir uns Platz geschaffen hatten. So nahe an die Abraumstelle wie letzte Nacht wollten wir uns diesmal nicht wagen.
Als Ausgleich für die Dichte des Heus gab es heute weniger Staub. Nach ungefähr einer Stunde angestrengtem Rupfen und Zupfen war das innere Loch groß genug, daß wir eng aneinander gepreßt Platz fanden.
Hinter uns verstopften wir den Gang wieder so, daß nichts mehr sichtbar war, nur hatten wir diesmal mehr Angst vor dem Ersticken, weil das Heu so dicht war. Aber da wir jetzt schon Erfahrung mit dem Atmen hatten, beruhigten wir uns gegenseitig und fanden bald Ruhe.
Aber schon setzte das Geschnatter wieder ein, und so ging es dem Samstagmorgen entgegen. – Nachdem das Schaudern aufgehört hatte, fanden wir diesmal sogar ganz ordentlich Schlaf. Die warme Milch hat sicher viel dazu beigetragen.
Bald jedoch sollte uns ein fürchterliches Geschimpfe und Gefluche aufwecken. Der Mann, der da so fluchte, hatte eine laute und kräftige Stimme.
Zuerst dachte ich, wir hätten unten Spuren zurückgelassen. Dann entspannte sich aber die Lage, ich verstand die Schimpfworte: »You damned bloody bastard, don't shut up! This damned cow is holding back the milk!« Eine zweite männliche Stimme gesellte sich dazu. Die Kuh kriegte Schläge, die man bis zu uns nach oben hören konnte.
Das arme Tier konnte doch keine Milch mehr geben! Sie tat uns leid, die gute Kuh, aber wir konnten den Irrtum nicht aufklären! – Hinnerk meinte, hoffentlich würde sie nicht zur nächsten Schlachtung vorgemerkt. Wir kamen uns sehr schuldig vor, aber helfen konnte man nicht!
Anschließend holte der Farmer Heu, wir waren mäuschenstill. Diesmal war unser Loch wirklich geschickter angelegt, wir hatten keine Gabelstiche zu fürchten. Wenn der Mann uns erwischt hätte, wäre es uns sicher

nicht gut ergangen. – Die Schimpfkanonade auf die Kuh ließ auf einiges schließen.
Bald konnten wir wieder Luft schnappen! Diesmal schüttelten wir nicht nur unsere Kleidung gründlich aus, sondern kämmten auch ordentlich die Haare. Ich schmierte mir reichlich Nivea-Creme ins Gesicht und machte eine Trockenrasur mit dem Rasierapparat, den wir auch mitführten.
Ja, wir hatten fast an alles gedacht! Allerdings, eine Trockenrasur auf halberfrorener Haut, mit Heustaub verklebt, ist schon ein ungewöhnliches Erlebnis! Aber hinterher kam ich mir »salonfähig« vor. Schließlich war heute Samstag, und wir gingen in die Stadt!
Heute würden wir es schaffen, daran gab es keinen Zweifel. Nochmals krochen wir ins Heu, was sich auszahlte, denn der Farmer holte gegen 17.00 Uhr Heu zum Füttern.
Später packten wir unsere Taschen und stiegen bangen Herzens die Leiter hinunter. Was würde der Hund anstellen? Diese Schlafhaube hatte heute morgen unseren Einbruch verpennt, dafür aber den ganzen Tag in Scheune, Hof und Haus herumgebellt.
Wir waren fest entschlossen, ihm sofort den Hals zuzuhalten, falls er uns angehen sollte.
Als wir aus der Scheune traten, fing er auch schon an zu bellen. Aber er lag an der Kette! Wir verschwanden so schnell wie möglich um die Ecken. Im Wohnhaus brannte Licht.
Diesmal hatten wir kaum die einbrechende Dämmerung abgewartet, wir wollten unter allen Umständen nach Watertown kommen. Die Luft war immer noch ruhig, und wir kamen rasch in Gang. Es ging uns wie den Pferden, die den Stall wittern.
Etwa um die gleiche Zeit wie am Vorabend überholte uns auf den Geleisen neben uns wieder das Züglein, eine Lokomotive mit zwei Wagen. Von unserer Straße führte sogar eine Abzweigung zu einem kleinen Bahnhof, wo der kurze Zug ein wenig verhielt, um dann dampfend und pfeifend nach vorne zu verschwinden.
Wir konnten nicht erkennen, wie die Station hieß. Aber solange die Bahn neben uns herführte, stimmte die Richtung.
Endlich bekamen wir Klarheit. Ein ausgebautes Straßendreieck war mit riesigen Wegzeigern versehen. Nach rechts ging es zu den »1 000 Islands«, links nach Watertown, und wir kamen aus der Richtung, die unter anderem mit »Theresa 6 Meilen« gekennzeichnet war. – Wann sollten wir

durch diesen Ort gekommen sein? Waren wir gestern nacht so tranig gewesen? Wichtig war, daß es bis Watertown nur noch 18 Meilen waren. Diese Strecke [ca. 29 km] würden wir packen! Zwar würden wir heute nacht kaum einen Güterzug erwischen, aber morgen nacht konnten wir in aller Ruhe rechtzeitig zum Bahnhof gelangen, um einen Zug Richtung New York auszusuchen.
Beim Weitermarsch waren unsere Gefühle sehr gemischt. Als Fußgänger auf einer Art Autobahn, die mitten durch die Winternacht führte, boten wir ein nicht gerade ein landesübliches Bild. Wir wunderten uns sehr, daß keiner der vorbeirasenden Wagen anhielt, um uns zu kontrollieren.
Es mochte gegen 22.00 Uhr sein, als unsere zweispurige Fahrbahn wieder zu einer einfachen Teerstraße wurde und einen Hügel hinaufführte, an dessen oberem Hang ein Städtchen oder größeres Dorf lag.
Gleich am Ortseingang merkten wir, daß auch in diesem Land der Samstagabend der Feierabend der Woche war. Aus einem kleinen Haus kamen die Klänge einer Dorfmusik. Davor standen Wagen aller Gattungen, vom De Soto bis zum Ford Modell 24. Geige und Trompete wurden von einem Klavier begleitet, auf dem manchmal so falsch gespielt wurde, daß ich mir überlegte, ob ich mir nicht ein paar Groschen verdienen könnte, indem ich mal Ablösung spielte. Wie nötig hätten wir das Geld brauchen können. Aber wir begnügten uns damit, durch die Scheiben einen Blick in das raucherfüllte Zimmer zu tun. Da war eine Feier im Gang! Wir aber mußten weiter!
Weiter oben im Ort passierten wir ein großes Gebäude mit riesigen Fenstern. Innen ein großer Saal mit Tribünen und Galerien. Auf der Bühne stand eine Rednerkanzel, dahinter ein Mann in dunklem Anzug, der mit viel Gebärden eine Rede hielt. Eine Menge Menschen war anwesend, aber weder aus den Mienen noch Gebärden konnten wir schließen, um was für Themen es sich handelte.
Die Autos, die auf dem dazugehörigen Parkplatz standen, übertrafen sich gegenseitig an Pracht, und es war schade, daß man so ein Gefährt nicht einfach entführen durfte.
Aber ein Schild zeigte nur noch 9 Meilen bis Watertown. Sollten wir deswegen noch einen Wagen stehlen? Da war es doch besser, nochmals Schusters Rappen vorzuziehen. Am Ortsausgang führte die Straße über ein munteres Bächlein, das so schnell dahinfloß, daß es nicht gefroren war. Das war besser als Schnee schlecken! Wir stiegen zum Bach hinunter und nahmen kräftige Züge aus der Konservendose.

Gerade liefen wir auf der anderen Seite des Ortes in die Ebene hinab und unterhielten uns über unsere unzuverlässigen Karten, da fuhren hintereinander drei schwere Trucks an uns vorbei. Es war fast schon wieder 24.00 Uhr geworden, und wir mußten uns langsam entschließen, ob wir wieder »Geländeausbildung« üben wollten oder ob wir es uns in Stadtnähe leisten konnten, aufgelesen und mitgenommen zu werden. Die Angst vor der Border Patrol war seit dem gestrigen Vorfall mit den beiden Damen doch wesentlich geringer geworden.
Es kam alles ganz schnell. Ein Lieferwagen mit offener Pritsche hielt langsam fahrend neben uns an. Der Fahrer, ein älterer Mann, fragte aus dem Fenster: »You want a ride?« – Ich antwortete »Yes!« Da blieb ja keine Wahl mehr. Der gutmütige Mann stieg aus, fragte noch: »Going to Watertown, Gentlemen?«, und nachdem ich auch das bejaht hatte, entschuldigte er sich, daß im Führerhaus schon ein Mitfahrer säße. Er müsse uns bei der Kälte leider auf die Pritsche setzen. Nichts hätte uns angenehmer sein können! So würde es keine Fragerei geben! Wir betonten, daß wir warm angezogen seien und uns das überhaupt nichts ausmachen würde. – Aber er bestand darauf, erst mal den Platz hinter der Fahrerkabine zu räumen, damit wir uns dort in den Windschatten setzen könnten. Sonst würden wir uns das Gesicht erfrieren, meinte er, es sei heute nacht wirklich sehr kalt.
Es war gut, daß er selbst redete, denn innerlich beteten wir, daß wir kein Wort über die Lippen bringen müßten, das uns verraten konnte. Aber die Aussprache war sowieso durch den umgewickelten Schal sehr undeutlich, und so hofften wir, daß alles Weitere ohne viel Erklärungen ablaufen würde.
Wirklich, wir fuhren! Der Mann hatte gesagt, daß er nicht bis ganz in die Stadt hineinfahre, sondern nur »pretty near of it«. Aber was spielte das für eine Rolle! – Für die jetzt in 10 Minuten zurückgelegte Strecke hätten wir zu Fuß mindestens noch 2½ Stunden gebraucht. Am liebsten hätten wir laut gejubelt auf unserer Pritsche. Hatte er wirklich nichts Verdächtiges bemerkt? Wir fanden es merkwürdig, daß er uns Landstreicher als Gentlemen angesprochen hatte. Aber wir würden schon sehen, was daraus wurde.
Der Wagen lief ausgezeichnet, von Kältegefühl keine Spur. Wir waren anderes gewöhnt! Als wir innerhalb der Vororte anhielten, wollten wir schon absteigen, aber ganz unerwartet ruckte der Wagen wieder an. Die Autobahn führte mitten in die hellerleuchtete Stadt hinein.

Wir waren schon unter zwei Bahnlinien durchgefahren, da hielt unser Fahrer an einer wenig belebten Kreuzung. Rechts und links standen normale Villen mit Vorgärten, wie man sie am Rande aller größeren Städte findet. Von einer Polizeiwache keine Spur – alles war dicht verschneit und überzuckert –, es war ein sauberes und auch friedfertiges Bild. Selbst die Straßen innerhalb der Stadt glitzerten in blendendem Weiß.
Wir stiegen ab! Der gutmütige Autofahrer kam nach hinten und meinte: »I brought you right up to town!« Es ging uns nicht wie damals Franz v. Werra, den ein ebenso »freundlicher« Amerikaner gleich bei der Polizei abgeliefert hatte.
Da wir nun bezüglich richtiger Anrede umgeschult worden waren, bedankten wir uns mit einem gemeinsamen: »Thank you very much, good night, gentleman!« Dann trollten wir uns gleich.
Die Gefahr war vorüber, es war 24.00 Uhr, und wir standen auf einer Straße in Watertown! – Nach wenigen Schritten fanden wir einen Wegzeiger nach Utica. Dort wollten wir hin, das war die Richtung nach New York.
Wir berieten, ob wir gleich zu Fuß weiter sollten, um unterwegs auf die richtige Bahnlinie zu stoßen, oder ob es besser war, hier den Güterbahnhof zu suchen und womöglich noch heute nacht Anschluß zu finden. Das letztere schien uns vom Schicksal bestimmt!
Ganz dicht bei uns war das Geläute einer langsam näherkommenden Lokomotive zu hören. Wir erkannten kaum 20 Meter neben unserer Straße eine Bahnlinie, die in einem großen Bogen um die Stadt zu führen schien. Links von uns befand sich der Bahnhof mit hohen Silos. Hinnerk meinte: »Weißt du, Uli! Daß wir heute nacht noch nach New York weiterkommen, glaube ich kaum, aber diesen Bahnhof erreichen wir sicher. Jetzt kriegt uns keiner mehr. Jetzt sind wir schon drei Tage unterwegs! Die Polizeisuche hat sicher schon stark nachgelassen!« Es freute mich, von dem sonst so zurückhaltenden Hinnerk soviel Zuversicht zu hören.
Doch gleich galt es wieder zu handeln! Von den hohen Silotürmen her schob sich ein Rangierzug heran. Er fuhr allerdings in die Richtung, aus der wir gekommen waren. Aber gerade in dieser Richtung schien auch ein großer Verschiebebahnhof zu liegen. Von dort war dauernd das Heulen von Lokomotivsirenen zu hören.

Was für ein Bahnknotenpunkt!

Die Güterwagen fuhren vor unserer Nase über den Weg. Ich rief Hinnerk zu: »Aufsteigen!« Aber der hielt mich fest. Erstaunt sah ich mich um – weit und breit war kein Mensch zu sehen, und der Zug fuhr höchstens Schrittempo! »Uli, hierbleiben, der fährt in die verkehrte Richtung!« – »Weiß ich! Aber steig nur auf! Los!« Er trat vom Zug zurück und ließ mich stehen. Nun stieg mir das Blut in den Kopf, und so kam es, daß wir uns angesichts des fahrenden Zuges, kurz nach Mitternacht, mitten auf der Straße auf deutsch anbrüllten, daß es nur so eine Art hatte. Erst ein näher kommender Personenwagen brachte uns wieder zur Vernunft.
Der Zug war weg, dafür blieb zurück eine gründliche Verstimmung.
Das alte Problem tauchte auf: wer war verantwortlicher Führer? Wir mußten ganz klare Regeln aufstellen, sonst würden sich diese Schwierigkeiten immer wiederholen. Für sofort einigten wir uns: Hinnerk übernahm die Aufgabe, den Weg zum Bahnhof zu finden, danach hatte er »wie beim Militär« meinem Kommando zu folgen. So reinigten wir die Gewitterstimmung. Und so wollten wir in Zukunft immer abwechseln.
Eine neue Schwierigkeit trat auf! Meine Armbanduhr, deren Glas ich im Heu verloren hatte, trug ich seit geraumer Zeit im Etui des Rasierapparates. Aber sie war jetzt endgültig so verstaubt, daß sie nur noch manchmal ging.
So mußten wir uns fast ausschließlich auf die Uhren, die hin und wieder an Straßenecken standen, verlassen. Insgesamt war die Aussicht, ohne genaue Zeit leben zu müssen, sehr unangenehm.
Zuerst führte mich Hinnerk in Richtung der großen Getreidesilos. Das waren hohe, kreisrunde Betontürme, aus denen das Getreide in Güterwagen gepumpt wird. Beim Anblick dieser umfangreichen Anlagen ahnte man ungefähr den Betrieb, der hier herrschen mochte, wenn nach der Ernte und bei offenem Eis die großen Getreidedampfer einliefen, die den Weizen von den kanadischen Prärien, vom amerikanischen Westen über die großen Seen bis nach hier brachten, damit diese Unmenge von Getreide auf den Landtransport umgeleitet wurde.
Jetzt im Winter, wo der Hafen gefroren war, lag die gesamte Anlage fast wie tot da. Nur riesige Schilder zeugten davon, daß es hier auch einen Verladeplatz der NYC, der New York Central, gab.
Da wir hier nur Laderampen von mindestens fünf verschiedenen Railway

Companys sahen, schloß ich, daß es irgendwo noch einen zentralen Güterbahnhof geben müßte. Ich behauptete, der sei in der Gegend des Sirenengeheuls. Außerdem mußte es noch einen Personenbahnhof geben. Wir lenkten unsere Schritte erst Richtung Stadtmitte. Hinnerk hatte immer das Sagen. Wenn ich hin und wieder eine andere Straße vorschlagen wollte, verwies er mich sofort in meine Schranken. Ich hatte zu gehorchen. Man wird vielleicht solche Unstimmigkeiten nicht verstehen, aber dabei ist zu bedenken: Jedes kleine öffentliche Ärgernis, eine Verkehrsstockung, Anrempelung oder eine Unachtsamkeit konnte unser Verderben sein. Dazu kam, daß die Nerven in diesen Tagen schon viel ausgehalten hatten.
Im Stadtzentrum herrschte trotz der mitternächtlichen Stunde noch reger Verkehr. Von Benzinmangel oder Beschränkungen für private Personenwagen war nichts zu spüren. In amerikanischen Zeitungen hatten wir mehrfach von solchen Bemühungen gelesen. Ob es hier genauso war wie bei uns zu Hause, und nur Verbote wirksam waren? Aber vielleicht wagte man auch nicht, sie auszusprechen. Von vielen Seiten kamen Pärchen, auch ältere Leute und junge Soldaten, erstaunlich viele mit Schlagseite, aus den Tanzlokalen, die anscheinend gerade zumachten. Überall standen parkende Wagen bereit, und oft wurde mit viel Gas losgefahren.
Vor einem Lokal, das von außen einen recht guten Eindruck machte, konnten wir beobachten, daß die jungen amerikanischen Soldaten wohl noch nicht den richtigen Benimm gelernt hatten. Viele junge Damen, ob in Begleitung oder ohne, die sich auf die Straße wagten, wurden von herumstehenden Soldaten fast unterschiedslos angesprochen, manchmal sogar angefaßt und zum Mitkommen aufgefordert.
Unser Kavaliersgeist fühlte sich hier gefordert – aber schließlich erschien ein Polizist und trat als Beschützer auf.
Auffallend waren auch die vielen angetrunkenen und lallenden Mädchen. Dabei sahen sie recht hübsch aus und waren auch gut angezogen. Viele Pelzmäntel waren dabei, und doch konnten sie nicht verbergen, daß sie ganz schön geladen hatten. Kein gutes Bild. – Aber vielleicht lag es auch nur an der Uhrzeit.
Am besten kamen wir über die Situation, wenn wir uns als erhabene »Asketen« benahmen. Das hinderte uns aber nicht, die Nasen an einigen Scheiben platt zu drücken, um einmal in so ein Lokal Einblick zu bekommen. Zum Teil wurde noch getanzt, und an der Bar herrschte Hochbetrieb: »Mensch Hinnerk, wenn wir bloß ein wenig von dem Geld hätten,

mit dem die da drinnen um sich werfen, dann würden wir auf einen Omnibus steigen!«

Durch die Straßen fuhren nämlich auch jetzt noch, zu so später Stunde, einige Omnibusse mit der Aufschrift: »Utica, Albany«. Da wären wir schnell vorwärts gekommen.

Bei einem Schutzmann, der an einer Brücke den Verkehr regelte, überquerten wir die Straße. Sehr argwöhnisch sah er uns nach; hätten wir die Zusammenhänge gewußt, wären wir bestimmt nicht so dicht an ihm vorbeigegangen. Wir schrieben diese besonderen Blicke unserer äußeren Aufmachung zu, die hier in der Samstagsnacht schon ihresgleichen suchte. Overalls mit umgehängten Arbeitstaschen!

Hinter der Brücke begegneten wir wieder einer Gruppe angetrunkener Soldaten. Ihre neuen Uniformen aus gutem Khaki-Stoff paßten gar nicht zu ihrem Gegröle. – Als wir uns durch sie durchdrängen mußten, stieß ich aus Versehen – oder war doch etwas Absicht dabei – mit meiner schweren Tasche einem Soldaten vor den Bauch. Die Folge war, daß wir beide unsere Schritte ganz schnell beschleunigen mußten. Die waren streitsüchtig, der ganze Haufen drehte sich nach uns um und schimpfte hinter uns drein! Doch dabei blieb es. Das hätte uns gerade noch gefehlt: In einen Streit verwickelt werden! – Wie schön war es doch, daß diese Burschen nicht wußten, daß wir englische Schimpf-Ausdrücke auf unseren Schulen nicht gelernt hatten!

Auf der anderen Seite des soeben überquerten Platzes stand eine Frau in den Vierzigern, die sehr mißbilligend zu den hinter uns nachschimpfenden Soldaten hinübersah. Diese Gelegenheit benützten wir und fragten gleich nach dem Weg zum Bahnhof. Hinnerk hatte eine gute Nase gehabt. Wir waren auf dem rechten Weg. Jetzt waren wir dem Heulen der Lokomotiven schon so nahe, daß wir dem Gehör nach gehen konnten. Von einer Schranke aus, die gerade geschlossen war, sahen wir ein Gebäude, das wir als Güterbahnhof einstuften.

Die eigentlichen Gleis- und Verschiebeanlagen befanden sich in einiger Entfernung zu unserer Linken. Als die Schranke hochgegangen war, wagten wir uns sehr vorsichtig über die Geleise voran. Immer wieder begegneten uns Eisenbahner, und bei den vielen Lampen herrschte gute Beleuchtung. Man mußte sehr aufpassen, damit nicht einer dieser Leute einen womöglich am Gesicht als Fremden erkannt hätte.

Ab und zu ließ sich dies jedoch nicht vermeiden, aber wir erregten kein Aufsehen, jetzt paßte unsere Kleidung wieder 100prozentig.

Hinnerk sprang vor Freude fast in die Luft, als er die Ausmaße des Verschiebebahnhofes sah. Hier standen wenigstens 15 Güterzüge nebeneinander, zum Teil unübersehbar in der Länge, zum Teil waren es nur mehrere Wagen, die zusammengekoppelt waren. Manchmal befanden sich die Lokomotiven an diesem Ende, manchmal am anderen! Züge mit Schlußlicht, und auch ohne! Diesen Betrieb kannte ich! Hoffentlich hatten wir Glück!

Laut Karte bestand die Möglichkeit, in fünf verschiedene Richtungen zu fahren, wir wollten aber nur eine bestimmte Richtung: die nach Utica, Albany, New York. – Wie konnte man die aus diesem Wirrwarr ausfindig machen? – Das würde eine Heidenarbeit sein! Mir kamen Bedenken, warum hatte ich der Karte nicht gleich geglaubt!

Aber bei einer Stadt von ca. 40 000 Einwohnern hätte ich nie einen so großen Güterbahnhof erwartet. Nun übertrafen die Tatsachen alle Vorstellungen.

Die Schienen führten auch innerhalb des Stadtbezirkes in vielfachen Bögen durch die Gegend. Den Geleisen allein war es auch mit genauer Kenntnis der Himmelsrichtungen nicht anzusehen, zu welchen Städten sie führten.

Die einzige Methode, den richtigen Zug zu finden war, die vielen Anschriften auf den angeklebten Zetteln zu lesen. Hierzu hatten wir wenigstens Hinnerks Feuerzeug.

So turnten wir also über und unter Kühlwagen, Fruit-Cars, hohen und niederen Stückgutwaggons, an Benzintankwagen herum, an allen möglichen Wagenkonstruktionen suchten wir nach den entsprechenden Zetteln.

Diese Wagen standen zwar gelegentlich, waren aber dauernd in irgendwelche Rangierbewegungen verwickelt. Nein! Hier schien überhaupt eine Sauwirtschaft zu herrschen! – Viele Wagen besaßen überhaupt keine Zettel. Wo aber solche angebracht waren, hingen auch noch zahlreiche andere, die wohl vor einem Monat noch ihre Gültigkeit gehabt hatten. Die neuesten oder neueren waren nur daran zu erkennen, daß das Papier weniger ausgebleicht war. – Dazu muß man sich als Lichtquelle ein Feuerzeug vorstellen, bei dem nicht nur alle Augenblicke der Sprit ausging, sondern das auch immer wieder vom Wind ausgeblasen wurde.

Mit den mannigfachen Kreidebeschriftungen an den Wagenwänden kamen wir erst recht nicht klar.

Doch hatte man mal so einen Zettel, der neu zu sein schien, dann kam be-

stimmt ein Bahnbeamter zwischen den Wagenreihen entlang, und wir konnten unter mehreren Zügen durchkriechen, um an einer sicheren Stelle weiterzusuchen.
Dabei mußte man auf der Hut sein! Wenn es das Unglück wollte, fuhr mitten im dem gerade bewegungslosen Haufen abgestellter Wagen plötzlich eine Reihe an. Da man bei den engen Schluchten zwischen den Wagen keine Lokomotive sehen konnte, mußte man sich darauf verlassen, das Klappern der Wagenpuffer rechtzeitig zu hören. Das gab natürlich oft auch blinden Alarm! Erschreckt sprang man unter dem Wagen hervor, und der Zug nebenan fuhr los!
Dabei wurden wir so hin und her gehetzt, daß wir uns einmal beinahe verloren hätten.
Als wir gerade auf die Kupplung eines Tankwagens kletterten, wäre ich fast unter die Räder gekommen. Der Wagen knallte plötzlich los, ich rutschte mit den Gummisohlen auf dem vereisten Eisen aus, blieb aber mit dem Ärmel am Wagenunterbau hängen – ich wurde schon erbarmungslos mitgeschleift, da zog mich Hinnerk hoch!
Nach zwei Stunden vergeblicher Arbeit, die auch unsere körperlichen Kräfte bis zum äußersten beansprucht hatte, waren wir mal wieder völlig durchgeschwitzt. Wir beschlossen, ans südliche Ende des Bahnhofes zu gehen, um dort einen ausfahrenden Zug abzuwarten. Entweder fuhr der nach Rochester oder aber nach Utica, dabei wäre Rochester nicht gerade erwünscht gewesen, aber auch nicht außerhalb unserer Reichweite.
Schön gedacht! Wir fuhren mit etwa vier verschiedenen Zügen, deren Lokomotiven alle gen Süden zeigten. Sie dampften alle lustig aus dem Wirrwarr hinaus, um dann auf ein anderes Gleis zu wechseln. Danach fuhren sie alle seelenruhig rückwärts mitten hinein ins Durcheinander. Runter! Der nächste Zug dampfte gerade drei Geleise weiter ab! Aber der machte es genauso! Wir waren sowohl seelisch als auch körperlich nicht weit vom Ende!
Wieder sprangen wir auf, nochmals vertrauten wir uns einem solchen Heimtücker an! Er hatte Schlußlichter gesetzt und war schon weiter vorgestoßen als alle anderen. Auf einer Kupplung stehend befanden wir uns ungefähr in Zugmitte. – Das Tempo wechselte zwischen Radfahrer- und Fußgängergeschwindigkeit. Besonders vielversprechend sah das nicht aus! Doch wir blieben drauf und waren auch schon außerhalb der Stadt. Da schien die erste Station auf der Stecke zu kommen. Ein Weichenwärterhäuschen kündigte sie an. Also ging es doch weiter! Unser Zug hielt.

Genau am Wagen hinter uns machten sich einige Leute zu schaffen. Wir mußten sehr aufpassen.
Doch weiter ging's, vorsichtig schaute ich nach hinten. Wo blieben die Leute? Da hatten wir die Bescherung. Die hatten den Zug hinter uns einfach abgehängt und standen jetzt auf dem gleichen Wagen wie wir. Sie hinten, wir vorne auf der Leiter.
Wieder rangierte der Zug! Beim ersten Halt machten wir, daß wir vom Ende weg mehr nach vorne kamen. Diese Nachbarschaft war unerwünscht.
Wir rannten nach vorne. Der Zug fuhr bereits langsam an, und es machte schon Mühe, Schritt zu halten, da kam ein Wagen mit offener Schiebetüre. Ich hängte mich am Wagenboden an und wälzte mich hinein. Dazu brauchte ich alle Kräfte! Wir waren wirklich schon fürchterlich schlapp! Gerade sah ich mich im Inneren um, da hörte ich Hinnerk rufen! Der hing verzweifelt am Boden und strampelte mit den Beinen ins Leere. Er kam nicht hoch! Es war nicht nur Schwäche, sondern seine Überhose hatte sich beim Oberschenkel an einer Strebe des Unterbaus verfangen. Nun lag er bis zum Bauch im Wagen, der Rest hing draußen, und er mußte dauernd die Beine anziehen, um nicht geschleift zu werden. Ich legte mich neben ihn auf den Boden und versuchte, die Hose zu lösen. Doch dazu reichte die Zeit nicht mehr. Hinnerk verlor die Kräfte, er konnte sich nicht mehr halten. Es wurde »höchste Eisenbahn«! Ich ergriff seine Arme und machte Tauziehen. – Die Hose schlitzte auf, aber er war drin!
Das hätte man alles noch »nehmen« können, wenn kurz danach der Zug nicht schon wieder gehalten hätte. Doch wir hatten jetzt ein gutes Versteck, setzten uns in die dunkelste Ecke und harrten der Dinge, die da kommen würden.
Mehrmals fuhren wir in verschiedene Richtung hin und her, der Zug rangierte wieder einmal. Doch das machte nichts aus, wenn es nur weiterging.
Doch das Anfahren ließ diesmal verdammt lange auf sich warten. Wir standen nun schon bald fünf Minuten. Um uns herum herrschte verdächtige Stille.
Vorsichtig schaute ich aus der Tür: »Hinnerk, halt dich fest, so etwas von Gemeinheit hast du noch nicht erlebt!« Das war wirklich Anlaß zum Lachen, zu einem ganz traurigen Lachen. Konnte es so etwas überhaupt geben?
Unser Wagen stand allein auf weiter Flur. Hinten nichts, vorne nichts!

Wir waren auf ein Abstellgleis geschoben worden. In der Umgebung standen noch andere verlassene Zugreste. Fern am Horizont dampfte die Lokomotive gemütlich wieder in die Stadt zurück.
Aussteigen und nachsehen, was aus der Situation zu machen sei, war eine schwere Pflicht. Anscheinend handelte es sich hier um einen Abstellplatz für leere Wagen, die hier draußen wohl weniger im Wege waren. Wir schätzten, daß wir ungefähr 6 km außerhalb von Watertown waren. In der näheren Umgebung stand nur das blecherne Weichenhäuschen. Was tun?
Weiter nach einem Zug zu suchen, kam nicht mehr in Frage! Wenn einen das Pech einmal so deutlich erwischt, versucht man es an einem solchen Tage besser nicht mehr. Außerdem war es mindestens 4.00 Uhr morgens.
Wir spähten durch die Nacht. An dem ansteigenden Gelände, weiter weg, entdeckten wir einige dunklere viereckige Flecke, die ein Gehöft sein konnten.
Der Zaun am Bahndamm war schnell überstiegen, aber dann folgte wieder diese elende Waterei durch tiefen Schnee. Wenigstens war sie nicht auch noch umsonst! Es handelte sich um eine große Scheune mit Stallungen und Anbau. Das Wohnhaus stand weit genug ab. Ein Hund machte sich auch nicht bemerkbar.
Wir strichen um die Scheune, und Hinnerk versuchte ein Tor zu finden, das man von innen wieder schließen konnte. Dabei gerieten wir in dem Anbau an der Scheune in einen kleinen Raum. Der Schnee lag zentimeterhoch auf dem Fußboden. Ich verstand nicht, was Hinnerk hier zu suchen hatte!
Doch plötzlich hob er einen großen rechteckigen Blechdeckel vom Boden, und siehe da! Zwei riesige Milchkannen schwammen darunter in einem Wasserbottich. Auf diese Art wurde ihr Inhalt vor dem Frost geschützt.
Eine war ganz voll, die andere zur Hälfte! Wir waren gleich mit unserem Milchbecher zur Hand und schöpften vorsichtig aus der vollen Kanne. Oben schwamm reiner Rahm!
Doch das Getränk war heute leider sehr kalt. Wir brachten es daher nur auf die Leistung von drei Dosen pro Mann.
Nachdem wir diese »Milchstube« von außen wieder verriegelt hatten, wollte ich doch mal nachsehen, ob das leise Surren, das dauernd zu hören war, tatsächlich von dem drüben beim Haus stehenden Wagen stammte. Auf leisen Sohlen schlich ich an den Wagen. Tatsächlich, der Motor lief!

Fast geräuschlos, nur aus dem Auspuff züngelte ein leichter Hauch! Durch die Rückscheibe war zu sehen, daß das Instrumentenbrett beleuchtet war. Wenn hier die Tür zu öffnen war, würden wir diese einzigartige Gelegenheit sofort benützen.
Hinnerk wartete hinten am Scheunentor. Gerade wollte ich ihn leise heranrufen, da regte sich etwas im Auto. Mein Gott! Da saß einer über dem Steuer hängend und schlief!
Wie vom Blitz getroffen, war ich weg – leise – doch ausgerechnet jetzt mußte Hinnerk rufen: »Na, was ist los?« Mir stockte fast der Atem. »Uli, was ist los?« Nochmals und lauter. Aber jetzt war ich wieder bei ihm: »Mensch! Sei bloß ruhig, da hockt einer drin!« Das brachte auch ihn in nicht geringe Aufregung. Was hatten wir vorhin beim Öffnen der Milchstube einen Krach gemacht! Doch der rätselhafte Schläfer schien sehr müde zu sein, er rührte und regte sich nicht. Auch wir waren zu müde, um eine andere Unterkunft zu suchen.
Da wir keine Tür fanden, die man von innen wieder verschließen konnte, öffnete Hinnerk einfach das doppelte Scheunentor, das sich ganz geräuschlos in den wohlgeschmierten Angeln drehen ließ. Das Außentor ließen wir angelehnt. Schließlich würde es auch hier mal vorkommen, daß jemand vergaß, das Tor ganz zu schließen. Deswegen brauchte der Bauer noch lange nicht auf Einbrecher zu tippen.
Drinnen im Stall war es wieder herrlich warm. Diesmal war er sehr geräumig. Wir fanden sogar eine elektrische Milchmaschine. Das war sicher eine moderne und größere Farm. Auf den Heuboden führte eine Treppe. Der Heuhaufen selbst war weniger günstig. Wir mußten unser Loch wieder von oben her anlegen.
Ich hatte großes Verlangen nach etwas Warmem. Während ich am Loch weitergrub, verschwand Hinnerk mit dem Becher nach unten, um Melkversuche anzustellen.
Noch keine 5 Minuten waren vergangen, da kam er aufgeregt zurück: »Uli, ich habe Lauge getrunken!« – »Was hast du?« – »Ja, ich sah unten bei der Melkmaschine einen Kübel voll weißer Flüssigkeit stehen, dachte, es sei Milch, oder, weil es so ölig war, gar Rahm, und habe aus dem Becher einen kräftigen Schluck getrunken! – Es ist aber so eine Flüssigkeit, womit man die Saugnäpfe vorn an den Schläuchen einschmiert. Ich kenne das Zeug von zu Hause!« »Weißt du bestimmt, daß es Lauge ist?« – »Nein, aber ich habe sofort erbrochen und nun feuert mir der ganze Rachen!«
Ich überlegte: War es Lauge, dann mußte Hinnerk sofort zum Farmer ins

Haus gebracht werden. Dann mußten wir eben unsere Ausweise versuchen! – Aber schmierte man Saugnäpfe, die mit dem Euter in Berührung kamen, mit ätzender Flüssigkeit ein? – »Sag mal, kommen die Teile, die mit dem Zeug eingeschmiert werden, ans Euter?« – »Ja! Die Flüssigkeit dient zum Abdichten der Saugansätze!« – »Dann ist es auch keine Lauge, und du brauchst nicht so viel Angst vor inneren Verbrennungen zu haben!«

Wir hofften nun beide, daß Hinnerk keinen schweren inneren Schaden erlitten hatte, wir wollten erst einmal abwarten. Man wußte ja, daß er seinem Magen nicht so viel zumuten durfte. Als das innere Brennen doch nachließ, ging er nochmals nach unten, um aus einem vorher aufgespürten Hahn Wasser zu trinken.

Diesmal kam er gesund und munter zurück und brachte mir sogar einen Becher warmer Milch mit. Er habe gemolken und getrunken. Alles sei wieder in Ordnung. Das Loch war bald fertig, und wir legten uns hinein. Mit dem Vorsatz, morgen so lange Richtung Utica zu marschieren, bis wir den ersten Bahnhof »auf Strecke« erreichen würden, begannen wir unseren Zitterschlaf.

Wie spricht man in Amerika »Karthago« aus?

Als wir uns hinlegten, mußte es doch etwas später gewesen sein. Wir waren kaum eingeschlafen, da begann unten schon das Rumoren. Der Sonntag war angebrochen.

Unten wurde gemolken! Diesmal hörte man das Scheppern der Melkmaschinerie. Nach einiger Zeit wurde alles wieder still, und wie üblich krochen wir ins Freie, um uns umzuziehen und zu essen. Hinnerk holte das Nähzeug heraus, um seine Hose zu flicken. Er war erfreut, daß das Loch genäht werden konnte, setzte sich ins Heu und fing an einzufädeln.

Ich mußte einem Bedürfnis nachkommen und saß in einer Ecke, da rief Hinnerk aufgeregt: »Uli, ganz schnell! Da kommt einer!« Die Tritte waren schon auf der Treppe zu hören, ich brachte kaum die Hosen hoch, schnappte die herumliegende Kleidung und alle Ausrüstung und sprang hinter Hinnerk ins Loch.

Der überraschende Besuch öffnete bereits die Tür, die zum Dachboden führte, da verschwand erst mein Kopf.

Als er von innen die Tür zuzog, entstand so viel Krach, daß ich noch zwei bis drei Hände voll Heu über unsere Köpfe ziehen konnte. Doch lagen wir sehr hoch in unserem Versteck. Unter uns lagen ja die schnell hineingestopften Klamotten. Zurechtrücken konnte man nichts mehr, jede weitere Bewegung war unmöglich, das trockene Heu raschelte viel zu sehr! Wir konnten nur noch hoffen!
Hatte der Bursche etwas gehört? Er stocherte mit der Gabel vorne am Haufen herum, brummte irgend etwas, obwohl er doch allein war, und stieg dann den Heuberg herauf.
Jetzt wurde es gefährlich! – Solange er im Heu watete, konnte Hinnerk mir noch zuflüstern: »Gegen Stiche Arme über den Kopf!«
Aber das war leicht gesagt, dazu mußte ich erst mal eine halbe Umdrehung machen. Da! Der Mann hatte wohl etwas Verdächtiges gehört, er hielt inne und horchte! Wir hielten den Atem an.
Nun fing er genau bei uns an abzuräumen! Pfeifend fuhr die Gabel keinen halben Meter neben meinem Kopf ins Heu. Hinnerk lag unter mir und hatte die Arme über dem Schädel gefaltet. Bei mir wurde es immer unangenehmer – aber bei jedem Stich raschelte es, und ich konnte »mitrascheln«. Nach drei Gabeln hielt auch ich meine Arme zum Schutz verschränkt im Nacken oberhalb des vorwärts eingezogenen Kopfes.
So war das erträglicher, aber es blieb eine Nervenanspannung bester Sorte! Hinnerk zog sich an meinem Bauch entlang immer mehr zusammen. Ich wunderte mich nur, wo er den Platz nach unten fand. Aber ich kam und kam nicht tiefer.
Offensichtlich lag rund um unser Loch ein ziemlicher Wall von Heu, denn die Gabel umkreiste Stich für Stich unseren Kessel.
Wäre der Knecht, vielleicht war es auch der Bauer selbst, nur einmal einen Schritt vorgetreten und hätte sich in die Mulde gestellt – oder er brauchte nur einmal die Gabel in die Mitte zu stecken –, dann wäre ihm dieser Sonntag gründlich verdorben gewesen. Über unseren Köpfen war das Heu so dünn, daß wir von unten das Dach sehen konnten.
Doch alles hat mal ein Ende! – Ohne uns zu stechen und ohne zu erschrecken, watete unser Psycho-Peiniger auf die Dielen hinunter, warf das Heu durch eine Falltür nach unten in den Stall, um kurz danach durch die obere Türe und dann ganz aus der Scheune zu verschwinden.
Glück muß man haben! Das war ein gutes Zeichen für den weiteren Verlauf unserer Flucht. – Die Glücksgöttin, die uns gestern abend so schnöde behandelt hatte, wollte sich heute offenbar mit uns versöhnen.

Während wir uns tagsüber ernährten, nähten und uns sogar im Stall wuschen, machten wir weitere Pläne. Heute war Sonntag! Sollten wir es wagen, in dieser Kleidung heute abend den Weg durch die Stadt zu erfragen? Zur Debatte stand, ob wir die Arbeitsanzüge verpackt mitnehmen konnten, wobei jedoch beim »Hinliegen« unsere normale Kleidung so vereisen und durchnässen würde, daß wir sie nie wieder trocken bekommen würden. Unsere »Overalls« waren seit der Böschung am St. Lorenz nie wieder ausgetrocknet. Nachts im Heu tauten sie auf, und sobald wir damit ins Freie kamen, froren sie wieder steif.
Schlimm war auch, daß wir ganz wunde Finger und Hände hatten. Frost, Nässe und der Heustaub hatten sie völlig schwarz, rissig und entzündet werden lassen. Selbst die Fettcreme half nicht mehr. An die Blasen an Füßen und Zehen dachten wir schon gar nicht mehr.
Mit solchen Fingern war es schon bei Scheunentemperatur nicht leicht, sich umzuziehen, unterwegs bei Kälte, steif gefrorener Überkleidung und klammen Fingern würde das sicher nicht rasch, vielleicht überhaupt nicht zu bewältigen sein. An ein Verpacken der steifgefrorenen Overalls war nicht zu denken.
Andererseits wurde man beim Fahren per Güterzug so rußig und schmierig, daß wir ohne Überanzug unsere Kleidung für dauernd versauen würden, schließlich wollten wir damit ja in New York »auftreten«. Also wegwerfen durften wir unsere »Arbeitskleidung« auch nicht.
Hinnerks Vorschlag, einen Ruhetag einzulegen, lehnte ich ab. Wir hatten noch Verpflegung für ca. vier Tage und hätten uns hier zusätzlich mit Milch und Rahm ernähren können. Aber bei dieser Kälte nahmen die Körperkräfte auch während eines Ruhetages weiter ab, und wer konnte wissen, was uns in New York noch alles bevorstand, bis wir Fuß gefaßt hatten.
So entschieden wir uns denn, im Overall als Eisenbahner zu gehen, die, vom Bahnhof kommend, nach Dienstschluß nach Hause gingen. Das paßte allerdings nicht sehr gut zu dem Vorsatz, den Weg Richtung Carthago – Utica zu erfragen, wenn jemand der Story auf den Grund gehen sollte.
Jedoch, da die Eisenbahnen hier wie überall auf der Welt natürlich auch sonntags fuhren – warum sollten wir uns nicht im schmierigen Arbeitsanzug durch die Straßen wagen?
Im Verlauf des Tages stellten wir erstens fest, daß der geparkte Wagen verschwunden war, und zweitens daß die Straße, die von der Farm Richtung

Watertown führte, zwar geräumt war, aber kaum benutzt wurde. Wir wagten es deshalb heute schon, vor Einbruch der Dunkelheit aufzubrechen.

Wir konnten den Scheunenboden diesmal durch ein seitliches Tor verlassen, das zu ebener Erde, oberhalb des Viehstalls, hinaus auf die Straße führte.

Doch kaum waren wir im Freien, da bekam Hinnerk plötzlich starkes Nasenbluten! Schon den ganzen Tag über hatte er geklagt und sich gefragt, ob es nur sein Magen war, oder ob doch die »Lauge« eine Vergiftung verursacht hatte. Er hatte sogar davon gesprochen, ich solle allein weitermachen, falls er wegen Krankheit ausfalle.

Hoffentlich kam diese Entscheidung nicht auf mich zu! – Während des Nasenblutens kam es wieder: »Hoffentlich hält mein Magen durch, hoffentlich!« Wenn er so klagte, dann gab es dafür besondere Gründe.

Ich rieb seinen Nacken mit Schnee ein – er hing vornübergebeugt am Straßenrand –, bis das Bluten aufhörte. Danach sah er nicht gerade niedlich aus. Ich mußte ihm das Gesicht, wie einem kleinen Kind, mit Taschentuch und Spucke putzen. Schnee durften wir auf der gesprungenen Gesichtshaut nicht verwenden! Man hatte schon seine Plage!

Endlich wurde unsere Fortbewegung wieder stetig. Schon erreichten wir einige außerhalb der Stadt stehende Häuser. Einige Kinder, die uns, von der Stadt herkommend, begegneten, fragte ich, ob sie wüßten, wie wir nach Carthago kämen.

Aus unseren Karten hatten wir nämlich entnommen, daß die erste in Frage kommende Eisenbahnstation Richtung Utica »Carthago« hieß.

Ich erinnerte mich auch genau, daß als ich die Karte aus dem Atlas abzeichnete, auf einem Blatt Carthag[o], auf dem anderen Carthag[e] gedruckt war.

Noch in der Scheune hatten wir uns lange darüber unterhalten, wie das ausgesprochen würde und welche Schreibweise die richtige sei.

Unserer Meinung nach kamen drei Lösungen in Frage: Bei gebildeten Leuten würde man sicher Carthago schreiben und es dann wie im Lateinischen aussprechen. Wenn die Stadt Carthage hieß, dann sprach man es wohl »Kartheige« aus. Schrieb man es Carthago und waren die Leute ungebildet, dann würden sie sicher »Karteiga« sagen.

Der goldene Mittelweg schien zu sein, die letzte Aussprache etwas zu modifizieren, also »Kärteiga«.

Doch die Kinder sahen uns nur erstaunt an, und ein Junge klärte die Lage,

indem er sagte, daß diese Straße nach Watertown führte. Lag der Fehler nun an unserer Aussprache, oder war der gewählte Ort zu klein, um bekannt zu sein?
Wenn irgend möglich, wollten wir versuchen, die Stadt zu umgehen. Wir vermuteten, daß wir uns irgendwo am Südrand befanden, und es erschien unsinnig, erst in die Stadt Richtung Norden zu gehen, um dann später wieder gen Südosten abzuzweigen.
Unerschrocken ging ich durch den Vorgarten an eines der Häuser heran, während Hinnerk auf der Straße wartete. Jetzt wurden Erwachsene befragt!
Ich klopfte an die Glastüre! Ein etwas korpulentes Mädchen, etwa 20 Jahre alt, trat heraus. Höflich fragte ich, ob sie mir sagen könnte, ob ich von hier aus, auf einer abzweigenden Querstraße, die Hauptstraße nach Kärteiga erreichen könne. – »Nein!« Davon wüßte sie nichts. Sie rief nun einen jungen Mann herbei, der Bruder oder Gatte sein konnte, aber auch der kannte keinen solchen Weg. Beide machten lediglich große erstaunte Augen.
Die nächste Station an der Strecke war Lowville, aber auch die war unbekannt. Nach diesem Ort fragte ich aber weniger gerne, denn man konnte nie wissen, ob die Autostraße nach Lowville den Ort Carthago überhaupt berührte, und nach der Stadt Lowville selbst war die Entfernung für die uns verbliebenen Kräfte zu groß.
Hätte ich nach Utica gefragt, wäre mir bestimmt geantwortet worden, aber damit ging ich ein noch größeres Haardspiel ein, denn wir wollten ja zu der Bahnstation in Carthago. Die würde heute nacht innerhalb unserer Reichweite liegen. Dort wollten wir rechtzeitig ankommen, um noch einen Zug zu erwischen. Ich bedankte mich und sagte, daß ich nun eben in die Stadt gehen müßte, um dort den richtigen Weg zu erfahren.
Es blieb uns also nicht erspart, in den Trubel zurückgehen zu müssen. Abwechselnd fragten wir jedes Kind ab etwa 10 Jahren, wo der Weg nach Kärteiga, Kärß[th]eiga, oder Kartago führte, noch immer hoffend, die Stadtmitte vermeiden zu können. Aber es half nichts, niemand kannte das Nest.
Als wir uns allmählich der Stadtmitte näherten und noch nirgendwo einen Wegzeiger gefunden hatten, beschloß ich, wieder Erwachsene zu fragen. Beim Fragen blieb immer einer von uns zurück und ließ den anderen allein. Als nächstes wollte ich den Fahrer eines Autos befragen. Der würde die Straßen und die Richtungen sicher kennen.

Als wir bei zwei zusammengestoßenen Autos einen Polizisten sahen, sagte ich auf englisch zu Hinnerk: »Wenn der nächste Zivilist nichts weiß, frage ich einfach die Polizei!«
Hinnerk meinte, die Umgebung von gestern her wiederzuerkennen. Er behauptete, die jetzige Straße seien wir schon einmal gegangen.
Soeben hielt neben uns am Gehsteig ein dunkelblauer Wagen. Ein Mann im Pullover mit auffallenden Augen stieg aus und kreuzte vor uns den Bürgersteig. – Das war mein Autofahrer. Ich holte ihn ein und rief: »I beg your pardon!« Er hielt an, und ich fragte: »Where is the highway to Kärteiga please?« – Er schien ganz verdattert, trotzdem ging ein seltsames Leuchten über sein Gesicht und er brachte kaum etwas heraus: »I ... I don't know!«
Dann ging er hastig weiter zu einer Tür, die wohl in eine Bar führte. Hinnerk schloß auf zu mir: »Uli, der hat etwas gemerkt!« – »Meinst du?« – »Ja, hast du nicht das komische Aufleuchten in seinen Augen gesehen?« Das war mir auch aufgefallen, aber ich hielt den Mann wegen der auffallenden Augen entweder für angetrunken oder menschenscheu. Allerdings: irgend etwas stimmte da nicht!
Hinnerk war noch nicht zufrieden: »Der hat vor der Tür kehrtgemacht und ist wieder in den Wagen gestiegen, laß uns schnell um ein paar Ecken herum abhauen!«
Das war nun doch erstaunlich, was sollte das? – Nach wenigen Schritten gingen wir jetzt sowieso im Menschengedränge unter, das vor einem großen Kino auf der anderen Straßenseite herrschte. Wir kamen in diesem Gedränge kaum noch voran. – Der Mann hatte sicher zum Sonntagabend noch einen gehoben, überall herrschte Feiertagsstimmung.
Zwei Jungs im Alter von 16–18 Jahren begegneten uns. Sie machten den Eindruck von Oberschülern und schienen für Auskünfte geeignet.
Sicher hatten die er der Schule Latein, vielleicht klappte es so. – Wieder fragte ich nach Kärteiga und Lowville. – »Hey! You mean Cärß[th]itsch – Lowville! That's highway number 12!« Unsere Vermutung stimmte, die Burschen hatten Lateinunterricht und verstanden deshalb unsere falsche Aussprache. Vielleicht hatten wir diese Aufklärung aber auch der Hinzufügung von Lowville zu verdanken. Auf jeden Fall kannten wir jetzt die richtige Aussprache. »Kärßitsch« war wirklich völlig unklassisch! Daß das alte Karthago einmal so ausgesprochen würde, hätten sich selbst die alten Römer nicht einmal in ihren kühnsten Träumen vorgestellt – geschweige denn wir!

Die Jungs waren sehr hilfsbereit, trotz unseres schmuddeligen Anzuges zeigten sie auf eine Straßennummer an einer Laterne. Wir hatten sogar das Glück, daß da »12« stand und wir damit schon auf dem richtigen Weg waren. Sie sagten noch, daß es am Ende dieser Straße nach rechts ginge. – Wir bedankten uns höflich und gingen aufatmend weiter. Gegenüber spielte man einen neuen Fliegerfilm »The Lion Has Wings«, die Leute standen Schlange vor dem Kino.
Wir beide waren erstaunt, daß dieser englische Fliegerfilm jetzt schon hier gezeigt wurde, wo wir kurz vorher im Lager noch gelesen hatten, daß an der »Front« daran noch gedreht würde.
Der Fußgängerverkehr war aber so stark, daß keine rechte Unterhaltung aufkam. Wir waren auch gerade zu faul, eine Konversation auf Englisch zu führen.

Waterloo ... at Watertown ...

Gerade waren wir über eine Querstraße gegangen und hatten festgestellt, daß wir noch nicht abzweigen mußten, da ertönte dicht hinter uns das Heulen einer Autosirene.
Ein Polizeiwagen schoß hinter uns über die Kreuzung! Aha, dachte ich, da sind wir gerade an der richtigen Stelle, um eine echt amerikanische Verbrecherjagd zu erleben.
Es schien so, als ob sich die Angelegenheit in unserer Umgebung abspielen würde! – Genau wie Hinnerk sah ich mich erstaunt um, ob da etwa jemand zu laufen anfangen würde, oder ob sich sonst verdächtige Dinge entwickelten.
Uns konnte das nicht gelten!
Der Wagen schoß zielbewußt heran, ein uniformierter Polizist hielt, noch im Vorbeifahren, die schußbereite Pistole aus der leicht geöffneten vorderen rechten Wagentüre heraus. – Wem galt das bloß?
Ein schrilles Pfeifen! Alle Räder rutschten auf dem Schnee und Eis! Aus hoher Fahrt heraus schleuderte der Wagen genau neben uns gegen den Bordstein! – Was war da passiert? – Um uns herum regte sich nichts Besonderes, obwohl es geradezu vor Leuten wimmelte. Vielleicht sahen wir den Übeltäter nicht? Doch schon schlich das erste harte Schlucken den Hals hinunter.

Es galt uns! Aus dem noch quietschenden Wagen sprang der Polizist auf den Bürgersteig vor uns und hielt uns mit gezogener Pistole an. Jetzt nichts als Ruhe! Wir hatten ja Ausweise!
Wie die Zusammenhänge lagen, die zu dieser plötzlichen Festnahme führten, war uns unklar, aber vorläufig hieß es, nur ja nicht die Flinte ins Korn zu werfen!
»Where are you from?« fragte er. Darauf war ich nicht ganz gefaßt und stotterte: »We are from New York, we are on our way to New York!« – »City or State?« – »We are going to the port of the City of New York!« – Noch immer stotterte ich – aber auch er war über die Antwort überrascht: »What do you mean? To the port? What's the matter with you?« – Nun hatte ich mich gefangen: »Wir sind zwei Seeleute, die am 15. Januar im Atlantik torpediert wurden! Wir haben auf dem Land Arbeit gesucht, aber nichts gefunden. Jetzt wollen wir eben wieder auf einem Dampfer anheuern, denn unser Geld ist aus!« – »Waas? Ihr seid keine Deutschen?« – Hinnerk fing schon an, unsere Unschuld zu beteuern, da konnte ich ihm gerade noch ins Wort fallen: »Germans! How should we?« – Er sah uns prüfend an. »You know, what I mean!« – »Aber warum?« gab ich zurück. »Er ist Niederländer, und ich bin Schweizer, und wir sind beide auf einem englischen Schiff gefahren!« – Unsere ruhigere Aussage zeitigte gewisse Anfangserfolge.
Er frage nach unseren Papieren, und wir wollten sie herausziehen. Inzwischen dauerte die Geschichte jedoch dem Fahrer des dunklen Polizeiwagens, einem Zivilisten in Pullover und auffälligen Augen, zu lange. Er mischte sich glatt ins Gespräch und schnauzte den Uniformierten an. Dieses Verhalten löschte die Vermutung wieder aus, bei dem Fahrer handele es sich um den vorhin angesprochenen Mann. Dieser Kerl hier benahm sich, wie wenn er bei der Polizei etwas zu sagen hätte. Wahrscheinlich handelte es sich um einen »plainclothman« [Polizisten in Zivil].
Er erklärte unserem Uniformierten, er solle bloß die Pistole wieder ziehen und aufpassen, was wir aus den Taschen ziehen könnten! Er wisse genau, wen er vor sich hätte. Wir würden jetzt auf die Polizeistation gebracht! Verdammt nochmal! Das roch nach Ende!
Bei vorgehaltener Pistole mußten wir auf die Rücksitze des Wagens steigen. Als die beiden Türen zugeschlagen waren, gab es keinen Zweifel: wir waren wieder ergriffen worden. Unterwegs auszusteigen war unmöglich, der Wagen war nur mit Vordertüren ausgerüstet.
Nachdem wir angefahren waren, versuchte ich meinen Anzug aufzu-

knöpfen, um die Papiere herauszuholen. – Aber beide Männer waren sehr mißtrauisch, sie hatten wohl mit der von ihnen betreuten Menschensorte schlechte Erfahrungen gemacht. Das »Hände in die Taschen« hatten sie gar nicht gerne. – Sofort war ein Pistolenlauf auf mich gerichtet, und wir mußten alle vier Hände schön sichtbar, wie früher in der Abc-Schule, auf die Vorderlehnen legen.
Der Mann in Zivil fuhr, während der andere kein Auge mehr von uns ließ. Den Finger nahm er auch nicht vom Abzug. Sprechen durften wir nicht miteinander.
Bei mir ließen diese starken Vorsichtsmaßnahmen neue Hoffnungen aufkommen. Sie verwechselten uns tatsächlich mit gefährlichen Schwerverbrechern. Wenn sie uns für entsprungene Kriegsgefangene hielten, konnten sie unmöglich eine solche Angst vor versteckten Schußwaffen haben. Als ich gegen die Freiheitsberaubung protestierte, erklärte der Uniformierte, daß wir sofort wieder freigelassen würden, wenn wir uns ordentlich verhielten und unsere Papiere in Ordnung seien.
Ich wolle meine Ausweise hier und jetzt vorzeigen! – Schon wieder maulte der Fahrer dazwischen: Zuerst kämen wir auf die Wache, dort ergäbe sich alles weitere. Wir fuhren in einen dunklen Hinterhof! Die Polizeistation war ein verschachteltes älteres Gebäude.
Dort führte man uns in ein Büro, in dem ein älterer Mann an einer Schreibmaschine wartete. Er begrüßte uns mit »That's too bad boys!« Aber wir gaben uns auch nach diesem leutseligen Empfang nicht geschlagen. Zwei weitere Uniformierte erschienen. Der Mann im Pullover verschwand, angeblich um den »Chief« zu verständigen. Ich wollte dem jetzt friedfertigen »Revolver-Mann« meinen »vorläufigen Ausweis für schiffbrüchige Seeleute«, der in Boston ausgestellt war, überreichen.
Aber erst nachdem wir einer kurzen Leibesvisitation und Abtastung unterzogen worden waren, wurde der Revolver in den patronengespickten Polizeigürtel gesteckt, und der Mann nahm das auf schwarze Leinwand aufgezogene Papier entgegen.
Hinnerk wurde von den beiden anderen Uniformierten vorgeknüpft. Man verglich die auf dem Ausweis enthaltenen Angaben und die Personalbeschreibung mit uns – alles stimmte! Sogar die angeführten Narben! Man war sehr erstaunt!
Bei Hinnerk ging es schneller, er hatte bereits sein Arbeitszeugnis vorgewiesen. Das machte besonderen Eindruck! Unsere Mühe war also doch nicht ganz umsonst gewesen.

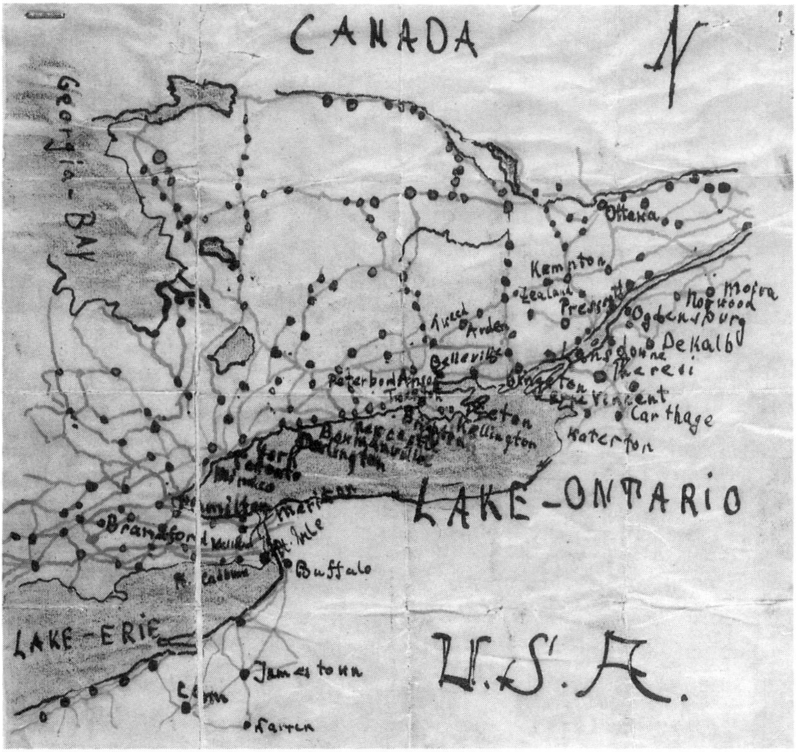

Das ist die Originalkarte, die den Kriegsgefangenen Hinrich Waller und Ulrich Steinhilper als Fluchtkarte diente, bei ihrer Flucht von Bowmanville [Ontario/Canada] nach Watertown [New York/USA]. Nach der Festnahme durch die Polizei von Watertown am 22. Februar 1942, durch Patrolman William J. McIntyre und John A. Berow, wurde sie den beiden abgenommen. William J. McIntyre, heute pensionierter Deputy Chief of Police von Watertown, korrespondiert jetzt mit Ulrich Steinhilper. Er hat die Karte über 40 Jahre in seinem alten »Report-Buch« aufbewahrt und sie am 11. November 1984 als »Steinhilper's Eigentum« per Post an ihn zurückgeschickt.

In unseren Entlassungspapieren stand zu lesen, daß der erste Offizier der »S.S. Filey Bird« [frei erfundener Name] mit den Leistungen des »Steward Obert« und dem Dienst des »Assistand Engineer Sumser« zufrieden gewesen war.
Da es sich nur um »Abschriften der Originale« handelte, war die Richtigkeit nochmals von einem Notar in Boston mit Unterschrift und Stempel versehen.

Ich zog auch mein Zeugnis hervor. Der Schwindel schien gut einzuschlagen! Doch ausgerechnet jetzt mußte der Fahrer von vorhin wieder auf der Bildfläche erscheinen! Er hielt einen Zettel in der Hand, den er mir grinsend unter die Nase hielt: »You know what I mean!« Ohne eine Miene zu verziehen las ich: Otto Steinhailer, height ..., weight ..., face ... etc, Albert Henrick Waller, height ..., weight ..., face ... etc.
Der Bursche war seiner Sache völlig sicher! Als ihm unser Polizist in Uniform beinahe schadenfroh unsere Ausweise zeigte, meinte er eiskalt: »Phony! No pictures on it!« – Doch als er feststellte, daß die Beschreibung stimmte, und als er unsere Zeugnisse in die Finger bekam, stockte auch er. – Schnell wollte ich die Situation nützen und unsere Versenkungsgeschichte vom Stapel lassen! Wie oft hatten Hinnerk und ich für ein Verhör die Zahl der Besatzungsmitglieder, Tonnage, Aufbau des Schiffes, Namen des rettenden Zerstörers, Uhrzeiten, Ankunft in Boston uns gegenseitig abgehört. Wir würden jedem Verhör standhalten, unsere Aussagen würden übereinstimmen!
Bloß: Wie erreichen, daß man uns überhaupt verhörte? Inzwischen erschien ein weiterer Mann in Zivil und untersuchte unsere Aktentaschen.
Da kamen allerhand Dinge zum Vorschein: Schokolade in Mengen, Feigen, noch etwas Hartwurst, Proviant für vier Tage! Man grinste uns an: Ob das nichts sei?
Ich kam nicht in Fluß mit meiner Geschichte, wir wurden nun einer genauen Leibesvisitation unterzogen. Sie fanden die gezeichneten Karten! – Besonders der separat gezeichnete Ausschnitt der »1 000 Islands« fand Beachtung. Man debattierte: Hier seien wir über den Strom!
Noch immer waren wir sehr verwundert und wußten von nichts. Wir zuckten mit den Achseln und konnten vor Erstaunen über die kühne Behauptung, wir seien Kriegsgefangene, nur den Kopf schütteln.
Aber als beim weiteren Ausziehen zusammen mit zwei weiteren starken Gürteln das lederne Offizierskoppel zum Vorschein kam, lachte alles laut heraus! – Ich konnte ja nicht sagen, daß ich das alles zum Unterschnallen unter einen D-Zug-Wagen vorgesehen hatte. Sie lachten uns aus!
Hinnerk sah mich fragend an: »Uli, was meinst?« – »Ich glaube, wenn wir das weiter so treiben, machen wir uns bloß lächerlich!«, antwortete ich. – Er nickte.
Schon wieder wurden wir angepfiffen. Wenn wir uns etwas zu sagen hätten, dann nur in Englisch! Ohne mit der Wimper zu zucken, gab ich einen

von Herzen kommenden Ratschlag – Auslachen konnte ich nicht vertragen: »Ihr Trottel, lernt doch selber deutsch!« Es genügte, daß Hinnerk das verstand!
Jetzt stellten wir uns: Alle verstummten sofort!
Mit feierlicher Stimme erklärte ich, daß ich nicht Paul Sumser, sondern Ulrich Steinhilper, und mein Kamerad nicht Henk Obert, sondern Albert Hinrich Waller sei!
Ein Gebrummel wie in einem Bienenhaus entstand! Bei allen anderen Anwesenden herrschte eitel Freude. – Für uns war das wieder mal das Ende! Noch nicht einmal New York hatten wir geschafft! – Was diesmal passiert war, diese Art der Festnahme, war einfach unerklärlich. Ich fragte, warum sie uns herausgefischt hatten. Der Mann in Uniform aus dem Wagen, fing bereits an: »Remember that man in the car with me . . .!
Da trat dieser Mann wieder selbst dazwischen, hieß ihn ruhig zu sein und uns keine Tips zu geben!
Gleichzeitig zog er einen Notizblock hervor und fing an, uns formell zu verhören: Name? Wir antworteten! – Woher? Bowmanville! – Wann ausgebrochen? Ich zögerte! Gerade wollte ich das Datum ausrechnen. Es war ja schon vier Tage her. Fast wollte ich mich entschuldigen, weil mir das Datum nicht gleich einfiel.
Da fuhr mich der Kerl aber an! »Wir wissen genau, an welchem Tag ihr entkommen seid! Ich möchte nur wissen, ob es Freitag nachts, oder ob es am Samstagvormittag war!« – Mir ging eine Gasfabrik auf! »Mensch, Hinnerk aufpassen! Die haben keine Ahnung, wie und wann wir abgehauen sind!« – Doch der hatte das selbst auch schon bemerkt. – Natürlich bezogen wir für unsere deutsche Unterhaltung wieder einen Anraunzer, aber das ließ uns jetzt kalt. Die kannten unseren Leitertrick nicht!
Um eine weitere Absprache zwischen uns zu verhindern, beschloß man, uns ab jetzt getrennt zu verhören.
Vorher erklärte ich noch formell, daß wir jede weitere Aussage verweigern würden. Als kriegsgefangene Soldaten könnten wir über Flucht und Fluchtweg keine weiteren Fragen beantworten.
Danach wurde der Ton etwas rauher. Man zog uns splitternackt aus und untersuchte jedes Kleidungsstück einzeln.
Inzwischen wurden zwei Büros für das weitere Verhör vorbereitet. Offensichtlich kam es darauf an, aus uns herauszulocken, von wem wir Hilfe bekommen hatten, und ob unsere Kleidung von einer deutschen Untergrundorganisation stammte [damals 5. Kolonne genannt].

Das Ausziehen war die reine Volksbelustigung. Wir zogen eine Hülle nach der anderen aus, jedoch kam immer wieder andere Kleidung zum Vorschein. Überall flatterte die Spreu aus den Taschen. Doch darüber war man gar nicht so sehr erstaunt.
Denn bei unserer Geschichte war ich immerhin soweit zum Erzählen gekommen, daß wir zuerst in Lake-Placid gewesen seien, um dort eine Anstellung als Skilehrer zu suchen. Anschließend hätten wir versucht, in der »paper mill« in Ogdensburg eingestellt zu werden. Auch vergebens. Danach hätten wir zwei Tage lang bei einem Farmer in der Nähe von Hammond gearbeitet und bei ihm in der Scheune geschlafen.
Die Story hatte zwar nicht die Freiheit wiedergebracht, war aber wenigstens eine Erklärung für den Heustaub – und wir wurden nicht des Milchdiebstahls bezichtigt.
Als jeder von uns neben einem kniehohen Berg von Kleidung stand, in dem Hemden, Trainingsanzug, Pyjama, Unterwäsche, Hose, Jacke, Mantel, Overalls, alles durcheinander lag, stand bald das echte Untersuchungsergebnis fest: »They were on the railroad and on the barns.« [Eisenbahn und Scheunen].
Bevor wir getrennt wurden, durften wir sogar noch in einen Waschraum gehen, um den Schmutz abzuspülen. Als wir nach kurzer Zeit frisch gekämmt und in neuer Wäsche, die für New York vorgesehen gewesen war, wieder erschienen, war man erstaunt, daß da plötzlich zwei ordentlich aussehende junge Leute standen. Die Beschreibungen der »Hunnen« schienen doch nicht so ganz zu stimmen. Wir schlossen daraus, daß wir vorher nicht gerade vertrauenserweckend ausgesehen hatten.
Die Behandlung wurde freundlicher, man machte uns sogar Komplimente. Diese Stimmung wollte ich gleich wahrnehmen, um die Hintergründe der Festnahme zu erfahren. Der »Unangenehme« war gerade in einem Nebenraum am Fernschreiber beschäftigt, vielleicht erfuhren wir jetzt Näheres.
Da kam der »Chief«. Auf ihn hatte man anscheinend gewartet, bevor das Verhör fortgesetzt werden sollte.
Nebenher war ich noch immer am Überlegen. Es war doch fast nicht möglich, daß der Mann vor der Bar, der Fahrer im Wagen, auch am Polizeifernschreiber arbeitete und Meldungen durchgab. – Doch jetzt wurden wir getrennt abgeführt, ohne daß Hinnerk und ich ein vertrauliches Wort wechseln konnten. Und wir wußten nicht, wie lange die Trennung dauern würde.

Ein Polizist warnte uns vor den Pressefotografen, die bereits auf Lauer lagen! Er sei nicht ermächtigt, sie an der Ausübung ihres Berufes zu hindern, aber wenn wir wollten, dürften wir die Hände vor das Gesicht halten.

Er war nicht gut zu sprechen auf diese Gattung der Menschheit, und da ich seit Niagara Falls und Montreal auch nicht die besten Erfahrungen mit ihnen gemacht hatte, schmiedeten wir schnell ein Komplott.

Wie wir denn also durch die Tür traten, machte es zweimal »Knips«! Aber hereingefallen! Ich hatte meine Malerschürze über den Kopf gestülpt. Ich muß wie ein Angehöriger des Ku Klux Klan ausgesehen haben, als ich fast weihevoll an der Hand dieses Polizisten durch den Vorraum tappte. Erst beim »Chief« im Zimmer nahm ich die Tarnkappe wieder ab. Mit diesem »Bubenstreich« gegen die Presse hatte ich bei ihm gleich »gut Wetter« gemacht. Er strahlte übers ganze Gesicht, als ihm der andere Polizist den Hergang schilderte.

Die Fotografen kamen gleich hereingeeilt und beschwerten sich über uns. Doch der Chief hatte schon eine Entgegnung bereit: »I can't stop you! But what these officers do, is a military affair and not within my duty!«

Am liebsten hätte ich Bravo gerufen!

Der Chief erfuhr natürlich auch nichts Neues. Er war aber vernünftig genug, um nach den ersten Fragen sein fruchtloses Bemühen einzustellen. Bald entwickelte sich sogar eine gemütliche Unterhaltung. Der Chief bot mir eine Zigarette an und deutete auf ein Photo, das an der Wand hing. Es stellte einen Captain der Royal Air Force dar. »He is in Germany now, a prisoner of war!« Das war ja ein Zufall! Der sei eigentlich Amerikaner, ein Freund von ihm, hier aus Watertown. Schon vor Kriegseintritt der USA hätte er als Freiwilliger in der RAF in England gedient. Er sei jetzt auf »Schloß Königstein« near Dresden als POW.

Ob ich eine Vorstellung hätte, wie es den POWs in Deutschland erginge. Da konnte ich natürlich nur berichten, was ich in Zeitungen und Illustrierten gelesen hatte. Zum Teil würden sie in Berlin sogar im ehemaligen Olympischen Dorf wohnen. Wir seien zwar noch lange nicht soweit, aber auf dem besten Wege, in Kanada auch so behandelt zu werden. Da die Tür inzwischen offen war, hoffte ich, daß die Presse von dem Teil der Unterhaltung auch etwas mitbekäme.

Nachher ging es mit gleicher »Tarnung« zu Hinnerks Raum zurück. – Aber auch unter dem ehemaligen Zuckersack konnte man das Aufleuchten der Blitzlampen erleben. Die Burschen waren zäh!

Wir waren recht froh, so bald wieder zusammenzutreffen. Hinnerk hatte genauso wenig wie ich erzählt. Jetzt endlich konnten wir uns aussprechen. Aber er konnte sich genau so wenig wie ich einen Vers auf diese rätselhafte Festnahme machen.
Als der Chef uns noch einmal aufsuchte, machten wir Vorschläge. Ob man uns nicht zu amerikanischen POWs machen könnte, um uns womöglich gegen den Captain in Königstein einzutauschen? – Diese Vorschläge waren natürlich mehr spaßhaft vorgetragen, aber man konnte ja nie wissen.
Der Chief erklärte, das stünde weit außerhalb der polizeilichen Zuständigkeit. Eben sei von seiner Dienststelle angeordnet worden, daß wir vorläufig nach Ogdensburg zurückzubringen seien.
Daß wir wieder nach Kanada ausgeliefert werden würden, hatte ich eigentlich nicht erwartet. Nachdem die USA nun selbst im Kriege waren, hatte ich eigentlich gedacht, daß sie jeden deutschen Gefangenen, der in ihre Hände gelangte, festhalten würden. Und USA wäre schon näher an Mexiko gewesen.
Nun war auch diese Hoffnung umsonst. Es ging wieder zurück zur Grenzpolizeizentrale in Ogdensburg, wo bis jetzt Franz v. Werra, Rottmann und Gohlke und als letzter Manhart festsaßen, nachdem sie wieder geschnappt worden waren.
Alles umsonst! Vorbereitung, alle Arbeit, unser Wagnis, alles ergebnislos! Es war niederschmetternd! – Als nächstes Ereignis erwarteten uns wieder vier Wochen »Arrest«.
Innerlich war ich so wütend, daß ich am liebsten laut gerufen hätte: »Nie wieder! Nie wieder!« Doch ich behielt es für mich.
Drei »Officers« der Border Patrol erschienen. Sie trugen olivgrüne Uniformen mit eleganten Reithosen. In der Hüfte über dem langen Uniformrock gürtete sie ein messingbeschlagener Leibriemen, in dem blankpolierte Patronen und der Colt steckten. Sie hätten genauso gut in den Wilden Westen gepaßt.
Entsprechend führten sie sich auch ein. Kaum hatten sie für unsere Übernahme die entsprechenden Unterschriften geleistet, da zogen sie auch schon Handfesseln und legten sie uns an.
Das war unwürdig. Es war einmal bei Rottmann und Gohlke passiert. Auf diese Unritterlichkeit war in Deutschland auf hoher Ebene eingegangen worden, und die amerikanische Presse hatte das Thema als vorübergehendes Versehen heruntergespielt, damit die englischenund amerikani-

schen POWs in Deutschland nicht in Schwierigkeiten gerieten. – Nun erlebten wir die Praxis.
Die »Officers« wollten uns auch gegen Ehrenwort für die Fahrtdauer nicht entfesseln, wenn nicht der »Chief« eingegriffen hätte. Er erinnerte sich wohl an seinen Freund in Königstein. Auf seine Einwendungen hin wurden uns die Dinger wieder abgenommen.
Draußen wartete der bereits bekannte Ford V8. Dieser Wagen schien das Einheitsfahrzeug der Polizeikräfte zu sein. Nur durch eine hohe Stabantenne unterschied er sich von einer zivilen Limousine. Bei der Innenausstattung fiel ein Kurzwellengerät auf, das auf Lautsprecher arbeitete und auch für uns zu verstehen war.
Wir durften wieder einmal Auto fahren! Zwei Stunden lang! Genau den gleichen Weg zurück, den wir drei Nächte lang getippelt waren. Das war bitter! Zugleich staunten wir, daß wir auf dieser Strecke nicht aufgegriffen worden waren. Wie wir später auf der mit Kontrollampen versehenen Überwachungstafel in Ogdensburg sehen konnten, war speziell diese Straße die wichtigste Strecke für die fahrenden Grenzpatrouillen. Die ganze Nacht war zwischen Watertown und Ogdensburg ein Wagen auf Strecke. Er wurde mit Ablösung gefahren und alle 10 Minuten mit Funksprech gerufen. – Hinter Morristown war uns die Strecke unbekannt. Durch Theresa waren wir auch diesmal nicht gefahren.
Es war schon nach 24.00 Uhr, als wir in Ogdensburg in der Zentrale der Border Patrol eintrafen. Gleich beim Eintreten wurden wir zufällig durch den Funkraum geführt. Dort war die große Tafel aufgestellt, auf der die Bewegungen der Patrouillenwagen registriert wurden.
Das System arbeitete so: Wurde irgendwo etwas Verdächtiges aufgespürt oder gemeldet, sah der diensthabende Beamte nur noch, welche Wagen in der Nähe unterwegs waren, und dann ging es los: »Hello! Hello! Calling number four, calling number four, there is a report for you . . .!«
Ein klug eingerichtetes System! Nur verwunderlich, daß wir da in drei Nächten nicht aufgefallen waren! – Aber so gerne wir auch weiter zugehört hätten, man drängte uns aus dem Raum, als man unsere Neugierde bemerkte.
Man brachte uns zum »Boß«. Der wartete trotz der späten Stunde immer noch auf uns. Er machte einen freundlichen Eindruck, sehr demonstrativ hatte er die überkreuzten Beine auf seinen polierten Schreibtisch gelegt. Eine massige Gestalt!
Zuerst eine einleitende Rede: Wir sollten nicht glauben, daß wir die ersten

deutschen Kriegsgefangenen seien, die er beherberge, er zählte alle auf, die schon hiergewesen waren. Ob wir sie kennen würden? – »Gut«, fuhr er fort, »diese Offiziere habe ich alle gut behandelt, ich habe keinerlei Grund, bei euch Deutschen einen schlechten Eindruck zu machen. Die gleiche Behandlung habe ich mit euch vor, aber Voraussetzung ist, daß ihr euch entsprechend benehmt! – Also Gentlemen!« fuhr er leutselig fort, »was ihr drüben in Kanada gemacht habt, geht mich nichts an. Ich will von euch nur wissen, wo ihr über den Strom gekommen seid und wie ihr in so kurzer Zeit nach Watertown gelangt seid.« [Wieder merkte man, daß man unser unerklärliches Verschwinden auf den Freitag oder Samstag datiert hatte.]

So lief das also! Man wollte herausbekommen, wie uns geholfen worden war! Da war aber nichts zu machen. Wir lehnten es nach wie vor ab, darüber Angaben zu machen.

Das brachte den »Boß« gewaltig in Rage. Von jetzt an ging seine Rede in lautes Brüllen über. Dabei fiel er aber so gewaltig in seinen »Slang«, daß wir nichts mehr verstehen konnten. Als daher am Ende dieses Wasserfalles die drohende Frage kam: »You understand?«, konnte ich wahrlich nichts anderes sagen als »No!«

Eigentlich hätte ich erwartet, daß ihn wegen dieser Antwort der Schlag rührte, aber es geschah etwas ganz anderes. – Erst war er verdutzt, dann fragte er, ob ich sagen wollte, daß ich einen Dolmetscher brauche! [Er schien die Methoden hartgesottener POWs bereits zu kennen]. – Diese Forderung wäre ihm wohl sehr unwillkommen gewesen, sicherlich war hier und jetzt bei Nacht kein Dolmetscher greifbar. Aber ich wollte ihn nicht völlig verbittern und ihm eine Brücke bauen.

Als ich versuchte, die Ursache für seine Unverständlichkeit zu erläutern, wollte ich das Wort »Slang« vermeiden und schlich wie die Katze um den heißen Brei: Schließlich wollte ich ihn in Anwesenheit seiner »Officers« nicht blamieren.

Da merkte er meine Not und platzte heraus: »You mean my slang!« Damit war das Wort gefallen. Dazu konnte ich nur »yes!« sagen, worauf im ganzen Raum große Heiterkeit herrschte.

Er blieb aber hartnäckig und machte gleich einen neuen Anlauf, aber in etwas vernünftigerem Ton. Wir erklärten nun unsererseits, daß es unkameradschaftlich wäre, einen Fluchtweg preiszugeben, der vielleicht noch von anderen erfolgreich benutzt werden konnte.

Brummend gab er sich schließlich zufrieden. Wenn man auf solch soldati-

sche Tugend anspielte, traf man auch hier in Amerika auf Verständnis. Er tröstete sich, indem er meinte, seine Beamten würden das schließlich auch ohne uns ausfindig machen.
So sehr er uns auch bedrängte, wir blieben hart. Und erst später sollte sich herausstellen, daß es klug war, weder etwas über die Art des Ausstiegs noch über das Datum noch über den Weg zu erzählen.
Noch zweimal konnte nämlich der »Steinhilpersche Leitertrick« wiederholt werden. Schon Mitte April 1942 brachten die Fliegerleutnante Erich Boehle und Peter Krug eine Lampe samt elektrischer Leitung an einem Pfosten des Stacheldrahtzaunes an und überstiegen dabei ganz zufällig mit zwei Leitern den Zaun.
Ende des Jahres vermaßen dann Ltn. Dr. Wagner, Rechtsanwalt aus Wien, und mein »Staff Sergeant« Reini Pfundtner Höhe und Breite des Zaunes. Die Verweilzeit am und über den Zaun wurde immer kürzer. Boehle/Krug trugen die Leitern noch so weit weg vom Lager, daß die Wiederholung möglich wurde. Bei Doc und Pfundtner fanden die Kanadier die zwei Leitern, und es gab nicht nur Schwierigkeiten in der Lagerschreinerei und Schneiderwerkstatt. Leitern und Kleidung waren natürlich inzwischen »professionell« hergestellt, aber mit dem Auffinden von zwei Leitern wurde der Wachmannschaft nachträglich manches klar.
Wir wollten jetzt endlich wissen, wieso wir so blöd geschnappt worden waren. Wenig später klärte uns ein Zeitungsartikel auf: »Der Patrolman John A. Berow, ein Polizist von Watertown, empfing am Samstag ein Fernschreiben. In diesem wurden die beiden deutschen Offiziere A.H. Waller und Otto Steinhailer gesucht. Als Berow am Sonntagabend auf dem Wege zum Dienst in der City Hall war, der um 8.00 p.m. begann, wurde er von zwei Tramps, ausgerüstet mit schweren Tragetaschen, angesprochen. Er vermutete sofort, daß es sich um die Gesuchten handelte. Mit seinem Wagen holte er den nächsten Polizisten, Patrolman William J. McIntyre, und gemeinsam nahmen sie die beiden POWs fest.«
Das war des Rätsels Lösung! – Ausgerechnet den Polizisten, der am Vortag unseren Steckbrief erhalten hatte, mußten wir um den Weg fragen! Das war Ironie, nicht nur Schicksal! Vielleicht hatten wir beim Übersteigen des Zaunes schon zu viel von unserem Glück verbraucht. Es blieb nichts anderes übrig, als zu akzeptieren.
Wenige Zeit später erfuhren wir dann, wie lange unsere »Puppen« durchgestanden hatten. Verschiedene Umstände führten dazu, daß wir mit Manni in einem »Arrest« zusammentrafen, und er konnte schildern.

Vorweg erzählte er, daß unsere Pfosten auch jetzt noch im Glanz ihrer gelben Ringe erstrahlten. Zwei Tage nach unserem Ausstieg seien ein Offizier und mehrere Posten erschienen und hätten diese Neuerung anerkennend betrachtet. Sie hätten geäußert, es sei eine »very good idea«, daß dieser »vulnerable spot« endlich besonders auffällig angemalt worden sei. Das ganze Lager schmunzelte über die Sache, und auch wir freuten uns noch nachträglich über diese besondere Anerkennung.
Doch zum Start: Die Stube hatte mit »fiebernden Nerven« zugesehen, wie wir die Leitern anstellten. Danach sei es aber so aufregend geworden, daß alles sich vom Fenster wegbegeben habe und nur noch er, als pflichtbewußter Retter meiner Aktentasche, zugesehen habe. [Manni war für einen »Gewaltakt« als letzte Reserve eingeteilt!]
Aber immer wieder seien sie aufgestanden und hätten einen Blick durchs Fenster riskiert. Das habe ja ewig gedauert. Die Stube sei beinahe verrückt geworden, wie wir so lange herumhantierten. Fast eine Stunde! Als der Posten zu uns trat, sei er schon sprungbereit gewesen. Die ganze Stube sei kaum zu bändigen gewesen, und alle waren schweißgebadet.
Ahnungslose Spaziergänger, die uns Anstreicher beim »Rundendrehen« erkannten, seien ganz bestürzt aufs Zimmer gekommen. Was denn bloß los sei?
Kurz und gut, das ganze Lager hatte aufgeatmet, als wir uns auf der anderen Seite davontrollten. Auch ihnen sei die Sache wie ein Traum vorgekommen. Es erschien kaum glaubhaft. Kurz vorher hatte man uns noch auf der Stube, und nun sah man uns außerhalb des Lagers mit den Leitern über den Schultern durch die Obstgärten ziehen.
Fehske sei sofort aktiv geworden und hätte unsere Puppenköpfe mit dem Holzunterbau versehen. Die so entstandenen Pappkameraden seien prima geworden und wären beim Roll Call tadellos in Reih und Glied gestanden. Selbst bei hellem Tag fielen sie nicht auf.
Mein »body guard« habe sich verdächtig benommen. Er erschien bereits am Donnerstag auf der Stube und fragte nach mir. Am Freitagvormittag sprach der Staff-Sergeant Manhart an. Ich sollte zur Wache kommen und meine Taschenuhr, die mir seit Montreal abgenommen worden war, dort abholen. Als er, Manni, sie für mich abholen wollte, sei das abgelehnt worden.
Am Nachmittag erschien wieder der »body guard« und wollte mich veranlassen, die Uhr zu holen. Diesmal sagten sie, ich sei irgendwo zum Geburtstagskaffee eingeladen. Daraufhin habe der Bursche aber gefragt:

»Der Lieutn. Steinhilper wird doch nicht wieder escaped sein?« Man hätte nicht gewußt, ob das Ernst oder Spaß sein sollte. Er hätte eine Falle gewittert, womöglich hätten uns die Kanadier schon wieder geschnappt und wollten nun nur noch hinter unsere Roll-Call-Täuschung kommen. Außerdem hätte mein früheres »Reisetempo« durchaus zu der Annahme berechtigt, daß wir schon nach New York gelangt seien und damit genügend Vorsprung besäßen.

Man wollte den Kanadiern die Puppen nicht in die Hände fallen lassen und stellte sie daher ab Samstag nicht mehr auf.

Manni bedauerte, genau wie wir, die Folgen. Wir trösteten uns gemeinsam damit, daß wegen dieser Maßnahme nicht bekannt wurde, wie und wann wir aus dem Lager gekommen waren. Wir fehlten seit Samstag, also mußten wir an dem Tag entkommen sein.

Manni erzählte weiter, daß mir Oberstltn. Gruber diese Fluchtart weiterhin reserviere, obwohl jetzt manche Paare die gleiche Sache durchführen wollten.

Diese Reservierung nahm ich nicht an, denn ich war der Ansicht, daß ich genügend Chancen gehabt hatte. Sollte diese Methode nochmals gelingen, dann würde ich mich mit den Glücklichen freuen. Selbst hatte ich fürs erste von der gleichbleibenden Reihe: »Vorbereitung, Versuch, Arrest . . .« die Nase voll.

So blieb es auch erst einmal für gewisse Zeit. – Doch kann gesagt werden: Diese Fluchtversuche haben mein gesamtes Leben stark geprägt. Auch später im geschäftlichen wie auch im privaten Bereich kam es oft darauf an, nicht gleich aufzugeben, wenn der erste starke Gegenwind blies. Genau wie bei den Fluchtversuchen mußte ich oft einfallsreiche, manchmal auch originelle Vorstellungen entwickeln, einen genauen Plan aufstellen, um ihn dann mit Ausdauer zu verwirklichen. – Aber genauso hatte ich auch gelernt, daß jedes Vorhaben seine Grenzen finden kann, die man dann auch zu akzeptieren hat, ohne endgültig mit dem »bösen« Schicksal zu hadern. – Oft stellt sich erst später heraus, warum gerade diese Lösung doch die bessere war!

Von einem Engländer habe ich gelernt: »It's a great life if you don't weaken!« – Im Deutschen heißt das etwa: »Das Leben ist so lange schön, als du nicht selbst aufgibst!«

Obwohl ich diesen Rat erst im Jahre 1951 bekam, wußte ich um diese Weisheit schon 1942.

"Der Mensch denkt ...und Gott lenkt! - Heimwärts aus kanadischer Gefangenschaft" ist die Fortsetzung von "Noch 10 Minuten bis Buffalo" und auch Ende der Trilogie

**Obiges Buch kann bestellt werden bei:
Ulrich Steinhilper, Böblingerstr. 151, 70199 Stuttgart,
Tel.: 0711/64 98 266 oder E-Mail: Ulrich@Steinhilper.de**